国学经典
名句珍藏

中国兵法

名句解析

（上）

天人／主编

内蒙古出版集团
内蒙古人民出版社

图书在版编目(CIP)数据

中国兵法名句解析:全2册/天人主编. -呼和浩特:内蒙古人民出版社,2016.5

(国学经典名句珍藏)

ISBN 978-7-204-14037-4

Ⅰ.①中…　Ⅱ.①天…　Ⅲ.①兵法-名句-鉴赏-中国　Ⅳ.①E892

中国版本图书馆CIP数据核字(2016)第116162号

中国兵法名句解析

主　　编	天　人
责任编辑	马燕茹
封面设计	宋双成
责任校对	董立群
出版发行	内蒙古人民出版社
地　　址	呼和浩特市新城区中山东路8号波士名人国际B座
网　　址	http://www.nmgrmcbs.com
印　　刷	内蒙古地矿印刷厂
开　　本	680mm×960mm　1/16
印　　张	27.5
字　　数	495千
版　　次	2016年7月第1版
印　　次	2016年7月第1次印刷
印　　数	1—3000套
书　　号	ISBN 978-7-204-14037-4/I·2708
定　　价	50.00元(全2册)

如发现印装质量问题,请与我社联系,联系电话:(0471)3946120　3946169

前言

中华民族是一个有着悠久历史的民族，光辉灿烂的古代文化为我们今天留下了宝贵的思想文化遗产。凝聚着智慧之光的古代兵书战策，就是我们的祖先为我们留下的一份珍贵的遗产。

我国的军事思想有着悠久的发展史。可以这么说，自从有了战争就产生了军事理论。《尚书·牧誓》就是武王伐纣时的动员令，《易·中孚》也有战争场面的描绘。这两部经典可以被看做是我国兵书战策的滥觞。

到了春秋战国时期，诸侯兼并，战争十分频繁。人们总结战争的经验，写成了一批颇有思想价值的兵书，进而再去指导战争，为战争服务。如《孙子兵法》《吴子》《孙膑兵法》《商君书》《尉缭子》《六韬》《司马法》等。这些军事著作都有颇为深刻的思想见解。特别是孙武著的《孙子兵法》，有“兵学圣典”“世界古代第一兵书”之称。孙武也因此而被誉为“百世兵家之师”和“东方兵法鼻祖”。《孙子兵法》的产生标志着我国古代的兵书战策已走向了成熟。

随着历史的演进，后来又有张良、曹操、诸葛亮、李靖、李筌等人的军事著作，进一步完善了前人的军事思想。至清代，战争有了反对帝国主义侵略的内容，因此一些政治军事著作也都有了全新的时代特点。如魏源的《海国图志》就提出了“师夷长技以制夷”的战略思想。

这些军事著作不仅在当时有价值，它们的一些超凡的思想认识对我们今天仍有重要的借鉴作用。例如《孙子兵法》中的名言“知己知彼，百战不殆”，在今天也还有其普遍的现实意义。它的指导意义已不仅仅局限于战争，它已达到了一种哲学的高度，对我们的一切实践活动，生活、学习、工作、交往、处世等等，都有启示与指导作用。

总之，我国古代的兵书战策，不愧是一个巨大的思想和智慧的宝库。其中包含着我们祖先从实践中得来的最为宝贵的，甚至是用生命和鲜血换来的经验和教训。我们应当从中吸取营养，以丰富我们自己。然而，中国古代的兵书战策浩如烟海，且文字艰深，阅读起来费时费力，于是我们去其杂芜，取其精华，选取这些兵法名篇中的名句，汇集成《中国兵法名句解析》，奉献给读者。并对名句加以注释和解析，消除文字障碍，帮助读者阅读理解，使读者能够很轻松地欣赏中国古代兵法的精华。

所选名句大致以作者所处朝代顺序为序，同时也为读者提供了一个检索查阅的途径。

本书所选每一名句都分原句、注释和解析三部分。注释的最前边指出该名句所出朝代、作家和作品，然后是难字注解以及原句释义。对简单易懂的句子只指明出处，不作注解和释义；解析是编撰者个人对原句的理解，仅供读者阅读时参考。

为方便读者检索，我们在书后附了条目拼音检索。读者可按名句的首字拼音进行检索，十分便利。

由于水平有限，编写中难免存在不足与疏漏之处，恳请方家不吝赐教。

编　者

目 录

孙子兵法

《孙子兵法》为春秋末期吴国将领孙武所著。《孙子兵法》是我国最早最杰出的军事著作。《孙子》总结了我国春秋以前的战争经验，提出了一些战争的普遍原则与规律，它对我国历代的战争都起过重要的指导作用。它被列于“武经七书”之首，它的许多著名论断，至今仍然是不可违背的军事规律。它在海外被誉为“兵学圣典”，“百世兵家之师”。

兵者，国之大事，死生之地，存亡之道，不可不察也。

【注释】《孙子兵法·始计》。兵：可作兵器、军队、战争等解释。这里指战争。

【解析】这句说战争是国家的大事，它关系着人民的生死和国家的兴亡，不能不慎重地考察其利害得失。这是孙子的战争观。他认为战争关系到国家和人民大众的生死存亡，所以国君发动战争要持慎重的态度。孙子把这句话放在全书的开头，说明他并不主张频繁地发动战争。孙子的这一对战争的看法还是比较正确的，也符合中国古代不得已才用兵的一贯看法。

道者，令民与上同意，可与之死，可与之生，而不畏危也。

【注释】《孙子兵法·始计》。道就是使民顺从君主的意志，可以让民众与君主同生共死，而不避任何危险。

【解析】孙武在讲述五条制胜条件时，把"道"放在首位，认识到对民众教化的作用，应该做到"令民与上同意"。这样，才能够在战争中使民众和士卒能够为君主出生入死，而不"畏危"，为其效死力。

将听吾计，用之必胜，留之；将不听吾计，用之必败，去之。

【注释】《孙子兵法·始计》。将：助词。计：计算，判断。如果听从我的判断，用兵作战一定能够胜利，我就留下；如果不听从我的判断，用兵作战必定失败，我就辞去。

【解析】强调了将帅在战争过程中的指导作用，君王能够知人善用，充分发挥将帅的优势和特长，将帅才能在战争中运兵自如，灵活指挥作战，在战斗中取得胜利。

计利以听，乃为之势，以佐其外。

【注释】《孙子兵法·始计》。计：估计，判断。佐：辅助。既已估计条件有利决定用兵了，还要造成一种"势"，作为取胜的辅助条件。

【解析】他强调战争决策一经定下，将帅就要根据情况，"因利而制权"，造成有利的作战态势，充分调动各方面的人力和物力，激励士兵的士气，达到战斗的最佳状态。

兵者，诡道也。故能而示之不能，用而示之不用，近而示之远，远而示之近；利而诱之，乱而取之，实而备之，强而避之，怒而挠之，卑而骄之，佚而劳之，亲而离之。

【注释】《孙子兵法·始计》。诡道：指用兵讲究出奇制胜。乱：扰乱。备：防备。

【解析】用兵打仗是一种诡诈行为，所以能办到的事而要装作办不到，要干的事反而要装作不干，在近处行动要装作在远处行动，要在远处行动就装作要在近处行动；对于那些贪利的敌人就要设法用小利来引诱它，对于处于混乱状态的敌人要加倍防备它，对于强大的敌人要暂时避开它，对于易怒的敌人要用挑逗的方法来激怒它，对于鄙视我方的敌人要让它更加骄傲，对于休整的好的敌人要设法让它疲劳，对于团结一致的敌人要设法离间他们。人们常说好的将帅在于有谋略而不在于勇，正是就此而言的。战争既是斗勇也是斗智，而智慧在战争中所起的作用比勇力更大。我们可以想一下，古代所有的兵书几乎都是在讲用兵的谋略，可见善于指挥打仗的将领都很善于运用谋略。

夫未战而庙算胜者，得算多也；未战而庙算不胜者，得算少也。多算胜，少算不胜，而况于无算乎？

【注释】《孙子兵法·始计》。庙算：庙，即宗庙。古代君主兴师命将时，必先在宗庙里举行仪式，并召开军事会议讨论作战计划，然后出师，称为庙算。未战以前预计可以取胜的，是因为得胜的条件多；未战以前预计不能取胜的，是因为得胜的条件少。胜利条件多的就能取胜，胜利条件少的就不能取胜，何况毫无胜利的条件呢？

【解析】战前的策划准备是取得战争胜利的重要条件，只有根据敌对双方的兵力部署情况，及其部队的真实情况作出正确的决策，才能在对敌斗争中取胜。善于用兵的人先求胜而后战；不善于用兵的人往往是先发动战争，然后再求战争的胜利。

久则钝兵挫锐，攻城则力屈，久暴师则国用不足。

【注释】《孙子兵法·作战》。旷日持久，就会使军队疲困，锐气挫伤，攻城就会耗尽力量，长期从事战争，就会使国家经济困难。

【解析】孙武指出了持久作战的不利因素。他着重从战争对人力、物力、财力的依赖关系分析，并进而指出如果国用不足，士兵疲困就会异常危险。

顿兵挫锐，屈力殚货，则诸侯乘其弊而起，虽有智者，不能善其后矣。

【注释】《孙子兵法·作战》。殚：竭尽。如果军队疲困，锐气挫伤，经济枯竭，别的国家就会乘隙进攻，在这种情况下，即使有杰出的将领，也想不出什么挽救的办法了。

【解析】同样指出了久战之兵的危险，不仅军队士气低落，国内补给不足，而且会给其他诸侯国以可乘之机，因此孙武提出“速胜”的观点。

兵闻拙速,未睹巧之久也。夫兵久而国利者,未之有也。

【注释】《孙子兵法·作战》。用兵作战只听说过用直截了当的办法去争取速胜,从来没有见过用巧妙持久的办法而能取胜的。战争持久而对国家有利,这是从来没有的。

【解析】孙武认为,宁可指挥虽拙而求速胜,也决不为求稳妥而旷日持久。孙武参加的吴军破楚入郢之战就是这一战略思想的绝好说明。当时如果楚军封锁义阳三关,前后夹击,吴军将处于十分被动的地位。

不尽知用兵之害者,则不能尽知用兵之利也。

【注释】《孙子兵法·作战》。尽:彻底,透彻。因此,不透彻了解用兵的危害,就不能透彻了解用兵的利益。

【解析】做任何事情均有其利弊,只有清楚地了解事情的弊端,才能在实际操作中避免其弊端,达到趋利避害的目的。

善用兵者,役不再籍,粮不三载,取用于国,因粮于敌,故军食可足也。

【注释】《孙子兵法·作战》。役:兵役。籍:户籍。善于用兵的人,不重复征兵,不多次运粮,武器装备从国内补给,粮秣就从敌国征用,这样军用粮秣就可以满足了。

【解析】孙武为了解决战争需要与后方补给困难的矛盾,提出了"因粮于敌"的原则,主张力争在敌国就地解决给养问题。

智将务食于敌,食敌一钟,当吾二十钟,萁秆一石,当吾二十石。

【注释】《孙子兵法·作战》。钟:古代的容量单位,六十四斗为一钟。萁:豆类的杆。秆:禾类的秆。石:古代120斤为一石。聪明的将帅应该从敌国补给粮食。因为吃敌人一钟粮食,可以抵得上国内运来的20钟;用敌人的一石饲料,可以抵得上国内运来的20石。

【解析】进一步指出了"因粮于敌"的重要意义。它不仅弥补我军运粮不便,补给不足的缺陷,而且还能使敌军丧失补给,进而打乱敌人的军事部署,在战斗中战胜敌人。

杀敌者,怒也;取敌之利者,货也。

【注释】《孙子兵法·作战》。杀伤敌人,只是由于愤怒,真正从敌人手中夺得的利益是物资。

【解析】杀伤敌人,只是为了泄露其积压在心头的愤怒而已,而进行战争的目的,则是尽最大可能地获取利益。

兵贵胜，不贵久。

【注释】《孙子兵法·作战》。用兵贵在速胜，而不在于持久。

【解析】孙武认为当时的实际是社会生产力水平低下，交通运输不便，加之战争规模扩大，动辄“日费千金”，如果久拖，必然“屈力殚货”，并且其它诸侯国也随时可能袭击。在这种情况下，孙武提出的速胜战略思想，有其一定的道理。

用兵之法，全国为上，破国次之；全军为上，破军次之；全旅为上，破旅次之；全卒为上，破卒次之；全伍为上，破伍次之。

【注释】《孙子兵法·作战》。军、旅、卒、伍，都是古代军队编制的单位。

【解析】用兵的法则，使敌国完整地屈服是上策，用兵去攻破这个国家就要次一等；使敌人全军完整地屈服是上策，用兵攻破它就次一等；使敌人全旅完整地屈服是上策，攻破它就次一等；使敌人全卒完整地屈服是上策，攻破它就次一等；使敌人全伍完整地屈服是上策，击破它就次一等。这反映了孙子大处着眼的用兵思想。

百战百胜，非善之善者也；不战而屈人之兵，善之善者也。

【注释】《孙子兵法·谋攻》。百战百胜，不能算是最高明的；不经战斗而迫使敌人降服，才是最高明的。

【解析】孙武强调“不战而屈人之兵，善之善者”，并把它作为普遍的战争指导原则，是不切客观实际的。因为战争中，“伐谋”、“伐交”纵然是对敌斗争中不可缺少的重要手段，但这要与“伐兵”的军事手段相配合，才能发挥其作用，从实质上讲仍是“战而屈人之兵”。

上兵伐谋，其次伐交，其次伐兵，其下攻城。

【注释】《孙子兵法·谋攻》。用兵的上策，是运用谋略取胜，其次是运用外交取胜，再次是歼灭敌人军队，下策才是强攻城池。

【解析】孙武提出了运用政治、外交谋略来战胜敌人的思想，这种思想在当时诸侯国间战争中占有非常重要的地位。因为战前的政治外交活动，既可以联络小国，同时也可以亲近大国，即使发生战争也免除了后顾之忧。

善用兵者，屈人之兵而非战也，拔人之城而非攻也，毁人之国而非久也。

【注释】《孙子兵法·谋攻》。善于用兵作战的人，降服敌人的军队而不用交战，夺取敌人的城邑而不靠硬攻，毁灭敌人的国家而不靠旷日持久的作战。

【解析】强调了善于用兵之人所应具有的素质，能够不战而屈人之兵，并且善于运用谋略，采取巧妙灵活的战术，直接迅速地战胜敌人。

必以全争于天下，故兵不顿而利可全，此谋攻之法也。

【注释】《孙子兵法·谋攻》。

【解析】务求以全胜的谋略来争胜于天下，做到不用兵就能获得完满的胜利，这是“谋攻”的法则。

用兵之法，十则围之，五则攻之，倍则分之，敌则能战之，少则能逃之，不若则能避之。

【注释】《孙子兵法·谋攻》。用兵的方法是，十倍于敌就合围它，五倍于敌就进攻它，一倍于敌就设法分散敌人而各个击破它，敌我兵力相当就要能抗击它，兵力比敌人少就要摆脱它，条件不如敌人就避免交战。

【解析】孙武主张在优势情况下与敌作战，反对在劣势情况下与敌硬拼，这种观点是正确的。并且他还强调要根据敌对双方兵力对比的不同而采取不同的战术。

小敌之坚，大敌之擒也。

【注释】《孙子兵法·谋攻》。弱小的军队如果固守硬拼，就会成为强大敌人的俘虏。

【解析】孙武指出势力悬殊的情况下，与敌相拼，只能成为敌军的俘虏。真正的指挥家要善于避敌锋芒，击其虚弱。

以虞待不虞者胜。

【注释】《孙子兵法·谋攻》。虞，准备。用预先有准备的军队对付没有准备的敌人，就能胜利。

【解析】强调了有准备的军队对没有准备的敌人必将取得胜利。如若事先有准备，则是在对敌军较为全面了解的基础上，能够有针对性地攻击敌人的虚弱之处，以己之强攻敌之弱必然取胜。

知彼知己，百战不殆。

【注释】《孙子兵法·谋攻》。殆：危险。了解敌人而又了解自己，百战不败。

【解析】在这里，孙武用简洁、鲜明的语言，指明了战争指挥者对敌我双方情况了解和认识与战争胜负之间的关系，揭示了战争的普遍规律。孙武的这一思想，是很可贵的。

不可胜在己，可胜在敌。

【注释】《孙子兵法·军形》。不可被战胜，在于对自己的全面了解；能够战胜敌人，在于敌人有了疏漏。

【解析】这是根据“知彼”与“知己”而提出来的。了解敌人绝没有了解自己那么充分，那么全面，只有在全面了解自己的基础上，根据自己的虚实状况做出正确的决策，进行充分的准备，才能不可被战胜。以此为基础，伺机攻敌虚弱之处，便可战胜敌人。

善战者，能为不可胜，不能使敌之必可胜。

【注释】《孙子兵法·军形》。善于指挥作战的人，能够做到不被敌人战胜，而不能使敌人一定被我所战胜。

【解析】同样指出，善于指挥的人，能够充分根据自己的优势特长，排兵布阵，做好准备，从而不被敌人所战胜。但是对敌军的了解不充分，就根本不可能随心所欲地去攻击敌人、战胜敌人。

善守者，藏于九地之下，善攻者，动于九天之上，故能自保而全胜也。

【注释】《孙子兵法·军形》。九地：极言其深。九天：极言其高的意思。善于防守的人，深沟高垒好像把兵力藏在深深的地下一样；善于进攻的人，迅速猛烈好像活跃在高高的天空一般，所以他既能保全自己，又能取得全胜。

【解析】这里论述了攻守与“自保而全胜”的问题。指出“善守者”使敌无形可窥，无隙可乘；“善攻者”，能使敌人措手不及，无法招架。这样，就能达到“自保而全胜”的目的。

见胜不过众人之所知，非善之善者也。战胜而天下曰善，非善之善者也。

【注释】《孙子兵法·军形》。

【解析】预见胜利不能超过一般人的见识，不是最高明的；经过战斗而取得胜利，天下人都说好，这也不算最高明的。孙子在这里推崇的仍然是出奇制胜，所谓“不战而屈人之兵”。

举秋毫不为多力，见日月不为明目，闻雷霆不为聪耳。

【注释】《孙子兵法·军形》。秋毫：兽类在秋天新长出来的细毛，这里指很轻的东西。

【解析】能举起细小的毛发算不上大力士，能看见日月之光算不上眼睛好，能听到雷声也算不得耳朵好。

善战者，立于不败之地，而不失敌之败也。

【注释】《孙子兵法·军形》。善于作战的人，总是使自己先立于不败之地，并且不放过任何一个打败敌人的机会。

【解析】孙武指出,只要使自己立于不败之地,待机破敌的可能性总是存在的。他的这一思想,强调以自己的实力为基础,不放过任何可能战胜敌人的战机,既是稳妥的,又是积极的。

胜兵先胜而后求战,败兵先战而后求胜。

【注释】《孙子兵法·军形》。打胜仗的军队,都是先具备了胜利的条件再去交战。打败仗的军队,总是先和敌人交战再去寻求胜利。

【解析】这是孙武"慎战"思想的体现,他强调军队应该进行充分的准备,并且创造一切有利于自己的战争条件,具有了必胜的把握之后再进行战争。

凡战者,以正合,以奇胜。

【注释】《孙子兵法·兵势》。指挥作战,总是用"正"兵与敌人接触,用"奇"兵取得胜利。

【解析】强调"正"与"奇"配合运用,才能在战场上取得事半功倍的胜利。孙武这一思想是对当时战争的总结,利用正兵正面接触,迷惑敌人,使敌不知所措,然后利用奇兵突然袭击,打乱敌军部署,"正""奇"配合战胜敌人。

战势不过奇正,奇正之变不可胜穷也。奇正相生,如循环之无端,孰能穷之哉!

【注释】《孙子兵法·兵势》。作战不过奇正,可是奇正的变化却是无穷无尽的。"奇正"相生,就好像循环转动那样没有始终,谁能使它穷尽呢?

【解析】孙武认为"战势不过奇正",而"奇"与"正"的关系则是相变相生的,"奇"可以变为"正","正"可以变为"奇","奇正之变,不可胜穷也"。高明的将帅能随着情况的变化而变化奇正战法,善出奇兵,打败敌人。

善战者,其势险,其节短,势如彍弩,节如发机。

【注释】《孙子兵法·兵势》。彍:拉满。善于作战的人,他所造成的形势是险峻的,其冲击节奏是急骤的。形势险峻得像拉满的弩,节奏急骤得像触发弩机。

【解析】强调了"势"的重要作用。此处的"势"指的是充分发挥将帅的指挥能力,以自己的军事实力为基础,造成一种猛不可当,压倒敌人的有利态势。在这种态势下,士卒就会勇不可当,充分发挥战斗力,战胜敌人。

纷纷纭纭,斗乱而不可乱。浑浑沌沌,形圆而不可败。

【注释】《孙子兵法·兵势》。在人马纷纭交错的混乱情况下进行战斗,必须使自己的军队不至于混乱。在敌情不明的情况下作战,就应布成圆阵,才不至于失败。

【解析】“军者,静胜”,善于作战的部队面对敌人的强大而不惧怕,更不会溃败,且能在混战中以静制动,克敌制胜。而在对敌军情势不了解的情况下,应力求自保,伺机胜敌。

乱生于治,怯生于勇,弱生于强。

【注释】《孙子兵法·兵势》。要知道严整可以转化为混乱,勇敢可以转化为怯懦,坚强可以转化为虚弱。

【解析】孙武揭示了“乱”与“治”,“怯”与“勇”,“弱”与“强”的辩证关系。它们之间可以在一定条件下互相转化。善于指挥的将帅能够使军队纪律严明,奋勇杀敌,形成强大的军事力量,而不善于指挥的将帅,则会令治者乱,勇者怯,强者弱。

治乱,数也;勇怯,势也;强弱,形也。

【注释】《孙子兵法·兵势》。严整或混乱是由编制和战斗编组的优劣决定的。勇敢或怯懦是由形势的好坏产生的。坚强或虚弱是由力量对比形成的。

【解析】这里指出造成“治乱”、“勇怯”、“强弱”的原因。这种总结对当时军事上的部署和指挥均有一定的借鉴意义。它能给当时军事统治者以警醒,使其能够预先有针对性地做好准备,在战场上取胜。

善动敌者,形之,敌必从之。予之,敌必取之,以利动之,以本待之。

【注释】《孙子兵法·兵势》。善于调动敌人的人,显示某种假象,敌人就会听从调动,给予某些小利益,敌人就会被诱上当。以小利引诱敌人,以主力歼灭敌人。

【解析】为了造势,“任势”,孙武强调要“示形”,“动敌”。他认为这是达到出奇制胜的重要手段。

善战者,求之于势,不责于人,故能择人而任势。

【注释】《孙子兵法·兵势》。善于指挥作战的人,利用形势去寻求胜利,而不苛责部属,所以他能量才用人,利用形势。

【解析】强调了“任势”的重要作用,指出善于指挥作战的人,要充分利用形势,尽可能地造成有利于自己的作战态势,调动一切力量取得胜利。

善战人之势,如转圆石于千仞之山者,势也。

【注释】《孙子兵法·兵势》。势:是指军队在作战时所形成的有利的态势和不可阻挡的强大的冲击力。

【解析】高明的将帅指挥军队打仗时所形成的有利态势，就好像把圆石从八千尺高的山上往下推一样，不可阻挡。这就是军事上所说的“势”。

凡先处战地而待敌者佚，后处战地而趋战者劳。故善战者，致人而不致于人。

【注释】《孙子兵法·虚实》。凡先到达战场等待敌人交战的就安逸，后到达战场仓促应战就疲劳。所以善于指挥作战的人，总是设法调动敌人而不被敌人调动。

【解析】以逸待劳，避实就虚，就能“致人而不致于人”。善于指挥的人，应该充分发挥自己的主观能动性，争取战斗的主动权，调动敌人而不被敌人调动。

能使敌人自至者，利之也；能使敌人不得至者，害之也。故敌佚能劳之，饱能饥之，安能动之。

【注释】《孙子兵法·虚实》。能使敌人自动前来的，是设法利诱它；能使敌人不能前来的，是设法妨害它。所以敌人闲逸，要能使它疲劳；敌人粮足，要能使它挨饿；敌人安稳，要能使它移动。

【解析】充分调动敌人在于能使敌人疲于奔命。善于为将的人，应利用自己的有利条件，给敌人以致命打击。

出其所不趋，趋其所不意。

【注释】《孙子兵法·虚实》。进出于敌人所不去的地方，奔向敌人意料不到的地方。

【解析】孙武认为应该出其不意，击敌之虚，以夺取战争的胜利。他的这一军事原则，历来为进步军事领袖所推崇，至今仍有极强的生命力。

善攻者，敌不知其所守。善守者，敌不知其所攻。

【注释】《孙子兵法·虚实》。善于进攻的人，敌人不知道防守什么地方好。善于防御的人，敌人不知道从什么地方进攻好。

【解析】善攻的人，能够根据自己的实力，在对敌军充分了解的情况下，攻击对方不注意防守的或不易守住的地方，而善守的人，能够守住敌人不敢攻且不易攻破的地方。

进而不可御者，冲其虚也；退而不可追者，速而不可及也。

【注释】《孙子兵法·虚实》。进攻而敌人无法抵抗的，是因为冲着敌人虚弱的地方;退却而敌人无法追击的,是因为我军行动迅速使敌人追赶不上。

【解析】强调要抓住时机,迅速主动地攻击敌人的虚弱之处。决不能因行动迟缓而贻误战机。

形人而我无形,则我专而敌分。

【注释】《孙子兵法·虚实》。既要察明敌人情况,又要隐蔽我军行迹。这样,我军的兵力就可以集中,而敌人的兵力就不得不分散。

【解析】通过"示形"的手段,来欺骗敌人诱使敌军暴露其行迹,而自己不露行迹,使敌不知虚实,捉摸不定。那么敌军必然分兵防守,削弱其力量,而我军集中一处,以实击虚取得胜利。

寡者,备人者也,众者,使人备己者也。

【注释】《孙子兵法·虚实》。兵力少是处处防敌的结果,兵力多是使敌人处处防我的结果。

【解析】指出"寡"、"众"的辩证统一,自己集中兵力进攻,而敌军分散防守,那么我军虽寡亦众,如果我军处处防御敌人,那么虽众亦寡。孙武提出的这一观点是正确的,这就要求善战的人注意调动敌人,使敌军兵力分散,而自己的军队专一集中。

策之而知得失之计,作之而知动静之理,形之而知死生之地,角之而知有余不足之处。

【注释】《孙子兵法·虚实》。认真分析敌情,研究敌人计谋的得失。调动敌人,以掌握敌人行动的规律。使用各种侦察手段,以了解敌人所占地形的优势。进行战斗侦察,以了解敌人兵力配备的虚弱。

【解析】要采取各种手段来了解敌军的虚实,兵力的配备情况等,进而制定自己的作战方案。只有知彼知己,才能在战场中有针对性地攻击敌人的虚弱缺陷之处,才能避开其锋芒,取得胜利。

形兵之极,至于无形。

【注释】《孙子兵法·虚实》。作战方式灵活到了极点,就可以做到不露一点形迹。

【解析】要采取灵活多样的作战方式,使敌军"不知其所守",也"不知其所攻"。如抗日战争时期,在日军的后方,我军游击队灵活作战,采取各种战术,出其不意,攻其不备歼灭了日军大量的有生力量,迫使日军改变了战争策略。

因形而措胜于众，众不能知，人皆知我所以胜之形，而莫知吾所以制胜之形，故其战胜不复，而应形于无穷。

【注释】《孙子兵法·虚实》。把根据形势变化而制敌取胜的办法，摆在众人面前，众人也不能深刻地认识它。人们只能认识到我用以取胜的作战形式，而不能认识到我为什么要采取那种形式。因此每次战胜都不要重复使用某一种作战形式，而是随着情况的变化而不断变化。

【解析】从战争的表面看，似乎有些战争的打法是完全一样，但实际上它所采取的策略完全不同。因此，善于作战的人，应根据敌我形势的变化，灵活地采取战略战术，以胜敌于无形。

水因地而制流，兵因敌而制胜。

【注释】《孙子兵法·虚实》。水由地形的高低制约其奔流的方向，用兵根据敌情的变化而采取其制胜的方法。

【解析】以水的流动"避高而趋下"，"因地而制流"，来说明军队也同样应"避实而击虚"。孙武这一思想，对于如何正确地选择作战目标，作战方向和指导军队的作战行动，具有重要价值。

军争之难者，以迂为直，以患为利。

【注释】《孙子兵法·军争》。军争之所以难，就在于要把迂回的道路作为捷径，要把不利的条件变成有利。

【解析】孙武认为在作战过程中，如何先敌占领战场要地和掌握有利战机，是两军相争中最重要最困难的问题。但是只有真正懂得了"以迂为直，以患为利"，才能采取表面上不利于己的手段来欺骗迷惑敌人，做到"后人发，先人至"。

兵以诈立，以利动，以分合为变者也。

【注释】《孙子兵法·军争》。用兵作战要以诡诈方法取得成功，为造有利的形势而行动，以分散和集中作为变化的手段。

【解析】孙武认为要采取欺诈的手段达到进军的目的，并且要不断"分合"变化使用自己的兵力。这对当时的战争有一定的指导意义，即使今天的战斗也多借鉴这一原则。

人即专一，则勇者不得独进，怯者不能独退，此用众之法也。

【注释】《孙子兵法·军争》。军队的行动统一了，那么，勇敢的人就不得独自前进，怯懦的人也不得独自后退了。这就是指挥军队作战的方法。

【解析】在战场上,军队的行动要统一。个人的力量是微弱的,但统一可攻敌于无形,而分散则会互相制约,不能充分与发挥整体的战斗力。

三军可夺气,将军可夺心。

【注释】《孙子兵法·军争》。对于敌人的军队,可以打击它的士气,对于敌人的将军,可以动摇他的决心。

【解析】两军对垒,攻心为上。必须从士气上,心理上打击敌人,使它懒于或疏于防范,从而在进攻中不战而屈人之兵,不战而使敌军自乱。

朝气锐,昼气惰,暮气归。

【注释】《孙子兵法·军争》。军队的士气有三种状态,当其旺盛的时候,有如朝气那么锐利;当其懈怠的时候,有如昼气那么衰弱;当其疲惫的时候,有如暮气那么消沉。

【解析】孙武分析了士气的三种不同表现形态。它犹如一天的三个时段,早晨,青春勃发,生命旺盛,是士气最为旺盛的时期。昼气则已失去其敏锐的锋芒,开始衰落,而暮气是一天的结束,将走向衰亡。善战的人应以自己的朝气攻敌之暮气。

归师勿遏,围师必阙,穷寇勿追。

【注释】《孙子兵法·军争》。敌人撤兵回国不要拦击,合围敌人必须留个缺口,对于穷途末路的敌人不要急于追迫。

【解析】这一观点,反映了孙武军事思想不彻底的一面,是其阶级局限性的表现。实际上应依据具体情况来做出决定,否则会贻误战机。解放战争中,在渡江战役之前,蒋介石希望通过谈判来隔江而治,当时毛泽东认清形势写出了"宜将剩勇追穷寇,不可沽名学霸王"的著名诗句,表现出其对战争的态度,不给国民党国队以喘息的机会。

智者之虑,必杂于利害。

【注释】《孙子兵法·九变》。聪明的将帅考虑问题,必须兼顾利害两个方面。

【解析】这是孙武的一个重要思想。他要求将帅必须做到全面地看问题,在有利的形势下要看到不利的方面,在不利的条件下要看到有利方面,这样才能趋利避害,防患未然。

屈诸侯者以害,役诸侯者以业,趋诸侯者以利。

【注释】《孙子兵法·九变》。要使诸侯屈服于我,就要用各种手段去损害他;要使诸侯被我所役使,就要诱使他去从事劳民伤财的事业;要使诸侯听从我的调动,就要用利益去引诱他。

【解析】这是从维护诸侯国自身的利益出发而提出的观点,带有明显的阶级局限性。孙武指出要使诸侯投降自己,可以采取各种手段,甚至不惜劳民伤财。

用兵之法,无恃其不来,恃吾有以待之。无恃其不攻,恃吾有所不可攻也。

【注释】《孙子兵法·九变》。用兵的方法,不要寄希望于敌人不会来,而要依靠我们的严阵以待。不要寄希望于敌人不会进攻,而要靠我们牢不可破的防守。

【解析】这是孙武在备战思想上提出的观点。他强调在任何时候都不要把希望寄托在敌人"不来"、"不攻"上面,而要充分准备,使敌人无机可乘,无懈可击。显然这种观点是积极的,有价值的。

将有五危:必死可杀,必生可虏,忿速可侮,廉洁可辱,爱民可烦。凡此五者,将之过也,用兵之灾也。

【注释】《孙子兵法·九变》。必死:这里指将帅有勇而无谋,只知道死打硬拼。必生:这里指临阵畏惧,贪生怕死的将领。忿速:指急躁易怒,不能沉着冷静地应付敌情。

【解析】为将帅的有五个致命的缺点:有勇无谋,只知死打硬拼,就可能被杀;临阵畏惧,贪生怕死,就可能被敌俘虏;急躁易怒,一触即跳,就可能被敌人凌侮而妄动;廉洁好名,过于自尊,就有可能被敌污辱而失去理智;只知爱民,就有可能被敌烦扰而陷于被动。以上五点是将帅易犯的过失,是用兵的灾害。孙子还接着说:军队的覆灭,将帅的被杀,都是由于这五个方面的致命弱点所造成的。

凡军好高而恶下,贵阳而贱阴,养生处实,军无百疾,是谓必胜。

【注释】《孙子兵法·行军》。配置军队力争占领高地,力避处于低地。最好是向阳,最坏是阴湿。环境要卫生,补给要便利。部队不生疾病就是胜利的保证。

【解析】孙武提出部署军队时所应注意的。强调部队占据有利地形,才能进可以攻,退可以守,才可能事先立于不败之地而后伺机取胜。

敌近而静者,恃其险也;远而挑战者,欲人之进也。

【注释】《孙子兵法·行军》。

【解析】敌军离我很近，仍能保持镇静的，是依仗它据有险要的地势；敌军离我很远，而又来挑战的，是企图引诱我军前进。

兵非贵益多，唯无武进，足以并力、料敌、取人而已。

【注释】《孙子兵法·行军》。兵力并不是愈多愈好，只要不盲动冒进，且能够集中兵力、判明敌情、战胜敌人就够了。

【解析】这里提出兵不在多而在于精的观点。孙武认为并不是兵力越多越好，而是要能够集中兵力，协调行动，这样虽寡亦强，也能战胜敌人。历史上著名的以少胜多战役，说明并不因兵力众多就每战必胜。

令之以文，齐之以武，是谓必取。

【注释】《孙子兵法·行军》。一方面要用体贴和爱护使他们心悦诚服；另一方面要用严格的纪律使他们行动整齐，这样才能每战必胜。

【解析】提出治军的原则，在于"令之以文，齐之以武"。要求将帅既能注重平时对士兵的体贴关怀，又要求在战场上善于指挥军队，并用严明的纪律约束他们，使他们行动整齐，这样才能每战必胜。

令素行以教其民，则民服；令不素行以教其民，则民不服。

【注释】《孙子兵法·行军》。平素教育士卒严格执行命令，他们就会服从命令；平素不教育士卒严格执行命令，他们就不会服从命令。

【解析】提出训练士卒应该严格，应在平时的训练中，树立将帅的威信，这一观点是正确的。只有注重平时的严格训练，士卒才能在战场上有令必行，有禁必止。将帅和士卒才能协调一致，共同战胜敌人。

进不求名，退不避罪，唯民是保，而利于主，国之宝也。

【注释】《孙子兵法·地形》。作为一个将领，前进不是为了追求个人的名誉，后退也不逃避自己应负的责任。一切都是为了保民，利于国家，这种将领就是国家的宝贵财富。

【解析】孙武强调了将帅要深刻认识自己在战争过程中的重大责任，一切要以争取战争胜利为目的，只要合于统治者的根本利益，就应"进不求名，退不避罪"。

视卒如婴儿，故可与之赴深谿；视卒如爱子，故可与之俱死。

【注释】《孙子兵法·地形》。爱护士卒要像爱护自己的婴儿一样，就可以率领他们去赴汤蹈火了；看待士卒要像对待自己的爱子一样，就可以和他们同生共死了。

【解析】这种思想，反映了统治者在反对奴隶主阶级的过程中，不能不借助于民众力量的要求。尽管孙武强调的目的仅仅在于使士卒“与之俱死”，但较之奴隶主阶级肆意虐待士卒，无疑是一个进步。

爱而不能令，厚而不能使，乱而不能治，譬如骄子，不可用也。

【注释】《孙子兵法·地形》。一味疼爱而不能指挥他们，一味溺爱而不能驱使他们，违法乱纪而不能惩治他们，就像娇惯坏的孩子，是不能用以作战的。

【解析】孙武强调了对士卒还要严格要求，不可过分地“厚”、“爱”，以免把军队培养成“骄子”一般而不能打仗。

知兵者，动而不迷，举而不穷。

【注释】《孙子兵法·地形》。懂得用兵的人，行动准确无误，措施变化无穷。

【解析】指出用兵的基本要求，只有目标明确，方向一致，才能用兵专一集中。而战术灵活多样，才能使敌军不知其所守，亦不知其所攻。

知彼知己，胜乃不殆；知天知地，胜乃可全。

【注释】《孙子兵法·地形》。了解敌人，了解自己，胜利一定不会成问题；懂得天时，懂得地利，胜利才可以确保。

【解析】这里概括了指导战争的普遍原则，有其重要价值。只有充分了解敌人，了解自己，并且根据天时和地利的因素，才能知其可为和不可为，才能准确及时地采取措施，远避祸患或是取得胜利。

兵之情主速，乘人之不及，由不虞之道，攻其所不戒也。

【注释】《孙子兵法·九地》。用兵的诀窍，贵在行动迅速，乘敌人来不及采取措施的时候，从它意料不到的道路，进攻他没有戒备的地方。

【解析】这是孙武对当时战争的精辟概括。他认为兵贵神速，方能出其不意，攻其不备。这种思想在现代战争中也有体现。如二战期间日本偷袭珍珠港，令美军来不及抵抗，伤亡惨重。

投之无所往，死且不北，死焉不得，士人尽力。

【注释】《孙子兵法·九地》。把军队置于无路可走的境地，他们就是死也不会败退，人人拼死奋战，哪能不胜，生死关头，人人自会尽力而战。

【解析】孙武认为士兵深临危地，就可无所畏惧，拼死作战，所谓置之死地而后生。这种观点有一定的局限性。

兵士甚陷则不惧,无所往则固,入深则拘,不得已则斗。

【注释】《孙子兵法·九地》。士卒深临危地,就无所畏惧,无路可走,军心就会稳固,深入敌国军心就不会涣散,迫不得已就会坚决战斗。

【解析】这是从新兴地主阶级角度提出的观点,同样是指置之死地而后生。有了沉重的压力,部队才能够奋发图强,如同人有了压力,才能勤奋有为。

击其首则尾至,击其尾则首至,击其中则首尾俱至。

【注释】《孙子兵法·九地》。(善于用兵的人,使军队就像蛇一样敏捷),打它的头,尾巴就来救应。打它的尾,头就来救应;打它的中间,头尾都来救应。

【解析】这就是兵书中所讲的“一字长蛇阵”。善于指挥军队的人,能够充分调动士兵的积极性,发挥他们的战斗力,当他们中的某些部位受到攻击,其他部位可以互相救应打击敌人。

方马埋轮,未足恃也。齐勇若一,政之道也。刚柔皆得,地之理也。

【注释】《孙子兵法·九地》。要想用拴起马匹,埋起车轮的办法来稳定军队是靠不住的。使军队齐心协力,才是统率军队所应遵循的原则。要使各种兵力、兵器都充分发挥其威力,那就要合理地利用地形。

【解析】形式上的简单连接,并不能使它整体强大,只有思想上的一致,内心的统一,才能缔造不倒的长城。

将军之事,静以幽、正以治。

【注释】《孙子兵法·九地》。统帅军队要沉着镇静而善于深思,严正而有条理。

【解析】这里指出统帅军队所应具有的素质。要想从纷繁复杂的事物之中理出头绪,就得沉着冷静且要善于思考。在大敌当前之时,要从容不迫,沉着应付。

兵之情,围则御,不得已则斗,过则从。

【注释】《孙子兵法·九地》。过则从:指士卒陷入危险的境地,就会听从指挥。

【解析】士卒的心理特点一般是,被包围就会齐心抵抗,迫不得已就会拼死战斗,陷于危险的境地,就会听从指挥。为将者,应该懂得这些特点。

施无法之赏,悬无政之令,犯三军之众,若使一人。

【注释】《孙子兵法·九地》。施行破格的奖赏,颁布非常的法令,指挥全军,就像使唤一个人一样。

【解析】提出赏罚应该分明,对于有功的人可以破格奖赏,对于违法的人必须严格处罚。同时应该严格地执行法令,从而使军队能成为一个团结的整体,指挥时才能灵活自如。

犯之以事,勿告以言;犯之以利,勿告以害。

【注释】《孙子兵法·九地》。赋予下级任务,不须说明全部计划;只告诉他们有利的条件,而不告诉他们不利的条件。

【解析】这是从新兴地主阶级立场出发而提出的一种愚兵政策,指出士卒只应机械地服从命令,听从指挥,不能了解作战的实际情形,因而只是一种被动的作战方式,应该予以批判。

投之亡地然后存;陷之死地然后生。

【注释】《孙子兵法·九地》。把军队投入亡地然后才能生存;陷入死地,而后才能得生。

【解析】孙武及其所代表的新兴地主阶级,固然提出并采取一些爱护士卒的措施,但是封建地主阶级的本质决定了官兵不可能有完全共同的利害关系,也决定了以孙武为代表的封建地主阶级,要让士兵为其拼命,并提出"陷之死地而后存"的策略。

为兵之事,在顺详敌之意,并敌一向,千里杀将,是谓巧能成事。

【注释】《孙子兵法·九地》。详:同佯。指导战争的原则,在于顺着敌人意图来愚弄它,而集中兵力,攻其一点。这就能长驱千里,擒杀其将,也就是说,巧妙地运用计谋就可以完成任务。

【解析】这里论述了两层意思,一是正确地选择进攻时机,一旦有机可乘,就要不失时机地开始行动。二是要选定主攻方向,集中兵力指向敌人既是要害又虚弱的地方。具备了这两条,就达成了作战的突然性,就"巧能成事"。

始如处女,敌人开户,后如脱兔,敌不及拒。

【注释】《孙子兵法·九地》。当作战开始前要像处女那样沉静,使敌人不加防备;一旦行动起来就要像放开的兔子一样迅速,使敌人来不及抗拒。

【解析】为了保障突然袭击的成功,一切军事行动的准备都要秘密地进行,巧妙地伪装,以诱骗敌人丧失戒备。同时抓住时机,集中优势兵力,快速作战,这样就能收到事半功倍的效果。

行火必有因，烟火必素具。

【注释】《孙子兵法·火攻》。实施火攻必须具备一定的条件，火攻器材必须事先准备。

【解析】强调施行火攻必须具备一定的条件，才能以火佐攻，达到火攻的目的，同时必须充分准备火攻的器材，才能充分地发挥火攻的威力。

主不可以怒而兴师，将不可以愠而致战。

【注释】《孙子兵法·火攻》。愠：含怒、怨恨。国君切不可因一时恼怒而兴兵，将帅也不可因一时愤恨而交战。

【解析】强调国君和将帅对战争要慎重从事，不可凭感情用事，轻率决定战争行动，这种慎战思想是可贵的，是先秦进步军事思想的共同特点之一。

怒可以复喜，愠可以复说。亡国不可以复存，死者不可以复生。

【注释】《孙子兵法·火攻》。愤怒可以恢复到欢喜，愤恨可以恢复到高兴，然而国亡就不能复存，人死就不能复活。

【解析】警告将帅必须慎重对待战争，决不能由自己一时的喜怒而擅自发动战争，应该依据敌对双方的利益、实力而定，否则后果不堪设想。

先知者，不可取于鬼神，不可象于事，不可验于度，必取于人，知敌之情者也。

【注释】《孙子兵法·用间》。要事先了解敌人情况，不能向鬼神问卜，也不能类比揣测，更不能用观察星象来判定，必须向了解敌情的人索取。

【解析】这是孙武朴素唯物主义思想的突出表现，与儒家唯心主义天命观和先验论是针锋相对的。他强调探知敌情必须向了解敌情的人打听，而不能主观臆断，求神问卜。

非圣智不能用间，非仁义不能使间，非微妙不能得间之实。

【注释】《孙子兵法·用间》。不是英明圣贤的人不能使用间谍，不是仁慈慷慨的人不能利用间谍，不是精微巧妙的人不能取得间谍的真实情报。

【解析】强调了使用间谍时，必须机智、果敢和精心细致，以防止被敌人欺骗和利用，偷鸡不成反蚀一把米，那样对自己的军队会异常危险。

孙膑兵法

孙膑，战国时齐国人，是孙武的后代。曾与庞涓一起学兵法，遭庞涓陷害，被挖去膝盖骨致残。后在齐国任军师，创造性地运用了“围魏救赵”和“增灶减灶”之计，打败了庞涓。他利用智慧帮助齐相田忌在赛马中战胜齐威王的故事，也被人们传为佳话。

夫兵者，非士恒势也。

【注释】《孙膑兵法·见威王》。士：借为恃，意谓军事上没有永恒不变的有利形势可以依赖。

【解析】这句话指出了战争形势的可变性，强调了为将者要根据目前形势冷静分析，努力创造有利于己，不利于敌的战争态势。众所周知，决定战争胜负的因素多种多样，但只要能够克服不利于己的因素，创造出不利于敌的因素，便掌握了战争的主动权，为取得战争的胜利创造极为有利的条件。

孙膑用兵，非常重视创造出有利的战争态势。其方法多种多样，譬如使自己逸对方劳，使对方相互分离而首尾不能相救，使敌人受敌而相互不知，总之要利用一切可乘之机，使自己进退自如，四路通畅，而敌人进退两难，动辄受挫。孙膑运用围魏救赵的战术取得桂陵之战的大捷，正是使对方长途奔进而自己先机制敌，创造出有利于己的战争态势，取得战争的决定性胜利。

孙膑贵势，但认为势并非一成不变，而是不断地运动变化的。指挥战争的毕竟是人，人的主观能动性决定了战争形势无时无刻都有转变的可能。有利于己的形势刹那之间可能转变为不利于己的形势，不利于己的形势也可能通过各种努力转变为有利于己的形势。这就要求指挥官充分发挥自己的才智，一方面提高警惕，密切关注战争发展态势，及时对付不断出现的新情况，牢牢地将战争的主动权抓到自己手中，另一方面也鼓励那些陷入困境的指挥官，要利用一切机会和方法去改变不利于己的战争形势，争夺战争的主动权。战争是政治的外延，是一种斗智艺术，特别在冷兵器时代。《孙子·计》说："将者，智、信、仁、勇、严也。"《孙膑兵法·将义》认为："将者，不可不智胜。"可见智力的运用在战争中的重要性。创造有利于己的势，实际上也成了对指挥官才智的考验，考验其应变能力和创造性思维。

乐兵者亡，利胜者辱。

【注释】《孙膑兵法·见威王》。乐兵：好战。利胜：贪图胜利。那些喜欢动武的人等于是自取灭亡，贪图胜利的人必将受到辱没。

【解析】孙膑深知战争的利害关系。他认识到战争关系着国家的存亡安危，打胜了，可以挽救国家的危亡，打败了，要削地割让甚至亡国，因而务必慎重。轻率用兵，往往会带来悲惨的结局，而贪图胜利，穷兵黩武，也会适得其反。历史已证明了孙膑这句话所包含的真知灼见。秦晋崤之战就是著名一例，秦国国君不听群臣劝阻，为了扩张自己的势力，举兵长途袭郑，由于郑国早已有所准备，只得无功而返，归途中被晋军围歼于崤山，全军覆没。这种轻率之举，让秦国的国力大削。隋炀帝三次发动对高丽的战争，好大喜功，大举征兵，劳民伤财，天怒人怨，结果让刚刚统一起来的政权覆亡在农民起义的浪潮中。战争需要庞大的人力物力的支撑，充满了危险与死亡，正如孙武所言："兵者国之大事，死亡之地，存亡之道，不可不察也。"（《孙子兵法·计》）

人类要进步，社会要发展，国家要兴盛，就必须尽量避免战争，以审慎的态度对待战争。战争给人类带来的破坏是无法估量的，难以弥补的。在战争中，个人的生命财产得不到保障，国家的安全危在旦夕。战争是一把双刃剑，那些发动战争的人在给别的国家和人民带来灾难的同时，也必将给自己的国家和人民带来痛苦。

《孙膑兵法》不仅是战争经验，亦是智者之言，不但对于治国平天下有重要的借鉴作用，就是对一个人的立身齐家也具有指导意义。若一个人贪得无厌地追求私利，必将受到制裁，受到社会的惩罚。

攻其无备，出其不意。

【注释】《孙膑兵法·威王问》。本句意为在敌人没有防备的地方进攻，在敌人预测不到的时候出击。

【解析】孙膑认为，攻其无备，出其不意乃是以一击十的方法。这也是《孙子兵法》中避实击虚思想的进一步发展。虚实是中国古代军事学高度哲学化的术语，其含义十分广泛，包括战争中的许多因素，不仅指兵力部署的虚实轻重，还包括兵力的多寡、装备的优劣、士气的高低、有备与无备、逸与劳等各种对比情况。两军对垒，如果兵力悬殊，进行正面交锋，势必寡不敌众。要想以少胜多，必须广泛收集情报，做出正确判断。只有完全掌握了敌情，才能够在敌人毫无防备、意想不到的地方发动进攻，进而掌握战场的主动权。曹操当年能够以少胜多，取得官渡大捷，就是出其不意地袭击了袁绍的屯粮重地乌巢，使得袁绍七十万大军全盘皆乱，一败涂地。

攻其不备，出其不意的战术采用袭击的方法抓住对方的疏漏之处，以迅雷不及掩耳之势瓦解敌军，可谓刻不容缓，直指要害。战争是一种斗智，人的一些弱点和思维缺陷必然要暴露出来，如果能够及时准确地看出敌人的破绽，果断地采取行动，就能扭转不利局面，为夺取战争胜利创造条件。

必攻不守，兵之急者也。

【注释】《孙膑兵法·威王问》。意指以进攻为主，而不是以防御为主的战略是战争最为紧要的问题。

【解析】必攻不守是孙膑在战略上的一个著名的军事原则，他认为用兵的关键在于总要保持进攻姿态，而反对单纯防御，被动挨打。从历史背景来看，孙膑的进攻思想适应于当时新兴地主阶级政治、经济发展的要求，商鞅也曾说："负海之国，贵攻战。"（《商君书·兵守》）在战争中采取进攻姿态的优越性，已经越来越多地为战争实践所证实，进攻战略也成为现代军事学家推崇的理论，孙膑能在先秦时代就提出并强调为“用兵之急”，实是远见卓识。这种策略不断为后人继承和发展。诸葛亮帮助刘备夺取四川，形成鼎足之势后，面对强大的曹魏政权，不仅统一天下的宏图难以实现，就是西蜀政权也受着压力。诸葛亮并没有实行保境安民的单纯防御策略，而是采取了稳扎稳打，步步为营和蚕食式的进攻方式。这样成功了可以开拓疆土，增强实力，削弱敌人，打得不好也可以以攻代守，却敌于境外。但他六出祁山，终因粮食不继而功亏一篑，殊为可惜。

兵之胜在于篡卒。

【注释】《孙膑兵法·篡卒》。篡：借为选，篡卒即选卒。这句话意为军队打胜仗在于选用强卒。

【解析】这句话强调了士卒在战争中的重要作用。人们在关注战争的时候往往把焦点对准那些功臣名将，而忽视了在前线浴血奋战的广大士兵。殊不知士兵的素质，乃是战争胜败的基本元素，忽视了士卒，就等于忽视了战争本身。故而历代名将都非常重视士卒的选用和训练，历次名战都与精兵参与有关。

兵不在多而在精。孙膑认识到的选用精兵对于战争胜利的重要意义，已成为颠扑不破的真理。秦晋淝水之战，谢玄麾下骁勇剽悍抗秦志坚的北府兵对于晋军击溃投鞭断流的百万秦军起了中流砥柱的作用。太平天国以摧枯拉朽之势动摇了大清江山，后来在湘淮军手中连连受挫，不能不说与湘淮军的组织优良，训练有素，战斗力强有重要关系。

间于天地之间者，莫贵于人。

【注释】《孙膑兵法·月战》。句意为介于天地之间的万事万物，没有比人更为可贵的。

【解析】孙膑强调了战争中人的作用，把士卒的勇敢作为制胜的因素之一，同时，也肯定了“民”心对于战争胜败的影响，认为“兵不能胜大患，不能合民心者也”、“天时、地利、人和，三者不得，虽胜有殃”。并提出了兵强“在于休民”以及“得众胜”的观点。人民群众是历史的创造者，历史唯物主义这样认为。尽管孙膑出于地主阶级的利益考虑到人民群众在战争中的作用，但其正确性已是不言而喻。

“水能载舟，亦能覆舟”，历代开明君主都十分注意收揽民心。战争也是如此，一支军队只有得到老百姓的拥护，才能站稳根基，充实后方，否则就会到处碰壁，连吃败仗。西汉周亚夫率军平定七国之乱，势如破竹，就是因为政治上人们不希望“亡汉”，军事上周亚夫治军严谨，所到之处秋毫不犯，深得民心。淝水之战更是典型一例，苻坚倒行逆施，自取灭亡。侵华日军在中华大地上举步维艰，就是因为他们对中国人民犯下了滔天大罪。人民解放军淮海战役的伟大胜利，则是几百万老百姓用手推车推出的。人民战争胜败的重要因素是人，谁能从思想上、行动上真正掌握了人，谁就可能成为胜利者。

天地之间，莫贵于人。社会的发展亦是如此，只有充分调动人的主观能动作用，发挥其积极性、创造性，才能推动人类的文明进程。我国目前大力提倡科技兴国，加强精神文明建设，正是认识到了人的可"贵"之处。

若欲知兵之情，弩矢其法也。

【注释】《孙膑兵法·兵情》。句意为假若想知道战争的实情，可以拿弓箭来做比喻。

【解析】孙膑认为，士卒好比箭，将好比弓弩，拉弓射箭的人好比君主。首先这句话给战争中士卒、将帅、君主各自扮演的角色定了位，认为只有三方面都符合要求，才能克敌制胜。士兵只有平时加紧训练，上阵才能有效地攻击敌人；未练之卒，仓促上阵，只会一败涂地。将帅只有采取正确的战术，用兵得当，才能发挥士兵的威力，否则就会精兵误用，一事无成。君主如果不能以正确的方法御将，良将强兵也会无用武之地。战争指挥系统是一个完整的有机体，只有各级指挥部门各司其职，才能使战争机器高效运行，夺取胜利。

强将手下无弱兵，历代名将都有一套行之有效的治军办法。如岳飞能把前人治军的优点集中起来，推向极致。岳家军训练有素、武艺高强，临危不惧，处变不惊，人人有独立作战的能力，而且"冻死不拆屋，饿死不掳掠"深受人民拥戴，正因为这样，使得金人闻风丧胆，发出"撼山易，撼岳家军难"的感慨，岳飞和他的岳家军名垂史册，流芳百世。岳飞为将，可谓弩张柄正，岳家军士，可谓犀而善走。

然而君主不能正确御将的教训是惨痛的。安史之乱期间，唐玄宗听信谗言，强命据守潼关的宿将哥舒翰出战叛军锋芒，导致全军覆没，潼关失守，唐玄宗仓皇入蜀。正如孙膑所说："矢轻重得，前后适，而弩张正，其送矢壹，发者非也，犹不中招也。"战争指挥系统一处出错，全盘失灵，必将丧失主动权，导致"削地而危社稷"的结局。

用兵移民之道，权衡也。

【注释】《孙膑兵法·行篡》。权衡：权，秤锤。衡，秤杆。仔细掂量，考虑。句意为用兵和使民，如同用秤称东西一样，需要仔细考虑，不可草率从事。

【解析】这句话又一次体现了孙膑对待战争的谨慎态度。战争就意味着劳民伤财，流血死亡。选将运兵，只有仔细考虑，才能尽量减少损失，取得预期目的。作为地主阶级的军事统帅，能够以冷静的目光审视用兵，权衡利弊，这种战争观是值得欣赏的。战争是牵涉到千家万户的一种特殊政治，与老百姓的利益息息相关。孙膑尊重人民的军事思想，体现了军事家的深谋远虑和过人才智。

知士可信，毋命人离之。

【注释】《孙膑兵法·杀士》。句意谓知道部下值得信赖，就不要让敌人离间之计得逞。

【解析】孙膑认为，善于用兵的将帅能使士卒为之效死，而其中重要的一条是知人善任，用则不疑。将帅和部下应当肝胆相照，同仇敌忾，方能聚集最强大的战斗力。相反，如果互相猜疑，就会使敌人有隙可乘，挑拨离间，扰乱军心，瓦解战斗力。这就需要为将者用智慧的眼光选择人才，熟悉部属的秉性与特长、弱点和缺陷，分配给他合适的职责。其次为将者要有大将风度，对于可信任的部下要推心置腹，相濡以沫，这样才能让属下充分发挥自己的才干，在战场上矢志不渝地为了胜利而拼搏，肝脑涂地，亦在所不惜。只要全军上下融为一体，战斗力就会大大提高，乃至让敌人无懈可击。刘玄德当年三顾茅庐请出卧龙先生诸葛亮，如鱼得水，把军事大权交给诸葛亮，坦坦荡荡，不生半丝疑心，遂使诸葛亮能辅佐自己三分天下；而后主刘禅就不这样了，他昏庸无能，却听信流言，就在蜀军与魏军对垒功败垂成之际将诸葛亮诏回，为的是防止诸葛亮叛乱，使诸葛亮苦心经营的伐魏复国宏图又一次破产。刘备深明“知士可信，毋命人离之”的道理，也可谓一个善用“弓弩”的君主。

古代兵家就特别重视离间对方，瓦解敌人，这样可以起到事半功倍的作用。赤壁之战，由于蒋干中了周瑜的离间之计，才使曹操误杀水军都督蔡瑁和张允，结果水军战斗力大减，被孙刘联军杀得“樯橹灰飞烟灭”。曹操虽是一代英雄，却没有洞明“知士可用，毋命人离之”这句话的真谛。

合军聚众，务在激气。

【注释】《孙膑兵法·延气》。句意谓结集部队准备战争，激发士气是非常重要的。

【解析】“夫战，勇气也。”早在春秋时期齐鲁长勺大战，鲁国军事家曹刿阵前论战就道出了战争中士气高低乃是胜败的重要因素。他认为士气的高低首先取决于民心与兵心，能得民心与兵心，士气才有基础，其次士气还取决于阵前的布置与操作以及士卒的疲劳程度。战国孙膑，反复强调了激励士气，鼓舞斗志的重要性，他认为不同的战争形势下应该用不同的形式激发士气。如在进军中要使士卒有锐气；临境近敌时要使士卒摩拳擦掌有斗志；决战之前应使士卒果断有决心；准备战斗前应使士卒作好持续作战的精神准备。孙膑可谓一位谙于战争心理学的军事家。战争不仅是勇力的较量，同时也是心理素质、精神力量的格斗。善于运用心理战的将帅，往往能“不战而屈人之兵”，即便不能取得这样效果，也可以使自己的军队首先在气势上压倒敌人，战士在沙场上便能够勇往直前，义无反顾地消灭敌人。

士气来源于士卒对整个战争的认识，即战争是正义的还是非正义的，也源于士卒对一场战斗的认识。将帅必须通过各种方式说明参加战争的合理性，鼓励士卒必胜的信念，这对于实现预期目标有着重要的意义，已为无数次战例证明。士气高涨，往往能绝处逢生；士气低落，往往会不战而败，秦晋淝水之战便是一个典型的战例。

孙膑“激气”之说强调指出了心理因素在战争中的重要作用，后世优秀军事家受益匪浅。

富国，强兵之急者也。

【注释】《孙膑兵法·强兵》。句意谓使国家富强是增强军队战斗力的关键。

【解析】战争是交战双方综合实力的较量，军队在战争中若没有强有力的后盾支撑，势必不能有坚实的战斗力。因此，历代意欲强兵之君，无不注重发展国家综合实力。越王勾践战败后，卧薪尝胆，奖励生育，督促农桑，发展生产，在此基础上训练了一支骁勇善战的精锐之师，一举灭吴，报了含垢忍辱之仇。诸葛亮六出祁山，兵锋不可谓不锐，却屡屡因军粮不继半途而废。孙膑把军队建设纳入国家建设的范畴之中，可谓远见卓识。在诸侯争战的年代，弱肉强食，战争已经成了政治斗争的主要形式，军队成了地方集团扩张利益的基本工具。有的国君为了局部利益穷兵黩武，目光短浅，最终只是自取灭亡。孙膑的富国强兵思想则认为军队的战斗力来自国家的实力，否则就是无源之水，无本之木。这对于促进社会生产的发展和人类文明的进步都具有重要意义。

凡阵有十：有方阵，有圆阵，有疏阵，有数阵，有锥行之阵，有雁行之阵，有钩行之阵，有玄襄之阵，有火阵，有水阵。此皆有所利。

【注释】《孙膑兵法·十阵》。战争布阵大体有十种：有方形阵，圆形阵，有稀疏阵，有密集阵，有前尖如锥的阵形，有横列展开的阵形，有左右翼弯曲如钩的阵形，有疑阵，有用火之阵，有用水之阵，这些阵法各有长处，值得利用。

【解析】古代的阵法相当于现在的战斗队形及其运用。随着战争中兵种的增加和战场地形条件的复杂化，双方兵阵的优劣往往对胜负有很大作用。孙膑对阵法的研究是完备而且细致的，《十阵》篇就是探讨阵法的专章，创立了一整套以步兵为主、车骑为辅的阵法理论，孙膑仔细论述了十种阵法的性能和应用。

如疏战是为了虚张声势用的，所以布阵时必须加大行列的间隔距离，多加旗帜，广设金鼓，以少数兵力显示强大的阵容，以吓倒敌人。玄襄之阵是一种迷惑敌人的假阵，这种阵式要多树旗帜，鼓声不绝，作兵车声、马蹄声、步卒噪音以迷惑敌人。孙膑阵法泽被后世，影响深远。诸葛亮北伐中原与司马懿斗智过程中经常活用阵法，让司马懿自叹弗如，从而捍卫了偏安一隅的西蜀政权在特定历史阶段的相对稳定。

孙膑还特别强调阵式要“有锋有后”，前锋进攻，后备守卫，攻守结合，交替轮换。这对于实战更富有指导意义。孙膑十阵之法可谓中国冷兵器时代最完备的阵法演绎。

攻其所必救，使离其固，以揆其虑，施伏设援，击其移庶。

【注释】《孙膑兵法·十问》。固：足以固守的险要地形和工事。揆(kuí)：揣度。庶：众。移庶：移动中的敌军。句意谓攻打敌人一定要救援的地方，从而让敌人离开险要的地形和工事，并揣度敌人的行动意图，设下埋伏引诱敌人，乘敌人正在行动时予以歼灭。

【解析】对于凭险固守之敌，孙膑认为不要强攻，那样对己不利，而应灵活运用战术，引蛇出洞，在运动中歼灭之。围魏救赵，是孙膑运用这种兵法思想的光辉典范。公元前 354 年魏国大将庞涓率兵攻赵，围其国都邯郸。赵求救于齐，齐威王遂命田忌为将，孙膑为军师领兵救赵。孙膑献策命刘军直趋魏的国都大梁，这样庞涓急忙回师看家，孙膑在其必经之路桂陵伏下重兵，以逸待劳，大败魏军，生擒庞涓。孙膑既解邯郸之围，又轻松破敌，可谓一举两得。“攻其必救，击其移庶”的兵法思想在毛泽东那里得到了进一步发展。在解放战争期间，毛泽东指导人民解放军以运动战、歼灭战为主，大量消灭敌人有生力量，经常使用“围城打援”的战术，发挥解放军野战特长，有力地瓦解了国民党的军事力量。

孙膑兵法是一种战争中的用智思想。面对据险固守的强敌，不能硬拼，只能智取，这就需要准确判断敌人的心理态势，这样才能保持自己的力量消灭敌人。如果判断失误，势必弄巧成拙。当年曹操袭击了袁绍乌巢粮库，袁绍不去救援，却认为曹操大本营空虚，派兵攻击，不想中了曹操埋伏，被打得溃不成军。

孙膑认为“胜不可一”，强调灵活运用战法。《十问》篇就是对灵活运用战法的具体论述，“攻其所必救”是其中一例。

所谓善战者，便势利地者也。

【注释】《孙膑兵法·客主人分》。句意谓善于指挥战争的人，是那些善于利用有利形势和良好地形的人。

【解析】战争中有许多不确定的因素，有时有利于己，有时有利于敌。指挥官必须抓住战机，当机立断，方能施展兵威，克敌制胜。孙膑贵势，一再强调掌握战争规律，明了敌我双方情况，利用有利形势，创造有利条件，这样才“能分人之兵，能按人之兵”。

地形因素对战争胜负往往能起到不可忽视的作用。古代优秀军事统帅作战，都要讲究“天时、地利、人和”，认为占据有利地形是战争取得胜利的一个不可或缺的条件。在冷兵器时代，确实如此。凭险据要，往往一夫当关，万夫莫开；不谙地理，背水而战，经常是死路一条。《孙膑兵法》屡屡提到巧妙利用地形地势对于各兵种的配合作战，发挥威力的重要性。所以兵家必争之地多是进可攻、退可守的险关要隘。当然，行军野战，地形因素亦是变化的，这就要求将帅能因地制宜，善于利用地形对己的有利方面。化解不利方面安营扎寨或行军布阵，这样就能不受制于人，充分发挥军队的战斗力。三国争战中，蜀军因不能便势利地，一再吃亏。街亭之战，马谡结寨高冈，被司马懿断了水，蜀军大败，诸葛亮被迫空城退敌，一出祁山徒劳而返。刘备出师东吴为义弟报仇，连营山谷密林。犯了兵家大忌，被陆逊一把大火烧去数万精兵，西蜀从此元气大伤。

孙膑的兵法思想，充分认识到了战争规律，这对于后世的战争活动有重要的启发意义。只要人们灵活应用，必然受益匪浅。

善者，能使分离而不相救也，受敌而不相知也。

【注释】《孙膑兵法·善者》。善者：即善战者。不相知：即互不知情。句意谓善于指挥战争的人能够分割敌人的军队使其无法互相救援，能够攻击敌人而使其互不知情。

【解析】大凡优秀的军事指挥家都十分重视争夺战争的主动权，因为那是胜败存亡的关键。掌握了主动权，就可以让敌人无法发挥优势，忙于寻找对方行动的对策。孙膑认为只要取得主动权，就可以使敌军“沟深垒高不得以为固，车坚兵利不得以为威，士有勇力而不得以为强”，从而陷入进退维谷、不知所措的境地。

兵贵神速。夺取战争主动权必须抓住时机，果断出击，在敌人尚未反应过来之前就能完成分割包围，或重创其一方面，这样就能够为下一阶段的交战顺利展开奠定基础。

故五恭、五暴，必使相错也。

【注释】《孙膑兵法·五名五恭》。恭：恭敬谦逊。暴：凶恶残酷。孙膑认为军队进入敌境内，“恭”、“暴”两种手段要交替使用，即同时使用怀柔和高压政策。句意谓进入敌境，五种程度不同的怀柔政策和高压政策必须交错使用。

【解析】以辩证法思想对待战争,使孙膑兵法颇富理性色彩。军队进入敌境,既不能失之过严,又不能失之过宽,因为二者都会带来不良后果。他把"恭"分为五种程度并列举了不同的结果,认为在敌境过于恭敬谦让,一味采取怀柔政策,就会失去兵威,征集不到粮食,贻误战机进而陷入弹尽粮绝的困境。相反,如果在敌境过于凶暴,一味采取高压政策,也会引起敌境人民的反抗,使军队处处碰壁,从而消耗了战斗力。孙膑恭暴交错使用的办法,一方面可以收揽民心,站稳脚跟,另一方面也能起到震慑作用,从而顺利收缴军用物资,为取得战争胜利做好准备。

历史上许多少数民族军事政权入侵中原,往往受到广大人民的激烈反抗,这不仅是因为民族矛盾的激化,更主要的是因为这些少数民族军事政权代表着落后的生产力,他们入侵的目的是掳掠人口和财富,因而不懂得恭暴并施扩大战果。而解放战争期间,人民解放军能在少数民族地区顺利进军,追击国民党残余势力,就是恰当地借鉴了孙膑恭暴交错的兵法思想。

兵不能胜大患,不能合民心者也。

【注释】《孙膑兵法·兵失》。患:忧患,灾祸。军队不能战胜祸国殃民之兵,是由于不能符合民意,顺乎民心。

【解析】一个国家的军队要想真正成为捍卫政权的钢铁长城,首先这个政权必须能代表比较先进的生产力,符合历史发展的潮流,其次这个军队必须有严明的纪律、坚强的战斗力,能受到广大人民的支持和爱戴。孙膑尊重战争规律,一再强调得民心对于军队提高战斗力和捍卫国家政权的重要性,他把失民心作为战争失利的一大因素。这固然是基于当时群雄争霸的历史局面提出的,但对于后世的政治军事斗争有重要的借鉴作用。公元755年,安禄山自范阳起兵反叛。叛军一路上势如破竹,长驱直入,唐军望风而逃,溃不成军,最后连长安也丢了。这一方面是由于唐玄宗长年纵情声色,不修朝政,朝廷上下腐朽糜烂,竞相以鱼肉百姓为快,老百姓对此深恶痛绝;另一方面也是由于唐军借平叛之机抓丁拉夫,扩充军队,横征暴敛,搜刮民脂民膏,广大人民生活在水深火热之中。伟大的爱国主义诗人杜甫的著名诗篇《三吏》、《三别》就揭露了这种社会现实。因此,唐军在叛军面前不堪一击,唐政权在叛乱冲击下摇摇欲坠并非偶然,孙膑早就揭示了它的必然性。

将者不可以不义,不义则不严,不严则不威,不威则卒弗死。故义者,兵之首也。

【注释】《孙膑兵法·将义》。义:指合乎道德的行为。句意谓作将军的人不能没有道义,没有道义就不能严格治军,不能严格治军就没有威风,没有威风战士就不能拼死作战。所以讲求道义,是将帅治军的首要问题。

【解析】孙膑十分注重选将,因为将在古代军事斗争中起着主导作用,将帅的道德水平,思想作风往往决定着一支军队的整体素质。将帅只有以身作则,修身立德,方能在士兵中间树立威信,从而做到从严治军,令行无阻。否则,上梁不正下梁歪,整个军队如果没有统一的思想道德规范约束,就会军心涣散,没有战斗力。孙膑所强调的"义",主要是要求为将者有明确的是非观念,并能与士卒患难与共。在《将义》中,他以"义"、"仁"、"德"、"信"、"智"等五个条件作为将帅必须具备的品质提出,并以首、腹、手、足、尾等来比喻这五者的重要性和紧密关系,体现了孙膑选拔军事统帅任人唯贤的思想,这对于克服军事将领的腐败无能、骄淫奢逸有着积极意义。

爱之若狡童,敬之若严师,用之若土芥。

【注释】《孙膑兵法·将德》。狡:年少而美好。芥:草芥。土芥:比喻轻微无价值的东西。

【解析】兵将合一是孙膑兵法的又一闪光思想。将领必须爱兵如子,敬重士兵,这样才能得兵心。将领爱护士兵,士兵拥戴将领,全军上下团结一致,凝聚成一个铁拳头,就会有坚强的战斗力,在战争中立于不败之地。岳飞与士卒同甘共苦,同寝同食,自家儿子犯了军规,也予以重责。因此岳家军能够战无不胜、攻无不克。张飞性情粗暴,经常苛责军士,恣意打骂,最后因此死于非命。刘备伐吴失败,张飞负有不可推卸的责任。由此可见将与兵相处融洽则军威大振,否则就会国力衰微。

当然,为将者也不可有妇人之仁,在必要的时候必须舍得投入兵力参加战斗,否则就会因小失大。战国时期,群雄争霸,秦有鞭笞天下之志,纵兵东进,各诸侯国为保存实力,互不救援,坐山观虎斗,遂被强秦各个击破,虎狼之心得逞。战斗中将领如果舍不得投入兵力,将不会取得决定性胜利,甚至有被敌人蚕食的危险。解放战争期间,国民党军队内部派系林立,许多将领为了保存实力,不肯冒险援救友军,殊不知覆巢之下,安有完卵,最终都被人民解放军击垮了。

孙膑兵法,是一种对战争规律的总结。让不懂战争规律的人指挥战争,就等于盲人骑瞎马,结果不言而喻。

赏不逾日,罚不还面。

【注释】《孙膑兵法·将德》。逾:超过。还:转。还面:转脸,引申为改变主意。句意谓奖赏当日兑现,惩罚立即执行。

【解析】赏罚分明,令行禁止,才能造就威武之师。将领如果是非不辨,赏罚不明,士兵就没有冲锋陷阵的动力,反而会滋生贪生怕死,胡作非为的温床。

许多人效命疆场，就是为了建功立业，赏罚不明会演绎多少“冯唐易老、李广难封”的人生悲剧和历史悲剧。有一部分人混入军籍，是为了取得升官晋级的阶梯。汉武帝的贰师将军李广利何尝不是如此。汉武帝鱼目混珠，劳师动众让他去夺取西域良驹大宛马，结果是祸国殃民，引发了多少“年年战鼓埋荒外，空见葡萄入汉家”的悲慨。

所以，赏罚分明则兵强国兴，赏罚不明就会使军队的战斗力受到削弱，国家的实力受到损失。孙膑兵法思想早在几千年前就给我们指出了这个道理。

战者，以形相胜者也。

【注释】《孙膑兵法·奇正》。形：有形体的事物。形、名之辨是我国古代哲学思想论争的焦点，形相当于物质的东西。

【解析】战争是两军实力的较量，要想取得胜利，必须依靠实实在在的战斗力，而不能凭借一些幻想的虚无缥缈的东西，因为那是经不起实践检验的。一个国家要想建立强大的军队，必须有强大的物质力量做后盾，纸上谈兵，痴人说梦，不仅无济于事，还会自取灭亡。因此，军事斗争必须强调可见的、能形诸于物的军事因素。宋楚泓水之战，宋襄公打着仁义旗号，妄图以仁义取胜，一再贻误战机，结果被楚军杀得狼狈逃窜，那面“仁义”大旗连同宋军的车甲仗，都成了楚军的战利品。可见强调“名”的战斗是多么愚蠢。

所以制形壹也，所以胜不可壹也。

【注释】《孙膑兵法·奇正》。句意谓用来制胜的原则是一样的，但用来制胜的事物却不能讲求同一，那是多种多样的。

【解析】孙膑主张在尊重战争规律的前提下，灵活多变地运用战略战术，这样才能不落俗套，创造性地克敌制胜。变与不变的道理，古人多有论述。《吕氏春秋·察今》曾以循表夜涉、刻舟求剑等好几个例子论述了客观事物在不断地发展变化，只有尊重规律，实事求是，才能避免出错。战争中更是有许多不确定的因素在起作用，任何一个细小环节的变化，都会阻碍战争朝预期方向的发展。如果在战争中抱定兵书战策生拉硬套，就容易陷入被动局面，被敌人牵着鼻子走。相反，如果能灵活运用兵法，往往会化险为夷，绝处逢生。诸葛亮从祁山退兵，反用孙膑添兵减灶之法，一路增灶，迷惑司马懿，使其不敢纵大军追杀，蜀军安然撤回境内。

形以应形，正也；无形而制形，奇也。奇正无穷，分也。

【注释】《孙膑兵法·奇正》。奇正是古代军事上常用的术语。奇和正相对。正指一般的、正常的，奇指特殊的、变化的。句意谓用有形对付有形，是正；

用无形制服有形，是奇。奇正变化无穷，是其分化的结果。

【解析】孙膑看到了战争中的奇与正具有两重性和可变性，是一对对立统一的因素，它们不是绝对的、静止的，而是相对的、发展的。将帅用兵的原则就是奇正互补，灵活运用。两军对垒，正面交锋，往往能决一雌雄。但是如果胜负难分、众寡悬殊或敌人据险固守，就得以奇兵谋之。但毕竟奇兵是冒险行为，须谨慎从事，灵活运用。当然，随着战争形势的变化，正可以变奇，奇可以变正，只要为将者能把握战争规律，灵活运用，就能创造不利于敌、有利于己的战争态势，从而达到克敌制胜的目的。

司马法

《司马法》是中国古代著名兵书《武经七书》之一。旧题司马穰苴撰。司马穰苴生卒年不详,《史记》称其为齐景公时人。《司马法》包含有春秋以前的以及以后的军事原则,如“成列而鼓”等,但它更为丰富的内容是根据春秋末期和战国初的战争实践经验而提出的进步军事思想,如它提出“国虽大,好战必亡;天下虽安,忘战必危”的重要思想。

古者，以仁为本，以义治之之谓正。

【注释】《司马法·仁本》。正：通“政”，即政治的意思。

【解析】古人治国以仁爱为本，以正义的方法来处理国家的事情，这就叫做政治。

正不获意则权。权出于战，不出于中人。

【注释】《司马法·仁本》。人：通“仁”。政治达不到目的的时候，就要使用权势，权势总是出于战争，而不是出于中和与仁爱。

【解析】政治与权势是达到某种目的的手段，通过政治解决不了的问题，往往要依靠权势的压制来实现。

杀人安人，杀之可也；攻其国，爱其民，攻之可也；以战止战，虽战可也。

【注释】《司马法·仁本》。杀掉坏人而使大众得到安宁，杀人是可以的；进攻别的国家，出于爱护他的民众，进攻是可以的；用战争制止战争，即使战争，也是可以的。

【解析】这句话体现了《司马法》的战争观，它指出从仁爱出发，为了大多数人的利益，可以打击毁灭少数人的非正当的利益。尤其是发动战争，只要是为了制止战争，爱护人民，就可以进行战争。

仁见亲，义见说，智见恃，勇见方，信见信。

【注释】《司马法·仁本》。说：通“悦”。君主应该以仁爱为民众所接近；以正义为民众所喜爱；以智谋为民众所倚重；以勇敢为民众所效法；以诚实为民众所信任。

【解析】提出君王被人民接受的几项要求，应该以“仁”、“义”、“智”、“勇”和“信”为准则。这是《司马法》中所推崇的五种美德，今天的领导人也应该借鉴其中的积极成分，为民众所接近、喜爱、倚重、效仿和信任。

国虽大，好战必亡；天下虽安，忘战必危。

【注释】《司马法·仁本》。国家虽然强大，好战必定灭亡；天下虽然太平，忘掉战争准备，必定危险。

【解析】发动战争，只能制造罪恶，为自己树立更多的敌人，所谓“得道多助，失道寡助”，结果只能是亡国。但也不能因为天下太平就忘掉战争，要居安思危，否则就会有危险。

王霸之所以治诸侯者六：以土地形诸侯，以政令平诸侯，以礼信亲诸侯，以礼力说诸侯，以谋人维诸侯，以兵革服诸侯。同患同利以合诸侯，比小事大以和诸侯。

【注释】《司马法·仁本》。王霸：指天子与霸主。合诸侯：指诸侯的集合、订盟。比：近，亲近之意。事：侍奉、尊敬的意思。古时天子或者霸主治服诸侯的办法有六种：用调整封地的大小来控制诸侯，制订政策法规来约束诸侯，用礼仪诚信来亲近诸侯，馈赠财物来使诸侯悦服，派有才能的人去扶持诸侯，用强大的军队来慑服诸侯。再以共同的利害来把诸侯联合起来，大国亲近小国，小国尊敬大国，和睦相处。

【解析】所谓唇亡齿寒，诸侯国只有互相依存，团结对敌，才能获得各自的生存和发展，离散则会导致灭亡。战国时期，秦灭六国的过程就是一个典型例子。六国先因团结对抗秦国得以生存，但后因分散被秦所灭。

天子之义必纯取法天地而观于先圣。士庶之义，必奉于父母而正于君长。

【注释】《司马法·天子之义》。天子正确的思想行为，应当是取法天地，借鉴古代君王。士人的正确思想行为，应当是遵从父母教训，不偏离君主和长辈的教导。

【解析】说明"天子之义"与"士庶之义"的不同来源。"士庶之义"应该来自于父母的训导，同时又不偏离君主和长辈的教导。

古者，国容不入军，军容不入国，故德义不相逾。

【注释】《司马法·天子之义》。国：朝廷。容：礼仪。古时候，朝廷的礼仪法度，不能用于军队，军队的礼仪法度，不能用于朝廷。所以德和义就不会互相逾越。

【解析】"国容"与"军容"的侧重点不同，"国容"重在礼让，使国民和睦相处，而"军容"重在义勇，能使士卒奋勇杀敌，不相逾越，才能保持军队的独立性，才能灵活自如地运用战术。

上贵不伐之士，不伐之士，上之器也，苟不伐则无求，无求则不争。

【注释】《司马法·天子之义》。君主必须敬重不自夸的人，因为不自夸的人，是君主所宝贵的人才，如能不自夸，说明他就没有奢望，没有奢望就不会和别人相争。

【解析】"不自夸"能被君王看重，是因为不自夸的人重在实际行动，重在脚踏实地地干事，而不是与别人争高下。

国中之听，必得其情，军旅之听，必得其宜，故材技不相掩。

【注释】《司马法·天子之义》。朝廷听取这些人的意见，一定能掌握真实情况，军队里能听取这些人的意见，事情就会得到妥善处理，这样有才技的人就不致被埋没了。

【解析】提出了“不伐之士”的重要性，既有利于朝廷的正确决策，又有利于军队妥善处理事情。贤才可以被任用，国家就会变得昌盛。

从命为士上赏，犯命为士上戮，故勇力不相犯。

【注释】《司马法·天子之义》。对服从命令的人，上级要给予奖励，对于违抗命令的人，上级要给予制裁，这样，有勇力的人就不敢违抗命令了。

【解析】强调了赏善罚恶的重要性。听从命令，服从指挥是军人的天职，而违抗命令，擅自行动则会给军队、国家带来不可估量的损失，对于这样的人必须加以惩治。

事极修，则百官给矣，教极省，则民兴良矣，习惯成，则民体俗矣，教化之至也。

【注释】《司马法·天子之义》。各项事业治理得好，各级官吏就尽到职责了。教育内容简明扼要，民众就容易学得好，习惯一经养成，民众就会按习俗行事了。这就是教育的最大成效。

【解析】提出了教民化俗的重要性。教育要依据民众的特点，灵活有效地采取一些措施，让民众在轻松的接触中就学到知识，培养兴趣，最终达到教民化俗的目的。

古者，逐奔不远，纵绥不及，不远则难诱，不及则难陷。

【注释】《司马法·天子之义》。古人用兵，追击败逃的敌人不过远，追踪主动退却的敌人不迫近。不过远就不易被敌人诱骗，不迫近就不易陷入敌人的圈套。

【解析】提出古人用兵的策略。敌人诱之以利，我们应不为之所动，才能不至于陷入危险。不能只贪图眼前利益而使自己身陷牢笼，更不能贪图一时的快乐而使自己终身痛苦。

兵不杂则不利。

【注释】《司马法·天子之义》。各种兵器不配合使用，就不能发挥威力。

【解析】优秀的将帅在于能使各种兵器都发挥它的长处，避开它的不足，这样方能发挥兵器的威力，进退自如，不为兵器所羁。

师多务威则民诎，少威则民不胜。

【注释】《司马法·天子之义》。民：庶民，战时就是军队中的士卒。诎：同屈，压抑。民诎：就是士卒受到压抑。治军过于威严，士卒就会受到压抑，缺少威信，就难以指挥士卒克敌制胜。

【解析】强调治理军队不仅仅只有威严，还要施以仁爱。太严，则会使士兵受到压抑，产生厌恶感，不严就会丧失威信。"威严"与"仁爱"二者要有度，找到其最佳契合点，才能克敌制胜。

军旅以舒为主，舒则民力足。

【注释】《司马法·天子之义》。舒：徐缓。军队行动，以从容不迫为主，从容不迫就能保持士卒力量的充沛。

【解析】这是早期方阵战术进攻的特点。由于采用庞大的战车和步兵结合方阵队形，要维持队形不乱，就必须在前进中不断整顿行列，即使交战也要"徒不趋，车不驰"。与后来主张兵贵神速不同。

赏不逾时，欲民速得为善之利也；罚不迁列，欲民速睹为不善之害也。

【注释】《司马法·天子之义》。奖赏不要过时，为的是使民众迅速得到做好事的利益。惩罚要就地执行，为的是使民众迅速看到做坏事的恶果。

【解析】主张奖励和惩罚应该迅速，奖励是为了表扬为善的，同时鼓励民众积极向善。而惩罚是为了打击造恶的，让那些企图以身试法的人悬崖勒马。

大捷不赏，上下皆不伐善。上苟不伐善，则不骄矣，下苟不伐善，必亡等矣。

【注释】《司马法·天子之义》。大胜之后不颁发奖赏，上下就不会夸功，上级如果不夸功，就不会骄傲了；下级如果不夸功，就不会向上比了。

【解析】显示出《司马法》中对于军队胜利之后"奖赏"的一种态度。不进行奖赏，可以使将帅和士卒都认为取得胜利只是自己分内职责，没有必要夸耀什么，从而能使将士没有过分的奢求，专心于本职工作。

大败不诛，上下皆以不善在己，上苟以不善在己，必悔其过，下苟以不善在己，必远其罪。

【注释】《司马法·天子之义》。大败之后不执行惩罚，上下都会认为错误是在自己。上级如果认为错误是在自己，必定决心改正错误，下级如果认为错误在自己，就必定不犯错误。

【解析】胜败乃兵家常事，奖赏胜者或惩罚败者并不是十分重要的，而最重要的是要总结其成败的原因，从中吸取教训，让每一位将士都明白成功是自己的功劳,失败是自身的错误。

将心,心也;众心,心也。

【注释】《司马法·定爵》。《汇解》:"将心士心同一心也。"就是说,将帅的意志和士卒的意志必须统一。

【解析】将帅的意志和士卒意志的统一,是取得战争胜利的重要保证。从来没有将士不和而能在战场上取胜的例子。

教惟豫,战惟节。

【注释】《司马法·定爵》。训练重在平时,作战重在指挥。

【解析】只有注重平时的训练,加强其战斗力,在战场上将帅才能灵活自如地指挥作战,犹如学习,既要注重平时的学习,又要注重对知识的运用,这样才算是善学者。

将军,身也;卒,支也;伍,指姆也。

【注释】《司马法·定爵》。卒:周朝时一百人为一卒。把将军、卒、伍比作身体的一部分,说明只有协调一致,才能行动自如。

【解析】同样强调了将军、士卒和伍的一致性,它们是完整统一、不可分割的,只有协调一致,在战场中才能进则同进,退则同退,应对自如。

凡战,智也;斗,勇也;陈,巧也。

【注释】《司马法·定爵》。陈:通"阵"。作战指挥要用智谋,战斗行动要靠勇敢,军队布阵要巧妙灵活。

【解析】指出军队作战中,"战"、"斗"、"陈"的不同,概括比较精到。没有谋略的指挥家,只能是鲁莽的,战争也必然是失败的;不勇敢的军队在战场上只有退却,绝不可能战胜对方;若布阵是笨重的,只能是以己所短攻敌所长,结果是非常明白的。

用其所欲,行其所能,废其不欲不能。

【注释】《司马法·定爵》。力求实现自己的意图,也要量力而行,不要去做违反自己意图和力所不及的事。

【解析】力图实现自己的目的,要量力而行,不能以卵击石。所谓量力而行,就是在遵循客观规律的基础上,依据自己的实际能力来行事。

凡战，间远，观迩，因时，因财，贵信，恶疑。

【注释】《司马法·定爵》。

【解析】兴兵作战，远处要派间谍去打探消息，近处要注意观察。行动要选择适当时机，也要考虑到自己的财力，使自己的军中崇尚诚信，避免互相不信任。

作兵义，作事时，使人惠，见敌静，见乱暇，见危难无忘其众。

【注释】《司马法·定爵》。兴兵要合乎正义，做事要抓住时机，用人要使恩惠，遇敌必须沉着，遇着混乱必须从容，遇着危险和艰难不要忘掉部队。

【解析】指出军队中应该注意的事情，合乎正义才能得到国民的理解和支持，把握时机才能先发制人，冷静才能运用谋略，静中求胜。而时刻以军队为虑，以国家为虑，将士才能奋不顾身。

居国惠以信，在军广以武，刃上果以敏。

【注释】《司马法·定爵》。治国要施恩惠讲信用，治军要宽厚要威严，临阵要果断要敏捷。

【解析】概括了为国、治军、作战中的不同要求。治理国家要使人民得到实惠，受到人民的衷心拥护和信任；治理军队既要以威严来树立威信，又要以宽厚赢得士卒的信任和理解。而对敌人，要敏捷果敢，要英勇善战。

居国和，在军法，刃上察。

【注释】《司马法·定爵》。治国要上下和睦，治军要法令严明，临阵要明察情况。

【解析】同样指出为国、治军、作战要注意的事情。国内和睦，才能上下一致，同心协力共同发展；以法治军才能纪律严明，既无犯法之士，又无违令之禁；作战能明察情况，才能临阵不乱，从容应敌，求得战争胜利。

物既章，目乃明。虑既定，心乃强。

【注释】《司马法·定爵》。物：指旗帜。旗帜鲜明，部队才看得清楚。作战计划已经确定，决心就应坚定。

【解析】旗帜鲜明，部队才能有前进的方向，才能在战斗中有行动的目标。而作战计划一经决定，就必须坚决贯彻执行，而不能犹豫不决，似是而非。

容色积威，不过改意。

【注释】《司马法·定爵》。和颜悦色地讲道理或严厉地予以管教，都不过是为了使人改恶从善。

【解析】无论是和颜悦色地讲，还是严厉地教训，都只是希望人能够改恶从善的一种方式而已。

唯仁有亲。有仁无信，反败厥身。

【注释】《司马法·定爵》。只有仁爱，才能使人亲近，但是只讲仁爱而不讲信义，反会使自己遭到失败。

【解析】讲仁爱的人，能够让人感到平易近人，令人感到亲切，因此值得信赖。但是只讲仁爱而失去信用，却令自己处在困厄之境。

凡军，使法在己曰专，与下畏法曰法。

【注释】《司马法·定爵》。

【解析】凡率军，将帅只知道发号施令就是"专"，上下都能一致遵守的才是"法"。如果将帅搞特殊，那就等于是将帅在践踏法令，那么兵士也会看轻法令的。

凡战之道，位欲严，政欲栗，力欲窕，气欲闲，心欲一。

【注释】《司马法·严位》。栗：通慄，畏惧，森严的意思。作战的一般原则，战斗队形中士卒的位置要严格规定，号令要森严，行动要敏捷，士气要沉着，意志要统一。

【解析】指出作战的基本要求，官兵应各司其职，协调一致，统一行动，决不可以凭借一时的豪气，而不顾整个部队的组织和纪律。

远者视之则不畏，迩者勿视则不散。

【注释】《司马法·严位》。迩：近。对远处的敌人观察清楚了就不会惶恐；对近处的敌人，要目中无敌，就会集中精力，进行战斗。

【解析】训练士卒的一种办法。能够在战略上蔑视敌人，视其为无形，战术上要重视敌人，以敌为重，才能集中精力，全力以赴地去攻击敌人。

人戒分日；人禁不息，不可以分食；方其疑惑，可师可服。

【注释】《司马法·严位》。对小部队下达的号令，半天以内就要执行；对个别人员下达的禁令，要立即执行，甚至不等吃完饭就要执行；要乘敌人尚在疑惑不定的时候，用兵袭击，可以征服它。

【解析】强调了要迅速地做出反应，不能在时间上有所拖延。这样在战斗中，才能抓住有利时机，给敌人以致命打击。

以力久，以气胜。

【注释】《司马法·严位》。凡兵力充实就能持久，士气旺盛就能取胜。

【解析】指出兵力和士气是军队能够取胜的两项重要条件。这就要求将帅要善于鼓舞士气，使军队具有旺盛的战斗力。并且能够充分调动士卒，使其成为一个完整的整体，具有坚强的实力，在战争中取得胜利。

人有胜心，惟敌之视。人有畏心，惟畏之视。两心交定，两利若一。两为之职，惟权视之。

【注释】《司马法·严位》。人们都有了求胜之心，这时就应该着重研究敌情。人们都存畏惧之心，这时就应着重研究他们是畏惧什么？把求胜之心和畏惧之心都研究清楚，把两方面的有利条件都发挥出来。而对这两方面情况的掌握，就全在于将帅的权衡。

【解析】强调了将帅的重要作用，将帅要能够根据彼此的情况，全面地去权衡战斗的利弊，从而做出正确决定。

敬则慊，率则服。

【注释】《司马法·严位》。凡是作战，谨慎从事就能达到目的，以身作则就能服众。

【解析】强调"慎战"和"为人表率"的重要作用。要根据实际情况，进行充分准备，坚决有序地进行战争，而不能盲目行动，轻率攻敌。

以轻行轻则危，以重行重则无功，以轻行重则败，以重行轻则战，故战相为轻重。

【注释】《司马法·严位》。使用小部队对敌可能有危险，使用大部队对敌可能不成功，使用小部队对敌大部队就要失败，使用大部队对敌小部队就要迅速决战，所以作战是双方兵力的对比和较量。

【解析】这一观点有些偏颇，太多地注重了兵力数量对比在战争中的作用，而忽视了军队中官兵的战斗力，以及战术的运用对战争胜负的重要影响。

舍谨甲兵，行慎行列，战谨进止。

【注释】《司马法·严位》。驻军时要注意严整战备，行军时要注意行动整齐，作战时要注意进止有节。

【解析】这是早期战争的要求。但随着经济的发展和骑兵的投入使用等，这一战略要求就显得陈旧，不合时宜了。

凡马车坚，甲兵利，轻乃重。

【注释】《司马法·严位》。只要兵车坚固，甲胄兵器精良，虽是小部队也能起大部队的作用。

【解析】这里强调了军队装备的重要作用，同样有些偏颇，就以中国的解放战争为例，国民党可谓装备精良，既有飞机大炮，又有充足的物资补给，但在解放军小米加步枪的袭击中溃败。

上同无获，上专多死，上生多疑，上死不胜。

【注释】《司马法·严位》。将领喜欢随声附和，就不会有所成就。将领喜欢专横武断，就会多有杀戮。将领贪生怕死，就会疑虑重重。将领只知拼命，就不能取得胜利。

【解析】指出将领所应警戒的几种行为。要求有所作为的将领不能随声附和，应根据实际情况，做出自己的主观判断；更不能专断自私贪生怕死，要具有博大的胸怀，远大的目标，决不能为了蝇头小利而丧失大局。

教约人轻死，道约人死正。

【注释】《司马法·严位》。一般作战，用法令约束人，只能使人不敢怕死，用道义感动人，才能使人们愿意为正义而死。

【解析】提倡用道义来约束军队，才能治理出无所畏惧，奋勇拼搏的军队，而用简单的法令来约束，只能使士卒被动地进行战斗。

三军之戒，无过三日；一卒之警，无过分日；一人之禁，无过瞬息。

【注释】《司马法·严位》。对全军下达的命令，三天之内就要贯彻执行；对百人小部队下达的命令，半天以内就要执行；对个别人员的指示，要立即执行。

【解析】强调下达的命令要准确及时地执行。只有准确及时，才能抓住有利战机，全面有效地去攻击敌人，给敌人以致命打击。

凡大善用本，其次用末。

【注释】《司马法·严位》。本：根本。末：末端。这里本指谋略，末指攻、伐、击、刺等。进行战争，最好的方法是用谋略取胜，其次才是用攻战取胜。

【解析】强调用谋略取胜才是“大善”。这与“上战伐谋”的意思是一致的，这种思想观点的提出比先前只注重军队力量对比的战法有较大进步，它要求应该充分发挥人的主观能动性，依靠智谋来取得事半功倍的效果。

执略守微，本末惟权。

【注释】《司马法·严位》。必须掌握全局的形势，抓住具体环节，(以决定)是用谋略取胜还是以攻战取胜，这是作战时应该权衡的问题。

【解析】只有依据战场的全局情况，分析敌对双方的力量对比，才能做出正确决策，采取有效的攻击办法，打击敌人。

凡胜，三军一人，胜。

【注释】《司马法·严位》。凡是胜利，都是由于全军团结得像一个人，才能取得。

【解析】强调了军队官兵团结统一，协调一致在战斗中的决定作用。官兵团结，才能发挥重要的作用，才能互相配合，发挥出其长处，攻敌于无形。

凡战，非陈之难，使人可陈难，非使可陈难，使人可用难，非知之难，行之难。

【注释】《司马法·严位》。一般作战，不是布阵难，而是使吏卒熟悉阵法难，不是使吏卒熟悉阵法难，而是使他们灵活运用难。总之，不是懂得阵法难，而是实际运用难。

【解析】强调在战争中实际运用战术的重要性，它不只是要求人能够纸上谈兵，夸夸其谈，而是要依据实际情况，灵活有效地采取措施，准确及时地攻击敌人。

凡战，既固勿重。重进勿尽，凡尽危。

【注释】《司马法·严位》。凡是作战，战斗力强就不要过于持重。即使兵力雄厚，进攻时也不要把力量一次用尽，凡是把力量用尽了的都很危险。

【解析】要能根据自己兵力的强弱，进行战斗，但注意要保存后备力量，不能全部都用上。同时也强调了在战斗中应该灵活有效地作战，不能太过持重。

人方有性，性州异，教成俗，俗州异，道化俗。

【注释】《司马法·严位》。各地的人各有其性格，性格随各州而不同。教化可以形成习俗，习俗也是各处不同。通过道德的教化就能统一习俗。

【解析】强调道德教化在化俗中的作用，这也在治军中有所体现。既要注重纪律，使士卒有令必行，同时更要以道德来教化士卒，使其衷心执行命令。

凡众寡，既胜若否。

【注释】《司马法·严位》。不论兵力大小，打了胜仗就要和没有打胜仗一样不骄不懈。

【解析】打了胜仗，要不骄不躁，如同没有打胜一样。要善于总结经验，作充分准备，以便将来取得更大胜利。

凡战，胜则与众分善。若将复战，则重赏罚。若使不胜，取过在己。

【注释】《司马法·严位》。

【解析】用兵打仗，取胜了就要与全军分享荣誉；如果接下来还要战斗，就要把赏罚搞得更加严明；如果战斗失利，首先要自己承担责任，不要一味责怪下属。接下来《司马法》又说："胜否勿反，是谓正则。"就是说，无论打了胜仗还是打了败仗，都不要违反这个原则。只有这样才有利于下一次战斗的胜利。

凡民，以仁救，以义战，以智决，以勇斗，以信专，以利劝，以功胜。

【注释】《司马法·严位》。专：专擅。指使下级唯命是从。

【解析】将领应该这样对待士兵：用仁爱之心来解救他们的危难，用道义鼓励他们为正义而战，用智慧明辨他们的功过，用勇敢的精神带领他们去战斗，树立威信让他们乐于听命，用财物激励他们去效力，用功勋鼓舞他们去争取战斗的胜利。

心中仁，行中义，堪物智也，堪大勇也，堪久信也。

【注释】《司马法·严位》。思想要合乎仁爱，行为要合乎道义，处理事物要智慧，制服强敌要靠勇敢，长久地赢得人心要靠信任。

【解析】我们国家是礼仪之邦，向来注重礼仪，行事要合乎仁，讲究义，就连行军打仗也要遵循仁义原则，这样堪称大智、大勇，才能长久被信任。

让以和，人以洽，自予以不循，争贤以为人，说其心，效其力。

【注释】《司马法·严位》。谦逊而和蔼，上下因而融洽，自己承担错误，而把荣誉让给别人，就能使士卒悦服，乐于效力。

【解析】行军打仗，讲究士气。唯有上下团结一致，长官善待士兵，领导有方，才能使士卒心悦诚服，乐于为其效力。

凡战之道，用寡固，用众治，寡利烦，众利正。

【注释】《司马法·用众》。指挥作战的要领，兵力弱小应力求营阵巩固，兵力强大，应力求严整不乱。兵力弱小利于变化莫测出奇制胜，兵力强大利于正规作战。

【解析】扬长避短，根据自己实际情况做出布置，做到胸有成竹，不论用兵还是经商、行事，道理相同。所以用兵时，若兵力弱小，应力求巩固阵营；兵力强大，应力求严整不乱，这样便能取胜。

凡战，击其微静，避其强静；击其疲劳，避其闲窕；击其大惧，避其小惧，自古之政也。

【注释】《司马法·严位》。凡是作战，要进攻兵力弱小而故作镇静的敌人，避开兵力强大而沉着镇静的敌人；进攻疲劳沮丧的敌人，避开安闲轻锐的敌人；进攻非常恐惧的敌人，避开有所戒备的敌人，这些都是自古以来治军作战的办法。

【解析】攻打敌人虚弱之处，是用兵作战的方法之一，但具体用来又各不相同。避实就虚，知己知彼，方能百战不殆。

凡战，设而观其作，视敌而举。

【注释】《司马法·用众》。一般作战，先摆好阵势，不忙于作战，看敌人怎样行动，再采取相应的行动。

【解析】作战要做周密计划，精心布置，不忙于应战，要做好充分准备，静观敌人行动，然后采取相应的行动。

攻则屯而伺之。

【注释】《司马法·用众》。屯：聚击，集中兵力的意思。如果敌人进攻，就看准敌人的破绽去打击它。

【解析】集中兵力攻打敌人破绽之处，使之方寸大乱，然后各个击破，定能大胜。

进退以观其固，危而观其惧，静而观其怠，动而观其疑，袭而观其治。

【注释】《司马法·用众》。用忽进忽退的行动，以观察敌人的阵势是否稳固；迫近威胁敌人，看敌人是否恐惧；按兵不动，看敌人是否懈怠；进行佯动，看敌人是否疑惑；突然袭击，看敌人阵容是否整治。

【解析】两军对垒，应运用自己的聪明才智，探其虚实，寻求攻破之法，或进退，或静观，或袭之。

击其疑，加其卒，致其屈。

【注释】《司马法·用众》。在敌人犹豫不决的时候打击它，乘敌人仓促无备的时候进攻它，使敌人战斗力无法施展。

【解析】在势均力敌之际，机遇对每方来说都至关重要，谁先抓住时机，谁就能趁其犹豫不决，仓促无备时攻之，使之无法发挥战斗力。

袭其规，因其不避，阻其图，夺其虑，乘其惧。

【注释】《司马法·用众》。袭击敌人并打乱它的部署，利用敌人冒险轻进的错误，阻止它实现企图，粉碎它既定的计划，乘它军心恐慌时歼灭它。

【解析】趁敌之不备之时，袭击它，打乱它的布阵。并能抓住敌人每一次失误，阻止它的企图的实现，粉碎它的作战计划，乘其军心恐慌之时一举歼灭它。

凡从奔勿息，敌人或止于路则虑之。

【注释】《司马法·用众》。追溃败的敌人，一定不要让它停息，敌人如果在中途停止，就要慎重考虑它的企图。

【解析】面对敌人气势汹汹来犯，作好迎战的准备，若敌人溃败逃跑中途停止，则要考虑其目的。

凡近敌都，必有进路，退，必有反虑。

【注释】《司马法·用众》。迫近敌人都城的时候，一定要先研究好进军的道路。退却的时候，也一定要预先考虑好后退的方案。

【解析】在攻打敌人的都城时，一定要认真策划好进攻路线与撤退方案，因为敌人之都，是敌人熟悉之处，所以要考虑好，作好充分准备。

凡战，先则弊，后则慑，息则怠，不息亦弊，息久亦反其慑。

【注释】《司马法·用众》。作战，行动过早易使兵力疲惫，行动过迟易使军心畏怯，只注意休息会使军队懈怠，总不休息必然使军队疲困，休息久了，军队会产生怯战心理。

【解析】做事讲究恰到好处，点到为止，要掌握分寸。作战过早或过迟，休息不好或过多，都对行军不利。

书亲绝，是谓绝顾之虑。选良次兵，是谓益人之强。弃任节食，是谓开人之意。

【注释】《司马法·用众》。禁绝士卒和亲人通信，以断绝他们思家的念头。选拔优秀人才，授予兵器，以提高军队的战斗力。舍弃笨重装备，少带粮食，以激发士卒死战的决心。

【解析】作战方法固然重要，但是军队装备、士兵选拔以及士兵的精神状态，都会影响到作战，一支精良的部队，是一支综合素质较高的军队，古人已经认识到了这一点，这是很可贵的。

尉缭子

《尉缭子》是宋代颁定的“武经”之一，尉缭撰。尉缭其人史书记载非常简略。

《尉缭子》具有朴素的唯物主义战争观。反对用唯心主义的天命观指导战争，提出“天官时日，不若人事”的进步观点。他认为经济是治国之本，是进行战争的物质基础，主张发展耕织。《尉缭子》的治军思想很丰富，重视将帅的政治品德和个人模范作用，要求将帅秉公执法，恩威并施，吃苦在前，临战忘身，为人表率。

刑以伐之，德以守之，非所谓天官、时日、阴阳、向背也。

【注释】《尉缭子·天官》。天官：天文星象等的总称。这里指古代兵家和阴阳家把天文星象、时辰、阴阳、背向等看成是吉凶胜败的征兆。每逢出兵打仗都要观察星象，占卜时日等。

【解析】梁惠王问尉缭子："相传皇帝有关于刑德的学说，可以百战百胜，是这样的吗？"尉缭子就是用这句话作的应对："所谓德刑学说，就是指用武力征伐敌人，用仁德来安定天下，不是指天官、时日、阴阳、向背什么的。皇帝原来的意思不过是强调人在战争中的作用罢了。"

先神先鬼，先稽我智。

【注释】《尉缭子·天官》。

【解析】这是引用皇帝说的一句话，意思是说："出兵打仗问神问鬼，其实都不如问问自己的才能和智慧如何。"尉缭子借皇帝之口告诉人们，天文星象都是靠不住的，最重要的还在于人的谋略和智慧。

建城称地，以城称人，以人称粟。

【注释】《尉缭子·兵谈》。城邑的兴建要和土地面积的大小相适应，城邑的大小要和人口的多少相适应，人口的多少要与粮食的供应相适应。

【解析】这里提出了城市的建设要与土地、人口以及粮食的供应相适应。对我们今天城市建设也有借鉴意义。如地区小而城市的规模又较大，则很难负载它正常运转的因子，人多而后备供应不足，则会进一步制约城市的发展和繁荣。

战胜于外，备主于内，胜备相应，犹合符节，无异故也。

【注释】《尉缭子·兵谈》。能够战胜敌人于国外，主要在于国内有充分的准备，胜利和准备的一致性，就像符节的相吻合一样，这是两者之间没有差异的缘故。

【解析】充分的准备是取得战争胜利的关键，这里的准备包括战略上的准备，也包括战术上的准备。而充分的准备是我们取得事业成功的基础，也是"机遇"降临的必然前提。

夫土广而任则国富，民众而治则国治。

【注释】《尉缭子·兵谈》。土地广大而又能充分利用，国家就富足；人民众多而又有良好的组织，国家就安定。

【解析】土地是人类赖以生存的基础，充分发展和利用土地可以扩大我们的生存环境，丰富我们的生活，而广大人民能安定有序得生活就会更充分地利用土地，使国家繁荣和稳定。

不暴甲而胜者，主胜也；阵而胜者，将胜也。

【注释】《尉缭子·兵谈》。不使用武力就取得的胜利，是君主在政治上的胜利；经过战争而取得的胜利，是将帅在指挥上的胜利。

【解析】这里指出两种战争胜利的方式，肯定了“主胜”。认为只有通过内修政治，仁政爱民，才能战胜于朝廷，使四方皆服。而对于“将胜”则是不得已而为之的，“将胜”只反映出将帅的英明，军士的奋勇。

兵起，非可以忿也。见胜则兴，不见胜则止。

【注释】《尉缭子·兵谈》。进行战争，是不能意气用事的。预计有胜利的把握就采取行动；预计没有胜利的把握就坚决停止。

【解析】战争是达到其政治目的的一种手段，只有胸有成竹，有了必胜的把握才发动它，否则后果不堪设想。三国时的刘备为替关羽报仇，实现当初结义的誓言，大兴疲惫之师。结果只能以失败告终，从此蜀军大伤元气，一蹶不振，最终被魏国灭亡。

患在百里之内，不起一日之师；患在千里之内，不起一月之师；患在四海之内，不起一岁之师。

【注释】《尉缭子·兵谈》。祸乱发生在百里之内，不要只作一天的战斗准备；祸乱发生在千里之内，不要只作一月的准备；祸乱发生在四海之内，不要只作一年的准备。

【解析】平息祸患要进行多方面的准备，要依据祸患发生的地点，祸患的规模等而定，不应草率行事。否则不仅不能“以战止战”，反而会给国家和人民带来更大的混乱和伤害。

宽不可激而怒；清不可事以财。

【注释】《尉缭子·兵谈》。要气量宽大，不可因刺激而发怒；要清正廉洁，不可被金钱所诱惑。

【解析】这是对将帅的一个要求。将帅既要有博大的胸怀，不为些许小事所羁绊；又要光明磊落，清正廉洁，不被金钱美女所引诱。这样才能认清形势，依据事实，客观公正地作出判断，才能在战争中统观全局取得胜利。

凡兵，制必先定。制先定，则士不乱，士不乱，则刑乃明。

【注释】《尉缭子·制谈》。在军队中，各种制度应当先制定。各种制度建立了，士卒就不会混乱。士卒不混乱，纪律就严明了。

【解析】这里强调了订立制度的重要性。只有制度严密，责任明确，士卒才能有所依托，才能明白该干的和不该干的，这样，军队自然有良好的秩序。同理，如果国家的各项法规、条例制订得严密，那么就不会给那些贪赃枉法的人有可乘之机，国家就会健康有序地向前发展。

鼓鸣旗麾，先登者，未尝非多力国士也；先死者，亦未尝非多力国士也。

【注释】《尉缭子·制谈》。当击鼓挥旗发起进攻时，首先登上敌人城堡的，往往是那些乐于为国出力的勇士，首先战死的，也往往是那些为国出力的勇士。

【解析】只有保卫国家才是勇士心中的目标，为国出力虽死无悔；只有保家卫国才能激发勇士心中深深的爱国之情，才能使战士在战斗中勇往直前，奋不顾身。

明赏于前，决罚于后，是以发能中利，动则有功。

【注释】《尉缭子·制谈》。既有明确的奖赏鼓励于前，又有坚决的惩罚督促于后，所以出兵就能取胜，行动就能成功。

【解析】这里强调了奖惩制度的重要作用。俗语说，“重赏之下必有勇夫”。是以“发能中利，动则有功”，而惩罚督促于后，必然是人人向前，个个争先。

诛一人无失刑，父不敢舍子，子不敢舍父，况国人乎！

【注释】《尉缭子·制谈》。如果做到一个违法者也不放过，那么即使是父亲也不敢放过儿子，儿子也不敢放过父亲，何况对于一般的人呢！

【解析】这要求法律的公正严肃性，决不因父亲有权，儿子违法就可以被赦免，这样就可以尽可能避免包庇犯罪分子、纵容犯罪分子为非作歹，从而有利于维护法律的严肃性、公正性。

便吾器用，养吾武勇，发之如鸟击，如赴千仞之谿。

【注释】《尉缭子·制谈》。改善我们的武器装备，培养我们的战斗能力，军队一旦出动，就像鸷鸟捕食那样凶猛，像倾泻到深谷的急流那样势不可挡。

【解析】军队具有坚强的战斗力，不仅依靠将帅的正确指挥，更要有士兵的旺盛精力，过硬的杀敌本领，以及充分的武器装备，只有这样，军队才能形成势如破竹之势，锐不可当。

吾用天下之用为用，吾制天下之制为制。

【注释】《尉缭子·制谈》。利用天下的财富充实我们的国力，参考天下的制度来修订我们的制度。

【解析】借鉴优秀的东西为我所用，必然会增强自身的力量。我们今天提出的“古为今用，洋为中用”的口号，正是要充分学习和利用一切先进的东西来增强我们的综合国力，发展我们的国家。

民言有可以胜敌者，毋许其空言，必试其能战也。

【注释】《尉缭子·制谈》。如果有人说他有制胜敌人的办法，可不能轻信他的空话，必须在实践中考验他。

【解析】表面的言谈不足以表明他的真才实学，只有在实践中才能验证他的学识，“纸上谈兵”的故事可谓无人不知。那自恃善能用兵的赵括，平时夸夸其谈，而在真正的战场上却手足无措，只能血洒疆场，全军覆灭。

虽战胜而国益弱，得地而国益贫，由国中之制弊矣。

【注释】《尉缭子·制谈》。即使侥幸获胜，国家也会因此更加衰弱，即使攻占了别国的土地，国家也会因此而更加贫穷，这些都是由于国家制度有弊病。

【解析】这里揭示出这样一个问题，即使你兵力强大，战场取得胜利，然而国内的隐患重重，获得土地财物也不能成为增强自身国力的基础，反而成为国家新的祸患根源，虽胜亦不胜。

将之所以战者，民也；民之所以战者，气也。气实则斗，气夺则走。

【注释】《尉缭子·战威》。将帅所赖以作战的是军队，军队所赖以作战的是士气。士气旺盛就勇于战斗，士气低落就会溃败。

【解析】在战场上，将、民、气是战争能够取胜的决定因素。三者有机结合，既有英明的将帅，又有杀敌本领过硬的士卒，还有旺盛的战斗力，则无坚不摧，无往而不胜。如若结合不好，则会逢敌必败。

令之法，小过无更，小疑无申。

【注释】《尉缭子·战威》。

【解析】军中下达命令的方法和原则是，已下达的命令即便有小的缺点，也不要轻易变更，有点不明确也不须重申。意在说明命令一旦下达就要维护它的严肃性，不能朝令夕改。

上无疑令则众不二听；动无疑事则众不二志。

【注释】《尉缭子·战威》。上级没有可疑的命令，大众也就不会无所适从；行动没有犹豫不定的事情，大众就不会三心二意。

【解析】在军队中，必须要有严格统一的命令，才能行动一致。事情必须早先决定，才能摆脱犹豫，思想达到一致。而作为领导或一般的民众，说话必须坚定，别人才能信服。

未有不信其心而能得其力者，未有不得其力而能致其死战者也。

【注释】《尉缭子·战威》。从来就没有不取得大众衷心信任，而能得到他们自愿效力的，也没有不取得大众自愿效力，而能使他们拼命作战的。

【解析】无论是在战场上，还是在一般的人际交往中，只有你树立威信，具有号召力，别人才能为你效力，"士为知己者死"。这里的"知己"就应该是值得信任的，能够理解你的人。

国必有礼信亲爱之义，则可以饥易饱。国必有孝慈廉耻之俗，则可以死易生。

【注释】《尉缭子·战威》。一个国家必须有崇礼守信相亲相爱的风气，民众才能忍饥挨饿克服困难。国家必须有孝顺慈爱廉洁知耻的习俗，民众才能不惜牺牲去捍卫国家。

【解析】一个国家，一个民族只有具有一定的民族精神，具有能够约束全体民众的道德准则，才能有衷心维护其尊严的民众。

战者，必本乎率身以励众士，如心之使四肢也。

【注释】《尉缭子·战威》。将帅指挥作战，必须用自己的表率行为来激励部队，这样才能像头脑指挥四肢一样的灵活自如。

【解析】将帅应该成为军士学习的楷模，应该与军士同甘共苦，才能真正得到军士的信任和理解，才能有为其献身的士卒，而其指挥战斗也可以随心所欲，灵活自如了。

志不励，则士不死节，士不死节，则众不战。

【注释】《尉缭子·战威》。战斗意志不加激励，士兵就不会为国家效死，士兵不为国家效死，部队就没有作战能力。

【解析】决定战争胜负的重要因素是人，所谓"天时不如地利，地利不如人和"。军队中将士的同仇敌忾，协调一致将会使军队充分发挥其战斗力。而在现代生产中，管理者只有充分调动人的积极性，发挥他们的聪明才智，才能更大的创造财富。

夫以居攻出，则居欲重，陈欲坚，发欲毕，斗欲齐。

【注释】《尉缭子·战威》。要由防御转入进攻，防御就要稳定，阵地就要坚固，发起进攻使用全部力量，战斗行动要协调一致。

【解析】防御与进攻是战争表现出的两种形式，二者结合得当就会在战场上来去自如，出可以攻，退可以守。而这其中，进攻时尤其要慎重，不仅要有稳固的后方基础，还要出击时全力以赴，敏捷快速地去攻击敌人。

王国富民，霸国富士，仅存之国富大夫，亡国富仓府。所谓上满下漏，患无所救。

【注释】《尉缭子·战威》。实行王道的国家，注重增加人民的收入；实行霸道的国家，注重增加武士的待遇；没落的国家，只图增加中、上层贵族的财富；濒于灭亡的国家，只图增加君士自己的库存财物。所以说，只满足上层而忽略下层，其祸患是无法挽救的。

【解析】这里精辟地概括了实行不同政策的国家，其产生的结果不同。只有重视下层人民利益的君王，才能使社会长治久安，才能使国家富裕强大。

夫勤劳之师，将不先己。

【注释】《尉缭子·战威》。勤劳的军队将帅与士卒同甘共苦，不先顾自己。

【解析】在军队中 ，将帅与士卒同甘苦；而在战场上，他们将会共患难。居于高位的人，总能与下层人民同甘苦，共同去体验生活，那么他们所能得到的不只是个人的幸福，也有国家的长治、稳定和繁荣。

天时不如地利，地利不如人和。圣人所贵，人事而已。

【注释】《尉缭子·战威》。天时有利不如地形有利，地形有利不如人心和睦。圣人所重视的，只在人的作为罢了。

【解析】人心和睦不仅是在战场上，而且在现代社会生产中都有着重要的作用。人心和，则世事明。人心和睦就可以避免那些没有必要的扯皮吵闹，人们便可以利用有限的时间去干一些有意义的事情了。

兵以静胜，国以专胜。

【注释】《尉缭子·攻权》。军队以沉着冷静制胜，国家以统一团结制胜。

【解析】这里谈到军队和国家能够制胜的法宝。军队面对的不管是强大凶猛的敌人，还是弱小疲惫的敌人，均须沉着冷静，否则将会不攻自乱。而国家则需要团结一致，君民共同建设。如若全国一盘散沙，各自为政，必然会缺乏防御力，给外国势力有可乘之机，旧中国惨痛的历史就是证明。

力分者弱，心疑者背。

【注释】《尉缭子·攻权》。布置分散，力量就会削弱军心动摇，士气就会涣散。

【解析】俗语说，单则易折，重则难摧，团结才有力量，而分散则只能使自身力量削弱。只有有坚定理想的军队，才能坚持自己的信念而不屈服。如果思想动摇，军心涣散，只会未见敌而先溃逃。

将帅者心也，群下者支节也。其心动以诚，则支节必力，其心动以疑，则支节必背。

【注释】《尉缭子·攻权》。将帅好比人的首脑，部属好比人的四肢，首脑的决心坚定，四肢的动作必然有力，首脑的决心犹豫，四肢的动作必然迟疑。

【解析】强调了将帅在军队中的核心作用。他们的言语命令，必须坚定有力，才能给人以信心，激励士卒的士气。如若将帅迟疑不决，就会令军士对其产生不信任感，那么士气低落，将不战而败。

夫民无两畏也。畏我侮敌，畏敌侮我。见侮者败，立威者胜。

【注释】《尉缭子·攻权》。士卒是不会既畏惧敌人又畏惧自己将帅的。畏惧自己的将帅就会蔑视敌人，畏惧敌人就会蔑视自己的将帅。将帅被士卒蔑视，作战就会失败；将帅在士卒中有威信，作战就能胜利。

【解析】优秀的指挥员，能够在军中树立威信，使士兵畏惧他，而在战场上灵活自如地指挥士卒奋勇杀敌，这样的军队才能不败。

夫不爱说其心者，不我用也；不严畏其心者，不我举也。

【注释】《尉缭子·攻权》。如果不能以爱抚使士卒悦服，士卒就不会为我所用；如果不能以威信使士卒畏威，士卒就不会听我指挥。

【解析】“爱”与“严”是立军的重要原则，将帅平时要爱抚士卒，做到以情动人，以心服人，并且在训练中树立威信，才能使士卒为我所用，甘心听从指挥，这对管理者而言同样有借鉴作用。

爱在下顺，威在上立，爱故不二，威故不犯。

【注释】《尉缭子·攻权》。爱抚在于使下级驯服，威信在于上级自己树立。爱抚能使士卒不怀二心，威信能使下级不敢违令。

【解析】这里强调了“爱”与“威”的重要作用，它能使下级既不怀二心，又不敢违令。这是对领导的一项重要要求，一方面要注意日常生活的关心体贴，另一方面，在工作中要严格要求，才能使下属自愿为你服务。

战不必胜，不可以言战，攻不必拔，不可以言攻。

【注释】《尉缭子·攻权》。作战没有必胜的把握，就不可轻言作战，攻城没有必取的把握，就不可以轻言攻城。

【解析】这里体现了《尉缭子》的一个重要思想—即“慎战”的思想。强调只有经过充分的准备，严密的侦察，权衡利弊之后才可以进行交战。

信在期前，事在未兆。

【注释】《尉缭子·攻权》。威信在于平素树立，事变要在事前预见。

【解析】人们应该在日常生活中树立自己的威信，善于从事情的细微之处中观察到它的变化。人常说“书到用时方恨少”，我们应注重平时的学习积累，在作文说话时信手拈来，随口道出。

众已聚不虚散，兵已出不徒归。

【注释】《尉缭子·攻权》。士卒一经集中，就不能随便解散，军队一经出动，就不能无功而返。

【解析】士气强弱是影响战争胜负的重要因素。而随便解散军队，进攻的部队无功而返均会给出征的士兵以沉重打击，使得士气低落，从而不利于军队的战斗。

求敌若求亡子，击敌若救溺人。

【注释】《尉缭子·攻权》。寻求敌人要像寻求丢失的孩子那样志在必得，进攻敌人要像抢救落水的人那样奋不顾身。

【解析】体现了对敌作战的重要原则，必须坚决有力地攻击敌人，使敌人无喘息之工，更无还手之力。

分险者无战心，挑战者无全气，斗战者无胜兵。

【注释】《尉缭子·攻权》。分兵守险的，不会有决战的意图；进行挑战的，不会使用全部兵力；鲁莽作战的，不会有把握取得胜利。

【解析】这里分析了担任不同战略任务的军队。既有分兵防守的，也有进行挑战的，还有鲁莽作战的，这就要求将帅能够针对敌人的优缺点，分兵布阵迎击敌人。

争必当待之，息必当备之。

【注释】《尉缭子·攻权》。发动战争，必须看准时机，战争结束，还应当戒备。

【解析】体现了作战的重要原则，发动战争要乘机而行，攻其不备，而取得战争胜利后还要加强自身的戒备，不要被胜利冲昏了头脑。

兵有胜于朝廷，有胜于原野，有胜于市井。

【注释】《尉缭子·攻权》。战争有靠谋略取胜的，有靠野战取胜的，有靠强攻取胜的。

【解析】强调了战争取胜的几种情况，即有胜于朝廷的，是依靠谋略，内修政治，达到不战而屈人之兵；有依靠野战取胜的，还有战于市井的。

斗则得，服则失，幸以不败，此不意彼惊惧而曲胜之也。

【注释】《尉缭子·攻权》。要敢于战斗才能胜利，屈服退让就会失败，即使侥幸不败，也是由于敌人意外地发生惊慌而偶然胜利的。

【解析】体现了战斗中"勇者胜，怯者败"的特点。将士英勇奋战，个个争先，必将会取胜。屈服退让只能助长对方的气焰，损伤自己的士气，结果大多会失败。

权敌审将，而后举兵。

【注释】《尉缭子·攻权》。战前要分析敌人的虚实，察明敌将的才能，然后才能起兵。

【解析】所谓知彼知己，百战不殆。只有充分了解对方，进行有针对、有准备的战争，才能尽可能战胜对方。

凡集兵，千里者旬日，百里者一日，必集敌境。

【注释】《尉缭子·攻权》。大凡集中军队，远隔千里的，不能超过十天的时间；相距百里的，不能超过一天的时间，而且必须集中在敌人边境附近。

【解析】反映了聚集军队必须快速。只有快速地聚集部队，才能抓住战机，不失时机地出击，取得胜利。

夫城邑空虚而资尽者，我因其虚而攻之。

【注释】《尉缭子·攻权》。对城邑空虚而资财穷尽的敌人，我应乘虚攻击它。

【解析】体现了"乘虚而入"的作战原则。只有避重就轻，出其不意，攻其不备，才能尽可能地扩大战果。

凡守者，进不郭圉，退不亭障，以御战，非善者也。

【注释】《尉缭子·守权》。圉：通御。凡是守城的军队，不在外城迎击敌人，不固守城郊险要据点，这样进行防御战斗，不是好的办法。

【解析】防守作战，军队应该据住险要多重设防，才能来去自如，避免了四面受敌的危险。不能仅仅固守城池，那将陷入四面楚歌的境地。

守者，不失险者也。

【注释】《尉缭子·守权》。

【解析】防守的军队一定要选择险要的地形。这几乎是兵家的常识了，据险而守，正所谓一夫当关，万夫莫开。

出者不守，守者不出。

【注释】《尉缭子·守权》。出击部队不担任守备任务，守备部队不担任出击任务。

【解析】这里体现了军队的分工严格，有其好处。出击的部队没有守备的任务就可以毫无顾虑地去攻击敌人，而守备部队则可以严阵以待，尽心竭力地去守卫。

必鼓其豪杰雄俊，坚甲利兵、劲弩强矢并于前，么麽毁瘠者并于后。

【注释】《尉缭子·守权》。么（yāo）：同幺，幼小。麽：细小。毁：残废。瘠：瘦弱。在危急关头，必须勉励豪杰英雄率领精锐部队，使用精良武器，奋力战斗于前，使老幼残弱者并力支援于后。（才有希望坚持下去打开局面）。

【解析】身陷困境的部队所应采取的策略是，勇者在前，奋勇杀敌，鼓舞士气，残弱者在后，鼓励支援前面的勇士，这样可以各尽所能，团结一致地打破危险的局面。

凡兵不攻无过之战，不杀无罪之人。

【注释】《尉缭子·武议》。凡是用兵，不要进攻无过的国家，不要杀害无辜的人民。

【解析】提出了用兵的原则。大凡用兵，不能根据自己的心意随意进攻别人，而应依据他人的功过是非来确定。

兵者，所以诛暴乱，禁不义也。

【注释】《尉缭子·武议》。战争的目的是平定暴乱，制止不义行为。

【解析】这里指出了战争的一个积极作用，战争应该是一种维护和平，制止不义的行为。而不能恃强凌弱，成为统治者满足个人私欲的工具。

万乘农战,千乘救守,百乘事养。

【注释】《尉缭子·武议》。万乘之国实行农战结合(以足食足兵),千乘之国要能自救自守,百乘之国要能自给自足。

【解析】发动战争要有坚强的后备基础,要有充分的物质供应和力量的支援。国家大小有差异,而他们的后备补给必须依据其自身的情况,来采取不同的补给措施。

夫出不足战,入不足守者,治之以市。

【注释】《尉缭子·武议》。(在国防经济上)如果进不足以战胜敌人,退不足以进行固守,那么就应该用发展集市贸易的办法来解决。

【解析】这里提出了解决战守矛盾的方法,只有发展自身的经济,增强自身的物质供应能力才能善战。这对我国的国防建设尤有借鉴意义。只有发展经济,增强自身的综合国力,才能建设现代化的国防。

是兴亡安危,在于枹端,奈何无重将也。

【注释】《尉缭子·武议》。枹(fú):鼓槌。国家的兴亡安危,在于将帅的指挥是否得当,这怎能不使人重视将帅的作用呢?

【解析】这里指出了将帅在战场上的重要作用,他关系着军队的安危,国家的兴亡,他的建议有时会使军队陷于绝地,有时会使军队绝处逢生。

起兵,直使甲胄生虮者,必为吾所效用也。鸷鸟逐雀,有袭人之怀,入人之室者,非出生,后有惮也。

【注释】《尉缭子·武议》。进行战争,能使军队坚持长久作战的,必然是由于军令严明官兵不得不为我效力的缘故。譬如凶猛的鸟追逐小雀,有时竟使小雀窜入人们的怀中,闯进人家的室内。这并不是它愿意舍生就死,而是怕后面的凶鸟追上来的缘故。

【解析】说明纪律严明,制度严格能够使士卒为我所用,奋勇杀敌。士卒绝不会因些许小事而脱离部队。这里强调了治军严明的重要作用。

良马有策,远道可致。贤士有合,大道可明。

【注释】《尉缭子·武议》。良马得到鞭策就可以日行千里。贤士得到重用,就可使政治昌明。

【解析】运用比兴手法,说明贤士的重要作用,他可以使国家昌明,使经济获得全面发展。

将者，上不制于天，下不制于地，中不制于人。

【注释】《尉缭子·武议》。

【解析】为将帅者，必须上不受天的限制，下不受地的束缚，中不受人的限制。将在外君命有所不受。率兵作战，关系到千军万马的生命安危，关系到国家的存亡，稍一不慎就会留下千古遗恨，所以将帅一定要无所顾忌，无人掣肘，便宜行事，方能用计用谋，取得胜利。如果畏天畏地，不能放手行动，怎么可能打胜仗呢？

兵者，凶器也；争者，逆德也；将者，死官也。故不得已而用之。

【注释】《尉缭子·武议》。武器是杀人的凶器，战争是暴力的行动，将帅是掌握生杀的官吏，所以只在不得已的情况下才能使用它们。

【解析】指出发动战争是在不得已的情况下进行的，并且认为武器、战争、将帅均是恶行，具有进步意义。

一人之兵，如狼如虎，如风如雨，如雷如霆，震震冥冥，天下皆惊。

【注释】《尉缭子·武议》。

【解析】万众一心的军队，行动起来就像虎狼般勇敢，风雨般急骤，雷电般突然，声势浩大，行动莫测，使天下惊惧。这里指出了团结对敌的威力，既勇猛，又迅速，而且令人高深莫测。

胜兵似水，夫水至柔弱者也，然所触丘陵必为之崩，无异也，性专而触诚也。

【注释】《尉缭子·武议》。胜利的军队像水一样，水看来是最柔弱的，它所冲击的地方，山陵也会崩塌，这不是别的原因，而是由于水总是流向一个方向，不断冲刷的结果。

【解析】所谓以柔克刚，以弱胜强，就是由于柔的事物，弱的东西能够利用巧妙的办法，持久地专注于某一事物，而最终获得了胜利。善战的军队能综合多种因素获得胜利。水滴石穿，绳锯木断也说的是这个道理。

乞人之死不索尊，竭人之力不责礼。

【注释】《尉缭子·武议》。凡是要求人家为你效死，就不能要求人家对你毕恭毕敬；要求人家竭尽全力，就不能讲究那些繁文缛节。

【解析】这对于我们现代任用人才也有借鉴意义。我们希望所用人才能够尽其所能工作，就不能太多地苛求于他的言行，而应包容他的一些缺点。

将受命之日忘其家,张军宿野忘其亲,援枹而鼓忘其身。

【注释】《尉缭子·武议》。将帅奉命出征的时候,就忘掉自己的家庭;带领军队到达战场的时候,就忘掉自己的亲属;临阵指挥的时候,就忘掉自己的安危。

【解析】这里提出了对将帅的要求。只有"忘其家"、"忘其亲"、"忘其身",才能在战场上无所畏惧,专心致志地进行战斗。

望敌在前,因其所长而用之,敌白者垩之,赤者赭之。

【注释】《尉缭子·武议》。垩:白土,此指白色。与敌人接近时,应根据敌人的特点来接近他,如果敌人使用白色标记,我也用白色标记来欺骗它,敌人用红色标记,我也用红色标记迷惑它。

【解析】针对敌人的特点,采用疑兵制胜,使敌军防不胜防,这要求将帅能从表面一致性中看出差异,相机而动。

材士则是矣,非吾令也。

【注释】《尉缭子·武议》。他诚然是有本领的,但他违背了我的命令。

【解析】这说明在战场上,不是靠某个勇士的奋勇杀敌来争取胜利,而是依据全军的协调一致作战取胜,依据全军的听从号令来取胜。

将理官也,万物之主也,不私于一人。

【注释】《尉缭子·将理》。将帅是掌管刑法的官吏,也是一切事务的主宰者,不应偏袒任何人。

【解析】将帅在战场上具有重要的作用,他不能因人有才就偏袒,更不能因人无能而去用刑。公平、严正执法,才能树立将帅的威信,才能有为其死命的士卒。

能无私于一人,故万物至而制之,万物至而命之。

【注释】《尉缭子·将理》。由于不偏袒任何人,所以任何事情发生,都能公平裁决,任何情况出现,都能正确处理。

【解析】这对于当今的执法者尤其具有借鉴意义,决不能因犯法者是王孙公子便去袒护他。心底无私天地宽,执法者只有内心没有私心杂念,才能腰杆挺直,公平正确地处理任何事情。

知国有无之数,用其仂也。知彼弱者,强之体也,知彼动者,静之决也。

【注释】《尉缭子·原官》。仂:零数,余数。了解国家资财的多少,这是(量入为出)节约开支的根据。了解国家的薄弱环节,这是弥补弱点,变弱为强的依据。预见国家可能发生的动乱,这是防患未然安定国家的决定因素。

【解析】充分地了解自身,是进行正确决策的基础。大至国家,小到我们的个人生活,全面了解个人的实力,才能有针对性地提高自己。

夫谓治者,使民无私也。民无私则天下为一家,而无私耕私织,共寒其寒,共饥其饥。

【注释】《尉缭子·治本》。所谓良好的政治,在于教育民众不自私。如果民众不自私,天下就像一家人一样,而不必进行私耕私织,大家把别人的寒冷当作自己的寒冷,把别人的饥饿当作自己的饥饿。

【解析】良好的政治是使全国人民不自私,能够分享共有成果,能"共寒其寒,共饥其饥"。这是一种理想社会,与当时的社会生活是完全不相适应的。

民有轻佻,则欲心兴,争夺之患起矣。

【注释】《尉缭子·治本》。如果民众不安分,私欲就会产生,争权夺利的祸患就随之而起了。

【解析】这里把私欲的产生、争权夺利、祸患的兴起的原因,归结为人民的不安分,是错误的。其真正的根源在于经济的不发展,财产分配的不合理。而人民发展私耕、私织就是去发展经济,缩小与统治者在物质拥有上的差距,求得社会的稳定。

善政执其制,使民无私,为下不敢私,则无为非者矣。

【注释】《尉缭子·治本》。好的政治,就是坚持法制,教育民众不自私,大家不自私,就没有为非作歹的人了。

【解析】这里强调坚持法制的重要性,对我们今天建设法制社会具有重要意义。我们应该依据法律,严格按照法律的程序办事,以避免许多违法事件的发生。

苍苍之天,莫知其极?帝王之君,准为法则?往世不可及,来世不可待,求己者也。

【注释】《尉缭子·治本》。蓝蓝的天空,谁知道它的边际?五帝三王的政治,谁的方式可供效法呢?过去的时代不可能重现,未来的理想也不能只靠等待,只有求之于自己的创造。

【解析】苍天云阔,无人知其边际,五帝三王都曾辉煌一时,但今天又能效法谁的政治呢?只有依靠自身的力量去创造生活,创造未来,才能无愧于祖先,无愧于历史,无愧于自身。

野物不为牺牲，杂学不为通儒。

【注释】《尉缭子·治本》。不能把野生的动物作为祭品，不能把杂凑的学说当成真才实学。

【解析】这里强调了只有正统的事物，才能担当正式的任务。山猫野兽来祭奠祖先，只能是对祖先的蔑视。旁门杂学只是歪门小道，并不是真正的学习。这里显示出对于正统之外事物的轻视。

百里之海，不能饮一夫，三尺之泉，足止三军渴。

【注释】《尉缭子·治本》。百里宽的大海，不够一个贪得无厌的人喝，三尺深的小泉，却够三军之众解渴。

【解析】人的贪欲是无法填满的沟壑，而贪欲的旺盛必然导致个人的覆灭。现代的许多贪官污吏，为了贪图个人的私利，满足其一时的快乐，最终受到了人民的惩罚。

欲生于无度，邪生于无禁。

【注释】《尉缭子·治本》。人的私欲产生于没有节制，邪恶产生于禁止不力。

【解析】每个人都有其合理的欲望，理智的人能够节制自己的私欲，能知足常乐；昏聩的人则放纵自己的欲望，为了满足个人的私欲，甚至不择手段，最终走上邪路，这时欲望也就成了罪恶。

夫禁必以武而成，赏必以文而成。

【注释】《尉缭子·治本》。禁止坏人坏事，必须使用强制手段才能成功；奖励好人好事，必须结合教育才能奏效。

【解析】用武力可以暂时阻止恶的行动，而对其心理上的攻击才能使他们彻底地与坏事告别，所谓攻心为上，攻城为下，就是这个道理。奖励好人好事，才能更有效地教育普通人在实际生活中多做好事。

千人而成权，万人而成武。

【注释】《尉缭子·战权》。兵力小的可用权谋取胜，兵力大的可用武力取胜。

【解析】敌强智取，敌弱则强攻。只有依据自身力量，在了解对方的基础上，确定正确的战略战术原则，才能攻无不克，战无不胜。而只是鲁莽作战，那样受伤的是自己。

权先加人者,敌不力交,武先加人者,敌无威接,故兵贵先。

【注释】《尉缭子·战权》。先敌使用权谋,敌人有力量也无法使用,先敌使用武力,敌人有力量也无法抗拒,所以用兵最好先发制人。

【解析】体现了"先发制人"的重要军事原则,先发制人,后发制于人。只有先发制人,才能实现自己的战略意图,同时打乱对方的战略部署,而取得胜利。后发制人,则会被敌所制,失去战机。

夫精诚在乎神明,战权在乎道之所极。

【注释】《尉缭子·战权》。精细周到的谋略在于明察敌我双方情况,机动权变的指挥在于实际运用作战原则。

【解析】全面地了解对方,搜集与其有关的各种信息,才能有效地制定战略计划。而灵活地运用战术,就会给敌人以致命打击。

有者无之,无者有之,安所信之。

【注释】《尉缭子·战权》。有力量装作没有力量,没有力量却装作有力量,敌人怎么能摸清我们的真实情况呢?

【解析】体现了重要的军事原则,设立疑兵让敌人摸不着头脑,使敌军既不知何时出击,也不知该击在何处,更不知自己是否有力量击败对手。这样迷惑敌人,更有利于实施自己的战略部署,打击敌人。

先王之所传闻者,任正去诈,存其慈顺,决无留刑。

【注释】《尉缭子·战权》。先王之所以为后世传颂,在于能任用正直的人,清除奸诈的人,保护善良恭顺的人,(而对于那些触犯刑法的人)决不留情。

【解析】先王能传颂于后世。正是因为他的英明决策。他能够任贤治国,能够从人民的利益出发,制定策略。而对那些防害国家安全与生存的人则给予坚决的打击。

求而从之,见而加之,主人不敢当而陵之,必丧其权。

【注释】《尉缭子·战权》。如果敌人求战,我就应战,或者见到敌人就去进攻,或者我军的力量本来不能阻挡敌人的进攻,而又轻率地交战,都必然会丧失战争的主动权。

【解析】这里从反面来强调"慎战"的重要性,不能由于敌人的挑衅就去仓促应战,更不能见到一些微利就去谋取,这都会丧失战机,而应注重谋术的运用,充分全面地考虑之后再去应战。

意往而不疑则从之，夺敌而无前则加之，明视而高居则威之。

【注释】《尉缭子·战权》。军队斗志昂扬而毫不犹豫，就同敌人进行作战，敌人动摇而又不敢前进，就乘机发动进攻，明了敌情而又居高临下，就利用威势压倒敌人。

【解析】“一鼓作气，再而衰，三而竭”，就是要利用我军旺盛的士气，去攻击敌人衰落的士气。同时要因地因时而动。

其言无谨，偷矣；其陵犯无节，破矣；水溃雷击，三军乱矣。

【注释】《尉缭子·战权》。军队言语不谨慎，就会泄密。作战行动无节制，就会失败。士兵散漫急躁不受约束，就会溃乱。

【解析】指出了军队应该注意的三件事情，士卒既要言语谨慎，又要遵守纪律，听从指挥，这样才能避免不战而败的结局。

高之以廊庙之论，重之以受命之论，锐之以逾垠之论，则敌国可不战而服。

【注释】《尉缭子·战权》。朝廷的决策要高明，将帅的选择要慎重，进入敌人国境要迅速，这样就可以不经战斗而使敌国屈服了。

【解析】这是最高明的战争，不战而屈人之兵。如何能达到这样的效果呢？就在于其国内政治修明，军队训练有素，作战能力强。正是以其强大的政治、经济、军事的威慑力，使敌国不战而屈服。

刑重则内畏，内畏则外坚矣。

【注释】《尉缭子·重刑令》。刑罚重则人心畏刑，人心畏刑就会坚强对敌了。

【解析】这里强调了严于刑法的作用。它能使士兵畏惧刑法而奋勇对敌。

内无干令犯禁，则外无不获之奸。

【注释】《尉缭子·分塞令》。内部没有触犯禁令的人，外来的奸细也就不难查获了。

【解析】通过采取一系列的措施，既可防止内部人员违法犯罪，又可打击和查获外来的奸细，从而可获得社会的稳定和人民生活的安定。

鼓之前如雷霆，动如风雨，莫敢当其前，莫敢蹑其后，言有经也。

【注释】《尉缭子·经卒令》。命令一下，军队前进就像雷霆那样迅速，冲击就像风雨那样猛烈，没有哪个敌人敢于在前面阻挡，也没有哪个敌人敢于在后面尾随，这就说明了经卒令的重大作用。

【解析】经卒令在战斗中具有重要作用，它可使军队行动迅速、猛烈锐不可当。它是治理好一支优良善战军队的一种手段。

夫蚤决先定，若计不先定，虑不蚤决，则进退不定，疑生必败。

【注释】《尉缭子·勒卒令》。用兵必须提早下定决心，预先确定作战计划，如果计划不预先制定，决心不及早下定，就会进退不定，疑虑丛生，这样必然招致失败。

【解析】说明早做计划，及早做出决定的重要性。提前做出决定有助于作战的周密指挥和行动有序，避免狐疑，这样打击敌人才能坚决有力。

凡明刑罚，正劝赏，必在乎兵教之法。

【注释】《尉缭子·兵教上》。是想做到刑罚严明，奖赏公平，必须在军队平时训练中实施。

【解析】说明平时训练中应该明确贯彻赏罚制度的重要性。只有让士兵在平时就具有赏罚观念，才能在执行任务的时候做到公正严明，让人心服口服。

战胜在乎立威，立威在乎戮力，戮力在乎正罚。

【注释】《尉缭子·兵教上》。战胜敌人在于能树立军威，树立军威在于使人同心协力，使人同心协力在于刑罚公正。

【解析】这里强调了刑罚公正的重要性。刑罚公正，才能使士兵心服口服，才能在士兵中树立威信，才能使官兵协调一致，共同对付敌人。

令民背国门之限，决死生之分，教之死而不疑者，有以也。

【注释】《尉缭子·兵教上》。要使士兵出国作战，在生死关头毫不犹豫地牺牲生命，靠的就是赏罚严明。

【解析】同样强调刑罚严明的重要作用。这里正是强调法制在治军中的重要地位，它能使军队协同作战，能使士卒无所畏惧，英勇奋战。

举功别德，明如白黑，令民从上令。如四肢应心也。

【注释】《尉缭子·兵教上》，提拔有功的人，表扬有德的人，功过是非黑白分明，这就能使士兵按照上级的命令行动，如四肢听从头脑的指挥一样灵活了。

【解析】同样说明奖惩严明带来的效果。军队中将帅能够奖励有功的，惩治为恶的，做到赏罚分明，必然使士卒信服，进而在军中树立威信，在战斗中才能灵活自如地指挥军队。

人君有必胜之道，故能并兼广大，以一其制度，则威加天下。

【注释】《尉缭子·兵教下》。人君掌握了必胜的方法，就能兼并广大的土地，实行统一的制度，从而威震天下。

【解析】这里所谓的必胜方法，就是要修明政治，任用贤才，发展经济，同时注重部队建设，增强部队的战斗力。这样国力必然强盛，威名也必将远扬，结果自然“并兼广大”，“威加天下”。

为将忘家，踰垠忘亲，指敌忘身，必死则生，急胜为下。

【注释】《尉缭子·兵教下》。受命为将要忘掉家庭，出国作战要忘掉父母，临阵杀敌要忘掉自己，只有抱必死的决心，才可以求得生存，急于求胜，是不好的。

【解析】“忘家”、“忘亲”、“忘身”解除了后顾之忧，就能在战场上专心一致对敌。破釜沉舟，断绝一切退路才能拼力杀敌，也才能置之死地而后生，但也要沉着冷静不能急躁。

百人被刃，陷行乱阵。千人被刃，擒敌杀将。万人被刃，横行天下。

【注释】《尉缭子·兵教下》。百人死战，就可以摧破敌阵。千人死战，就可以擒敌杀将。万人死战，就可以横行天下。

【解析】俗语说：“一人拼命万人难敌。”“狼牙山五壮士”正是以他们不怕死、敢拼命的精神才迎战了数以千计的敌人。也正是他们的英勇抗战、毫不畏惧的精神鼓舞、激励着每一位祖国的热血男儿。

赏如山，罚如溪。

【注释】《尉缭子·兵教下》。奖励好人好事，要像高山那样的坚定不移，惩罚坏人坏事，要像溪水那样通行无阻。

【解析】奖励与惩罚不应依据一时的喜好来行事，而要建立成一贯的制度坚决地去贯彻。即奖励好人好事能够像高山那样稳固不移，而对坏人坏事的惩罚则要像溪水那样通行无阻。

太上无过，其次补过，使人无得私语。

【注释】《尉缭子·兵教下》。执行赏罚最重要的是不发生差错，其次是有了差错及时纠正，这就不会使人背后议论了。

【解析】执行赏罚最重要的是能够赏罚严明，决不能有功而受罚，有错而受奖。在执行的过程中，难免失误，重要的是敢于纠正自己的过失，这样才能增加别人对你的信任，也避免了别人在背后议论你。

兴师必审内外之权，以计其去。

【注释】《尉缭子·兵教下》。兴兵作战，必须仔细研究敌我形势的变化，以计划军队的行动。

【解析】作为将帅应善于权敌审将，了解国内的虚实情况，国外的援兵问题，这样在全面深刻地了解自身的情况下，再去权衡敌人，计较去留，才能百战不殆。同时也应发展地看问题，能够随着发展了的形势采取灵活的战术。

日暮路远，还有剉气，师老将贪，争掠易败。

【注释】《尉缭子·兵教下》。成功无望，还师罢军，挫伤士气，久战疲惫，将帅贪功，士卒劫掠，就很容易被战败了。

【解析】分列了战争失败的几种因素，将帅要善于认清形势，分析利弊，避免在战场中使用困兵、贪兵、和乱兵。

伤气败军，曲谋败国。

【注释】《尉缭子·兵教下》。士气低落，军队就会失败；谋略错误，国家就会败亡。

【解析】谋略和士气是部队能够取胜的重要因素。士气旺盛，军队的战斗力就强，如若士气低落，不战就有败军之象，而谋略错误、方针错误则会使国家败亡。

兵者，以武为植，以文为种。武为表，文为里。能审此二者，知胜败矣。

【注释】《尉缭子·兵令上》。战争这个问题，军事是手段，政治是目的。军事是现象，政治是本质。能弄清二者的关系，就懂得胜败的道理。

【解析】着重讨论军事和政治的关系问题。军事是实现政治目的的一种手段，表面的军事背后均有深刻的政治背景。

文所以视利害，辩安危。武所以犯强敌，力攻守也。

【注释】《尉缭子·兵令上》。政治是用来明察利害，辨明安危的。军事是用来战胜强敌，保卫国家的。

【解析】进一步谈到了军事和政治的关系，它们尽管分工不同，但是它们所要达到的最终目的是一致的，都是求得国家的安稳和主权的统一。

专一则胜，离散则败。

【注释】《尉缭子·兵令上》。意志统一就能胜利，离心离德就会失败。

【解析】强调了同心同德，协同作战的重要性。意志统一，协调一致就会形成一股合力，要比单个力量的简单相加更为强大，因此在战斗中能够取胜。而分散则只能是单个人的力量，这样斗争的结果只能是失败。

陈以密则固，锋以疏则达。

【注释】《尉缭子·兵令上》。布阵队形密集有利于巩固，行列疏散则便于使用兵器。

【解析】尺有所短，寸有所长，也就说各种事物都不是完满无缺的，都有其优点也有其不足，排兵布阵也同样是如此。布阵队形密集尽管有利于巩固，却不便于使用兵器，而疏散则又不够巩固。所谓白璧无瑕是为最好，但只因有瑕才为真玉。

安静则治，暴疾则乱。

【注释】《尉缭子·兵令上》。将帅沉着，军队就会严整，将帅急躁，军队就会混乱。

【解析】显示了将帅在军队中的重要作用。将帅是军队的旗帜和方向，他的言行会指引军队走向胜利或者陷入困境。将帅沉着稳健，善于谋略，就能给人以信心，使军心有所依托。将帅暴躁不安，则会令士卒失去信心，军心动摇。

军之利害，在国之名实。今名在官，而实在家，官不得其实，家不得其名。

【注释】《尉缭子·兵令下》。军队的利害得失，在于国家的编制名额与实际人数是否相符。现在不少士兵的名字列在军队，而本人却在家中，军队没有实际的兵员，家中没有本人的名字。

【解析】这里指出了军队中经常出现的一种弊端——名实不符。或者有名无实，或者有实无名。这将会给国家和军队带来非常严重的损害。

聚卒为军，有空名而无实，外不足以御敌，内不足以守国，此军之所以不给，将之所以夺威也。

【注释】《尉缭子·兵令下》。国家调集士兵编成军队，如果只有空的名额而无实际的兵员，对外不足以抵抗敌人，对内不足以守卫国家，这就是军队之所以战斗力不强，将帅之所以丧失威望的缘故。

【解析】指出名实不符、有名无实所带来的危害，使部队既不能守卫国家，又不能抗击敌人，而将帅也由此丧失威望。

百万之众不用命，不如万人之斗也。万人之斗不用命，不如百人之奋也。

【注释】《尉缭子·兵令下》。百万之众如不贯彻执行命令，还抵不上一万人齐心协力去战斗。用万人进行战斗，如果不贯彻执行命令，还抵不上百人齐心战斗。

【解析】说明军队进行战斗必须严格执行军令，按照军事纪律办事，决不能擅自行动。军队不只在于人多，而在于能严格执行军令。这样才能形成完整的整体，才能在战斗中取得胜利。否则，人越多越乱，也越容易失败。

赏如日用，信如四时，令如斧钺，制如干将，士卒不用命者，未之有也。

【注释】《尉缭子·兵令下》。奖赏要像日月当空那样光明，守信要像四时交替那样准确，号令要像斧钺那样威严，决断要像干将那样锐利。这样，士兵不服从命令的，就不会有了。

【解析】在军队中，赏罚必须严明，号令必须有力果决，将帅才能指挥有力，士卒方才信服。这样的部队能形成坚强的整体，并能有力地攻击敌人。

六　　韬

《六韬》是宋代颁定的“武经”之一，旧题周吕尚撰。吕尚即姜子牙，为周初军事家、谋略家。但历代学者也有人认为该书为伪作。约成书于战国时期。

《六韬》包括《文韬》、《武韬》、《龙韬》、《虎韬》、《豹韬》、《犬韬》。《六韬》“规模阔大，本末兼该”，内容非常丰富，是先秦兵书中集大成之作，受到历代兵家的重视。

君子乐得其志,小人乐得其事。

【注释】《六韬·文师》。

【解析】姜太公在渭水之滨钓鱼,文王问他:“你喜欢钓鱼吗?”姜太公回答说:“臣闻君子乐得其志,小人乐得其事,今吾渔甚有似也,殆非乐之也。”意思是说,我听说君子乐于实现自己的抱负,小人乐于做好自己的事情。我现在钓鱼与这个道理相似,并非真的喜欢钓鱼。

钓有三权:禄等以权;死等以权;官等以权。

【注释】《六韬·文师》。君主收罗人才就像钓鱼一样,操有三种权术:用厚禄收罗人才,好像用诱饵钓鱼一样;用重赏收买死士,好像用香饵钓鱼一样;把不同的官位授予不同的人才,好像用不同的诱饵钓取不同的鱼一样。

【解析】这里用比喻的方法,形象地指明了君主统治天下的三种惯用手段,含有强烈的讽刺意味。

言语应对者,情之饰也;言至情者,事之极也。

【注释】《六韬·文师》。言语应付,是把真情掩饰起来了,能说真情实话,才是好事情。

【解析】常言道:言为心声。但实际上,表里不如一,言行不一致的情况却经常发生。这也从一个侧面反映了社会的复杂、人事关系的难以预料。

惟仁人能受正谏,不恶至情。

【注释】《六韬·文师》。只有仁德的人才能接受最直率的规劝,才不厌恶真情实话。

【解析】这说明“劝谏”与“受谏”是缺一不可的。唐太宗贤德,魏征得以畅其心怀,进行劝谏,君臣俱以美名传世;纣王无道,虽比干至贤至忠,但也难奏其效,惟死而已。

以饵取鱼,鱼可杀;以禄取人,人可竭;以家取国,国可拔;以国取天下,天下可毕。

【注释】《六韬·文师》。用香饵钓鱼,鱼可供烹食;以爵禄取人,人可竭尽其力;以家为基础而取国,国可为你所有;以国为基础而取天下,天下可全部征服。

【解析】出发点不同,手段不同,收到的效果迥然不同。这里强调了君主治理天下,首先要具备开阔的眼界与气魄。

曼曼绵绵，其聚必散；嘿嘿昧昧，其光必远。

【注释】《六韬·文师》。嘿：通“默”。幅员广大，历时颇久的商王朝，它所积聚起来的东西，终归要烟消云散；不声不响，暗中准备的周国，它的光辉必定会普照四方。

【解析】这段话包涵朴素的唯物辩证思想，深刻地点出了朝代的更替是历史的必然，这在当时是十分难能可贵的。

天下非一人之天下，乃天下之天下也。

【注释】《六韬·文师》。

【解析】这句话能在当时条件下提出，实属不易。它表明我国人民的民主观念由来已久，人民群众为争取民主自由的斗争从来就没有停止过。

同天下之利者则得天下；擅天下之利者则失天下。

【注释】《六韬·文师》。擅：专，独揽。能和天下人同享天下利益的，就可以取得天下；独占天下利益的，就会失掉天下。

【解析】这与“得道多助，失道寡助”所阐释的道理基本一致，告诫君王要体察民情，不要骄奢淫逸，唯我独尊，滥用职权，否则必将失去天下。

天有时，地有时，能与人共之者，仁也，仁之所在，天下归之。

【注释】《六韬·文师》。天有四时，地有财富，能和人民共同享受的就是仁爱，谁有仁爱，天下就归谁。

【解析】这里宣扬了儒家“仁”的思想，主张用“博爱”的精神去治理国家。这在当时是不可能办到的事，但它的历史进步性却是显而易见的。

人恶死而乐生，好德而归利，能生利者，道也。道之所在，天下归之。

【注释】《六韬·文师》。

【解析】人们都乐于生存而厌恶死亡，欢迎恩德而追求利益，能使天下人都得到利益的，就是王道。而谁能实行王道政治，天下就归谁。

君不肖，则国危而民乱；君贤圣，则国安而民治，祸福在君不在天时。

【注释】《六韬·盈虚》。君主不贤则国家危亡而人民变乱；君主贤明则国家太平而人民安定。所以国家祸福在于君主贤与不贤，而不在于天命的变化。

【解析】这里包含有朴素的唯物思想，一针见血地指明了国家危乱与君主有极大关联，明显地摒弃了“天命论”思想，具有历史进步性。

所憎者,有功必赏;所爱者,有罪必罚。

【注释】《六韬·盈虚》。对厌恶的人,他有功必赏;对喜爱的人,他有罪必罚。

【解析】为政者不应将个人爱憎、个人私利包含在国家治理当中,要实事求是,只有这样才能做到政纪澄清,贤愚分明,国泰民安。这种思想,在今天仍值得从政者借鉴。

利而无害,成而无败,先而无杀,与而无夺,乐而无苦,喜而无怒。

【注释】《六韬·国务》。要给予人民利益而不要损害他们;要促进人民生产而不要破坏他们。要保护人民生命而不要杀害他们,要给予人民实惠而不要掠夺他们,要使人民安乐而不使他们痛苦,要使人民喜悦而不使他们愤怒。

【解析】这实际上是宣扬了一种"民为贵、君为轻"的思想,指明了君主统治国家要处处为人民的利益着想,以人民的利益为根本。这种思想具有显明的历史进步性。

勿妄而许,勿逆而拒。

【注释】《六韬·大礼》。不要轻率接受,不要简单拒绝。

【解析】因时而为,因事而定,具体问题具体分析,这永远是办事的准则。反之,轻率、盲目则是办事的大敌。

为上惟临,为下惟沉,临而无远,沉而无隐。

【注释】《六韬·大礼》。作为君主最重要的是能洞察下情,作为臣民,最重要的是能谦恭驯服。

【解析】它虽然指明了君主与臣民在国家治理中都负有责任,需要双方互相了解、配合,但是要求人民驯服的做法却明显地带有历史局限性。

安徐而静,柔节先定,善与而不争,虚心平志,待物以正。

【注释】《六韬·大礼》。君主要安详稳健而气质宁静,要柔和有节而胸有成竹,要善于与臣民协商问题而不固执己见,对人要谦虚而无私,处事要公正而不偏。

【解析】这是对贤明君主的期望,同时也是一般人为人处事的理想境界。它体现着中国古代哲学中的"中和之美"原则,即对"过"与"不及"都反对,向往一种和谐协调的关系。

高山仰止,不可极也;深渊度之,不可测也。

【注释】《六韬·大礼》。君主要像高山那样,使人仰慕效法;要像深渊那样,使人莫测其深。

【解析】这是在故意制造君主神秘论,使得君主有一种君临天下,威加四海的形象,以便对臣民实行统治。臣民们也因此服服帖帖,听从役使,从而达到天下太平。这种思想具有一定的历史局限性。

以天下之目视,则无不见也;以天下之耳听,则无不闻也;以天下之心虑,则无不知也。

【注释】《六韬·大礼》。如果能使天下人的眼睛都去看,就没有看不见的事物;使天下人的耳朵都去听,就没有听不到的消息;使天下人的心思都去考虑,就没有考虑不周的事情。

【解析】事在人为,没有办不到的事情。但是由于各方面条件的限制,我们总是面临着许多困难,这就要求我们在处理事情的过程中,一定要从不同角度、不同立场进行多方面的考虑,不要老是以自己观点压抑他人思想。

目贵明,耳贵聪,心贵智。

【注释】《六韬·大礼》。眼睛贵在能看清事物,耳朵贵在能听到消息,头脑贵在能考虑周详。

【解析】耳目口鼻各司一职,富贱尊卑各占一行,评价人的作用与地位,应该因人而异,因事而论。牢牢把握住他的本质,不能一概而论。是眼睛,就用眼的标准去衡量;是耳朵,就用耳的标准去衡量,绝不可相互混淆。

义胜欲则昌,欲胜义则亡,敬胜怠则吉,怠胜敬则灭。

【注释】《六韬·大礼》。正义胜过私欲,国家就昌盛;私欲胜过正义,国家就衰亡;勤恳胜过懈怠,国家就吉祥;懈怠胜过勤恳,国家就会灭亡。

【解析】这是对君主行为的一种期望,更是对社会风尚的一种普遍向往。要求正义、勤恳,反对私欲、懈怠,这自古以来都是一种立国、立身的准则,值得我们借鉴。

臣无富于君,都无大于国。

【注释】《六韬·六守》。臣民不得富于君主,城邑不得大于国都。

【解析】作臣民的不能比君主更富裕;普通城邑不得比国都更繁华、阔大,这是在竭力维护国君权威。古语曾有:功高不可震主。说得也是这个意思。

无疏其亲,无怠其众,抚其左右,御其四旁。

【注释】《六韬·守土》。不可疏远家族,不可怠慢民众,安抚近部,控制四方。

【解析】治理国家，如果能做到国内民众拥护，国外邦交正常，那么这个国家就能在安定、和平的环境中得到正常发展。遍观古今中外的朝代兴衰更替，莫不体现这一思想。凡兴旺、发达的朝代，都能做到内外安定。而衰亡、败落的朝代莫不是内忧外患交并，终至灭亡。

日中必彗，操刀必割，执斧必伐。

【注释】《六韬·守土》。彗：曝晒。太阳到了中午，要抓紧时间曝晒；拿起刀子就要抓住时机宰割；拿起斧子就要抓住时机砍伐。

【解析】该干什么事，就应抓紧时间，一鼓作气干完，最要不得的是干这件事时还考虑那件事，优柔寡断，这样就会把许多大好时光白白浪费掉，到头来一事无成。

涓涓不塞，将为江河；荧荧不救，炎炎奈何；两叶不去，将用斧柯。

【注释】《六韬·守土》。细小的水流不堵塞，就将扩展为江河；微弱的火星不扑灭，将会酿成熊熊大火；刚萌芽的两片嫩叶不撷除，将来就必须用斧头去砍。

【解析】海水不择细流，乃成其大；泰山不让寸土，乃就其高。这说的是一种由小变大、由弱成强的道理，告诫人们不要忽视小事物、小现象，而要重视它。星星之火，还可燎原呢。

疏其亲则害，失其众则败。

【注释】《六韬·守土》。疏远了宗亲，就会受害，失去了人心就会失败。

【解析】“得道多助，失道寡助”，寡助者则必定败身亡国，这是千古的教训。不管做人还是治国必须有一种内外和谐的环境，才能得到发展。唐王朝的前期内外安定，则繁荣昌盛，到了后期内乱外扰以至亡国。

顺者任之以德，逆者绝之以力。

【注释】《六韬·守土》。对于顺从你的人，要给予恩德而信任他，对于反对你的人要用武力消灭它。

【解析】这与“顺我者昌，逆我者亡”说的是一回事，说到底是一种霸权主义、强权政治的行径，老子天下第一，凡事以我的意志为转移，这种做法不可提倡。

故春道生，万物荣；夏道长，万物成；秋道敛，万物盈；冬道藏，万物寻。

【注释】《六韬·守国》。春天的规律是滋生，万物都欣欣向荣；夏天的规律是成长，万物都繁荣昌盛；秋天的规律是收获，万物都饱满成熟；冬天的规律是收藏，万物都潜藏不动。

【解析】世界万物看似杂乱无章，其实是有规律的，就好像春夏秋冬四季，各有自己的规律。我们绝不可逆规律行事，那样，吃亏的永远是我们自己。

盈则藏，藏则复起，莫知所终，莫知所始。

【注释】《六韬·守国》。万物成熟应收藏起来，收藏起来（明年又）播种生长，（循环往复）没有终点，也没有起点。

【解析】自然界的基本规律就是周而复始，循环代谢，这看似重复，其实是一种发展过程。就像我们人一样，子子孙孙，繁衍了几千年，而且还要无限期地繁衍下去。

天下治，仁圣藏；天下乱，仁圣昌。

【注释】《六韬·守国》。天下大治，仁人圣主就隐而不露；天下大乱，仁人圣主就拨乱反正，建功立业。

【解析】"乱世出英豪"，"时势造英雄"，社会的需要，环境的要求是造就人才最主要的条件。因此，我们一定不要脱离社会，脱离时代，紧紧把握住时代的脉搏，使自己顺应时势脱颖而出。

极反其常，莫进而争，莫退而让。

【注释】《六韬·守国》。当天下已恢复正常时，既不要进而争功，也不要退而让位。

【解析】这里说的还是一种顺应时代潮流的思想，同时也包含有一定的"中庸"思想，即不要逆历史潮流而动。天下已恢复正常，激进争功，易成为众矢之的；反之，若急欲退身让位，也会引起人们的猜忌。

王人者，上贤，下不肖，取诚信，去诈伪，禁暴乱，止奢侈。

【注释】《六韬·上贤》。作为君主，应当推崇德才兼备的人，抑制无德无才的人，任用忠诚信实的人，除去奸诈虚伪的人，严禁暴乱的行为，制止奢侈的风气。

【解析】崇贤尚德，任用诚信之人，这是君主的一条重要治国方略。周武王礼贤下士任用姜尚，刘备三顾茅庐盛请孔明，以此皆成大业。

无智略权谋，而以重赏尊爵之故，强勇轻战，侥幸于外，王者慎勿使为将。

【注释】《六韬·上贤》。没有智略权谋，为了获得重赏高官，而强横恃勇，轻率赴战，企图侥幸立功的人，君主切勿用他作将帅。

【解析】短兵相搏可恃勇，重兵之战必资谋。没有真才实学，没有统兵打仗的实践经验而仅靠一己之勇就想取胜，那是痴心妄想。楚王项羽力大无穷，武功盖世，然不用智谋，鲁莽专横，终致败在刘邦之手。

有名无实，出入异言，掩善扬恶，进退为巧，王者慎勿与谋。

【注释】《六韬·上贤》。有名无实，当面一套，背后一套，掩人之善，扬人之恶，到处钻营取巧的人，君主必须慎重，不能与他共谋大事。

【解析】君主必须任用忠信之人，这样方能于国于民有利；而对那些夸夸其谈，有名无实之人必须慎而又慎。这些人只知道为自己谋利，根本不去想别人会怎样，国家将如何。

可怒而不怒，奸臣乃作；可杀而不杀，大贼乃发；兵势不行，敌国乃强。

【注释】《六韬·上贤》。君主对应该斥责的人而不斥责，奸臣就会兴风作浪；当杀的而不杀，大乱随着就会发生，用兵讨伐而不讨伐，敌国就会强大起来。

【解析】优柔寡断乃是为政之大敌，该责不责，该斩不斩，该伐不伐，那么必遗后患，就如养虎存患、自挖陷阱一样，吃亏的最终是你自己，这很值得我们借鉴。

夫王者之道如龙首，高居而远望，深视而审听，示其形，隐其情；若天之高不可及也，若渊之深不可测也。

【注释】《六韬·上贤》。做君主的方法是像龙头一样，高瞻远瞩，洞察一切，深刻地观察问题，审慎地听取意见，仪表庄严肃穆，衷情隐而不露。使人觉得他像天那样高而不可穷极，像渊那样深而不可测量。

【解析】作为一名日理万机、统治一国的君主，能够居高临下，高瞻远瞩地考虑问题，是非常必要的，但是因此制造玄秘之态又是大可不必的。

举贤而不能用，是有举贤之名，而无用贤之实也。

【注释】《六韬·举贤》。选拔出贤能但不加以利用，这是有举贤的虚名，而无用贤的实效！

【解析】“举”的目的在于“用”，举而不用，形如虚设，没有任何实用价值，不会收到任何效果。战国四公子举贤之名贯通古今，他们的门下食客云集，而真正得到任用的却寥寥无几，结果可想而知。

君以世俗之所誉者为贤，以世俗之所毁者为不肖，则多党者进，少党者退。

【注释】《六韬·举贤》。如果君主认为众人所称赞的是贤人，众人所诋毁的是不贤的人，那么党羽多的就会被任用，党羽少的就会被排挤。

【解析】君主任人，必须具有慧眼识珠的能力。必须根据国家利益，慎重地进行考虑，不能仅仅因为别人的议论就轻率下结论，这样的结果只能如木偶一样受人操纵、被人蒙骗。

赏一以劝百，罚一以惩众。

【注释】《六韬·赏罚》。奖赏一人以鼓励百人，惩罚一人来警戒众人。

【解析】赏、罚的作用不仅仅在于它们本身，而在于劝示旁人。杀鸡给猴看，说的就是这个道理。孙膑曾受命为吴王训练女妃，女妃恃君无恐，不听号令，孙膑重责两位领头女妃，得以整肃军纪，旁人再不敢胡作非为，因此收到好的效果，受到吴王赏识任用。

用之在于机，显之在于势，成之在于君。

【注释】《六韬·兵道》。运用这种（统一意志的）力量在于不失时机，发挥这种力量在于因势利导，能否具有这种力量在于君主的所作所为。

【解析】机不可失，时不再来，把握住机会，因势利导，那么多大的问题也会迎刃而解，多么险峻的问题也会化险为夷。但是把这种力量的掌握权最终归结在君主一人之手的说法，则具有历史局限性。

夫存者非存，在于虑亡；乐者非乐，在于虑殃。

【注释】《六韬·兵道》。国家能否长存，在于能否居安思危；君主能否长乐，在于能否乐不忘忧。

【解析】“福兮，祸之所伏；祸兮，福之所倚”。事情没有一成不变之理，总是互相转化的，恰如“塞翁失马，焉知非福”。做人或治国，总得居安思危，乐不忘忧，作长远之计，这样才能有所作，也有所不作，才能享受长久的幸福安宁。

兵胜之术，密察敌人之机而速乘其利，复疾击其不意。

【注释】《六韬·兵道》。作战取胜的方法在于周密察明敌情，抓住有利的时机，而出其不意地打击它。

【解析】知己知彼，方能百战不殆；机而不失，乘一总万，才能抓住主动权，立于不败之地。战场上的情况总是瞬息万变的，稍有不慎，时机溜走，情况就会急转直下，胜败难料。

王其修德以下贤，惠民以观天道。

【注释】《六韬·发启》。君主要修德，要礼贤下士，要施惠于民，以观察天道的吉凶。

【解析】花香而蜂蝶自聚。君王只有进行自我修养，礼贤下士，有求贤之举，贤士才会云集。周武王修才修德，奋发图强，礼请姜尚执国，遍请天下英才，因此，国力大振。终于打败了纣王，得以统一天下，建立大业。

天道无殃，不可先倡；人道无灾，不可先谋。

【注释】《六韬·发启》。当天道还没有灾害征兆的时候，不可先倡导征讨；人道没有出现混乱的时候，不可策划兴师。

【解析】顺应时势，认清势头再行动，这是正确的，我们不论干什么事，都绝不可逆时代潮流而动。但把这种势头征兆归结为天意的说法，带有明显的唯心主义色彩。

必见其阳，又见其阴，乃知其心；必见其外，又见其内，乃知其意；必见其疏，又见其亲，乃知其情。

【注释】《六韬·发启》。既要看到他公开的言行，还要看到他秘密的活动，才能知道他的想法；既要看到他表面的行动，又要看到他内部的谋划，才能了解他的意图；既要看到他疏远什么人，又要看到他亲近什么人，才能掌握他情感上的倾向性。

【解析】要想真正认识一个人，了解一个人，必须既要观察他外在的行为，又要尽力了解他内心的活动。否则，不能算真正认识一个人。

行其道，道可致也；从其门，门可入也；立其礼，礼可成也；争其强，强可胜也。

【注释】《六韬·发启》。执行吊民伐罪的政治主张就可取得成功；遵循统一天下的路线前进，统一的目的就可达到；顺应民意建立军队和国家的制度，新的制度就能建立起来；争取建立优势力量，就可用于战胜强大的敌人。

【解析】无论治国抑或做人，道路的选择至关重要。只要能顺应时势，采取正确的方略，那么取胜是必然的，但若方略不正，背道而驰则前途定然困难重重。

全胜不斗，大兵无创，与鬼神通。

【注释】《六韬·发启》。

【解析】战争取得彻底胜利而不必经过战斗，真正能打仗的军队是没有伤亡的，就好像有鬼神相助一样。

与人同病相救，同情相成，同恶相助，同好相趋。

【注释】《六韬·发启》。能与人同疾苦就能互相救援，同理想就能互相成全,同憎恶就能互相帮助,同爱好就有共同的追求。

【解析】从古至今,人们都倍加推崇手足之情、朋友之谊,因为志同道合的朋友能够推心置腹,患难与共。

大智不智,大谋不谋,大勇不勇,大利不利。

【注释】《六韬·发启》。有大智的人不夸耀他的智慧,有深谋的人不暴露他的谋略,有大勇的人不只凭血气之勇,图大利失的人,不只顾自己的利益。

【解析】海不显其阔,山不夸其高。真正的贤士从不夸夸其谈,但却总能显名于外。诸葛亮深居茅庐而时人尽知,刘备三请出山;赵括自认有勇有谋,夸饰其能,结果是纸上谈兵,落个身败名裂的结局。

利天下者,天下启之;害天下者,天下闭之。

【注释】《六韬·发启》。启:打开,此指欢迎。为天下谋利益的,天下人都欢迎他,使天下人受害的,天下人都反对他。

【解析】天下非一人之天下,乃天下人之天下。为天下人谋利益者,天下人当然欢迎他,周召二公以天下利益为重,不谋私利,共商大计,受天下人称颂。而谋害天下人利益者,天下人当然反对他,妲己助纣为虐,残害生民,理所当然受到人们的唾弃。

若同舟而济,济则皆同其利,败则皆同其害。

【注释】《六韬·发启》。(想取得天下的人)就像同船渡河一样,渡过了,大家就达到了共同的目的;失败了,大家都受害。

【解析】同舟共渡,到达对岸是共同的目标,也是利益所在,如周武王伐纣,胜利了,大家共享和平安宁的生活。

鸷鸟将击,卑飞敛翼;猛兽将搏,弭耳俯伏;圣人将动,必有愚色。

【注释】《六韬·发启》。鸷鸟:凶猛的鸟。敛:收缩。弭:平息。引申为收敛,服帖。猛禽将要袭击目标,必先敛翅低飞;猛兽将要捕捉猎物,必先贴耳伏地;圣人将要采取行动,先示人愚钝的样子。

【解析】本段以比兴的手法,先写鸟兽预发时的模样,用来引出圣人将出时的情状。

大明发而万物皆照,大义发而万物皆利,大兵发而万物皆服。

【注释】《六韬·发启》。日月当空就能普照万物,采取正义的行动对万民有利,大军出动就能使天下降服。

【解析】采取正义的行动将对万民有利，这是非常正确的。如周武王顺应时势，讨伐无道的昏君殷纣王，建立周朝，使天下共享太平，是正义的行动。因此大军出动之时，纣王军队闻风降服。

何忧何啬，万物皆得；何啬何忧，万物皆遒。

【注释】《六韬·文启》。忧：忧虑。啬：通塞，即阻塞，制止。遒：强劲，坚固。圣人无须去忧虑什么，也无须去制止什么，万物自会各得其所；不去制止什么，不去忧虑什么，万物自会繁荣滋长。

【解析】这里包含着道家的“无为”思想，意即不必加以人为的干涉，让天下万物顺其自然，自由地发展。

政之所施，莫知其化，时之所在，莫知其移。

【注释】《六韬·文启》。政令的推行，要在不知不觉中潜移默化地进行，就像时间在不知不觉中自然推移一样。

【解析】这种思想是较为可行的。国家的政令关系国计民生，要注意连续性，循序渐进性，如果急行急止，则容易引起社会的波动，国家的混乱。

天地不自明，故能长生；圣人不自明，故能明彰。

【注释】《六韬·文启》。天地不须宣告自己的规律，万物就会按其规律生长；圣人不须宣告无为而治的思想，而自会显示出其辉煌的成就。

【解析】天地万物的规律是协调一致，互相统一的，并不是谁适合谁，谁服从谁的关系。而以此来炫耀圣人的功德，故弄神秘色彩是不可取的。

天有常形，民有常生，与天下共其生而天下静矣。

【注释】《六韬·文启》。天有一定的变化规律，人有经常从事的生业，能与人民共安生业，天下就会安静。

【解析】国家大计，重在安民。能急民之所急，想民之所想，与人民共谋生计，这样的君主是贤明的君主，这样的国家才能长治久安。

民化而从政，是以天无为而成事，民无与而自富，此圣人之德也。

【注释】《六韬·文启》。从：顺从。政：政令。人民被潜移默化而服从法令，上天“无为”却能生长万物，人民不需要施予，生活自能富裕，这就是圣人的德政。

【解析】这里所讲的潜移默化地施行法令，不扰民乏民的思想有积极的一面，但一味推崇“无为而治”，让民众如同草木一样自生自灭，顺应自然，具有消极影响。

因其所喜，以顺其志，彼将生骄，必有奸事，苟能因之，必能去之。

【注释】《六韬·文伐》。依照敌人的喜好，顺从他的心愿，使他滋长骄傲情绪而去做邪恶的事情，我方再巧妙地加以利用，就必能将他除掉。

【解析】骄兵必败，这是兵家常理。顺应敌人的情况，并加以诱导，滋长他的恶习，腐化他的战斗力，然后再进攻他，就能收到事半功倍的效果，这是有效的军事策略。

亲其所爱，以分其威。一人两心，其中必衰。延无忠臣，社稷必危。

【注释】《六韬·文伐》。拉拢敌君的近臣，以削弱敌国的力量。敌之近臣既然怀有二心，其忠诚程度必然降低。敌人朝中没有了忠臣，它的国家就必定会处于危亡的境地。

【解析】柱之将腐，厦必将倾。拉拢敌国近臣，使之内部发生变乱，然后再从外部进攻，这样内外夹攻，必然会收到好的效果，比之单一从外面强攻要省时省力。

攻强必养之使强，益之使张，太强必折，太张必缺。

【注释】《六韬·三疑》。张：开弓拉紧，这里用来比喻骄傲自大的意思。要进攻强敌，必先助长他的恃强蛮横，使他更加猖狂自大。过于强横，必遭挫折；过于骄傲，必致失误。

【解析】月盈则亏，弓满将折。这里包含有一种辩证转化的思想，即事情发展到一定阶段，必然向其相反的方向发展。在军事上，避其锋锐的做法是十分可取的。

攻强以强；离亲以亲；散众以众。

【注释】《六韬·三疑》。要进攻强大的敌人，必先助长它的强暴；要离间敌人亲信，必先收买敌人亲信；要瓦解敌人军队，必先收揽敌国民心。

【解析】射敌先射马，擒贼先擒王，攻击敌人必先攻其要害。对方强大则诱使其变化，离间其亲信，收买其民心，这好像拆一间大厦，必须先破坏其主要支柱方能收到实效。

既离其亲，必使远民，勿使知谋，扶而纳之，莫觉其意，然后可成。

【注释】《六韬·三疑》。既已离间了他的亲信，也就会使他疏远人民，不让他发觉这是计谋，推推拉拉地把他引入了我们的圈套，而他还不明白我们的意图，然后就可成事了。

【解析】兵不厌诈，使用谋略诱惑敌人，在不知不觉中让敌人中了圈套，然后见机行事，必然收到事半功倍的效果。此所谓设饵诱虎，则可让其自入深渊。

惠施于民，必无爱财，民如牛马，数馁食之，从而爱之。

【注释】《六韬·三疑》。馁：喂养。施恩惠于人民，不要吝惜财物，人民和牛马一样，经常喂养它们，就能使它们和你亲近。

【解析】既然君主的目标在于夺取天下，那么就不要吝啬财物，要与人民共享，这是正确的。但把人民比作牛马，妄图用小恩小惠的手法加以拉拢，这是有其局限性的。

心以启智，智以启财，财以启众，众以启贤，贤之有启，以王天下。

【注释】《六韬·三疑》。思考研究可以产生智慧，智慧可以产生财富，财富可以养育民众，民众中就可以涌现贤才，大批贤才涌现出来，就可以辅佐君主统治天下。

【解析】不论在军事上还是在政治上，倡导运用智慧、谋略都是正确的。用智慧、谋略可以统治国家、教育民众、创造财富。

举兵帅师，以将为命，命在通达，不守一术，因能授职，各取所长，随时变化，以为纪纲。

【注释】《六韬·王翼》。用兵时军队都以将帅作为司令。司令，重在通晓和掌握全面情况，而不在于精通专项技术。他应该量才录用，取其专长，使之根据情况变化处理各项事务，这是统帅军队的根本所在。

【解析】专才可为将，通才乃为帅。没有全面渊博的知识，是不可能掌握一个庞大的军队的，因为军队就是由各种专业人才组合而成的。

勇则不可犯，智则不可乱，仁则爱人，信则不欺，忠则无二心。

【注释】《六韬·论将》。勇敢就不可侵犯，明智就不可扰乱，仁慈就能得众心，诚信就不欺骗别人，忠实就能一心为国。

【解析】这是为君为臣应该具备的素质，也是做人应有的品质。有了这些品质为君可以统服四方，为臣可以建功立业，留名后世。遍观古今贤君名臣，其莫不如此。

兵者，国之大事，存亡之道，命在于将。

【注释】《六韬·论将》。战争，是国家的大事，它关系着国家的存亡，国家的命运就掌握在将帅的手里。

【解析】战争是国家面临的生死存亡的大事，有时候，一场战役的胜负就可决定一个国家的存亡。垓下之战，结束了楚汉之争；官渡之战，导致袁绍从此一蹶不振，而曹操从此雄霸中原。

兵不两胜，亦不两败。

【注释】《六韬·论将》。战争的双方不可能都取得胜利，也不可能都失败。

【解析】战场无亚军。在棋盘上可有冠军、亚军之分，而真正的战场只有胜败之说，胜者王侯败者寇。所以，必须慎重对待战争，绝不可存侥幸之心。

见其虚则进，见其实则止，勿以三军为众而轻敌，勿以受命为重而必死，勿以身贵而贱人，勿以独见而违众，勿以辩说为必然。

【注释】《六韬·立将》。见敌虚弱就前进，见敌坚强就停止，不要以为我军众多就轻敌，不要以为任务重大就拼命，不要以为身居高位就能轻视别人，不要固执己见违背众意，不要把诡辩游说当成真理。

【解析】知己知彼，方能百战不殆。战争是敌我双方的事情，绝不可随心所欲而不顾及对方，否则易处于被动地位。因此，应就双方情况作综合分析，有利于我方，则进；不利于我方，就退。而不可固执己见，轻举妄动。

国不可从外治，军不可从中御。

【注释】《六韬·立将》。国事不应受外部的干预，作战不能由君主在朝廷内遥控指挥。

【解析】常言道：将在外君命有所不受。战争是件大事情，是敌我双方综合实力的较量。战场情况瞬息万变，时机稍有把握不准，战局便会急转直下，而君主远在朝廷之内，难以了解得十分详尽，因此，战场上的事不能处处受君主牵制。

二心不可以事君，疑志不可以应敌。

【注释】《六韬·立将》。臣怀二心就不能忠心耿耿地侍奉君主，将帅受君命的牵制，疑虑重重就不能专心专意地去对付敌人。

【解析】专心致志，事事可成；三心二意则一事无成。三国中的诸葛亮，在刘备活着的时候，可谓用兵如神，志得意满，而到了后期辅佐刘禅的时候就有点力不从心。虽然四处出击，但实际上是处于被动局面的。为什么呢？他的精力被蜀国政事牵扯得太多了。

势因于敌家之动，变生于两阵之间，奇正发于无穷之源。

【注释】《六韬·军势》。作战的形势是随着敌人的行动而变化的，随机应变产生于两军对阵的时候，奇正的运用来源于将帅的智慧与思虑。

【解析】战场上一定要相机而动，处处观察敌情，根据敌方情况制定我方策略，做到以我之长制彼之短，只有这样，才能控制战场主动权。

至事不语，用兵不言，且事之至者，其言不足听也，兵之用者，其状不足见，倏而往，忽而来，能独专而不制者兵也。

【注释】《六韬·军势》。机要的大事不能泄露，用兵的策略不可外传，重大的决策不容纷纷议论，作战的行动不可暴露于敌，忽往忽来，独断专行而不受制于人，这是用兵的重要原则。

【解析】古往今来，军事策略、军事行动等都是重大机密，绝不可轻易泄露，如果你的策略、行动被敌方所掌握，那么你将处处受制于人，必败无疑。

善战者，不待张军；善除患者，理于未生；善胜敌者，胜于无形；上战无与战。

【注释】《六韬·军势》。善于用兵的人，取胜于展开军队之前；善于除害的人，消灭祸患于萌芽之前；善于取胜的人，取胜于无形之中；最好的作战是不战而屈人之兵。

【解析】运筹于帷幄之中，决胜于千里之外。用兵打仗，重在方略计谋、排兵布阵，这样才能收到事半功倍的效果。

事莫大于必克；用莫大于玄默；动莫神于不意；谋莫善于不识。

【注释】《六韬·军势》。用兵最重要的是所攻必克，作战最重要的是保守机密，行动最重要的是出其不意，计谋最重要的是不被识破。

【解析】攻无不克，战无不胜，这是用兵之道；行军作战重在保守机密，出其不意，攻其不备；用计谋一定不要被对方所识破，否则就会受制于人。

未见形而战，虽众必败。

【注释】《六韬·军势》。没有摸清敌人情况就去作战，虽然军队众多，也必定失败。

【解析】官渡之战，袁绍军队十分强大，但他颐指气使，目中无人，不去确切了解曹操的军情，而自认为不管对方如何变化，胜的一方总会是自己，结果却大败而逃，从此一蹶不振。

善战者，居之不扰，见胜则起，不胜则止。

【注释】《六韬·军势》。善于打仗的人，军队处于待机状态时不受干扰，看到有胜利把握就进攻，没有胜利把握就停止。

【解析】善于打仗的人，相机而动，绝不盲目出击，也不受任何外界干扰。就如螳螂捕食，猎物不出现或不方便捕食时就蛰伏不动，一旦时机成熟，则飞扑上去，一般情况下总是不会有闪失。

智者从之而不释，巧者一决而不犹豫，是以疾雷不及掩耳，迅电不及瞑目，赴之若惊，用之若狂，当之者破，近之者亡，孰能御之。

【注释】《六韬·军势》。明智的将帅抓住战机就不放过，机智的指挥者，一经决定就不犹豫。所以才能像迅雷一样使人不及掩耳，像闪电一样使人不及闭眼，前进如惊马奔驰，战斗如狂风骤雨，阻挡它就被击破，靠近它就被消灭，谁能抵抗得了这种军队呢？

【解析】机不可失，时不再来。鸿门宴上，项羽优柔寡断，坐失良机，以至放虎归山，让刘邦逃回了军营。刘邦强大了以后，一鼓作气打败了他。

古之善战者非能战于天上，非能战于地下，其成与败，皆由神势，得之者昌，失之者亡。

【注释】《六韬·奇兵》。古代善于用兵的人并不是能战于天上，也不是能战于地下，其成功与失败，都在于能否造成神妙莫测的态势，得此势的就胜利，不得此势的就失败。

【解析】善于作战的人，总是善于转换战争态势，变劣势为优势。在空城计中，诸葛亮一方本来危机四伏，面临覆灭之灾，但诸葛亮故摆空城，迷惑对方，使对方惊疑而退。

不知战攻之策，不可以语敌；不能分移，不可以语奇；不通治乱，不可以语变。

【注释】《六韬·奇兵》。不懂攻战的策略，就谈不上对敌作战；不会机动使用兵力，就谈不上出奇制胜；不精通军队的治理，就谈不上应变。

【解析】将帅要领导军队获胜，必须高屋建瓴具有统观全局的能力。就如老鹰捕食，居高临下，四处观察，瞅准机会，急冲而下，无论猎物如何躲闪总能先其变化制服它。

将者人之司命，三军与之俱治，与之俱乱。

【注释】《六韬·奇兵》。将帅是军队的主宰，将帅精明军队就严整，将帅无能军队就混乱。

【解析】将帅是军队的主脑，如同人之头脑一般，如果头脑清晰精明，那么行为举止必定有礼有止、稳重大方；反之则一定举止失当、贻笑大方。

得贤将者兵强国昌；不得贤将者，兵弱国亡。

【注释】《六韬·奇兵》。有了精明能干的将帅，就会兵强国昌，没有精明能干的将帅，就会兵弱国亡。

【解析】千军易得，一将难求。没有张良这样的人才辅佐，恐怕刘邦不会那么容易坐上皇帝宝座。

胜负之征，精神先见，明将察之，其败在人。

【注释】《六韬·兵征》。胜败的征候，首先在敌人精神上表现出来，明智的将帅是能够察觉的，而精神效果又反映在人的行为上。

【解析】无论战场上抑或商场上，最重要的防线是精神防线，一旦精神崩溃，万物俱毁。因此，观察敌方军队战斗力的强弱，首先要观察他们精神状态是否稳定。淝水之战，东晋将帅在战前就已分析出对方人心不一、貌合神离，表面强大，实则是纸老虎一个，因此敢于以小击大。

必出之道，器械为宝，勇斗为首。

【注释】《六韬·必出》。冲出敌人的包围，兵器器材最为重要，而且首先必须奋勇战斗。

【解析】一夫当关，万夫莫开，利在地形。平原交战，骑兵为要，说的是兵种器材的优越性。但不管何优何利，首要的是军队必须奋勇作战，没有作战的勇气与精神，一切都形同虚设，发挥不了任何作用。

凡帅师将众，虑不先设，器械不备，教不素信，士卒不习，若此不可以为王者之兵也。

【注释】《六韬·军略》。

【解析】大心率领军队作战，如果计划不预先制订，器械不预先准备，平时士兵的思想工作没有做好，士兵动作不熟练，像这样的军队就不能算是王者的军队了。

三军，以戒为固，以怠为败。

【注释】《六韬·金鼓》。凡军队，有戒备就能巩固，若松懈就要失败。

【解析】军队像人一样，精神集中，那么力量凝聚，就能应付得了突然的变化；如若松懈，就会手忙脚乱，一塌糊涂。官渡之战，袁绍军队守备松懈，被曹操烧毁了乌巢军粮，结果军心动摇，最后一败涂地。

将必上知天道，下知地理，中知人事。

【注释】《六韬·垒虚》。为将帅的必须上知“天道”，下知“地理”，中知“人事”。

【解析】将帅必须具有纵观全局的能力，必须具有渊博的知识，综合分析问题的能力。战场上，要想赢得主动，就必须尽力抢占天时、地利、人和的优势，否则，容易处于被动地位。

望其垒，即知其虚实；望其士卒，则知其去来。

【注释】《六韬·垒虚》。瞭望敌人的营垒就知道他内部的虚实；观察士卒的动态，就知道他调动的情况。

【解析】战争双方对垒作战，必须注意观察对方的一举一动，做到敌动我动、敌变我变，相机而发，有所针对。心动则神变，说的就是内心变化了，那么在外表上也一定会有所显现。军队也一样，一定要能通过对外观情形的观察判断其内部变动。

太疾则前后不相次，不相次则行阵必乱。

【注释】《六韬·垒虚》。太忙乱，他的前后就没有秩序，没秩序，行列就会混乱。

【解析】忙则出错，忙则容易导致混乱。因此，不论作战还是办事，一定要做到有条不紊，一定要做到有秩有序，不给对方以任何可乘之机。

微号相知，令人灭火，鼓音皆止，中外相应，期约皆当，三军疾战，敌必败亡。

【注释】《六韬·敌强》。部队都佩带暗号，互相识别，扑灭火炬，停息鼓音，以保内外策应，大家都按预先约定的信号准确执行，全军猛烈的战斗，敌必败亡。

【解析】部队行动重在有秩有序，协调一致，以使任务顺利完成。佩带暗号以及其他标志，可以使部队内部互相识别而不致出现混乱。古代战争常摆大阵，因此非常讲究旗色服饰的区别。

事大国之君，下邻国之士，厚其币，卑其辞，如此则得大国之与，邻国之助矣！

【注释】《六韬·少众》。敬事大国君王，礼交邻国贤士，多送钱财，言辞谦逊，就能与大国结盟，得到邻国的援助了。

【解析】钱可通神，这句话虽不完全正确，但却有一定道理，特别是礼交大国君王，聘请贤士，多以钱币作为进见之礼而后再作进一步打算。战国时期诸侯纷争，游说之士望风而行，这种方法也就用得特别广泛。

凡用兵之法，三军之众，必有分合之变。

【注释】《六韬·分合》。用兵的方法，由于三军众多，必然有分散和集中作战部署上的变化。

【解析】用兵之道，贵在分合自如。特别是大兵团作战，一定要有分散作战能力和集中攻坚的优势，而且要分散作战与集中作战配合，做到优势互用，攻守兼备。《水浒传》中的英雄们作战最精于此道，因此他们几乎战无不胜。

步贵知变动，车贵知地形，骑贵知别径奇道，三军同名而异用也。

【注释】《六韬·战车》。步兵作战贵在熟悉情况变化，车兵作战贵在熟悉地形状况，骑兵作战贵在熟悉别道捷径，车骑步同是作战部队而用法不同。

【解析】兵种不同，作战条件自然有别，互相混淆，则容易自己牵制自己。赤壁之战，本来是水战，而曹操却要在水中创造陆地条件，让步兵、骑兵如在陆地上一样，能够不晕船，且行动自如，结果被周瑜一把火烧得一败涂地。

吴　　子

《吴子》是宋代颁定的“武经”之一，吴起撰。吴起，战国时卫国人，善于用兵，是战国时期著名的军事家、政治家。

《吴子》成书于战国时期，是经后人整理的吴起军事思想的记录。《吴子》继承并发展了《孙子兵法》，总结了战国时期的战争规律和特点，具有重要的军事学术价值。

明主鉴兹，必内修文德，外治武备。故当敌而不进，无逮于义矣；僵尸而哀之，无逮于仁矣。

【注释】《吴子·图国》。逮：及，相关。僵：倒。贤明的君主鉴于这些，一定要对内修明文德，对外加强武备。所以面对敌人的侵犯而不去抗击，算不上“义”，只知为倒下的尸体而哀伤，算不上“仁”。

【解析】“落后就要挨打”，“贫穷就要受欺”。只有“内修文德，外治武备”才是富国强民之路。回想旧中国百年屈辱的历史，联想当今国际社会一些强国的霸权行径，我们必须富强起来，否则就会永远处在“僵尸而哀”的时代。

昔之图国家者，必先教百姓而亲万民。

【注释】《吴子·图国》。百姓：春秋前期对奴隶主贵族的称呼，战国时一般指平民。

【解析】这句是吴起说的话：谋划治理国家的人，必定先教化百姓而亲近万民。吴起认为战争是政治的继续，战争是为政治服务的。战争正是所谓“图国家”的一种手段。这是对战争作用的正确认识。

不和于国，不可以出军；不和于军，不可以出阵；不和于阵，不可以出战；不和于战，不可以决胜。

【注释】《吴子·图国》。

【解析】这句也是吴起的话：注意四种不和的情况：国内意志不统一，不可以出兵打仗；军队内部不团结，不可以临阵对敌；临阵对敌行动不一致，不可以进行战斗；战斗动作不协调，不能夺取胜利。这四种不和的情况指出了战前准备的重要性。

民知君之爱其命，惜其死，若此之至，而与之临战，则士以尽死为荣，退生为辱矣。

【注释】《吴子·图国》。至：达到一定程度。让人民知道君主爱惜他们的生命，怜惜他们的死亡，达到这种程度，然后率领他们进行战争，那么将士就会以前进拼死为光荣，后退贪生为耻辱。

【解析】我国古代兵书在论述决定战争胜负的三个因素“天时、地利、人和”时，一向把“人和”作为最主要的因素。如越王勾践卧薪尝胆从而鼓起军队士气，反败为胜。但是吴起还只是站在统治阶级的立场上，为他们出谋划策，把人民作为争夺利益的工具。这是他的局限。

道者，所以反本复始；义者，所以行事立功；谋者，所以违害就利；要者，所以保业守成。

【注释】《吴子·图国》。道：老子所谓道是就宇宙万物的本源而讲的，一般指行事的法则和规律。

【解析】吴子说："道"是用来恢复人们的善良天性的；"义"是用来建功立业的；"谋"是用来趋利避害的；"要"是用来保全功业成就的。这是吴起对道、义等的认识。

若行不合道，举不合义，而处大居贵，患必及之。

【注释】《吴子·图国》。道：指为人、行事应该遵守的原则。

【解析】如果所作所为不合乎社会法则，举措不仁不义，而又掌握大权，这种人早晚要出事。越是有权势，越是处在高位，越要严格地要求自己。所以说权势与金钱需要有头脑有德行的人来把握，否则权势和金钱给人带来的不是幸福，而是祸患。

圣人绥之以道，理之以义，动之以礼，抚之以仁。此四德者，修之则兴，废之则衰。

【注释】《吴子·图国》。绥：引导。礼：指符合社会要求的伦理准则。仁：仁爱，善心。非：非难，反对。顺天：指顺应客观形势。贤明的君主用正确的政治主张去安服国家，用正确的道德标准去治理政事，用礼法和法规去指导行动，用仁爱去安抚民众。注重这四种道德，国家就兴旺，忘掉了这四种道德，国家就衰败。接下来吴起又说：所以商汤讨伐夏桀，周武讨伐殷纣，人们并不反对。这是由于他们顺应了人民的愿望和当时的客观形势。

【解析】战争在本质上是残酷的。它以杀戮为手段从而达到目的。从这个意义上说，战争与"道"、"义"、"礼"、"仁"是格格不入的。而具备了这四种道德的"正义之师"却是无往而不胜的。商汤伐桀、周武灭纣是明显的例证。中国有句古话叫作"多行不义必自毙"，无论是做人、治国、打仗都是如此。

制国治军，必教之以礼，励之以义，使有耻也。

【注释】《吴子·图国》。吴子认为，治理国家和军队，必须用礼来教育人们，用义来激励人们，让所有的人都懂得什么光荣，什么可耻。

【解析】古人说："知耻近乎勇。"在国中，人们知道什么行为可耻，就会不去做；在军队中，士兵知道贪生怕死可耻，就会在战争中不惜生命。

天下战国，五胜者祸，四胜者弊，三胜者霸，二胜者王，一胜者帝。是以数胜得天下者稀，以亡者众。

【注释】《吴子·图国》。战国：这里指发动战争的国家。弊：疲弊、困乏。发动战争的国家，经过五次战争取得胜利的会招来祸患；四次战争取胜的国力疲弊；三次战争取胜的，仅能称霸；两次战争取胜的，可以称王；一次取胜的，才能成就帝业。因此，依靠不断发动战争而夺得天下的很少，亡国的倒是很多。

【解析】中华民族是一个多灾多难的民族。外族的入侵，内部的倾轧使得中国人民对战争有着切肤之痛。《吴子》虽是一部兵书，但它对当时那些热衷于追名逐利，穷兵黩武的贵族提出了严正的警告："数胜得天下者稀，以亡者众。"

凡兵之所起者有五：一曰争名，二曰争利，三曰积恶，四曰内乱，五曰因饥。其名又有五：一曰义兵，二曰强兵，三曰刚兵，四曰暴兵，五曰逆兵。

【注释】《吴子·图国》。兵：这里指战争。争名：争王霸之名。义兵：禁止强暴之兵；强兵：仗势欺人之兵；刚兵：刚愎自用之兵；暴兵：贪财掠夺之兵；逆兵：不得人心之兵。引起战争的原因有五种：一是争夺王霸之名，二是进行掠夺，三是积累了仇恨，四是内乱，五是国内饥荒。兴兵进行战争也有五种情况：一是义兵，二是强兵，三是刚兵，四是暴兵，五是逆兵。

【解析】对于战争的起源，历来众说纷纭。孔子说："人生有喜怒，故兵之所作与民皆生。"这是为他的"性善"说服务的。而吴起的"争名、争利、积恶、内乱、饥荒"为义战大造舆论，是具有进步意义的。

君能使贤者居上，不肖者处下，则阵已定矣；民安其田宅，亲其有司，则守已固矣；百姓皆是吾君，而非邻国，则战已胜矣。

【注释】《吴子·图国》。有司：负责专职的官吏。使贤德的人地位高于不贤之人则形势就稳定；使民众都安居乐业，亲近自己的官吏，守备就稳固；人民都拥护自己的国君，而反对邻国，战争就已经有胜利的把握了。

【解析】吴起是新兴地主阶级的代言人。他用"法家"的思想统一军队。坚持把治军原则同进行正义战争、建立新制度联系起来。他主张的"选贤任能、与民休养、团结人民"三个治军原则是服从于法家的政治路线的。这与孙子的"不战而屈人之兵"有异曲同工之妙。

一军之中，必有虎贲之士；力轻扛鼎，足轻戎马，搴旗斩将，必有能者。若此之等，选而别之，爱而贵之，是谓军命。

【注释】《吴子·料敌》。虎贲：指勇士。搴：拔取。然而我军之中一定会有力大无比的勇士。他们能行善走，拔旗斩将。对这样的人一定要认真选拔，发挥他们的长处，给以重任。这些人是军队的命脉。

【解析】这段话体现了吴起重视人才的观点。他认为应当“因材而用、赏罚分明”，这在当时奴隶主不把奴隶当人看待的时代是很可贵的。历史无数次的证明，人，才是战争胜负的关键的因素，项羽因刚愎自用最终败亡，而刘邦因知人善任最终成就帝业。以古鉴今，人才的争夺，人才的培养对中华民族的顺利发展起着至关重要的作用。

见可而进，知难而退也。

【注释】《吴子·料敌》。要善于捕捉战机，见到有胜利的把握就进攻，知道难以取胜就退走。

【解析】儒家主张一切都应该遵循礼法，连打仗也要打“堂堂之阵”，吴起这种坚持从战争实际出发，量敌而用兵，见机行事、知难而退的灵活战术是对儒家机械呆板、墨守成规的战略战术的有力批判。

敌人之来，荡荡无虑，旌旗烦乱，人马数顾，一可击十，必使无措。

【注释】《吴子·料敌》。荡荡：散漫的样子。敌人前来，如果行动散漫而顾虑，部队混乱，人马东张西望，在这种情况下，以一击十，必能使敌人仓皇无措。

【解析】“骄兵必败”可以概括这句话的意思。各国的寓言和童话中都有讽刺骄傲者的故事。在战争中骄傲同样可以带来灭顶之灾。袁绍在官渡之战中因轻敌自满被曹操以少胜多，打得一蹶不振。关羽因骄傲自负落得败走麦城。

诸侯未会，君臣未和，沟垒未成，禁令未施，三军匈匈，欲前不能，欲去不敢，以半击倍，百战不殆。

【注释】《吴子·料敌》。匈匈：喧嚷，惊惧。诸侯：指敌人的盟军。敌人的盟军还没有汇集，国内上下意见没有统一，工事构筑没有完成，号令还没有下达，军心惊惧，想前进不敢，想后退不能，在这种情况下，以半击倍，百战不殆。

【解析】强调了要集中自己所有力量打败敌人的重要性。粟裕大将说过，强大而未展开之敌人，其实和弱小是一样的。吴起这段话指出在战争中要抓住时机，看准敌人的薄弱环节，果断出击。

武侯问曰：“兵何以为胜？”起对曰：“以治为胜。”

【注释】《吴子·治兵》。治：安定。指统治秩序的巩固。武侯问：“打仗靠什么取胜呢？”吴起回答说：“靠统治阶级统治秩序的巩固取胜。”

【解析】任何事物都有“标”、“本”两面。战争打赢了，这是“标”，是表面的现象。它的"本"在于统治秩序的安定,国力的富强。在当时生产力极不发达的情况下吴起一眼看穿了决定战争胜负的原因,不愧为一位天才的军事家。

治者,居则有礼,动则有威,进不可当,退不可追,前却有节,左右应麾,虽绝成阵,虽散成行。

【注释】《吴子·治兵》。当:挡。节:节制。麾:古代用以指挥军队的旗帜,这里作指挥讲。秩序在军队中稳固了,就会纪律严明,战时就有压倒一切的强大威力,前进时没有人能够阻挡,后退时没有人敢于追赶。前进和后退非常协调,左右移动都听指挥,虽然处于危险的境地阵容也很严整,虽然处在被分割的状况,行列也不会混乱。

【解析】军队贵在纪律严明,行动一致。正确、成熟的指导思想,训练有素、临危不惊的作风正是一支优秀的军队所应具备的。

与之安,与之危,其众可合而不可离,可用而不可疲,投之所往,天下莫当,名曰父子之兵。

【注释】《吴子·治兵》。投:使用。当:同"挡"。全军上下,能同安乐,共危难,始终团结如一而不会分裂,斗志旺盛而不会疲劳。这样的军队就能指到哪里,打到哪里,没有谁能够阻挡他们的前进。这就是通常所说的上下一心,亲密团结的军队。

【解析】"淝水之战"中苻坚因军心涣散而招致失败。而谢石、谢玄因为军队内部同仇敌忾而取得了这次以少胜多的著名战役的胜利。吴起认识到军队内部团结的重要性,并形象地称作"父子兵",影响是深远的。

上令既废,以居则乱,以战则败。

【注释】《吴子·治兵》。居:这里指防守。上级指挥失灵了,用以防守,就会不战而乱,用以进攻,就必然会打败仗。

【解析】"军人的天职是服从命令",但也因此出现了不少"盲从"的现象,我国古代的军事家说"将在外,君命有所不受"。因而一个有能力的指挥员应该将这二者有机地结合。既做到"上令下通",又做到实事求是不盲从。

凡兵战之场,立尸之地,必死则生,幸生则死。

【注释】《吴子·治兵》。立尸:流血牺牲。幸生:姑息、贪图生路。凡属战场,都是流血牺牲的地方,只有不怕牺牲,勇敢杀敌,才能夺取胜利,保存自己;如果贪生怕死,不敢杀敌,就会招致失败,就会死亡。

【解析】项羽"破釜沉舟"一举击溃秦军主力,韩信"背水一战"而大获全胜验证了“必死则生,幸生则死”的正确性。日常生活中也常有“置之死地而后生”的例子。要摆脱平庸、乏味的生活就要拿出“必死则生”的精神来,敢闯敢干。

其善将者,如坐漏船之中,伏烧屋之下,使智者不及谋,勇者不及怒,受敌可也。

【注释】《吴子·治兵》。将:率领。善将:指善于带兵打仗。

【解析】善于带兵作战的将领,就像处理坐在漏水的船上,伏在着火的屋子里的情况那样迅速果断。使得敌军有智慧的人来不及谋划,勇敢的人来不及施展本领,这样就可以对敌作战,去夺取胜利了。

用兵之害,犹豫最大。三军之灾,生于狐疑。

【注释】《吴子·治兵》。狐疑:多疑。

【解析】用兵最大的祸害就是不果断,军队最大的灾难产生于多疑不定。“空城计”是老幼皆知的一个故事。诸葛亮和司马懿就是果断的将领和狐疑的将领的代表。而诸葛亮的果断是在司马懿多疑的基础上形成的,司马懿的多疑也是由诸葛亮的严肃谨慎造成的。可见果断不是武断,多疑不是瞎猜。要因人、因事而异。

夫人常死其所不能,败其所不便。故用兵之法,教戒为先。

【注释】《吴子·治兵》。不便:不便当,不熟悉。教戒:教诲、训诫。人在战斗中往往牺牲于本领不强,失败于技术不熟。所以用兵的方法,首先是加强训练。

【解析】吴起具有朴素的唯物主义思想。他反对儒家那种靠“天命”的战争观,而是从实际出发阐明军队的胜利来自平时刻苦的训练。正所谓“平时多流汗,战时少流血”。吴起的这个观点是有进步意义的。

教战之令,短者持矛戟,长者持弓弩,强者持旌旗,勇者持金鼓,弱者给厮养,智者为谋主。

【注释】《吴子·治兵》。厮养:给养。这里指后勤保障。要有计划地训练部队,明确地规定作战的号令:身体矮小的拿矛戟,身体高大的用弓弩,强壮的扛大旗,勇敢的操金鼓,老弱的管给养,有智谋的当谋士。

【解析】“人尽其才、物尽其用”是一种理想。在现实中总是有很多不合理的因素影响着人发挥他的才能。吴起这段话表明了他的用人观点。不分贵贱,以才录用。这对当时奴隶主认为自己天生高贵的观念是一个反叛。

总文武者，军之将也。兼刚柔者，兵之事也。

【注释】《吴子·论将》。总文武：兼通。既懂得政治，又懂得军事。兼刚柔，有勇有谋。文武双全的人，才能担任军队的将领。有勇有谋的人，才能统率军队作战。

【解析】在吴起之前大概还没有人把政治能力也作为对将领的一个衡量标准。吴起要求一个将领既要有勇又要有谋，既要懂政治又要懂军事，是复合型的人才。在这方面拿破仑是一个典型。当年拿破仑得到无数青年的崇拜，和他的能力比较全面有密切关系。

凡人论将，常观于勇。勇之于将，乃数分之一尔。

【注释】《吴子·论将》。

【解析】一般人评论将领的优劣，只看他是否勇敢。其实一个好的将帅，勇敢只占很小的一部分。也就是说，要想做一个合格的将帅，光有勇敢是远远不够的。能打胜仗的将帅，必须是智勇双全的。项羽虽勇力过人，却不能远谋，最终被刘邦打败，落了个四面楚歌、投江自尽的下场。为将者勇敢当然是必备的素质，但勇力远没有智慧重要。

将之所慎者五：一曰理，二曰备，三曰果，四曰戒，五曰约。

【注释】《吴子·论将》。将领应该具备下列五点：一是"理"，即高度的组织指挥能力。二是"备"，即警惕、防备观念。三是"果"，即坚强的决心和必胜的信念。四是"武"，即戒骄戒躁。五是"约"，即法令简约明了。

【解析】这五个条件是吴起为将多年的经验总结。"理"是一个将领能力高下的体现。一个组织能力不强的将领显然难以取得战斗的胜利。"备"、"果"、"戒"是面对敌人的一种心理状态。它可以影响战争的胜负。"约"是带兵的方法，要求简单、实用。

受命而不辞，敌破而后言返，将之礼也。

【注释】《吴子·论将》。

【解析】不管困难多么大，只要是军中的命令就不推辞；一旦接受了任务，不把敌人打垮就不罢休。这是一个将帅应该懂得的礼数。也就是说服从命令是军人的天职，这是对一个将领最起码的要求。

师出之日，有死之荣，无生之辱。

【注释】《吴子·论将》。将帅要忠于职守，从出兵的那一天起，就下定决心，宁可光荣战死，决不忍辱偷生。

【解析】中华民族近代以来屡遭强寇欺凌。虽然由于封建王朝的腐朽、没落,中国军队屡遭失败,但是将士们浴血奋战,如林则徐、邓子龙、陈化成、邓世昌这些民族英雄,他们英勇不屈的精神和吴起的“有死之荣、无生之辱”的精神是一脉相承的。他们是中华民族的脊梁。

凡兵有四机:一曰气机,二曰地机,三曰事机,四曰力机。

【注释】《吴子·论将》。气机:士气。地机:指利用有利地形。事机:用计谋。力机:指集中兵力。用兵作战有四个关键问题:一是“气机”,即全军上下士气的高低要靠将帅掌握、调理。二是“地机”,即选择狭路险道,高山要塞设防,要利用有利地形。三是“事机”,即通过用计谋使敌人不战自乱。四是“力机”,即使战车牢固,战船轻便,士兵熟悉阵法,战马熟练奔驰,动作快速以集中兵力。

【解析】孙武所谓“知己知彼,百战不殆”与吴起“四机”同出一辙。“气机”、“地机”、“力机”将自己部队的战斗力发挥到极致,“事机”最大程度地削弱敌人的战斗力。

其威、德、仁、勇,必足以率下安众,怖敌决疑。施令而下不敢犯,所在而寇不敢敌。得之国强,去之国亡,是谓良将。

【注释】《吴子·论将》。怖:使……恐怖。敌:侵犯。将领的威严、品德、仁慈、勇敢必须足以统率部下,安抚士兵,威慑敌军,决断疑难。下达命令,部属不敢违犯;镇守一处地方,敌人不敢入侵。得到他,国家富强;失去他,国家衰亡。这才叫良将。

【解析】这段话谈的是将领在军队中的威信问题。在阶级社会中不可能产生真正“爱兵如子”和“身先士卒”的将帅,这是由他们的阶级地位决定的。“得之国强,去之国亡”也过分地夸大了将帅的作用。

耳威于声,不可不清;目威于色,不可不明;心威于刑,不可不严。

【注释】《吴子·论将》。声:指军中用鼓、金、铎等发声来指挥军队。色:指挥军队所用的旗帜。心:思想。听觉统一于声音,所以声音不可不清晰;视觉统一于颜色,所以颜色不可以不鲜明;思想统一于刑法,所以刑法不可以不严明。

【解析】吴起是法家代表人物之一。在这段话中他表达了要用严刑峻法统一思想观念的想法。这在战争连绵不断的春秋战国时代是有进步意义的。它为政治上的统一奠定了思想基础。但这种严刑苛政也束缚了思想的自由发展。

将之所麾,莫不从移;将之所指,莫不前死。

【注释】《吴子·论将》。将领下达命令,没有不按照命令行动的。将领所指向的地方，没有不勇敢向前杀敌的。

【解析】古代岳家军，在战场上把强悍的金兵打得一败再败，凭的就是这种“将之所麾，莫不从移；将之所指，莫不前死”的严明纪律。

凡战之要，必先占其将而察其才。因形用权，则不劳而功举。

【注释】《吴子·论将》。占：了解。权：权谋。作战最重要的是，首先了解敌人的将领和考察他的才能，再根据不同的特点采取相应的对策，这样就会费力不多而得到成功。

【解析】杜甫的“擒贼先擒王”思想和吴起的“占其将而察其才”不谋而合。这说明吴起具有军事家的敏锐眼光和务实精神。他抓住了事物的主要矛盾，并且能够“因形用权”从实际出发，使原则性和灵活性得到有机结合。无怪乎他与诸侯大战七十六仗，全胜六十四仗。

一坐一起，其政以理，其追北佯为不及，其见利佯为不知，如此将者，名为智将，勿与战矣。

【注释】《吴子·论将》。政：政令，此处指指挥。追北：追击败兵。一举一动，指挥都很得当。追击我方逃兵假装追不上，看见财物也好像没看到，像这样的将领是高明的将领，不要轻率地同他作战。

【解析】这段话是吴起论述观察敌将才能的方法。他的标准只有一条：纪律是否严明。吴起之所以把纪律看得如此重要，这是源于他的法家思想的。他认为将领一定要用统一的思想统帅自己的军队。而这种统帅的外在表现就是纪律严明、令行禁止。

三军服威，士卒用命，则战无强敌，攻无坚陈矣。

【注释】《吴子·应变》。威：威严，这里指将领的指挥。全军服从指挥，士兵不贪生怕死，这样就没有战胜不了的强敌，攻克不了的坚固阵地。

【解析】吴起在魏国为将，当时魏国国小力微，但是吴起却有用暴力统一天下的雄心壮志和气魄。这和他重视人的主观能动性，把人作为战争胜负的最关键因素是分不开的。虽然由于种种原因，吴起统一天下的理想没有实现，但是他主张进行革命战争，主张推翻旧制度，建立新制度是符合历史发展要求的。

以一击十，莫善于阨；以十击百，莫善于险；以千击万，莫善于阻。

【注释】《吴子·应变》。阨：狭窄的道路。险：险要的山地。阻：天险。以一击十最好是利用狭窄的道路。以十击百，最好是利用险要的山地；以千击万，最好利用或凭借天险。

【解析】战争的胜负是各种情况综合起来的结果。在《吴子》中强调最多的是人的因素，然而他也没有忽视"天时、地利"的因素。吴起主张在地势险要之地打伏击战，以达到以少胜多，以弱胜强的目的。抗日战争中著名的"平型关大捷"，就是八路军利用地形，巧妙打败强大敌人的例证。

武侯问曰："敌近而薄我，欲去无路，我众甚惧，为之奈何？"起对曰："为此之术，若我众彼寡，分而乘之，彼众我寡，以方从之。从之无息，虽众可服。"

【注释】《吴子·应变》。薄：胁迫，侮辱。方：指方阵。方阵是古代步兵的一种战斗队形，有利于集中兵力。武侯问："敌人临近而胁迫我，想摆脱它又没有道路，我军非常恐惧，应该怎么办？"吴起说："对待这种情况的办法是，如果我众敌寡，就分成几路攻击它；如果敌众我寡，就用方阵同它战斗，连续不断地战斗下去，敌人虽多也可取得胜利。"

【解析】《吴子》中阐发了许多著名的战略战术原则。这一段话就提出了集中优势兵力和敌人作战的重要性。这个思想后来被广泛地应用到战争中。第二次国内革命战争时期，红军四次粉碎敌人的反革命围剿，以弱胜强依靠的就是这条军事原则。而第五次反"围剿"的失利恰恰是放弃了这条军事原则的缘故。

攻敌围城之道，城邑既破，各入其宫，御其禄秩，收其器物。

【注释】《吴子·应变》。宫：指官府。御：掌管。禄秩：俸禄和职位。

【解析】军队攻占敌人城镇时应注意的政策是：打下敌人城镇后，要分别接近它的各个机关，控制它的官吏，留用它的人员，接收它的武器和物资。

军之所至，无刊其木，发其屋，取其粟，杀其六畜，燔其积聚，示民无残心。其有请降，许而安之。

【注释】《吴子·应变》。刊：砍伐。发：拆毁。燔：烧。

【解析】军队所到之处，不准随便砍伐树木，拆毁房屋、抢夺粮食、宰杀牲畜、焚烧仓库，用这些向民众表明没有残忍之心。敌人有请求投诚的，要允许并安置他们。有战争就会有破坏，虽然战争的目的有所不同，吴起他们的战争是为了推翻旧的奴隶制度，建立新的制度，但战乱中的人民同样会受苦难。吴起在这里所表现出来的还算是一种比较人道的观念。

发号布令而人乐闻，兴师动众而人乐战，交兵接刃而人乐死，人主之所恃也。

【注释】《吴子·励士》。闻：听从。将：依赖。发号施令，人们乐于听从；出兵作战，人们乐于战斗；冲锋陷阵，人们乐于牺牲。这三点，才是君主打仗所应该依赖的。

【解析】吴起这段话提出了“得民心”问题。虽然阶级地位的差别使统治者不可能从人民的根本利益出发来对待战争。但在当时条件下他们代表着新兴的生产关系，在推翻旧制度上和人民有着共同的愿望。因而战争依赖人民的观点是有进步意义的。

若车不得车，骑不得骑，徒不得徒，虽破军皆无功！

【注释】《吴子·励士》。车：名词作动词，车战。骑：骑兵战。徒：步战。如果车战的不能缴获敌人的战车，骑战的不能俘获敌人的骑兵，步伐的不能俘获敌人的步兵，虽然击溃了敌人，但不能算有功。

【解析】吴起主张打歼灭战，反对打击溃战。一切军事的指导原则，都基于这样一个基本原则，那就是尽可能保存自己力量，消灭敌人力量，而消灭敌人力量最有效的办法是打歼灭战。因此吴起主张“车得车、骑得骑、徒得徒”彻底消灭敌人力量。这种主张打歼灭战，最大程度消耗敌人力量的思想，在指导新兴地主阶级的统一战争中，起了很大作用。

战之日，其令不烦而威震天下。

【注释】《吴子·励士》。

【解析】到了用兵作战的关键时候，为主将者要做到下达的命令既不繁琐，而又能威震天下，人人畏服。

黄石公三略

《黄石公三略》也叫《三略》，相传为汉初黄石公所著，传授给张良。而张良用以辅佐刘备取得了天下。《三略》本着以仁义治天下的思想，多论述治国治军的政治原则，为中国古代之王霸学术。

主将之法，务揽英雄之心，赏禄有功，通志于众。

【注释】《黄石公三略·卷上》。揽：延揽。

【解析】作主将的，必须明白统率千军万马之诀窍在于招揽天下英雄，而招揽英雄的根本方法是得其心。怎样才能得到英雄之心呢？这就因人而异了。刘备得到孔明，三顾茅庐，诚恳之至；齐桓公之得管仲，示之以礼，尊重有加；魏王之得吴起，利之以禄，不吝钱财，高祖之用韩信，饵之以爵，不惜封侯。也就是说，英雄所求有不同，有的重名利，有的求志同，要想取得人心，必须顺应人心。

与众同好靡不成，与众同恶靡不倾。

【注释】《黄石公三略·卷上》。靡：没有。

【解析】与众人同乐，顺遂众人之心，没有不成功的；相反，如果倒行逆施，违拂民意，其结果必然灭亡。

治国安家，得人也；亡国破家，失人也。

【注释】《黄石公三略·卷上》。

【解析】国家安定，归根到底是因为得到了有用之才；国家败亡，总其原因是因为失去了人心。因此为政要懂得顺应民心。

柔有所设，刚有所施；弱有所用，强有所加。兼此四者而制其宜。

【注释】《黄石公三略·卷上》。

【解析】对于柔、弱、刚、强，要善于根据情势灵活运用。刚、强是有副作用的，人们不能一味逞强，不顾客观情势，逼人太甚。但这并不是说刚强本身不好。比如越王勾践在养精蓄锐的时候，"静如处女"；一旦向吴国发动总攻，就"动如脱兔"，以迅雷不及掩耳之势灭了吴国。孙、庞斗智时，孙膑逐日减灶，故意以军心涣散、日有逃亡的假象来哄骗庞涓。当庞涓进入他的埋伏圈后，他便万箭齐发，决不心慈手软。这才是真正懂得柔弱刚强的妙用。

端末未见，人莫能知，天地神明，与物推移。

【注释】《黄石公三略·卷上》。

【解析】世界上的事，在没有任何征兆和迹象显露的时候，人们是无法认识它的。自然界的奥秘，要根据事物的发展趋向才能了解。这里的所谓神明，是指自然界生息变化的规律。

变动无常，因敌转化，不为事先，动而辄随。

【注释】《黄石公三略·卷上》。

【解析】作为将帅，应当懂得事物变化的法则，根据敌人的情况来变化，根据时间和处所来变化。变化不能事先设定，而要针对敌人的行动随机应变。一个人的过人之处就在于在动中把握机会，而事实上世界上的事物也都是处于不停的变化之中，没有静止不变的东西。

莫不贪强，鲜能守微，若能守微，乃保其生。

【注释】《黄石公三略·卷上》。

【解析】人大多争强好胜，贪得无厌，结果往往惹出祸端。本来想稳固自己的根基，结果适得其反。很少有人能从事物的另一面着想，靠不贪不妄，远离是非来求得安乐幸福的。能这样做的，都是有大智慧的人。张良功成而身退，拒绝了三万户的封地，只要了一个并不富足的留城，远离政治斗争的漩涡。他得以善终的秘诀正是因为他明白这个道理。

能柔能刚，其国弥光；能弱能强，其国弥彰；纯柔纯弱，其国必削；纯刚纯强，其国必亡。

【注释】《黄石公三略·卷上》。弥：更加。彰：彰显。

【解析】这是古代兵书《军谶》中的一句话："能用刚又能用强，国家就能光明远扬；能用弱又能用强，国家就能更加强大；如果单纯用柔单纯用弱，国家就会削弱；一味逞能用强，国家也必然灭亡。"世界上的事理大抵如此，儒家强调中庸，其实也是不偏不倚的意思。刚、柔、强、弱须兼而用之，不可偏废，亦不可过头。

为国之道，恃贤与民。信贤如腹心，使民如四肢，则策无遗。

【注释】《黄石公三略·卷上》。遗：遗失。

【解析】治国的最高原则，在于依靠贤人和民众。信任贤士如心腹，使用民众如手足，就不会失策。治国的关键在于保民，保民的关键在于任贤，任贤的关键在于守信。治国用兵，如能做到任贤保民，则万众一心，无往不胜。

军国之要，察众心，施百务。

【注释】《黄石公三略·卷上》。

【解析】治军理国最主要的在于体察民心之好恶，从而采取一系列措施来顺民心之所好，去民心之所恶。一切举措都应当是对民众有益处的，大众所拥护的。这样你才能得人心，你才能站住脚。

危者安之，惧者欢之，叛者还之，冤者原之。

【注释】《黄石公三略·卷上》。

【解析】对于有危难困苦的，就应当安置他们，为他们排忧解难；将士有疑虑、畏惧的情形出现，就要给他们做工作，使他们心情舒畅；士兵如有因客观原因叛逃的，就设法招还他们；有受到冤屈的，则要为他们平反。

诉者察之，卑者贵之，强者抑之，敌者残之。

【注释】《黄石公三略·卷上》。残：残灭。

【解析】民众有隐情要申诉的，要查明实情；位低而有功劳的，要及时提拔他们；靠强权勇力逞强的，必须要制服他们；对于要反叛的，坚决消灭他们。

贪者丰之，欲者使之，畏者隐之，谋者近之。

【注释】《黄石公三略·卷上》。

【解析】人总是要有所求的，这也是合情合理的。善用人者应当取其长处，尽最大努力满足人的要求。只要是在情理之中的，贪利的不妨给他较丰厚的报酬，想立功的可以让他去冲锋陷阵，有胆小的就置之安全的地方，有愿意出谋划策的亲近他。

谗者覆之，毁者复之，反者废之，横者挫之。

【注释】《黄石公三略·卷上》。

【解析】有的人好无事生非，谗言害人，对这种人心术不正，要将其彻底打倒；对诋毁别人的人，要给予无情打击；对于要谋反叛乱的，必须坚决消灭；对那些强横称霸者，则应当摧折他们的嚣张气焰。

满者损之，归者招之，服者活之，降者脱之。

【注释】《黄石公三略·卷上》。

【解析】对于易于志得意满的要抑制其傲气；有愿归附的要招抚他们；对愿意服从的要安排他们，使他们能够生活下来；对那些已经投降的将士，都要赦免他们，给他们与一般人同等的待遇。

获固守之，获扼塞之，获难屯之，获地裂之，获财散之。

【注释】《黄石公三略·卷上》。

【解析】军队在战争中获取的东西要分别处置：坚固的军事要地要牢牢守住；敌军容易进入的险隘之地要堵塞；险要的关口要驻扎军队把守；城池和土地则可赏赐有战功的战将；财物则应奖赏给士兵和民众。

敌动伺之，敌近备之，敌强下之，敌佚去之，敌陵待之，敌暴绥之，敌悖义之，敌睦携之。

【注释】《黄石公三略·卷上》。

【解析】这是讲根据敌情来制订我军的行动方案。敌人行动要注意侦察，等待敌人暴露弱点；敌人接近要严加戒备；敌人力量强大且来势凶猛，我要假装弱小滋长他的傲气；敌人以逸待劳，要远离他；敌人士气高涨，要耐心等待其衰竭；敌人凶暴，则要设法削弱它的锐气；敌人悖逆无道，我要表现出正义来；敌人将士和睦，则要设法离间他们。

顺举挫之，因势破之，放言过之，四网罗之。

【注释】《黄石公三略·卷上》。

【解析】征服敌人的办法有这么几种：根据敌人的举动挫败它，根据形势来击破它，放出假情报使它造成过失，设下天罗地网来歼灭它。

得而勿有，居而勿守，拔而勿久，立而勿取。

【注释】《黄石公三略·卷上》。

【解析】这几句是讲兵贵神速，要依据情势迅速行动，不可显出滞重不灵，也不可苟安一隅。在战争中获得财物不要去占有，这样会分散精力；夺取了城池不要因为贪图安逸而居留不去；攻打城池不能停留太久；敌人已经立了君主，不能用武力来夺取其位。

世能祖祖，鲜能下下。祖祖为亲，下下为君。

【注释】《黄石公三略·卷上》。

【解析】世上的君王都能尊敬、爱戴他的祖先，却很少有能爱护、安抚民众的。尊敬、爱戴祖先容易做到，是因为出于亲情关系，但是作为一国之君，只有对老百姓像爱护自己的子女一样爱护他们，才配得上做天下的君主。

英雄者，国之干；庶民者，国之本。得其干，收其本，则政行而无怨。

【注释】《黄石公三略·卷上》。

【解析】有才能的人是国家的中坚，民众是国家的根本。有了可以依靠的中坚力量，又能够得到全国人民的拥护，巩固国家之根本，那么就能做到国泰民安，政令通行，民无怨声。

用兵之要，在崇礼而重禄。礼崇则志士至，禄重则义士轻死。

【注释】《黄石公三略·卷上》。

【解析】用兵的要诀，在于能礼贤下士和不惜俸禄。尊崇人才，有志之士就会到来；俸禄优厚，义士就乐于效死。所以只要赏贤不吝财，赏功不过时，将士就会同心协力，使敌国削弱失败。战国时的燕昭王从礼遇郭隗做起，网罗了一大批人才，乐毅终于为他报了仇，打败了齐国；吴国的公子光因为他封了专诸的儿子为公卿，才使专诸甘心为他送命，刺杀了吴王僚。这些都是例子。

用人之道，尊以爵，赡以财，则士自来；接以礼，励以义，则士死之。

【注释】《黄石公三略·卷上》。

【解析】用人的方法到底是什么呢？首先，封爵位给他，尊重他，用资财赡养他，那么有才能的人就会自动前来投靠你。然后以礼来对待他，用大义来激励他，那么有才能的人就会不惜生命来报效你。

将帅者，必与士卒同滋味而共安危，敌乃可加。

【注释】《黄石公三略·卷上》。

【解析】身为将帅，必须与士卒同享甘苦，安危与共，才可以对敌作战。要想让兵士为你而死，必须要收买其心，让他心甘情愿为你而死，而不是去强迫他。

军井未达，将不言渴。军幕未办，将不言倦。军灶未炊，将不言饥。冬不服裘，夏不操扇，雨不张盖。是谓将礼。

【注释】《黄石公三略·卷上》。

【解析】这是《三略》引用《军谶》中的话："行军当中，井还没有凿成，将帅不说口渴；帐幕还没有架好，将帅不说疲倦；军灶还没有做饭，将帅不喊饥饿。冬天虽冷不穿皮衣，夏天再热不用扇子，雨天不打雨伞。"这是作为一个将领必须遵循的礼数，其目的就是要体现与士兵同甘共苦的精神。

与之安，与之危，故其众可合而不可离，可用而不可疲。

【注释】《黄石公三略·卷上》。

【解析】做将帅的如果能与士卒同安乐共患难，这样的队伍就能同心同德，团结一致；这样的军队就能不怕苦，不怕累，不知疲倦。只有这样，才能令士卒效死，百战而百胜。

将无还令，赏罚必信，如天如地，乃可使人，士卒用命，乃可越境。

【注释】《黄石公三略·卷上》。

【解析】将领的威严在于发号施令和军士能够用命。孙武斩吴王爱姬，女子闻令而鼓舞，说明军令之威不可犯。所以将帅要令出必行，有功必赏，有过必罚，像天地日月一样公正而无私，才可统帅军队，士卒才能服从命令，只有这样的军队才可以进入敌境而不乱。

乱将不可使保军，乖众不可使伐人。

【注释】《黄石公三略·卷上》。乖众：没有约束的军队。

【解析】率领军队，统筹规划靠的是将领；战斗能否克敌制胜，则取决于士兵。所以不能自我约束的将领，不可让他统率军队；纪律败坏的军队不可用以攻伐敌人。如果让没有约束力的将领，率没有纪律的军队，只能是攻不能胜，围不能破，百战而百败。

良将之统军也，恕己而治人。

【注释】《黄石公三略·卷上》。

【解析】这是《军谶》里的一句话："好的将领统帅军队，能够推恩于众，以恕己之心来治人。"这种将领统率下的军队，必定士气高昂，战斗力旺盛。作战就像暴风雨一样猛烈，进攻就像江河决堤一样汹涌。这样的军队才能战无不胜，使自己永远立于不败之地。

以身先人，故其兵为天下雄。

【注释】《黄石公三略·卷上》。

【解析】为将领的能够身先士卒，他的军队才能称雄天下。俗语说："打铁先要本身硬。""兵孬，孬一个；将孬，孬一窝。"正是这个道理。

赏罚明则将威行，官人得则士卒服，所任贤则敌国畏。

【注释】《黄石公三略·卷上》。

【解析】军队以赏罚分明来树立主将的威信，以知人善任来令士卒心悦诚服，以有能人贤士来令敌国畏惧。这些都是为将者应该记取的至理名言。

贤者所适，其前无敌。

【注释】《黄石公三略·卷上》。适：往。

【解析】这是《军谶》中的一句话：人才所归的国家，必然天下无敌。争夺天下其实首先是争夺人才；一个失去天下的君主其实首先是失去了人才。楚汉相争，刘邦网罗了张良、萧何、韩信等许多人才，项羽只有一个范增却不能用。韩信本来是在项羽那里，最后因为项羽不能用他而背楚归汉。未战之前，胜负已经判矣！

士可下而不可骄，将可乐而不可忧，谋可深而不可疑。

【注释】《黄石公三略·卷上》。

【解析】国君对于人才，只能尊敬礼遇，不能傲慢冷落；对于将领，要使他乐观无畏，不能使他忧虑重重；谋略必须深远而不能疑虑不定。这句是讲国君对待人才，制订国策的方法。

将拒谏，则英雄散。策不从，则谋士叛。善恶同，则功臣倦。

【注释】《黄石公三略·卷上》。

【解析】这一句从反面来论述为将之道：拒绝别人的正确意见，人才就将离去；不采纳谋士的计策，谋士就会背叛你；善恶不分，赏罚失当，有功之臣就不愿再为你出力。

专己，则下归咎。自伐，则下少功。信谗，则众离心。贪财，则奸不禁。内顾，则士卒淫。

【注释】《黄石公三略·卷上》。

【解析】这句仍是从反面来讲为将之道：刚愎自用，所有事都自己一个人说了算，部属就会把一切过失都推到将领身上；经常夸耀自己的功劳，部下就会因得不到承认而干脆不思立功；听信谗言，就会众叛亲离；主将贪财，奸邪之辈就会越来越多；主将临阵之际仍不能忘却家室，士卒也就会效仿而思淫。

将谋欲密，士众欲一，攻敌欲疾。

【注释】《黄石公三略·卷上》。

【解析】事以秘成，谋以泄败。兵不厌诈，用兵必有谋略，主将谋虑缜密深远，内外便无可乘之机；用兵打仗，必须善于团结官兵，使军队万众一心，这样才能攻必克，战必胜；用兵贵在神速，攻其不备，军队行动越快越好。能做到这三点，必然计无不遂，战无不胜。

将谋泄，则军无势。外窥内，则祸不制。财入营，则众奸会。将有此三者，军必败。

【注释】《黄石公三略·卷上》。

【解析】为将帅切记这三点：谋略外泄，则处处被动，军队形不成攻势；奸细乘虚而入，变乱生于内，祸患就会不止；军营蓄积财货，一些奸人就会打这些财货的主意，因而导致军心涣散，钩心斗角。主将有这三种错误，必然失败。

将无虑，则谋士去。将无勇，则士卒恐。将妄动，则军不重。

【注释】《黄石公三略·卷上》。

【解析】将帅没有深谋远虑，有智谋的人就会离去；将帅不勇敢，下级官兵就会有恐惧感；将帅轻举妄动，就会导致军心不稳。

虑也，勇也，将之所重。动也，怒也，将之所用。此四者，将之明诫也。

【注释】《黄石公三略·卷上》。

【解析】这几句是《军谶》中的话：并不是说将帅不能动，不能怒，恰恰相反，兵以怒动，则势如江河。将不怒，势不威。所以说，深谋远虑和勇敢，是一个将军最最重要的素质；动和怒虽不值得提倡，但为了鼓舞士气，也可以灵活运用。这四点，为将帅的必须明白。

军无财，士不来。军无赏，士不往。

【注释】《黄石公三略·卷上》。

【解析】《军谶》上说：军中没有钱财，人才就不来归附；对士兵没有奖赏，将士就不会英勇作战；主将应明白树起招军旗，须有养兵之财；士兵卖命，很多也是为了钱财，因此将帅不能吝惜生财。

香饵之下，必有死鱼。重赏之下，必有勇夫。

【注释】《黄石公三略·卷上》。

【解析】《军谶》中以钓鱼做比喻，说明一个千古不易的道理："重赏之下，必有勇夫。"还是强调士兵也是需要钱的，给他奖赏，他就会去为你卖命。

礼者，士之所归。赏者，士之所死。

【注释】《黄石公三略·卷上》。

【解析】礼贤下士，才智之士就会来归附你，所以对有才能的人要以礼相待。然而，要想让人为你卖命，就必须赏给他钱财。所以得人的秘诀，一是礼，二是赏，这就是历代人君统治天下之秘术。不过我们觉得这句话有浓重的封建色彩，人可以为理想而献身，不一定都是为财而卖命。此处有应该剔除的糟粕。

礼而后悔者，士不止。赏而后悔者，士不使。礼赏不倦，则士争死。

【注释】《黄石公三略·卷上》。

【解析】对人才先有礼而后又怠慢，人才就会离开你；先奖赏而又后悔，有才能的人就不会听从你的命令了。永远坚持礼贤下士和不吝钱财，别人才会为你效死。

兴师之国，务先隆恩。攻取之国，务先养民。

【注释】《黄石公三略·卷上》。

【解析】凡是要发动战争者，必然要首先给将帅士兵许多好处，国人愿意为你出力；而要想让战争胜利，务必先安定后方，使国富民强。人民生活无忧，而又感念朝廷恩典，方才不会厌战。

良将之养士，不易于身。

【注释】《黄石公三略·卷上》。

【解析】良将蓄养士兵，就像爱护自己一样。这样才能使万众一心，取得全面胜利。所谓"三军如一心，则其胜可全"。

用军之要，必先察敌情，视其仓库，度其粮食，卜其强弱，察其天地，伺其空隙。

【注释】《黄石公三略·卷上》。

【解析】这是《军谶》中的话：用兵的关键是必须首先察明敌情，了解敌人物资储备有多少，估计敌人粮食补给的能力，判断敌人兵力的强弱，察明敌人天时地利的情况，寻找敌人的空隙和漏洞。然后才可以制订作战计划，对敌用兵。

国无军旅之难而运粮者，虚也。民菜色者，穷也。

【注释】《黄石公三略·卷上》。一个国家如果没有军事行动却在大规模地运送粮食，说明他们国内空虚；百姓的脸上有饥饿之色，说明他们的国家已经非常穷困了。

【解析】用兵之时，侦察敌国内政和经济实力是非常重要的。通过种种迹象，便可知是否可以与之交战。兵势未交，先察其国力，看其粮草武器之生产储备，便可知其强弱；察其民情士气，已知胜负。

千里馈粮，士有饥色。樵苏后爨，师不宿饱。

【注释】《黄石公三略·卷上》。

【解析】从千里之外往来运送粮草，士兵肯定在挨饿；现打柴草然后做饭，军队肯定吃不饱饭。这也是用来判断敌人实力情况的要点。

善善不进，恶恶不退，贤者隐蔽，不肖在位，国受其害。

【注释】《黄石公三略·卷上》。第一个"善"和"恶"是动词，"以……为善"、"以……为恶"；第二个"善"和"恶"是名词。

【解析】居高位者虽然赏识好人却不能任用；讨厌坏人却不能斥退；当断不

断，反受其乱。致使奸佞当道，贤才隐退，结果使国家深受其害。

君用佞人，必受祸殃。

【注释】《黄石公三略·卷上》。

【解析】奸臣依仗权势，一意孤行，背离民意，苟且行事，以讨好国君。独断专行，善恶不分，一切以一己之好恶为准。这样必然民受其殃，君受其害，国受其祸。

三皇无言，而化流四海，故天下无所归功。

【注释】《黄石公三略·卷中》。三皇：伏羲、神农、轩辕。

【解析】上古时代的三位皇帝伏羲、神农和轩辕，虽然没有传下修身治国的言论，但是他们的仁德遍布四海，对天下民众产生了潜移默化的巨大影响。天下老百姓得到好处都不知把功劳记在谁的名下。

帝者，体天则地，有言有令，而天下太平。

【注释】《黄石公三略·卷中》。帝者：指五帝，即少昊、颛顼、高辛、唐尧、虞舜。

【解析】被称作五帝的少昊、颛顼、高辛、唐尧、虞舜按照自然的法则，制订了天下人所应该共同遵守的规则，有理论，有号令，因此天下太平。所以古代的帝王使用群臣不必有那么多的礼仪法规、赏罚奖励，就能使四海和美而不互相伤害。五帝的治国之道，就是善用无为而治的法则，天下百姓在日常生活中受到了实惠却不知道是怎么回事，行为合乎道义却好像生来就有这种修养。因此，这句的后边接着说："君臣让功，四海化行，百姓不知其所以然。故使臣不待礼赏有功，美而无害。"

王者，制人以道，降心服志，设矩备衰，四海会同，王职不废。虽有甲兵之备，而无斗战之患。

【注释】《黄石公三略·卷中》。王者：指三王，即夏禹、商汤、周文王。

【解析】如果说五帝以德治国，那么夏禹、商汤、周文王就是以道治国，征服人心了。他们制定法规以防国家衰败，使四海诸侯皆来会同，而王职不废。虽然修治武备，然而并不发生战乱。天下太平，君不疑臣，臣不疑君，国家稳定，人主安详，这样也可以达到美好而无患的大治。所以这句接下来又说："君无疑于臣，臣无疑于主。国定主安，臣以义退，亦能美而无害。"

霸者，制士以权，结士以信，使士以赏。信衰则士疏，赏亏则士不用命。

【注释】《黄石公三略·卷中》。霸者：指能够成就霸业的帝王，如齐桓公、晋文公等。

【解析】霸主的治国之术是以权势来驾驭群臣，以信誉来招揽人才，以赏罚来使用人才。不讲信用，人才就会疏远；没有奖赏，有才能的人就不会出力。

出军行师，将在自专。进退内御，则功难成。

【注释】《黄石公三略·卷中》。

【解析】这是《三略》引用古代专门探讨兵家之形势的《军势》中的一句话。中国古代战争理论有一条重要的原则："将在外，君命有所不受。"因为战争是一种瞬息万变的事情，需将领因时因地制订政策，灵活掌握军队的行动。如果事事听命于人主，军队势必决策失误，从而导致战争失败。

使智，使勇，使贪，使愚。智者乐立其功，勇者好行其志，贪者邀趋其利，愚者不顾其死，因其至情而用之，此军之微权也。

【注释】《黄石公三略·卷中》。

【解析】这里道出一个为将用人的原则，无论智、勇、贪、愚，皆有所用。而且要根据每个人的特点，采取不同的办法来使用人。有智慧的人乐意去立功成事；勇敢的人喜欢行其所志；性贪的人爱取利；笨愚的人往往能够去卖命。这是对人性的弱点深刻的心理分析，用人应当针对不同的人而快其意，用其所能。这是做领导的用人之微妙处。

使义士不以财，故义者不为不仁者死，智者不为暗主谋。

【注释】《黄石公三略·卷中》。

【解析】《军势》中说：使用义士不能依靠钱财，因为义士不为不仁的人去死，有谋的人不会为昏庸的君主出谋献策。这是钱财也无能为力的事。所以有权势者，务须透彻人情世故，用人的时候，或义或利，或恩或礼，要因人而异。

主不可以无德，无德则臣叛；不可以无威，无威则失权。

【注释】《黄石公三略·卷中》。

【解析】作君主的，务须修德，主上无德则臣民反叛；同时也要有威势，主上无威则政令不行，权力丧力。恩威并用，是人主治国最常用的手段。

臣不可以无德，无德则无以事君；不可以无威，无威则国弱，威多则身蹶。

【注释】《黄石公三略·卷中》。

【解析】作人臣的，也必须以德为立身之本，做臣子的无德则不能事君；人臣也要有威势，无威则不能保护朝廷和国家。但是作为人臣，应当明白满溢峭崩、功高震主的道理，否则将会招致杀身之祸。

非计策，无以决嫌定疑，非谲奇无以破奸息寇，非阴计无以成功。

【注释】《黄石公三略·卷中》。谲(jué)奇：谲诈诡奇。

【解析】有了天下英雄和人才，全军官兵能够同心同德，然后还要运用权谋，才能取得胜利。不用计谋就无法决疑解难，就像刘邦用薛公策反英布等。不出奇制胜就无法破奸灭寇，不秘密谋划就无法成功。就像陈平六出奇计助刘邦定天下，这都是出奇计以谋略取胜的例子。

圣人体天，贤人法地，智者师古。

【注释】《黄石公三略·卷中》。

【解析】这三句话，就是本书《三略》的含义。圣者治世，顺天道自然之理，行不言之教，治而无功，成而无名，朝野君臣的思想言行，无不合于人情自然。这是最高明的治国之道，为第一略；贤者推物理，顺人情，从而实现其济世利民的理想。贤人效法的是大地的奉献精神。贤人无法与圣人相比，所以不能做到无为而治。这是第二略；智者则以史为鉴，师法古人，研究历代盛衰的根源，研究得失的道理，以便做到治国养民没有错失。《尚书》上说："做事不借鉴古人的经验教训而不失败的，还从来没有听说过。"《诗经》上也说："历史的经验是久经验证的真理，遵循这些真理不治国安民，只有有智慧的人才能做到。"所以，能称得上有智慧的人，必然通今博古，善于从历史中得到启示。不过这已经是第三种方略了。

能扶天下之危者，则据天下之安。能除天下之忧者，则享天下之乐。能救天下之祸者，则获天下之福。

【注释】《黄石公三略·卷下》。

【解析】谋略的运用，必须以道德为基础。不管有多大的谋略，最终取胜的还是有德者。也即，能解天下之危困者，才能拥有安定的天下；能除百姓之忧虑者，才能受天下人之爱戴；能救天下之大祸者，才能得到天下之大福。从前洪水为患，大禹治之；纣王聚敛，武王散之；秦法森严，高祖宽之。他们也因而得到了民众的拥护。这都是历史的明证。

贤人所归，则其国强；圣人所归，则六合同。

【注释】《黄石公三略·卷下》。六合：天地四方。

【解析】功成名就，在于人才之得失，而人才之延揽，取决于自身的道德水平。所以，只有积德方可聚贤。贤能的人都来归附，那么国家就强大；一旦有圣人出现，就一定会出现国泰民安的太平盛世。

求贤以德，致圣以道。

【注释】《黄石公三略·卷下》。

【解析】要想找到贤能的来辅佐自己，首先自己要有较高的德行修养；要想有圣人出现，必须要依照自然的法则来行事，使自己的行为符合上天的意志。一个国家的兴衰安危，很大程度上取决于人才的去就。

贤人之政，降人以体。圣人之政，降人以心。

【注释】《黄石公三略·卷下》。

【解析】贤人施政，是使人民忠良顺从，能够遵守国家的法规；圣人治理国家，是使人民心悦诚服。行动上顺从，可以维持一个国家的安定；心中悦服，可以保全始终。

有德之君，以乐乐人；无德之君，以乐乐身。乐人者久而长，乐身者不久而亡。

【注释】《黄石公三略·卷下》。

【解析】有德之君，用乐来教化民众，能够与民同乐；无道之君，只知道自己快乐。像唐明皇制作《霓裳羽衣曲》，陈后主谱写《玉树后庭花》，都是用音乐来娱乐自己，而非与民同乐。最终都导致了国家的败亡。正如孟子所说："乐民之乐者，民亦乐其乐；忧民之忧者，民亦忧其忧。"

释近谋远者，劳而无功；释远谋近者，佚而有终。

【注释】《黄石公三略·卷下》。

【解析】凡做事皆须从高处着眼，近处下手，这样易于成功。假如反其道而行之，施政治事不切实际，必然劳民伤财，怨声载道。所以接下来又说："佚政多忠臣，劳政多怨民。"人主治理天下需制订长远之策，但必须脚踏实地，根据实际情况，一点一滴去施行。倘若不察民情，急功近利，或刑律失度，或章法太繁，即便是取得一时功效，终归还是得不偿失。

务广地者荒，务广德者强。能有其有者安，贪人之有者残。

【注释】《黄石公三略·卷下》。

【解析】一心想着扩张领土的，内政就会荒废，得到的土地也会渐渐地失守；注重推广德行的，国家反而强盛；所以说，能知足于自己所拥有的，就会安宁而无所失；贪求别人的东西，早晚会受害。

造作过制,虽成必败。

【注释】《黄石公三略·卷下》。造作:人为强求。

【解析】“君子爱财,取之有道。”凡事都不可过头,人要有所得,必须要有得到它的正当手段和渠道,不能强取豪夺。如果所作所为超过限度,虽可取得一时之利益,但早晚会付出更大的代价,最终必然失败。

舍己而教人者逆,正己而化人者顺。

【注释】《黄石公三略·卷下》。

【解析】这句进一步阐明为政以德的道理。不正己而教育别人,这是违背情理的;先正己而后感化别人,则顺乎人心,合乎情理。违背情理是祸乱的根源,合乎情理是安定的关键。所以下文又说:“逆者乱之招,顺者治之要。”

出君下臣,名曰命。施于竹帛,名曰令。奉而行之,名曰政。

【注释】《黄石公三略·卷下》。

【解析】出于君之口,达于臣之耳,叫作“命”;写在纸上来传达的称之为“令”;下面各级官员把这些“命”和“令”贯彻执行,付诸实践,就为“政”。

千里迎贤,其路远。致不肖,其路近。

【注释】《黄石公三略·卷下》。致:招致。不肖:没有才能和德行的人。

【解析】真正的人才不是难以打听到,就是不苟合和比较清高,所以求之甚难;然而奸诈的小人遍地都是,招之即来。贤明的君主宁可舍易而求难,舍近而求远,只有这样才能开拓伟大的功业。因此下文说:“是以明君舍近而取远,故能全功尚人而下尽力。”

废一善则众善衰,赏一恶则众恶归。善者得其佑,恶者受其诛,则国安而众善至。

【注释】《黄石公三略·卷下》。

【解析】否定一个好人,许多好人都会丧失志气;奖赏一个坏人,许多坏人就会接踵而至。好人得到保护,坏人被清除掉,国家才会安宁,大批有才德的人才会前来归顺,一些好的举措才会被实施。

清白之士,不可以爵禄得。节义之士,不可以威刑胁。

【注释】《黄石公三略·卷下》。

【解析】清正廉洁的贤人,是不能用金钱爵禄收买的;有正义气节的人,是不可以用刑罚威胁来使他屈服的。战国时的乐毅虽然打败了齐国,但齐国有才德的人不愿背叛齐国，而宁肯以死殉国，他也没有办法。这说明节义之士是不能用威势来让他动摇的。

致清白之士，修其礼；致节义之士，修其道。

【注释】《黄石公三略·卷下》。致：招致。

【解析】君主要想聘请到贤人，必须讲求方式方法。想要得到清高廉洁的贤人，就要讲究礼节；想要招来有正义气节的贤人，就要讲究道义。只有这样，有用的人才方可请到，功业方可长盛不衰。

虽穷，不处亡国之位。虽贫，不食乱邦之粟。

【注释】《黄石公三略·卷下》。

【解析】虽然不得志也不当已经亡国了的国家的官吏，虽然贫穷也不在那些发生内乱的国家做官吃俸禄。即孔子所谓："危邦不入，乱邦不居。"因为苟且偷安，早晚也会被卷入祸患之中的。

圣王之用兵，非乐之也。将以诛暴讨乱也。

【注释】《黄石公三略·卷下》。

【解析】兵凶战危，涉及生死存亡，不得已而用之。所以圣明的君主进行战争，不是好战，而是为了讨伐强暴，平定暴乱。

以义诛不义，若决江河而溉爝火，临不测而挤欲坠，其克必矣。

【注释】《黄石公三略·卷下》。

【解析】以正义之师讨伐不义，有如放开江河之大水来淹灭微弱的小火，又如在深渊的边上去推挤摇摇欲坠的人，必然攻无不克，战无不胜。这句话的意思是说，发动战争一定要站在正义的立场上，如果发动不义之战，即使谋略和战术再高明也是要失败的。

人之在道，若鱼之在水，得水而生，失水而死。

【注释】《黄石公三略·卷下》。

【解析】人奉天道而行事，就好像鱼离不开水一样，有水便能生存，离开水便要死去。所以人君背道则国危，君子背道则名裂，百姓背道则身亡。这句的下边又说："故君子常惧，而不敢失道。"

贤臣内，则邪臣外；邪臣内，则贤臣毙。

【注释】《黄石公三略·卷下》。

【解析】如果贤良的大臣被重用，邪恶的奸臣就会被排斥在外。相反，奸臣被重用，忠臣就会被迫害致死。为人君者应该有辨别忠奸的能力，要知道忠奸是水火不容的。

伤贤者，殃及三世。蔽贤者，身受其害。嫉贤者，其名不全。进贤者，福流于孙。

【注释】《黄石公三略·卷下》。

【解析】能否建功立业，成就英名，关键在于人才。所以伤害贤能之人者，必将殃及后代。打击贤能之人的，必将身受其害，嫉贤妒能者，不能成全自己的名节。只有举荐贤才的人，他的美德才会给子子孙孙带来好运。

素　　书

《素书》，旧题汉黄石公撰。相传黄石公演天理而成《素书》，于圯桥之上密授张良。张良仅用其中十分之一二，便帮助刘邦灭项羽而建立汉朝，且张良功成身退，做到了明哲保身。张良死后500年，有盗发张良墓者，于玉枕中获此书，上有秘戒："不许传于不道、不神、不圣、不贤之人。若非其人，必受天殃。"也有人认为是后人托黄石公名而作。

道、德、仁、义、礼，五者一体也。

【注释】《素书·原始章第一》。

【解析】无论道家、儒家还是其它用于治国兴邦的思想体系，无不将道、德、仁、义、礼这五个范畴作为根本。老子说：由于世风日下，人们距离天道本有的和谐完美越来越远，人心日益丧失先天的淳朴自然，矫情伪饰成了人们必备的假面具，所以才不得不用伦理道德来教育人们。一旦道德教育也不起作用时，就只好提倡仁爱。当人们的仁爱之心也日益淡薄时，就呼唤要有正义。当正义感也不为人们所重时，就只能用法规性的礼制来约束民众了。因此，道、德、仁、义、礼这五个方面是天道的统一体。

道者，人之所蹈，使万物不知其所由。

【注释】《素书·原始章第一》。

【解析】道这种东西，每个人都在遵循着它所体现出来的规律办事，然而人们并不能感觉到道的存在。道无处不在，但又说不清道不明。故老子说："道可道，非常道。"道一旦能被人说清楚，就不是道了。

德者，人之所得，使万物各得其所欲。

【注释】《素书·原始章第一》。

【解析】什么是德呢？德就是使世间的万物都得到自己所想要得到的东西。可见古代的先贤圣哲是很通情达理的，认为有的欲望是合理的，"德"的本意就是要效法天道，恩泽天下，使每个人都各得其所，各得所欲；幼有所长，老有所养。对于我们每个人来说，为别人做好事，为社会做贡献，使别人免去痛苦得到幸福，这就是"德"的修养。

仁者，人之所亲，有慈惠恻隐之心，以遂其生成。

【注释】《素书·原始章第一》。

【解析】仁就是人与人之间相亲相爱的伦理关系。相亲相爱就要具有仁慈的恻隐之心，怀有利人利物的奉献精神，有使天下民众各得其所、各遂其愿的雄心壮志。

义者，人之所宜，赏善罚恶，以立功立事。

【注释】《素书·原始章第一》。义：理之所在谓之义。

【解析】如果说"仁"是指人和人亲和关系，那么"义"则是指人们的行为规范——行为适宜，符合标准，也就是所谓办事要公正。衡量办事是否公正，大众的目光自然会不约而同地集中在当权者的身上。而有职有权的人公正与否，突出表现在是否赏罚分明。只有赏罚得宜，才会发挥人民大众的聪明才智，使大家争相建功立业，使国家事业兴旺发达。理和义是统一的，只有按照真理判断、处理事务，才会体现出仁义。赏善罚恶，是正义的基本原则；能否建功立业，则是检验正义是否得到落实的标准。

礼者，人之所履，夙兴夜寐，以成人伦之序。

【注释】《素书·原始章第一》。

【解析】礼是全社会民众的伦理和道德的规范，上至帝王将相，下至黎民百姓，每一个人的一言一行都要涉及礼。如果人们的行为都符合礼的规范，就可以使社会机体健康发展，就可以从根本上杜绝不良的社会现象。

贤人君子，明于盛衰之道，通乎成败之数，审乎治乱之势，达乎去就之理。

【注释】《素书·原始章第一》。

【解析】大凡以高尚道德为立身处世原则的伟大人物，在其走上社会，施展抱负时，就已经对历史的发展规律了然于胸，既能预测未来的趋势，又能洞悉兴亡、治乱的玄机了。由于对主观和客观的规律、时事变幻的奥秘洞若观火，所以天下的兴亡仿佛就掌握在他的手中一般。

德足以怀远，信足以一异，义足以得众，才足以鉴古，明足以照下。此人之俊也。

【注释】《素书·正道章第二》。怀远：使远方的人心悦而诚服。

【解析】德行能够让远方的人诚服，信誉足以让不同想法的人聚拢在一起，仁义足以让众人来归附，其才智能够从古代的经验中得到正确的启示，其英明足以明辨是非，护佑天下百姓。这种人可以称得上是人中之“俊”了。

行足以为仪表，智足以决嫌疑，信可以使守约，廉可以使分财。此人之豪也。

【注释】《素书·正道章第二》。

【解析】行为能够被人奉为楷模，起到表率作用；在功名利禄、是非恩怨面前，能够保持清醒的头脑，识大体，顾大局，能以大智判断、处理这些很容易使人身败名裂的问题；说一不二，一诺千金，诚实守信；重义轻财，一心为公，能与下属有福同享，同甘共苦。具备这些品质的，就是人中之“豪”。美色、功利、私情等都有可能使人丧失理智，然而真正的智者是不会为这些迷惑的，而且只有真正的智者才能在这些诱惑面前保持冷静和清醒。

守职而不废，处义而不回，见嫌而不苟免，见利而不苟得。此人之豪也。

【注释】《素书·正道章第二》。

【解析】能够忠于职守，尽职尽责；面对义和利、生与死的考验，能够舍生而取义；面对嫌疑能够认真对待；见到眼前利益能够保持廉洁。这种人就算得上是人中之“杰”了。

绝嗜禁欲，所以除累。

【注释】《素书·求人之志章第三》。

【解析】人生在世，难以杜绝的欲望和弊处，唯独酒色财气。这四样东西，实为伤身、败德、破家、亡国之物。要完全禁绝这些欲求，也是不现实的，连孔圣人都说：“饮食男女，人之大欲存焉。”然而适当节制一些欲望总还是能做到的。广厦千间，居之不过七尺；山珍海味，食之无非一饱。人生一世，本身所需甚少，只因一个“贪”字，便使许许多多的人演出了一幕幕身败名裂的悲剧。

避嫌远疑，所以不误。

【注释】《素书·求人之志章第三》。

【解析】古语说：“李下不整冠，瓜田不纳履。”日常行止尚且如此，更何况办大事呢？所以人们要在行动上远避嫌疑。这样做一是为了不节外生枝，干扰做大事；二是为了远祸消灾，避免给自己一世英名带来污损。

高行微言，所以修身。

【注释】《素书·求人之志章第三》。

【解析】老子说：“大直若屈，大巧若拙，大辩若讷。”使行为高尚，少说大话，这是加强自身修养的一个重要方法。

恭敬谦让，所以自守。

【注释】《素书·求人之志章第三》。

【解析】古人有诗云：“我有一言君记取，天地人神都喜谦。”勤俭是立身持家的根本，谦虚是品德才智的标志。人立身处世只有采取谦虚恭谨的态度，不与人发生无谓的争执，方能使自己远祸自守，终身平安。

谋深计远，所以不穷。

【注释】《素书·求人之志章第三》。

【解析】真正具备大智慧的人，没有一个不是虚怀若谷、清雅脱俗的。只有这样，才能奠定坚实的道德基础。进而再深谋远虑，运筹帷幄，退则自保，进则成事。管仲的政治谋略虽然可以“九合诸侯,一匡天下”,但因道德的根基不深厚,故而缺少统一天下的大志,使孔子惋惜不已。至于商鞅和汉武帝时的桑弘羊,则谋略有余,仁义不足,二人都死于非命,终不能自保,所以还算不上真正的谋略之士。所以说,谋略应该建立在立德的基础之上。如果缺少德,仅靠谋略是靠不住的。老子说大智若愚,最高的谋略是不用谋略,也有这方面的意思。

推古验今,所以不惑。

【注释】《素书·求人之志章第三》。推:推论。验:验证。

【解析】以古为镜,可以知兴替。因为历史经验都是以无数苦难甚至生命为代价证明过了的。社会的生活方式尽管日新月异,但社会的发展规律是永远不会改变的。所以有作为的人,必须要认真研究古人的行为得失。具备了丰富的学识,方能推断出历史发展的趋势,做到顺时而变。

孜孜淑淑,所以保终。

【注释】《素书·求人之志章第三》。孜孜:指十分勤奋。淑淑:善之以善。

【解析】一般来说,创业艰难,守业更难,唯有勤勉奋发,修身治事精益求精,才能在自身修养上和事业功名上有所成就,才能永远立于不败之地。

安莫安于忍辱。

【注释】《素书·本德宗道章第四》。

【解析】能够忍受得了小的屈辱,才能永远自安而无祸。王安石说:“莫大之祸,起于须臾之不忍。”所以民间自来就有“和为贵,忍最高”这样的劝世良言。人是感情动物,内心活动如潮起潮落,瞬息即变,如若自己能够克制自己的愤怒情绪,就可能转祸为福,否则往往会因一把怒火而危及自身。尤其是身处高位之人,如果该忍处不忍,后果不堪设想。作为一个真正的政治家,则必须具备三忍:容忍,隐忍,不忍。人虽然也有所不忍,但明智者必须要处理好忍与不忍之间的分寸。而这个分寸往往是最难掌握的。

先莫先于修德。

【注释】《素书·本德宗道章第四》。

【解析】作为人,首要的是应该修养自己的操守和德行。道德是否高尚,既关系到自身的人品修养,也关系到事业的成功。作为一个领导人,要想使下属衷心拥护,则必须首先能让人心悦诚服。而要达到这一目的,就一定要自身具备好的德行。

吉莫吉于知足。

【注释】《素书·本德宗道章第四》。吉:吉祥。

【解析】对于一个人来说,最可以使自己远祸的办法莫过于知足而不贪。广厦千间,夜眠七尺;珍馐百味,不过一饱。人生所须,其实甚少。懂得这一点常识,人才会除却诸多烦恼。俗话说:知足者常乐。知足不光心理上可以达到平衡,而且不会因为贪欲引出麻烦来,所以说知足是莫大之吉祥。

苦莫苦于多愿。

【注释】《素书·本德宗道章第四》。

【解析】人应该学会豁达,对于身外之物,来就来,去就去,无须牵挂。范仲淹"不以物喜,不以己悲",财物的聚散多寡,不值得人为之大喜大悲。佛门认为有求皆苦,人的各种烦恼莫不是因为人愿望渴求太多而苦难缠身。儒家以为无欲则刚,恭谦俭让,对人不求名,对物不求奢,是为君子。道家则根本以无欲无求,一身傲骨,两袖清风,遨游人间为美。人心不足,欲海难填,然而其结果只能有如秦皇汉武,身虽尊贵,心中烦恼却颇多。清心寡欲,贫贱如此,富贵也应如此。

病莫病于无常。

【注释】《素书·本德宗道章第四》。

【解析】天地万物之所以永恒,是因为它有自己不变的规律。如果强行打破它,就会受到规律的惩罚。人若无视自然规律,不正常生活,时间长了自然会生病。当然,这里指的病不光是指人生理上的病,主要是言明做人如果不守一定之规,无论在哪一方面都会发生问题。

短莫短于苟得。

【注释】《素书·本德宗道章第四》。

【解析】以不义的手段得来的东西,必将很快丧失。身处平安之地而不忘危难,现在拥有的东西能够珍惜,不是自己应该得到的东西不去贪求。这样的人才会天长地久。孔子曾以"富贵无常"告诫王公,勉励百姓。所以古人说:利不苟取,祸不苟免。只有凭自己的劳动得来的财富,才会享用得心安理得,才不至于使自己败亡。

幽莫幽于贪鄙。

【注释】《素书·本德宗道章第四》。

【解析】人生的悲剧大多起源于一个"贪"字。贪财,贪色,贪酒……贪的结果，轻则神志昏昏，重则无法无天，不择手段。如欲一生平安首先必须从戒贪做起。另外，有贪心的人都是卑鄙小人，为君子所不齿。

孤莫孤于自恃。

【注释】《素书·本德宗道章第四》。

【解析】自恃则气骄于外而善不入耳，不闻善则孤而无助。有才华的人最容易犯的一个错误就是恃才自傲。世上好骄傲的只有两种人，一是真有才华的人，因而目中无人；另一种其实腹中空空，无德无能，只好以傲慢来维持其心理平衡。对于后一种人，无话可说；对于恃才自傲的人，只能说：自傲其实本身就是一种无见识的表现。你看不起人家，挡得住人家不理你吗？这句古语应成为所有恃才自傲者的座右铭："水唯善下方成海，山不矜高自极天。"

以明示下者暗。

【注释】《素书·遵义章第五》。

【解析】圣贤之道，内明外晦。事事明察，则是不会用人的表现。水至清则无鱼，人至察则无友。当领导的，明于内而憨于外，则时时主动；否则，下边的人都不满意你，你这领导就不好当了。

有过不知者蔽。

【注释】《素书·遵义章第五》。

【解析】有过不自知是最愚蠢的人。最聪明的人是看到别人的过失，引以为鉴，主动克服自身的类似不足；比较聪明的人是自己犯了错误能自觉改正；至于有了错误仍执迷不悟，一错到底的，那只有那些愚者了。

迷而不返者惑。

【注释】《素书·遵义章第五》。

【解析】人之迷惑都是自己迷惑自己。人常说："酒不醉人人自醉。"人心本自清静，无奈想法不对，意志不坚，经受不住外物的诱惑。一人迷途，九牛难拔，可不慎哉！

以言取怨者祸。

【注释】《素书·遵义章第五》。

【解析】用言语取怨于别人的，容易惹祸。事情还没有做，就开始满天吹牛，口出狂言，那么事情能不能办成的主动权就在人而不在我；相反，事情成功后，再相机设词，主动权就在我不在人。这是就一般事理而言。如果事关重大，那就是祸福攸关的问题了。此“祸从口出,病从口入”谓也。

好直辱人者殃。

【注释】《素书·遵义章第五》。

【解析】说话不讲究方式,常侮辱别人,这样的人没有好结果。所以人的一言一行都要注意方式方法。

慢其所敬者凶。

【注释】《素书·遵义章第五》。

【解析】对应该尊重的贤能或老者,如果慢待了,说明你的修养不到位。这是很危险的事情。这也是儒家的思想,人不光讲究“仁”、“义”,还要讲究“礼”。

亲谗远忠者亡。

【注释】《素书·遵义章第五》。

【解析】谗者合意使人多悦,忠者逆意使人多怨。所以历史上因亲小人、远贤臣而败亡的教训太多了。虽然没有一个当皇帝的不知道“亲贤臣、远小人”则事业成,国家兴,但实际上却没有几个能做到,为什么?就因为小人善拍马屁,贤臣好进忠言。小人于国于民有害,但能让主上舒服;忠臣于国于民有利,但往往扫了君王的兴。伍子胥、屈原的悲剧人人皆知。

略己而责人者不治。

【注释】《素书·遵义章第五》。

【解析】责人先责己,对己宽容,对人严厉,对自己的缺点过失千方百计找理由辩解,而对别人的失误却不加体谅,一味责备求全,这样的领导人违背了一条重要的谋略原则:“宽则得众”。所以什么事情也不会办好,甚至会给自己招来祸端。

自厚而薄人者弃之。

【注释】《素书·遵义章第五》。自厚:自满。

【解析】自己总认为自己是最正确的,自己处处都做得对,并对别人的小过不能容忍,总是爱说别人的短处。这种人最终是要被别人抛弃的。

多许小与者怨。

【注释】《素书·遵义章第五》。

【解析】人应重自己的诺言,答应的多,兑现的少,这是与人结恨记仇的一个重要原因。

薄施厚望者不报。

【注释】《素书·遵义章第五》。

【解析】老子说：施恩不要心里老想着让人报答，接受了别人的恩惠却要时时记在心上，这样才会减少烦恼。许多人怨恨人情淡薄，好心不得好报。甚至做了好事反而与人结怨，原因就在于做了点好事，就天天盼着人家报答，否则就怨恨不已，恶言恶语。他们不明白，施而不报是常情，薄施厚望则有违天理。

贵而忘贱者不久。

【注释】《素书·遵义章第五》。

【解析】富贵了，有权了，就翻脸不认人，这样的人是不会长久的。这是一种典型的小人得志心态。他们不明白，贵贱荣辱，是时运机遇造成的，并不是他们真的比别人高明多少。倘若因此而目空一切，即便荣华富贵，也会转眼即逝。在这个问题上，要学习天地圣人的那种气度：在天地圣人眼里，万物也好，人也好，都不过是来去匆匆的小虫小草。可以保护他们，养育他们，至于他们如何对待自己，回报自己，从不放在心上。苟如此，怨恨之情从何而来？

念旧恶而弃新功者凶。

【注释】《素书·遵义章第五》。

【解析】人有一点坏处耿耿于怀，即便后来有恩于自己也不能释然，这种人不但不会有成，而且会惹祸的。汉高祖不计较与雍齿有私仇，仍然封他为什方侯；唐太宗不在意魏征曾是李建成的老师，仍然任命他为宰相，这都是成大事业者的气量。那种念念不忘别人的小错，非要以眼还眼，以牙还牙，方解心头之恨的做法，是十足的小人行径。这种人是成不了大器的。

用人不正者殆。

【注释】《素书·遵义章第五》。

【解析】选贤任能自古以来都颇受治国者重视，当领导所重用的人如果不正派，那就危险了。

决策于不仁者险。

【注释】《素书·遵义章第五》。

【解析】不仁者是指心术不正的小人。这种人幸灾乐祸，不为你想好的主意。如果让这种人帮你决策，那也是十分危险的。

闻善忽略，记过不忘者暴。

【注释】《素书·遵义章第五》。

【解析】听到正确的意见不采纳，有了过错抓住不放，这是残暴的表现。这种人也属于小人之列，是与帝王韬略背道而驰的。

听谗而美，闻谏而仇者亡。

【注释】《素书·遵义章第五》。

【解析】当领导的最容易犯的过失有三条；一是好谀，二是好货，三是好色。英明的领导人可以避免珍宝美色的诱惑，但最难避免的是喜欢别人阿谀奉承。往往最初有所警觉，日久天长，慢慢就习惯了。最后听不到唱赞歌，就开始生气了。到了对歌功颂德者重用，对犯颜直谏者仇恨的地步，就要亡国了。

怨在不舍小过，患在不预定谋。

【注释】《素书·安礼章第六》。

【解析】人都会犯各种各样的过错，如果当领导的对别人无关紧要的过失百般挑剔，吹毛求疵，摆出一副自己永远正确的面孔，那么，别人就会不高兴，怨恨不满的情绪也就会随之产生。所以，不计较部属的小过，既是一个领导人应有的雅量，也会让人觉得你通情达理，富于人情味，凝聚力也就因此而产生。祸患的出现，在于没有防患于未然并采取相应的措施。如果能在灾祸未成规模的时候就采取相应的措施加以疏导，化变故于无形，就可以达到"我无为而民自安"的祥和目的。恕小过，防未患，这是无为而治天下必须掌握的一个原则。

福在积善，祸在积恶。

【注释】《素书·安礼章第六》。

【解析】一个人行善还是作恶，并非总是现世热报的，灾祸或福寿都是由一件件一桩桩的恶行或善举逐渐积累而成的。孔子说：一个对别人有恩德的人，其福报是在三代人受到泽被之后才会消失。周朝由于文王的先人和子孙累世积德，才会有八百多年的江山；秦始皇以霸道得天下，政权只维持了十五年。国家大事是这样，个人、家庭又何尝不是这样呢！所以讲谋略，先要看其动机是为善还是为恶，这是从政、为人首先要明白的最高原则。

轻上生罪，侮下无亲。

【注释】《素书·安礼章第六》。

【解析】如果为臣子的对国君居功轻慢，作为权力化身的君王，即使软弱无能，也会忍无可忍，做人臣的轻则被削职，重则身亡。从另一个角度看，一国之君，如果喜怒无常，欺凌侮辱下臣，臣子就不会亲近他，就成了真正的“孤家寡人”。在军队中也是这样，身为一级将领，要懂得这个道理，与上级下级都以礼相处，亲和相处，方能指挥自如。如果自己军中都对你不满，又哪里谈得上指挥作战呢？

近臣不重，远臣轻之。

【注释】《素书·安礼章第六》。

【解析】君主身边的大臣如果得不到信任、重用，那么远离中央的地方官吏也会看不起他们。这样一来，国家的政令就很难畅通。齐桓公放权于管仲，称霸一世；刘玄德委政于孔明，终成鼎立之势；唐太宗能容魏征，才有贞观之治。这些都是历史的明证。

自疑不信人，自信不疑人。

【注释】《素书·安礼章第六》。

【解析】对自己都怀疑的人，绝不会相信别人；有自信心的人，绝不会轻易怀疑别人。自疑疑人，是由于对局势不清，情况不明；自信信人，是由于对全局了然于胸，有成就事业的能力。为将者用人，最忌讳的就是对人存有怀疑之心。所谓用人不疑，疑人不用。一旦决定了用一个人，就不要再去怀疑他。试想，一个知道自己并不被信任的人，又怎么能去放手工作呢？

枉士无正友，曲上无直下。

【注释】《素书·安礼章第六》。

【解析】常言道：人以类聚，物以群分。人品、行为不端正的人，所结交的朋友大多也是不三不四的人。又有言曰：上有所好，下有所效。居高位者品德不佳，邪癖放浪，身边总要聚集一些投其所好的奸佞小人或臭味相投的怪诞之徒。楚王好细腰，宫人多饿死；汉元帝庸弱无能，才导致弘恭、石显这两个奸宦专权误国；宋徽宗爱踢球，因重用高俅而客死他乡；唐敬宗的宰相李逢吉死党有八人，另有附庸八人，凡有求于李逢吉的，必先通过这十六人，所以被称为“八关”、“十六子”……一部“二十五史”，此类事例，比比皆是。

危国无贤人，乱世无善人。

【注释】《素书·安礼章第六》。

【解析】一个危机四伏，摇摇欲坠的国家，是不会有德才兼备的贤人存在的；在一个没有法度，没有公平的国家里，是找不到好人的。这倒不是说真的没有德行高迈、扶危济困的人，只不过这样的人在当时不被赏识，不被重用。在这种社会风气下，更是好人受气，善人含冤。魏晋南北朝的时候，许多有才识的人或遁入空门，成了一代高僧；或隐逸山林，自甘清贫。诸葛亮说自己一度“苟全性命于乱世，不求闻达于诸侯”，这句话充分表达了乱世中贤德之士的心态。

地薄者大物不产，水浅者大鱼不游，树秃者大禽不栖，林疏者大兽不居。

【注释】《素书·安礼章第六》。

【解析】这里用自然现象进一步说明假如上自朝廷下至地方的有权势者不具备振兴国家的品德和谋略，就必然不会吸引大批人才，正像贫瘠的土地不产宝物，一洼浅水养不住大鱼，无枝之木大禽不依，疏落之林猛兽不居一样。法天象地的圣贤，自然不会流连于危乱之邦；浅薄无知的小人，当然不会有什么品德而言。因此这样的国家是不可能治理好的。

山峭者崩，泽满者溢。

【注释】《素书·安礼章第六》。

【解析】山陡峭则崩，水太满则溢，这是自然常理。这一句以此来警戒为人切勿得意忘形，以免到手的权势、财富、功名转眼逝去。当人处在危难困苦之时，大多数人会警策奋发、励精图治；一旦愿望实现，便会骄横妄为。因此古今英雄，善始者多，善终者少；创业者众，守成者鲜。这也许是人性之固有的弱点吧。故而古人提出：“聪明广智，守以愚；多闻博辩，守以俭；武力多勇，守以畏；富贵广大，守以狭；德施天下，守以让。”以此作为矫正人性这一弱点之方法，不可不用心体味。

衣不举领者倒；走不视地者颠。

【注释】《素书·安礼章第六》。

【解析】拿衣服时，如果不抓住衣领，衣服肯定会被倒过来；走路的时候，眼不看地，而是抬头望天，就会栽跟头。这一上一下，其实是在说治国方略的两个最基本的要则：治国者倘若不能抓住事物的关键，从实际出发制订切实可行、利国利民的政策，那么整个国家也就乱了套；人民大众如果不能安居乐业，各守本分，整个社会也就会动荡不安。事有千头万绪，然而只要提纲挈领，方法对头，国家就会井然有序。

柱弱者屋坏，辅弱者国倾。

【注释】《素书·安礼章第六》。

【解析】柱子不硬，房屋就会倒下来，辅佐君主的大臣如果软弱无能，国家必将倾覆。春秋时候的齐桓公其实并不是一个十分贤德的明君，只是由于管仲的才干和谋略才使他得以霸天下。管仲一死，齐国大乱，桓公横尸数月，蛆虫满地，竟无人安葬；伍子胥辅佐吴王时，吴国灭越败楚，威震中原，子胥一死，吴国亦亡。这就是说将相是君王之左膀右臂，就像房屋的梁柱对房屋是何等重要一样，将相强则国亦强，将相无能，则国家也会被削弱。

山将崩者下先隳，国将衰者人先弊。

【注释】《素书·安礼章第六》。

【解析】一座大山将要崩塌，它的基础先会垮掉；一个国家将要衰亡，其人民会先困苦不堪。用山陵崩塌是因根基毁坏来说明国家衰亡的原因是因民生凋敝，是很恰当的。正如根枯树死一样，广大民众如若困苦不堪，朝不保夕，国家这棵大树也必将枝朽叶残。国为君之本，民为国之本。可惜人们往往尊贵其头面，轻慢其手足，就像昏君看重其权势，轻慢其臣民一样。正因为这样，才有“得人心者得天下”的千古训条。秦、隋王朝之所以被推翻，就是因为筑长城、开运河榨尽了全国的民力、财力。鉴古知今，人民生活富裕，康乐安居，国家自然繁荣富强。所以治国必先治民。

与覆车同轨者倾，与亡国同事者灭。

【注释】《素书·安礼章第六》。

【解析】跟随前面翻了的车走同一条道，也会翻车；做与前代亡国之君同样事的，也会亡国。汉武帝不记取秦始皇因求仙而死于途中的教训，几乎使国家遭殃，幸亏他在晚年有所悔悟；唐昭宗不以汉末宦官专权为鉴，同样导致了唐王朝的灭亡。

见已生者慎将生，恶其迹者须避之。

【注释】《素书·安礼章第六》。

【解析】知道已经发生过的不幸事故，发现类似情况有重演的可能，就应当慎重地防范它，把它消灭在萌芽状态；厌恶前人有过的劣迹，就应当尽力避免重蹈覆辙。最彻底干净的办法就是根本不生这样的念头，根本就不去做。

畏危者安，畏亡者存。

【注释】《素书·安礼章第六》。

【解析】害怕危亡，有危机感，时时警策自己的人，反而会平安无事；畏惧国破家亡的，就会积善除恶，福寿常存。

人之所行，有道则吉，无道则凶。吉者百福所归，凶者百祸所攻。

【注释】《素书·安礼章第六》。

【解析】一个人只要他的所作所为合乎道义，他就会吉祥，走好运；不干好事当然就会凶险莫测。有道德的人，无心求福，福报自来。多行不义的人，有心避祸，然往往祸从天降。这是自然之法则。所以说，成败在谋，安危在道，祸福无门，唯人自招。只要居安思危，心存善念，远离恶源，便可以吉祥如意。

务善策者无恶事，无远虑者有近忧。

【注释】《素书·安礼章第六》。

【解析】人生在世，立身为本，处事为用。立身要以仁德为根基，处事要以谋略为手段。以仁德为出发点，同时又要善用权谋，有了机会，可以追求成功；如若时运不至，亦可安身自保，不至于有什么险恶的事发生。只图眼前利益，没有长远谋虑的人，连眼前的忧患也无法避免。俗语云："人无远虑，必有近忧。""但行好事，莫问前程。"讲得也正是这个意思。

重可使守固，不可使临阵。贪可使攻取，不可使分阵。廉可使守主，不可使应机。

【注释】《素书·安礼章第六》。

【解析】稳重守信的将领，可以让他坚守阵地，不宜让他去冲锋陷阵；贪功逞强的将领，可以让他去攻坚掠阵，但不可让他独率一军守护营垒；清廉公正的人，可以任命他在主上的身边为官，但不宜派他处理需要随机应变的事情。有的人善于谋略，有的人善于规划，有的人安稳如山，有的人锐意进取，有的人忠诚刚直。尺有所短，寸有所长，知人善任，量才而用，是任何领导人物都必须牢牢把握的最高的领导艺术。

同志相得，同仁相忧。

【注释】《素书·安礼章第六》。

【解析】理想抱负相同，自然会情投意合，如鱼得水。都有仁善之情的人，必定能同甘共苦。所谓"人以群分，物以类聚"是也。历史上不乏此类例子：成汤见伊尹而拜之为相；颜回仁而固穷，孔子引为得意门生；文王因有闳夭、散宜生，才日见强盛；周公、召公同心同德辅佐周室，最终使周王朝享八百年天下；管仲、鲍叔牙都是大仁大义的君子，所以才成就了齐桓公的霸业。从这些例子里可以看出，只有志同道合，品行相投的仁人志士，方能不计小利，团结一致，成就大的功业。

同恶相党，同爱相求。

【注释】《素书·安礼章第六》。

【解析】为非作歹，阴谋不轨的党徒肯定要拉帮结伙；有相同爱好的人，自然会互相访求。据说商纣王的奸臣恶党数以万计。春秋时期的盗跖聚众九千。晋惠帝爱财，身边的宦官全是一帮巧取豪夺的贪官污吏。秦武王好武，大力士任鄙、孟贲个个能加官晋爵……大凡有不良爱好的人，性情一般来说都比较偏激怪诞，这种人往往会心被物牵，智为欲迷，做出愚蠢之事来。

同美相妒，同智相谋。

【注释】《素书·安礼章第六》。

【解析】同为倾城倾国之貌的佳丽，彼此总要争风吃醋；才智同样卓绝的人，双方一定会先是一比高下，进而互相残杀。各朝各代，粉阵厮杀，智者火并的悲剧实在太多了。这既是人性之弱点，同时也是自然之道。智者只能有所认识，从而避免此类不幸在自己身边发生。

同贵相害，同利相忌。

【注释】《素书·安礼章第六》。

【解析】具有同等权势地位的人，互相排挤，彼此倾轧，甚至不择手段地以死相拼。在艰难困苦的时候，还可相互扶持帮助。一旦有些许利益在眼前，就开始相互中伤诽谤，双方都变成了眼红心黑的冤家对头。难道权力、财富真的是人性的腐蚀剂吗？我们不否认好利是人性之自然，但智者亦可超脱其外，并非人人皆然。

同类相依，同义相亲，同难相济，同道相成。

【注释】《素书·安礼章第六》。

【解析】同一类东西能够互相依存，利益共同体中的各个方面，容易相互亲近。处在困难中的人们，很容易同舟共济，以期共渡难关。国与国之间或同僚之间如果体制相同或政见一致，就会互相结为同盟。六国联合起来抗秦，是因为都感觉到了同一敌人的威胁；刘备和孙权联合抗曹，并不是吴蜀两国真的那么友好。真正的原因是同样的利害和命运迫使他们不得不这样做，根本不是出于什么仁义。因危难而结成的联盟不会长久，但基于志同道合的真诚团结必定长久。

同艺相窥，同巧相胜。

【注释】《素书·安礼章第六》。

【解析】传说后羿善射,逢蒙把他的技艺学到手后就杀了他;秦国的太医令李醯虽然没本事,却对扁鹊高明的医道非常嫉妒。在扁鹊到秦国时,他派人刺杀了扁鹊。自古文人相轻,武夫相讥,这都是因为才能和技艺不相上下就不能相容的缘故。且不说墨子用九种守城的方法挫败了鲁班的九种新式攻城武器的进攻,就连西晋时的王恺和石崇,为了炫耀自家的奇珍异宝,也曾发生过一场令人咋舌的斗富好戏。这些事例说明的都是这个道理。

淮南子

《淮南子》，西汉淮南王刘安及其门客撰著。唐刘知几称这部书“牢笼天地，博极古今”。淮南子集众家之说而归之于道，是西汉道家思想的最高成就，也是我国思想史上划时代的学术著作。《淮南子》包括哲学、政治、科学、军事等诸多内容。《兵略训》是其军事思想的体现。

古之用兵，非利土壤之广，而贪金玉之略，将以存亡继绝，平天下之乱，而除万民之害也。

【注释】《淮南子·兵略训》。略：争取。存亡继绝：保存灭亡的国家，继续灭绝的种族。

【解析】古代用兵的人，不是图谋土地的广阔，企图掠夺别人的金玉珍宝，而是用来保存灭亡的国家，继续灭绝的种族，平定天下的叛乱，而消除万民的危害。这句话强调的是战争的正义性。提出了正义战争的标准："存之继绝，平天下之乱，除万民之害。"即以"仁"为战争的根本出发点，"仁战"则胜，否则，为"利土壤之广，贪金玉之略"而战，一定会失败。

分不均，求不澹，则争；争则强胁弱而勇侵怯。

【注释】《淮南子·兵略训》。澹：满足。

【解析】分财不均，需求不能满足，那么就要争斗。争斗时，强者威胁弱者，勇敢者侵犯懦弱者。这是对战争起源的朴素认识。古代军事家强调行仁政，即要求"分财均，求得以澹"，这样就可以避免征伐。

有圣人勃然而起，乃讨强暴，平乱世，夷险除秽，以浊为清，以危为宁，故不得不中绝。

【注释】《淮南子·兵略训》。中绝：中途绝灭。

【解析】圣人愤怒而出，讨伐强暴，安定乱世，平息危险，除去污秽，把混浊变为清澈，把危险变成安宁，因此强暴之人不得不中途灭绝。古代军事家认为天下是万民的天下，将天下之利，分享给天下万民的人，才能得到天下，凡想独占天下利益的人，必然会失去天下。圣人即是"仁"而爱民之明主，如商汤、周文王、周武王。而那些"强暴之主"，如夏桀、商纣之类，最后的下场必然是"中绝"，被民众所推翻。

兵之所由来者远矣。

【注释】《淮南子·兵略训》。兵：战争、军队。

【解析】战争的由来已经是很遥远的了。这体现了古代军事家对战争的一种看法：自从有人以来，就有了争斗。国家出现后就升格为国家之间的战争。他们认为军队应该是代表正义而出战。而由来已久的战争说明了"仁"道政治还没有普遍实施，因而才会争战不断。他们也提出了终止战争的方法，那就是"道在行仁"和"仁在爱民"，这是有积极意义的。

兵者所以禁暴讨乱也。炎帝为火灾，故黄帝擒之；共工为水害，故颛顼诛之。

【注释】《淮南子·兵略训》。禁：禁止。黄帝擒之：黄炎之战，发生在阪泉，炎帝被打败。颛顼诛之：共工和颛顼争天下帝位，共工被杀。

【解析】军队是用来禁止暴力和讨伐叛乱的。炎帝兴起火灾，因此黄帝擒住了他；共工造成水害，所以颛顼杀了他。战争的目的主要是除暴安良，使人民安居乐业。因此兴兵略国，必须师出有名。夏桀沉迷酒色，祸国殃民，使得民不聊生。商汤即以这条罪名出兵讨伐他，因为师出有名，是正义之师，所以一呼百应，天下群起而攻之，一举攻灭了夏桀。反之则是不义之师，必遭失败。西汉时的“八王之乱”打出了“清君侧，诛晁错”的旗帜，但实际上是在搞分裂，不得人心，因而最后被西汉军队打败了。这就说明，一场战争的性质是至关重要的。正义之师，必然受到拥护从而取得胜利。不义之师必定为人所唾弃，终遭败绩。

教之以道，导之以德而不听，则临之威武，临之威武而不从，则制之以兵革。

【注释】《淮南子·兵略训》。道：道理。德：仁德。威武：武力。兵革：士兵、军队。

【解析】用道来教导他，用德来引导他，都不听从，便用武力威胁使他害怕。用武力威胁而不听从，便用兵革来制服他。道德是一个国家立国之根本，如果一个国君寡义少德，残害百姓，那么人民就有理由“临之以威武，制之以兵革”。东汉末年，天降大旱，民不聊生，而官府照样催租逼债。这就失去了“道义”，因而“黄巾军”揭竿而起，几乎打遍了半个中国。使得东汉王朝名存实亡。这是人民力量的一次大爆发。也是对昏君庸主的一次严重警告。

故圣人之用兵也，若栉发耨苗，所去者小，而所利者多。

【注释】《淮南子·兵略训》。栉：梳子。耨：锄草。

【解析】因此圣人发动战争，就像梳头和除草一样，去掉的少而得到的多。无可讳言，任何一场战争都会给人民带来苦难，但这是历史车轮向前行进不可避免的代价。秦始皇横征暴敛，焚书坑儒，人民苦不堪言。于是陈胜吴广举起起义的大旗。从他们起义到刘邦建汉，国家一直都处于战争状态，人民遭受了苦难。但西汉建国后采取“休养生息”的政策恢复生产，使人民过上了安定的生活，历史进入了一个新的时期。这样看来，一场正义战争也是会带来很大损失的，但从结果来判断还是利大于弊，“所去者小而所利者多”。

杀无罪之民，而养无义之君，害莫大焉。

【注释】《淮南子·兵略训》。害：损失，害处，危害。

【解析】杀戮无罪的百姓,而奉养没有道义的君主,危害没有比这再大的了。这就要求将领要明辨是非,善择明主。否则助纣为虐就会成为千古罪人。

殚天下之财,而澹一人之欲,祸莫深焉。

【注释】《淮南子·兵略训》。殚:尽。澹:满足。

【解析】耗尽天下的资财,而来满足一个人的贪欲,灾祸没有比这更深的了。古代军事家强调"天下乃人人之天下",因而要求君主仁而爱民。否则人民就有权利起来推翻他。商纣昏庸无道,为满足妲己一人贪欲,设肉林酒海,通宵达旦地宴饮,设"炮烙"之酷刑,臣下稍有不从立即惨遭横祸。这样一个无道昏君终于激起天下人的愤怒,人民在周文王率领下,一举攻下了他的都城,逼得这一个昏君点火自焚,他最终落了个可悲的下场。

攘天下,害百姓,肆一人之邪,而长海内之祸,此大伦所不敢也。

【注释】《淮南子·兵略训》。攘:侵伐。害:残害。

【解析】侵伐天下,残害百姓,放纵一个人的邪恶而增加海内的灾祸,这是伦常大道所不能容许的。维护世道公义是将领们的责任。如果君王昏庸无道,还要替他征讨,那么这个将领就是助纣为虐了,必然遭到人民的唾弃。如果君王有道,将领就应该兢兢业业地完成自己的任务,尽到自己除暴安良,维护公义的职责。如此才可以说是识大体者。

所为立君者,以禁暴讨乱也。今乘万民之力,而反为残贼,是为虎傅翼,曷为弗除?

【注释】《淮南子·兵略训》。乘:借着。曷:为什么。

【解析】设立国君的目的是禁止暴力,讨伐叛乱的。现在依靠人民的力量,反过来残害百姓,这是给老虎插上翅膀,为什么不清除掉呢?这句话有很大的进步意义。即君为民所设,国君的任务是为人民"禁暴止乱",而不是一个高高在上的天子,可以操纵天下万民。这和"民为贵,君为轻"的思想有异曲同工之妙。把统治者从高高的宝座上拉下来,而把人民摆在了第一位。这一思想,封建统治者也曾意识到。唐太宗李世民把君与民比喻为舟与水的关系。他说"水可载舟,亦可覆舟",表现了重视民众的思想。

畜池鱼者必去猵獭,养禽者必去豺狼,又况治人乎?

【注释】《淮南子·兵略训》。猵獭:一种吃鱼的动物。

【解析】蓄养池塘中的鱼类,必须先清除吃鱼的;蓄养飞禽走兽,必要先除去豺狼,又何况是治理人世呢?这句话体现了一种鲜明的政治态度。就是说害群之马是经常有的，对付它的办法就是除去它。君欲主持政事，必然先除去奸佞小人，国家才能兴旺发达。带兵打仗，必然先得除去居心不良，斗志松懈的人，然后战斗才能取得胜利。

霸王之兵，以论虑之，以策图之，以义扶之，非以亡存也。

【注释】《淮南子·兵略训》。论：通“伦”，伦理。策：计谋。

【解析】诸侯和君主的战争，按照伦理来考虑它，用计策来谋划它，用大义来扶助它，不是用来消灭存在的国家，而是用来保存将灭亡的国家。这样的军队就可以称为仁义之师了。以正义之师自居，争取民心、军心，从政治上瓦解、分化对方是中国古代军事思想的重要谋略之一。楚汉相争时，项羽杀义帝而自立，刘邦却为义帝发丧，“袒而大哭，哀临三月”，然后通告诸侯：“天下共立义帝，北面事之。今项羽放杀义帝江南，大逆不道！”这样刘邦在政治上就取得了优势。他激起了诸侯们对杀君者的憎恨，结果人们纷纷响应刘邦号召，项羽的处境很为难。这就可以看出政治上的优势，对战争的胜负也是有很大影响的。

闻敌国之君，有加虐于民者，则举兵而临其境，责之以不义，刺之以过行。

【注释】《淮南子·兵略训》。虐：虐待。

【解析】听到敌国的君主，有在百姓头上施加暴虐的，就举兵来到他的边境，用不符合道义来责备他，用行为的过失来责难他。这句话把敌国的君主作为敌人，而不是把“全部敌国的人民”作为敌人，显示了古代仁政的高超之处。这样既可以分化敌国内部，又可以显示正义，从而使自己的威信大大增加。

毋伐树木，毋抉坟墓，毋爇五谷，毋焚积聚，毋捕民虏，毋收六畜。

【注释】《淮南子·兵略训》。抉：挖、挖出。六畜：马、牛、羊、猪、犬、鸡。爇：燃烧。

【解析】不要砍伐树木，不要挖掘坟墓，不要焚烧五谷，不要烧毁积聚的财物，不要逮捕民众作为俘虏，不要掠夺六畜。这是对“仁义之师”在纪律方面的要求。如果一支军队滥杀无辜，杀人越货是不会得到人民支持的。秦末，刘邦率农民起义军攻入咸阳，他与百姓约法三章，“杀人者死，伤人及盗抵罪”。这一做法使他得到了民众的支持。和刘邦相反，项羽一把火烧了阿房宫，他的残暴作法最终导致了失败。南宋时岳飞练兵严谨，士兵夜间宿于百姓的屋檐之下，而不打扰百姓。所以岳家军逢战必胜，所向无敌。可见，一支军队的纪律是他们成功的关键。

克国不及其民，废其君而易其政；尊其秀士而显其贤良；振其孤寡，恤其贫穷；出其囹圄，赏其有功。

【注释】《淮南子·兵略训》。秀士：德才优异之士。

【解析】战胜敌国不涉及他的百姓，废黜他的国君改换他的政治，尊重有才德的秀士，使贤良之人尊显。赡养孤寡之人，抚恤贫困之家，释放监狱里囚禁的犯人。这段话讲了战争胜利之后应该怎样做善后工作。罪魁祸首应该废除，能利用的就利用，该安抚的就安抚。这样很快就会赢得人们的信任，把主动权控制在自己手中。

故君为无道，民之思兵也，若旱而望雨，渴而求饮，夫有谁与交兵接刃乎？

【注释】《淮南子·兵略训》。交兵：交战。

【解析】国君干出不合道义之事，人民就思念义兵的到来，就像大旱而盼望雨水，口渴而求饮水一样，还有哪个和他们交战呢？得民心者得天下，失民心者失天下。国君如果有负于人民，那么人民就不会拥护他。桀、纣为君众叛亲离，就是这个原因。相反，如果君主能够体恤民众，以民为本，那么国家一定会强大起来。这也是汤、武能够称王，齐桓公称霸的原因。

义兵之至也，至于不战而止。

【注释】《淮南子·兵略训》。止：停止。

【解析】义兵的到来，可以达到不发生战斗而能制止暴乱的目的。孙子强调“不战而屈人之兵”是解决战斗的最好方法。怎样才能做到这一点呢？这就要做到“义”。在国内实行仁政，取得人民支持。在军队内部严明纪律，分明赏罚，这样国富民强，军队自然战斗力强，也就具备了“不战而屈人之兵”的先决条件。

为地战者，不能成其王；为身战者，不能立其功。

【注释】《淮南子·兵略训》。地：疆域。身：自身。

【解析】为了土地、疆域而战的人，不能够成为王；为自身而战的，不能立下功劳。大凡出色的将领都是高瞻远瞩，胸襟宽广的人，不为一城一池或一己私利而大动兵戈。

举事以为人者，众助之；举事以自为者，众去之。

【注释】《淮南子·兵略训》。人：别人，他人。

【解析】行事为了他人的，众人就帮助你；行事为了自己的，众人就离开你。中国有句古话：“得道多助，失道寡助。”历代贤德之君，所施仁政，使万民富乐天下有利，因而天下归之，民心附之。或者在乱世之中举起义旗反抗无道的昏君，那样众人也会帮助他。陈胜、吴广起义时，担着粮食的农民“如影随形”一样地跟着他们。可见人心所向是非常关键的因素。否则，“擅天下之利者，则失天下。”

众之所助，虽弱必强；众之所去，虽大必亡。

【注释】《淮南子·兵略训》。去：离开。大：强大。

【解析】众人帮助的，即使弱小也一定可以变得强大。众人离开的，即使很强大最后一定也会灭亡。这就要求君主自己不专利，以民为贵，与人民共享天下之利，从而“得道”，获得人民的拥护。汉朝初年因为秦末连年的战争，人民生活很困苦。这时汉朝的统治者实行了“休养生息”的政策，轻徭薄赋，经过几年的发展，终于恢复了经济，形成了“文景之治”的繁荣局面。南宋末年，国力贫乏，但岳飞率领的军队逢战必胜。为什么呢？就是因为“岳家军”得到众人之助，赢得了普通老百姓的支持，从而形成“得道多助”的局面。

兵失道而弱，得道而强；将失道而拙，得道而工；国得道而存，失道而亡。

【注释】《淮南子·兵略训》。道：道义。工：巧。

【解析】军队失去道义就会变弱，符合道义就会变强；将领失去道义就变得拙劣，符合道义而变得精巧；国家得到道而存在，失去道而灭亡。具体地说，“道”可以理解为世间万事万物发展、变化的规律。如果顺应这个规律行事，那么国家富足、人民安乐、军队强大。如果违逆了这个规律那么军队会失败，将领会变得无能，国家就有灭亡的危险。战国时，战国七雄之一的楚国，如果坚持正确的方针、路线顺“道”行事，是有可能统一中国的。但楚王逆“道”而行，亲近奸臣，听信谗言，放逐忠臣，亲敌国而远同盟，最终国力衰弱，由一个有希望统一全国，号令天下的国家沦为任人宰割的羔羊。

制刑而无刑，故功可成；物物而不物，故胜而不屈。

【注释】《淮南子·兵略训》。刑：刑罚。

【解析】制定了刑罚而在实际中根本不运用它，这样就可以成功了。创造了财富而不浪费财富，所以能取胜而不屈服。一支军队纪律严明并不在于它一天处罚了多少个违反纪律的人，而在于它有多少天没有一个违反纪律的。这才是治军的最高境界。唐太宗李世民体恤人民，采取了轻徭薄赋减轻人民负担的做法，因而几年后经济有了很大发展，出现了“贞观之治”的繁荣局面。据史书记载，有一年全国判罪的人还不到十个。可见社会秩序稳定，人民生活富足，这要比用严刑峻法来压迫人民好得多。

刑，兵之极也；至于无刑，可谓极之矣。

【注释】《淮南子·兵略训》。刑：刑杀。

【解析】刑杀是战争达到的顶点；由此而达到没有刑杀，可谓是顶点的尽头了。这句话和孙子的“不战而屈人之兵”有异曲同工之妙，其实有许多战争是可以通过不用战争的手段来解决的。如果在一场厮杀之前能够分析道理辨明优劣，把一场战争消于无形而能起到战争的作用，那就达到战争的极致了。

大兵无创，与鬼神通；五兵不厉，天下莫之敢当。

【注释】《淮南子·兵略训》。创：创伤。五兵：五种兵器。戈、殳、戟、酋矛、夷矛。

【解析】真正无敌于天下的军队是不用动干戈的，它与鬼神相通；五种兵器不加磨砺，而天下没有人敢于阻挡。把无敌于天下的军队没有大的创伤归结为“与鬼神通”。但它指出了一种现象，那就是如果内修政治得到人心，那么军队就会强大，就能使得敌人不战而败。这种气势来源于平时的磨炼和培养，是一种综合实力的培养。

庙战者帝，神化者王。所谓庙战者，法天道也；神化者，法四时也。

【注释】《淮南子·兵略训》。庙战：朝廷所拟定的作战方案。也指不举兵而在朝廷上谋划便可使敌归附。神化：神妙的变化。法：取法、遵循。

【解析】敢胜于庙堂之上，不打仗就能使敌人归附的可以称帝。用兵具有神妙变化的可以称王。庙战，是效法天道的规律。神化，是取法四季的变化。中国古代崇尚一种“天人合一”，人与自然融洽相处的观点。如果顺应了天时，按它的规律去行事，那么一切都可以迎刃而解，也就是所谓“庙战”。如果靠人的聪明才智取得了胜利，可以称王，但终究要比“庙战”略低一畴。

修政于境内，而远方慕其德；制胜于未战，而诸侯服其威，内政治也。

【注释】《淮南子·兵略训》。德：威德。

【解析】在境内修明政治，使远方人都仰慕他的德行，在没有发生战争时制服对方，而诸侯信服他的威力，是因为内政得到治理。这是一个国家强大的先决条件。内政修明自然国力强盛，其他国家就会不战自从。如果内部混乱而仅靠军队强大去侵略别的国家，这样是不会长久的，也是注定要失败的。

射仪度不得，则格的不中；骥一节不用，而千里不至。

【注释】《淮南子·兵略训》。格：箭靶的中心。

【解析】射箭的规则没有掌握，那么就不能射中箭靶；骏马不受一点节制，就没有办法达到千里之外。这句话是说凡事要有事先的准备。如果准备充分，那么胜利的机会就会多一些。

战而不胜者，非鼓之日也，素行无刑久矣。

【注释】《淮南子·兵略训》。鼓：击鼓。此处用来指作战。

【解析】战争没有打胜，原因不在于陈兵击鼓之日，而是平素行事长久没有法规造成的。俗话说“台上一分钟，台下十年功”。战场的胜利来自于平时艰苦的训练与严明的纪律。但最重要的一点还是平时进行“征服人心”的工作。孟子说：“得其民有道，得其心，斯得民矣。”所以古代政治家多强调施仁政，以德服人，使人民“心悦而诚服”。只有不战而屈人之兵，才是统一天下、治理国家的最高谋略。否则就会出现“战而不胜”这种局面。

同利相死，同情相成，同欲相助。

【注释】《淮南子·兵略训》。利：利益。情：情感。欲：欲望。

【解析】利益相同的可以为对方去死，感情相同双方便能成功，欲望相同可以互相帮助。在战场上如果想要将帅和士兵戮力同心，那么他们必须要有共同的利益。这样“同利、同情、同欲”才能同仇敌忾，打败敌人。秦末时，被秦国压迫已久的人民一经陈胜、吴广号召，马上燃起了熊熊的起义烈火。在“揭竿为旗，斩木为兵”的艰苦条件下，大家万众一心，把秦朝的大半个天下打了下来。而前秦苻坚在淝水之战中，违背大多数士兵的意愿，穷兵黩武要攻灭西晋，这样就造成了将帅和士兵貌合神离的状况，最终也是因为这个弱点被西晋打败。可见在战争中，士兵和将帅团结一致是取胜的一个非常重要的因素。

顺道而动，天下为向；因民而虑，天下为斗。猎者逐禽，车驰人趋，各尽其力。

【注释】《淮南子·兵略训》。猎：打猎。

【解析】顺应规律去行动，天下人民会因此而响应；按照人民的思虑行事，天下人就会为之而战斗。就像打猎的追逐飞禽，车子和人都奔跑一样，各自尽到自己的力量。战争中赢得民心是重中之重，这种同心协力无论是治军还是治国都是极为重要的。同时，要得到军心、民心，则必须以大众之心、人民之心、天下之心为意，而不能以一人之心为意，要天下人都顺从自己。如果做事的出发点是基于大众，那么人们就会响应和帮助。汉代时匈奴屡犯边境，给人民的生活和财产造成了很大的危害。飞将军李广就是在这种情况下率领汉朝的军队和匈奴作战的。因而他得到人们的广泛援助和爱戴。

明王之用兵也，为天下除害，而与万民共享其利。

【注释】《淮南子·兵略训》。明：英明。利：利益。

【解析】英明君主的用兵，为天下人民解除祸患，而和万民共同享受他们的利益。如果能够做到这一点，那么就可以称之为“得民心者”了。三国时，刘备死后，刘禅昏庸。这时“南中四郡”的豪强发动叛乱，人们苦不堪言，诸葛亮肩负平定南中的重任。他七擒孟获之后又都放了他。最终孟获服输，他说“公，天威也，南人不复反矣”，从而平定了南中。这场战争诸葛亮以南中人民为重，不是依仗军事上的优势滥杀无辜，而是采用攻心的方法，因而他得到了南中人民的拥护。从此人民过上了安定的日子，而蜀汉政权也更加巩固了，这就是“与万民共享其利”了。

善用兵者，用其自为用也；不能用兵者，用其为己用也。用其自为用，则天下莫不可用也；用其己为用，所得者鲜矣。

【注释】《淮南子·兵略训》。鲜：少，稀少。

【解析】善于用兵的人，要使他们为自己而战；不善用兵的人，要使他们为主帅而战。要使他们为自己而战，那么天下的人没有不可以使用的；要使他们为主帅而战，所得的效果是很小的。汉代名将韩信，年轻时曾忍“胯下之辱”而去参军，可见他是有自己的雄心和抱负的。但在项羽的军队里，他不受重视，最终投靠了刘邦。刘邦就利用了韩信想要建功立业留名千古的心理，隆重地登坛拜将赋予他很大的权利。以后韩信的作战固然有报答刘邦的知遇之恩的原因，但更重要的是他在为实现自己的理想而奋力拼杀。这样刘邦就巧妙地做到了使韩信“自为用”。这样在韩信的帮助下，刘邦逐渐强大，最终打败了项羽。可见利用人为自己的心理并适当地使用，就会起到很好的作用。

兵有三诋：治国家，理境内；行仁义，布德惠；立正当，塞邪隧。

【注释】《淮南子·兵略训》。诋：通柢，根底。隧：地道。此指邪道。

【解析】用兵有三个重要的原则：治理国家，整治境内；推行仁义，布施德惠；建立严格的法规，堵塞奸邪之道。从历史上来看，并不是每一场战争都起到上面说的这种作用。相反，有些战争给人民带来了沉重的痛苦和伤害。因此古代的军事理论家认为那种白刃相接，流血千里，尸骨暴露给人民带来痛苦的战争是用兵的最下策，是万不得已的做法。而上策应该是在庙堂修治政事，君臣同心协力，百姓融洽，上下一心，诸侯信服他的威力，人民感怀他的恩泽，这样就可以击退敌人在千里之外。这才是战争的真正精髓。也就可以达到“治国家、理境内；行仁义，布德惠；立正当，塞邪隧”的理想目的了。

今夫天下皆知事治其末，而莫知务修其本，释其根而树其枝也。

【注释】《淮南子·兵略训》。末：树梢，细枝末节。

【解析】现在天下的人都只知道治理末节，而不知道修治根本，就像抛弃树根而立起它的枝叶一样。做任何事都要抓住它的主要部分而不要在细枝末节上纠缠不清。“舍本逐末”是一种愚蠢的做法。官渡之战中，曹操一下子抓住了袁绍的致命弱点，即对粮草管理不严、重视不够。所以曹操烧了袁军的粮草以后，几乎不费吹灰之力就把袁军打得落花流水。曹操之所以能够胜利正是他抓住了事情的根本。

兵之所以佐胜者众，而所以必胜者寡。

【注释】《淮南子·兵略训》。佐：辅佐，帮助。

【解析】对于战争，有利于胜利的条件很多，但是能够保证必胜的条件很少。有些军队铠甲坚固、兵器锋利、战马优良、士卒众多却打不了胜仗。相反有些条件差、人数少的军队却打了胜仗。这是什么原因呢？就是因为上面所说的不是“必胜”的条件。古代军事理论家认为“必胜”的条件在于“顺道”，即顺应自然发展的一般规律，并且是“正义之师”。古代打仗极忌讳“出师无名”，这样会被看成是失败的先兆。只有这些“必胜”条件具备了才能够打胜仗，否则拥有再多的“优胜”条件也是没有用的。

良将之所以必胜者，恒有不原之智，不道之道，难以众同也。

【注释】《淮南子·兵略训》。恒：常常。道：说出。

【解析】高明的将领能够必胜的原因，常常有搞不清来源的智慧，不可以说出来的道理，很难和众人的想法相同。这句话反映了战场上的一种现象。即有些著名的将领之所以能够攻必克，战必胜，究其原因全在于善于思考，谋略得当，应变能力强。如果一味死抠兵书，不会变通，即使兵法背得再熟，临阵也会手足无措。其实，将领的应变能力来自于长期的实践，并不是“不原之智，不道之道”，而是有一定的规律可循的。

兵之胜败，本在于政。

【注释】《淮南子·兵略训》。本：根本。

【解析】战争的胜败，根本在于政治。政治清明，国力强盛自然军队战斗力强。西汉初年时，经过连年战争的国家国力亏空，刘邦却强行出兵北伐匈奴，结果遭“白马之围”，险些命丧黄泉。到了汉武帝时，经过文景之治的西汉国力强盛，政治清明，这时匈奴又来骚扰时，西汉军队果断出击，打了胜仗。可见政治是军队的根本。

政胜其民，下附其上，则兵强矣；民胜其政，下畔起上，则兵强矣。

【注释】《淮南子·兵略训》。附：归附。

【解析】政治能够治理百姓，臣下能归附他的国君，那么军队就会强大；百姓不服国家的政治，那么臣下就会背叛他的国君，兵力就会减弱。这句话强调国家要注意自己国内的政治建设。内部混乱就不可能在外部取得胜利。内忧外患是兵家之大忌。

德义足以怀天下之民，事业足以当天下之急，选举足以得贤士之心，谋虑足以知强弱之势，此必胜之本也。

【注释】《淮南子·兵略训》。德：德泽。势：形势。

【解析】德泽、大义完全能够感怀天下的百姓，事业成就完全可以面对天下的急事，选用举荐贤才完全能够满足贤人的心愿，计谋思虑完全能够知道强弱的形势，这是取得胜利的根本。越王勾践在受辱之后发奋图强，虚怀若谷，可以说做到了上文提到的四条准则，因此在日后对吴国的战争中一举击败了吴王夫差，报了一箭之仇。战场上的拼杀并不是决定战争胜负的关键，胜负其实在战争开始之前就已经注定了。我国古代有一篇文章叫《崤之战》，写的是晋国和秦国之间的一场战争。文章着重分析了两国在战争之前的表现，秦国内部意见不同，且又长途跋涉去打仗，士兵纪律又不严明。相反，晋国全国上下一致，有充分的准备，因而打败了秦国。可见战争之前的准备对于战争胜负有很大的影响。

地广人众，不足以为强；坚甲利兵，不足以为胜；高城深池，不足以为固；严令繁刑，不足以为威。

【注释】《淮南子·兵略训》。繁：多，繁多。

【解析】土地广阔，人口众多不是真正的强大；坚固的兵甲，锐利的兵器，不一定是胜利的保证；高耸的城墙，深深的护城河不能认为是坚固；严酷的法令，繁琐的刑罚，不能认为是威严。上面所提的条件虽然对战争胜负都有一定的影响，但不是主导因素。秦朝二世皇帝，据有天子的权势，占有天下的财富，但由于他过着奢侈糜烂的生活，完全不顾老百姓的饥饿寒冷和天下财物的穷尽，征万民修建阿房宫，并向人民征收大量的赋税。天下人民生活在水深火热之中，悲伤痛苦达到了极点。这时陈胜、吴广举起了起义的大旗。他们用木棍代替长戟强弩，攻打城池，占领土地，没有不胜利的。义兵的势力是微弱的，地位是低贱的，兵器是简陋的，然而一人倡导而天下响应，这是因为人民在心中积聚了怨恨。秦二世占尽优势而被打败，也正是这个原因。

为存政者，虽小必存；为亡政者，虽大必亡。

【注释】《淮南子·兵略训》。存政：使人民生存的政策。

【解析】实行使人民生存的政治，即使弱小也一定能存在；实行严酷的政治，即使强大也一定要灭亡。国家之强弱大小是发展变化的。秦原是战国七雄中的一个小国，但经过商鞅变法和以后几代君主的励精图治，终于由弱变强，由小变大，最后统一了六国。这就是因为实行了“存政”。后来，秦统一后，却焚书坑儒，对天下实行严酷的统治，终于逼反了戍边的贫民，使秦王朝覆灭在农民战争的风暴之中。

善守者无与御，而善战者无与斗，明于禁舍开塞之道，乘时势，因民欲，而取天下。

【注释】《淮南子·兵略训》。御：抵御。因：乘着。

【解析】善于防守的人没有谁和他相抵御，善于战斗的没有人和他交战，明了进退、开塞的道理，乘着有利的时势，按着百姓的愿望，才会夺取天下。将领在作战时要了解对方情况。对方善守则不能让他抵御，对方善攻则不与他交战。要扬长避短，才能去打败敌人。如果对敌人不了解，那么就避免不了失败的命运了。三国时威震华夏的关羽于公元219年在荆州被东吴大将吕蒙所败，主要原因就在于关羽刚愎自用，骄傲自大，对吕蒙的计划一无所知，吃了大亏。如果了解了对方的弱点而又能抓住时机，那么取胜就是非常有可能的。

善为政者积其德，善用兵者畜其怒。德积而民可用，怒畜而威可立。

【注释】《淮南子·兵略训》。畜：积蓄。威：威严。

【解析】善于执政的积累他的恩德，善于用兵的积聚军队的怒气。积累恩德而百姓能够被他使用，怒气蓄积则威严能够树立。执政和用兵是相辅相成的。为政是用兵的基础，用兵是为政的一种有效手段。秦统一六国时，一边在政治上破坏六国的联合，一边用武力征服弱小国家，远交近攻。政治和武力相配合，取得了显著的效果。

善用兵者，先弱敌而后战者也，故费不半而功自倍也。

【注释】《淮南子·兵略训》。费：花费。倍：加倍。

【解析】善于用兵的人，首先削弱敌人而后才去交战，所以花费不过一半的力量而起到加倍的效果。作为一支军队的统帅，在战前要做好充分的准备，如果有机会使敌人在战前消耗实力，那么一定不要放过。在秦晋“崤之战”中秦朝军队因为“劳师而袭远”，又被别人刺探到了军情，所以使得晋国能够以逸待劳，出其不意地打败了他们。可见削弱敌人就为自己的胜利加了一个砝码。

千乘之国,行文德者王;万乘之国,好用兵者亡。故全兵先胜而后战,败兵先战而后求胜。

【注释】《淮南子·兵略训》。乘:车、马。

【解析】千乘之国的国君,推行文德的可以称王;万乘之国的天子,爱好用兵就会灭亡。因此胜利的战争,先有道德的胜利,才去战斗;而失败的战争则是由于先去战斗而后求得胜利。战争的正义性是战争取得最后胜利的内在条件。一个国家或许能够凭借武力逞雄一时,但长久来看,它注定是要失败的。所以古代军事理论家强调"先胜"而后战。即先在舆论上制造有利于自己的气氛,然后再作战就没有后顾之忧了。

德均,则众者胜寡;力敌,则智者胜愚;智侔,则有数者禽无数。

【注释】《淮南子·兵略训》。均:平均。侔:相等,相同。

【解析】在恩德平均的情况下,人多的就会胜过人数少的;在力量匹敌的情况下,聪明的就会战胜愚笨的;在智术相当的情况下,有作战方法的就会擒住没有方法的。这几句话说的是在通常情况下战争胜负的一般规律。即多胜寡、聪明胜愚笨、有法胜无法。在作战中就可以充分体现将领的主观能动性,使战争朝着有利于自己的方向发展。

凡用兵者,必先自庙战。

【注释】《淮南子·兵略训》。庙战:在朝廷上制定计划。这里指作战前的准备。

【解析】大凡用兵,必须首先由天子制订作战计划。做好充分的准备才能"防患于未然"。明了每个国家的情况,哪一个国君贤明,哪一个将军有才能,百姓归附哪些国家,哪个国家治理得好,哪个国家积蓄多,哪个国家的士兵强悍等等,这样就能在制定策略时"有的放矢",谋划在朝廷之上,而能够决胜于千里之外。

将以民为体,而民以将为心,心诚则支体亲刃,心疑则支体挠北。

【注释】《淮南子·兵略训》。挠北:屈服、投降。

【解析】将帅以人民为主体,而人民把将帅当作中心,心中诚实则肢体可以亲自受刃,心中疑惑就只能屈膝投降了。这是对将与民关系的辩证论述。俗话说"蛇无头不走,人无头不行"。众多的士兵是需要一个"中心"来安排和支配的。否则形成群龙无首的局面,军队也就成了一群乌合之众了。由此可知将帅在军队中的重要地位。人民则是将帅的"体",即是将帅所依赖的主体。行兵作战要靠士兵的勇敢和意志,他们是军队作战的依靠力量。古代军事家要求大将带兵时要“爱兵如子”，即将领要体恤士兵。同时也要求士兵“服从口令”，听从指挥。只有双方默契地配合才能取得战斗的胜利。

心不专一，则体不节动；将不诚心，则卒不勇敢。

【注释】《淮南子·兵略训》。节：节制。

【解析】意志不能专一，那么身体就不能节制行动；将帅不能诚心作战，那么士卒就不会勇敢。将帅在作战中要起到模范作用，古代用“身先士卒”要求他们。勇敢的将领才能培养出勇敢的士兵。如果一群勇敢的士兵跟着一个懦弱的将领也是会失败的。战国时，楚国与秦国实力不相上下，楚国既有天然险峻的地势，又有辽阔的土地，众多的人口。他们的士兵勇敢善战，用牛皮作甲胄，兵器锋利而整齐，训练有素，但为什么被秦国打败了呢？最根本的原因就是楚国国君对内亲小人而远贤臣，对外惧怕别的国家，没有一个正确的纲领。结果楚怀王不能治理自己的社稷，奴颜婢膝去侍奉强秦，军队连吃败仗，土地被削割，自己也客死在秦国。可见将领或国君如果懦弱无能则再勇猛的军队也会遭受失败。

良将之卒，若虎之牙，若兕之角、若鸟之羽，若蚈之足。可以行、可以举、可以噬、可以触，强而不相败，众而不相害，一心以使之也。

【注释】《淮南子·兵略训》。噬：吃、吞。一心：专心。

【解析】良将的士卒，像老虎的爪牙，如犀牛的利角，似鸟的翅膀，像蚈的众足。可以行兵，可以占领，可以啮咬，可以顶撞，强壮而不相互损伤，众多而不相互妨害，是因为由同一个中心加以支配的。兵民乃胜利之本，将领必须具备驾驭士兵的本领。平时既要严格要求又要体恤士兵的苦衷，恩威并施。战时既要严明作战纪律，又要以士兵为重，爱惜士兵的生命，这样士兵在战场上才能唯将领马首是瞻，闻鼓而进，鸣金而退，勇敢作战。如果将领不能正确地对待士兵，那么士兵就会产生对抗情绪，那么军心就涣散了。失败也就是注定的了。

民诚从其令，虽少无畏；民不众令，虽众为寡。

【注释】《淮南子·兵略训》。诚：诚实。寡：少。

【解析】百姓诚实地听从号令，即使人少也不会畏惧；百姓不听从号令，即使人再多也没用。历史上著名的将领都有自己一套练兵的方法。虽手段各有不同，但殊途同归，最终的目的都是为了训练出一支纪律严明、训练有素的军队。孙膑杀齐王两宠妃，司马穰苴诛庄贾都是严肃军纪的例子。

下不亲上，其心不用；卒不畏将，其形不战；守有必固，而攻有必胜；不待兵接刃，而存亡之机固已形矣。

【注释】《淮南子·兵略训》。亲：亲近。用：使用。

【解析】臣下不亲近君主，他们的心意就不能为国君所用；士卒不畏惧将帅，他们的身体就不会用来作战；守卫必定有坚固的阵地，而攻取一定取得胜利；不须等到双方交兵开火，而生存、灭亡的关键已经形成了。战争是关系国家存亡的大事。由此，对战争要高度重视。如果君臣不和、将帅二心，还强要出兵，后果就不妙了。如果先在国内厉兵秣马，整修政治，再出兵讨伐，那么就可能取得胜利。由此可见战争的胜负决定于谁取得了先机。

兵有三势，有二权。

【注释】《淮南子·兵略训》。三势：指军队的气势、地势、因势。二权：指知权和事权。

【解析】用兵有三"势"和二"权"。三势指气势、地势、因势。三军上下斗志昂扬上冲青云，可以用威力压服敌人这是气势。有气势的军队被人称为威武之师，这是军队战斗力的一种体现。一夫当关，万夫莫开就是地势。如果军队占了地势之利则可以以逸待劳，攻敌不备。排除士兵的消极怠战情绪，鼓舞士兵的勇气就是因势。二权指知权和事权。如果善使疑兵、设置埋伏，行事常出乎敌将意料之外那就是"知权"，即懂得灵活掌握战机。如果指挥得当，士兵配合紧密，受伤的人少而被杀伤的敌人众多，这就叫掌握行事的权变方法，即做事的权宜或权变之法。有了这三"势"二"权"，军队就可以放心地作战了。

攻不待冲隆云梯而城拔，战不至交兵接刃而敌破，明为必胜之攻(当为"数")也。

【注释】《淮南子·兵略训》。冲隆：古代攻城的工具。云梯：攻城攀登用的器械。

【解析】攻打敌人的城池不需要等待冲隆和云梯制作好，作战不用白刃相接而敌人已被击溃。明确了胜利的方法，才能这样。那么如何才能使敌人不战而败呢？这就要国君平时政治清明，士卒要选用十分精练者，还要选拔有才能的人做官吏，计谋、举动、措施符合当时的情势。这样做了以后，敌人没有不胆战心惊的，自然就不战而败了。

兵不必胜，不苟接刃；攻不必取，不为苟发。胜定而后战，铃县而后动。

【注释】《淮南子·兵略训》。苟：苟且，贸然。铃县：权县，即权衡其轻重。

【解析】战争不一定能取胜，不要苟且交兵；攻打不一定能夺取，不苟且发兵。要能确定胜利之后才去战斗,权衡轻重才去行动。因为战争是关系到国家生死存亡的大事,所以不能不慎重。又因为打仗是一件劳民伤财的事,作战要投入大量的人力、物力、财力,如果贸然出兵而又不能取胜的话,旷日持久的战争必然要“顿兵挫锐,攻城则力屈,久暴则国用不足”。战事茫茫无期,国家财政就会发生困难,这时如果再有人趁火打劫,即使再高明的人也回天乏术了。所以用兵打仗,一定要深思熟虑。有把握就打,机会不多就放弃。这样才是一个成熟的将领或国君的作风,即凡事都要“铃县而后动”。

静以合躁,治以持乱,无形而制有形,无为而应变,虽未能得胜于敌,敌不可得,胜之道也。

【注释】《淮南子·兵略训》。躁:急躁。道:方法。

【解析】用平静来代替急躁,用安定来治理混乱,用无形来控制有形,用无为而应付变化,即使不能对敌人取得胜利,敌人也不能得到什么,这是能取胜的主要办法。这就要求将领在变动面前沉住气,镇定地解决自己内部的问题。这样即使战胜不了敌人,也不会让敌人得到什么便宜。如果将领面对敌人的一点儿风吹草动就慌张起来,这就会给敌人以可乘之机。所以要用一种安闲的气度来看待敌人的变化,不为假象所迷惑,同时也不放过任何一个可以利用的机会。

敌先我动,则是见其形也;彼躁我静,则是罢其力也。形见则胜可制也,力罢则威可立也。

【注释】《淮南子·兵略训》。罢:疲弊。制:取,得到。

【解析】敌人在我们面前活动,那么就能见到他们的形迹了。他们躁动而我方安静这样就可以使他们的力量疲弊。敌人形迹出现,那么胜利便有把握了。敌人力量疲弊,那么我方的威风就可以树立了。一支军队如果对于敌人没有什么秘密可言,那么很难有机会打胜仗。交战的双方总是要尽力刺探对方的情报而尽力隐藏自己的情况。如果哪一方首先沉不住气,露出形迹,暴露了实力,那就给对方创造了很好的机会。

善用兵者,当击其乱,不攻其治,是不袭堂堂之寇,不击填填之旗。

【注释】《淮南子·兵略训》。填填:牢固整齐的样子。

【解析】善于用兵的人,应当在混乱中打击敌人,不能攻击敌人于严整之时。不要偷袭阵容整齐的敌军,不要攻打旗帜整齐的军队。敌人混乱,我方的偷袭才能成功。如果敌人阵容严整,我方就要想其他的办法。想出各种计策来调动敌人,用敌人想做的事情来引诱他们,一旦敌人受到影响,我方就迅速抓住机会,一击而成功。

良将之用卒也，同其心，一其力，勇者不得独进，怯者不得独退。

【注释】《淮南子·兵略训》。怯：怯懦的人。

【解析】高明的将领使用士兵，和他们同心，与他们合力，使勇猛的人不能单独前进，胆怯的人也不能独自后退。团结一致的力量是巨大的。在一个勇敢的集体中，怯懦的人也会变得勇敢。将领要善于利用这种气氛，营造这种气氛，使得全军上下同仇敌忾、齐心协力、不遗余力地打击敌人。相反，如果一支军队军心涣散，士兵们都无心恋战，各自为政，那么勇敢的人也会变得怯懦起来。

止如邱山，发如风雨，所凌必破，靡不毁沮；动如一体，莫之应圉。是故伤敌者众而手战者寡矣。

【注释】《淮南子·兵略训》。沮：毁坏。

【解析】停止像山丘，出发如风雨，所攻击的必定被打败，没有不粉碎的。全军行动如整体，没有人能用疆界阻挡住。因此打伤敌人众多，而徒手搏斗的就少了。“静如处子，动若脱兔”是人们对行军的要求。俗语说兵贵神速，战场上的形势千变万化，机会稍纵即逝，如果行军缓慢就要失去很多机会。同时，如果机会来了那一定要牢牢地抓住，狠狠地打击敌人，务求一击必中，一网打尽。否则，就可能留下后患，使敌人能够卷土重来。

五指之更弹，不若卷手之一挃；万人之更进，不如百人之俱至也。

【注释】《淮南子·兵略训》。挃：捣撞。

【解析】用五个手指更换弹出，不如卷起手一拳的力量。万人交替前进，不如百人一起到达。这就是集中优势兵力打击敌人虚弱之处的理论。双方排兵布阵，即使兵力相当，在不同的地区所布防的兵力也是不一样的。如果能够把自己的兵力集中起来，而又找到敌人的虚弱之处就稳操胜券了。

兵家或言曰："少可以耦众。"此言所将，非言所战也。

【注释】《淮南子·兵略训》。耦：对付。将：率领。

【解析】兵家有人这样说："少可以对付众人。"这里说的是所带领军队的数量而不是实际战斗的军队的数量。这句话提出了一个和一般人的想法不太相同的概念。即“所将”和“所战”的概念。一般人比较作战双方的力量都是以“所将”，即所率领的军队人数的多少来衡量的。作者一针见血地指出了这种看法的偏颇，指出只有“所战”才是决定战争胜负的关键。这是一种科学的认识。只有所带领的人都能真正地派上用场才能取得胜利。

神莫贵于天，势莫便于地，动莫急于时，用莫利于人，凡此四者，兵之干植也，然必待道而后行，可一用也。

【注释】《淮南子·兵略训》。神：神妙的事。

【解析】神妙的事物中没有比天道更尊贵的了，形势没有比地利更方便的了，运动没有比天时更尊贵的了，使用没有比人和更加有利的了。这四者，都是战争的主要因素，然而必须有待于道的规律才能行得通，可以使其中的一种发挥作用。这句话是说虽然在战场上占据了某一方面的优势，但这个优势不是绝对的。只有顺应事物发展的规律去运用你的优势，这种优势才能发挥作用，否则优势就会失去。楚汉相争时，项羽一开始占有绝对的优势，但他刚愎、暴戾，违反规律行事，最终败在了刘邦手下。

兵之所隐议者，天道也；所图画者，地形也；所明言者，人事也；所决胜者，钤势也。

【注释】《淮南子·兵略训》。隐议：占卜而后议论。人事：人世上的各种事情。

【解析】战争先进行占卜而后确定吉凶，这是天道的作用。用图画所进行绘制的，是地形。能够明白说出来的，是人世之事。决定胜负的，是形势。这句话的可贵之处就在于提出了决定战争胜负的因素除了“天时、地利、人和”之外，还有“形势”。所谓“形势”就是指当时的客观情况。作者强调“钤势”就是指根据客观实际及其发展的可能性，采取与之相适应的对策以图成事。这就要求将领要有高度的历史使命感，认清并把握时代的脉搏，顺应历史潮流，因势利导推进社会发展。战国时，商鞅根据当时战乱频仍的特点和历史发展趋势，进行了变法图强，使秦国逐步强盛起来，并最终统一了全国。

处于堂上之阴，而知日月之次序；见瓶中之水，而知天下之寒暑。

【注释】《淮南子·兵略训》。阴：阴影。

【解析】处在堂上的阴影之处，就知道日月运行的顺序；看到瓶子中水的情况，就知道天下寒暑的变化。在古代，科学技术不发达，因而我们可以看到“占卜”一类的活动在军事中出现。但是古代人也认识到万事万物的发展是有一定规律的。我国古代哲学家就说过“天行有道，不为尧存，不为桀亡”。战争也是一样，虽然看起来千差万别，变化多端，但也是有一定规律可循的。将领的优劣在于他是否能“处堂上之阴而知日月之次序”。见微知著，这是战争对将帅提出的要求。

将军之心，滔滔如春，旷旷如夏，湫漻如秋，典凝如冬，因形而与之化，随时而与之移。

【注释】《淮南子·兵略训》。旷旷：明朗的样子。湫漻：清寂。典：常。

【解析】将军的心灵，和暖得就像春天，明朗得就像夏天，清寂得就像秋天，经常凝思就像冬天。按照形象和外物一起变化，随着时势一起转移。这段话用四季的特点来说明将领要随着形势的变化而变化。在战争中将领首先要具备全局观念，顺应大的形势，其次就要依据不同的事态发展的特点、可能性与趋势，制定相应的灵活对策。概括地说就是能够随机应变和因事制宜。三国时，诸葛亮根据司马懿"生性多疑"的特点，设下"空城计"智退敌兵，就是随机应变的一个典型例子。

景不为曲物直，响不为清音浊，观彼之所以来，各以其胜应之。

【注释】《淮南子·兵略训》。曲：弯曲。

【解析】影子不能为弯曲的东西伸直，回声不能把清音变浊，考察敌人所来的方向，按照相应的办法去战胜他。在军事活动中一方面需要隐藏自己的军事实力和真实意图，另一方面也要根据对方的蛛丝马迹，判断他的真实情况，从而作出正确判断。有时候判断的正确与否关系到整个战争的胜负。庞涓和孙膑之战中，庞涓心狂气傲，不能辨别孙膑的减灶之计，作出了错误的判断，孤军深入，结果进入孙膑的埋伏圈，全军覆没。可见在战争中，作出正确判断是非常重要的。

兵之所以强者，民也；民之所以必死者，义也；义之所以能行者，威也，是故合之以文，齐之以武，是谓必取。

【注释】《淮南子·兵略训》。合：聚合。齐：统一。

【解析】军队所以强大，是因为有了百姓；百姓之所以不怕牺牲，是为了大义；大义所以能推行，是因为威严所致。因此要用仁惠来聚合他们，要用军法来统一他们。民为兵之本，一个失去民心的国君不可能拥有强大的军队。秦始皇消灭六国，一统天下，据天下财富为一人所有，何等威风。但由于他施行暴政，在死后短短几年，秦王朝就飘摇在农民战争的风雨之中，最终覆灭了。

四马不调，造父不能以致远；弓矢不调，羿不能以必中；君臣乖心，则孙子不能以应敌。

【注释】《淮南子·兵略训》。孙子：指孙武。春秋末兵家。生于齐，后入吴，著有《孙子兵法》。

【解析】驷马不协调，造父也不能凭借他们到达远方。弓矢不搭配，后羿也不一定能射中目标。君臣之间离心离德,那么孙子也不能来领兵对付敌人。这句话强调在国内修治政治,积累恩德的作用。考察人民的劳逸情况,知道他们的饥饿和痛苦,体恤他们的辛苦。这样,国君所采取的行动就会得到人民的支持,而士兵也就会尽力作战,奋不顾身了。

古人善将者,必以其身先之。

【注释】《淮南子·兵略训》。善将:善于领兵的人。

【解析】古代善于率兵的人,必然亲自走在士卒前面。治兵最重要的一个方面是将帅必须“身先士卒”,“以身为教”,处处对自己严格要求,起到表率作用。具体说有以下几个方面:暑天不张起车盖,冬天不披上皮裘,以示与全军士兵同甘共苦,带头执行军令法令,以示军令之威严;战斗时能够不怕危险与士卒生死与共。若能如此,这个将帅就可以得到部下的尊敬和拥护,他的命令在任何时候都可以得到坚决执行,他的指挥意图在作战中就容易被部下理解。战国名将田单治军严明,英勇善战,在齐国濒临灭亡之时,用火牛阵大败燕军,收复城池七十多座。可是在一次战斗中他攻打狄城三月不下,鲁仲连一针见血地指出问题之所在,他说攻打燕国时“将军有死之心,而士卒无生之气”,如今“有生之乐,无死之心”。第二天,田单接受教训,拿出攻燕之气概,身先士卒,站在容易被箭射中的地方亲自击鼓鸣金,结果攻破狄城。可见,将领的表率作用是极为重要的。

良将之用兵也,常以积德报积怨,以积爱击积憎,何故而不胜。

【注释】《淮南子·兵略训》。积德:积累的恩德。

【解析】良将用兵,常常用积累的恩德打击聚积的怨恨,用积累爱心来打击憎恶,怎么会不能取得胜利呢?古代将领都很注重“蓄势而发”,强调在平时要积累恩德,积累爱心,把士兵的情绪调动起来,这样在作战中士兵就不会贪生怕死,从而军队的战斗力也就会大大提高。孙子说:“视卒如婴儿,故可与之赴深溪;视卒如爱子,故可与之俱死。”讲的也是这个道理。

一龙一蛇,动无常体;莫见其所中,莫知其所穷;攻则不可守,守则不可攻。

【注释】《淮南子·兵略训》。龙:像龙一样飞。蛇:像蛇一样行。

【解析】忽而如龙飞,忽而如蛇行,行动没有固定的范式。没有人见到他所投中的地方,没有人知道他的穷尽。进攻,那么敌人便不可能守住;防卫,那么敌人便不能攻下。领兵贵在变化,如果一味死抠兵书,不懂变通,那么肯定是要失败的。只会“纸上谈兵”的赵括就是一个例子。相反,东汉初年方虞诩对付羌人所采用的增灶之法,就是一个活学活用的例子。虞诩率三千人与占优势的羌兵对阵,如硬拼必定全军覆没。他于是在行军宿营时,传令部队逐日成倍地增加炊灶,每日还加快行军步伐,一日行一百多里,兵过之地炊灶遍地,日多一日,灶膛炊烟不灭。羌人看到这种情况,以为大军到来,不敢进攻虞诩,使得他很快就攻取了武都,夺得了胜利。虞诩学习兵法,能依据客观情况,采取相应的办法,在力量较弱的情势下也能大胜对方,这种做法是值得我们借鉴的。

闻善用兵者,必先修诸己而后求诸人;先为不可胜而后求胜。

【注释】《淮南子·兵略训》。修:修治。求:要求。

【解析】听说善于用兵的人,必须首先修治自己,然后才要求他人。首先使自己立于不可胜之地,而后才去求得胜利。中国有一句古话叫作“己所不欲,勿施于人”,说的也是这个道理。徐邦庆是清朝宝应把总,史载他在任期间,每年冬天的半夜都起来巡视四境,以使盗贼不敢至其所辖区域。由于百姓所居皆茅草房且首尾相连,一旦发生火灾,徐邦庆总是最先赶到,不顾个人安危“踊登房屋”去灭火。待大火熄灭后,由于害怕死灰复燃,他又亲自率领众人提水浇灭。每次督视赈灾抚恤,他从不拿公家的东西,且自备饭食,风雨不改。凡是地方官不能治理的盗贼,如盐枭等,听说徐邦庆要来了,总是自首服罪。老百姓也十分爱戴他。用兵也是这个道理,将领身先士卒,士兵就会更加勇敢。

修己于人,求胜于敌。己未能治也,而攻人之乱,是犹以火救火,以水应水也,何以能制?

【注释】《淮南子·兵略训》。求胜:求取胜利。乱:混乱。

【解析】在军中要修治自己,然后才能求取在战争中击败敌人。自身不能够修治,而想乘机攻破别人,就像用火来救火,用水来对付水一样,怎么能够制服呢?要取得一场战争的胜利,最关键的因素还是自己的强大,而不是敌人的弱小。只有在自己强大的基础上,尽力去削弱敌人,才能取得最终的胜利。春秋时的吴越之战,越国先被打败。后来越王忍辱负重,励精图治,从“修治”自身、“修治”国家入手,最终强大起来。如果他不是“卧薪尝胆”,而是期待着吴国的衰落,那么到最后他也不会成功。当然,敌人的混乱是可以利用的,但那是建立在“修己”基础上的利用。

静为躁奇,治为乱奇,饱为饥奇,佚为劳奇,奇正之相应,若水火金木之代为雌雄也。

【注释】《淮南子·兵略训》。躁:躁乱。奇:特殊。

【解析】清静是躁乱的特殊,治理是混乱的特殊,温饱是饥饿的特殊,安逸是劳苦的特殊,对于正面交锋与奇计袭击,互相呼应,就像水火、金木互相转化为主次一样。在战争中正面交锋和奇计袭击是两种最常用的战争策略。有时奇计袭击可以起到正面交锋起不到的作用。尤其是当己方的力量比较薄弱时，正面交锋将会把自己陷于万劫不复之地。而奇袭则可转危为安，转败为胜。东汉末年，袁绍和曹操在官渡之战中，袁绍兵精粮多，如果曹操和他硬拼，那一定会失败的。这时曹操却用了徐庶的计策，利用袁绍狂妄自大，不把曹操放在眼里的特点出奇兵烧毁了袁军的粮草库。断了袁军的"根本"，最后导致了袁军的全面失败。可见，奇袭有时起的作用是正面交锋所做不到的。

善用兵者，持五杀以应，故能全其胜；拙者处五死以贪，故动而为人禽。

【注释】《淮南子·兵略训》。五杀：即五行。

【解析】善于用兵的人，持守五杀来应付变化，因此能够保全他的胜利。笨拙的人处于五死而贪得，因此一行动便被人擒住。带兵打仗，既有一定的规矩，也有一定的变化。如果能够把握住原则，那么万变不离其宗，所有的变化也就有了一定的法则了。

兵贵谋不测也，形之隐匿也，出于不意不可设备也。

【注释】《淮南子·兵略训》。隐匿：隐秘、藏匿。

【解析】战争最重要的就在于计谋不为人预料，行迹的藏匿，出于敌人意外，使之不能够加以防备。三国时，关羽被吕蒙所败，其重要的原因之一就是吕蒙行军和谋划策略都比较隐秘，蒙蔽了关羽。吕蒙为了麻痹关羽，遂"以治疾为名"放出"还建业"的口风。关羽不派人侦察，"果信之，稍撤兵"，吕蒙至寻阳，尽伏其精兵在船中，使白衣摇橹，作商贾人服，昼夜兼行，至羽所置江边顿候尽收缚之，是故羽不闻知。关羽就是在这种完全误解敌情的情况下糊里糊涂全军覆没的。而吕蒙的成功之处也正在于他能够隐匿自己的作战意图，从而出奇制胜。

谋见则穷，形见则制。故善用兵者，上隐之天，下隐之地，中隐之人。隐之天者，无不胜也。

【注释】《淮南子·兵略训》。穷：穷途。制：制服。

【解析】计谋被人识破那么就会走向穷途，形迹出现那么就会被制服。因此，善于用兵的人，向上把形迹隐藏在天上，向下隐藏在地下，中间隐藏在人群之中。隐藏在天上，没有什么不能制服的。这句话强调在军事活动中保密的重要性。如果自己的作战意图、行军动向被敌人看得一清二楚，那么自己就会处于非常被动的境地。西汉名将韩信的"明修栈道，暗度陈仓"之计之所以成功就在于它蒙蔽了敌人，使他们产生了错误的判断。可见用兵的隐秘是非常重要的。

将者必独见独知。独见者，见人所不见也；独知者，知人所不知也。

【注释】《淮南子·兵略训》。独见：独到的见解。

【解析】担任将领的人必须有独见之明，独知之慧。独见指的是看见别人看不见的。独知指的是知道别人所不知道的。作为将领，掌握着全军上下的命运，是军队的灵魂人物，因而要求他必须有过人之处。这过人之处是什么呢？首先必须有独到的见解。看问题抓住本质，一针见血，这样整个军队的行动才能明确而有效。其次要有远见卓识，看问题高瞻远瞩，这样军队才能保持正确的方向。如果将领做不到这两条，那么把军队交给他是很危险的。

社稷之命在将军身，今国有难，愿请于将而应之。

【注释】《淮南子·兵略训》。命：命运。将：率领。

【解析】这是国君对将要出征的将领说的一句话，"国家的命运在将军一身之上。现在国家有了灾祸，希望你带领军队去对付他们"。在军队作战中，将帅掌握着全局，处于牵一发而动全身的地位，是军队战斗力中最积极、最能动的因素。因此将帅要有统一指挥的意志和才能，一切军令都应由将领做出。一个部队只能有一个中心，军队作战时不能受任何干扰。司马穰苴说：将在外君命有所不受。就是体现"兵权贵一"的思想。古今中外凡成功的战例，无不是做到了这一点。

便宜十六策

这是三国时诸葛亮所著的兵法。《便宜十六策》是诸葛亮总结出的十六种治理国家和军队的方法，从中基本上可以看出诸葛亮治国治军，以及他自己做人的原则和方法。

治国之政，其犹治家。治家者务立其本，本立则末正矣。

【注释】《便宜十六策·治国》。政：办法、方法。本：法规、规矩。本立则末正：意为有了法规，事物才能正常发展。

【解析】诸葛亮在《便宜十六策》中首先论述了治理国家的根本原则，指出治理国家如同管理家庭一样，必须先“立其本，本立则末正矣”。所谓本，就是事物的本源，引申为法规、规矩，即“经常之法，规矩之要”。由于“万物之事，非天不生，非地不长，非人不为”，因此，治理天下必须“务天之本”，“务地之本”，“务人之本”。他的论述简明扼要。

本者，倡始也；末者，应和也。倡始者，天地也；应和者，万物也。

【注释】《便宜十六策·治国》。倡始：首倡，创始。应和：随行，响应。

【解析】所谓本，就是指事物的创始；所谓末，是指相互呼应的各种事物。天地可以看作是创始性的，而万物是相互呼应的。

万物之事，非天不生，非地不长，非人不成。

【注释】《便宜十六策·治国》。

【解析】世界上的一切事物，没有天便不会产生，没有地便不会生长，没有人就不会成功。

上不可以不正，下不可以不端。上枉下曲，上乱下逆。

【注释】《便宜十六策·君臣》。枉：弯曲，不正。曲：弯曲，此处指偏邪。逆：反叛、叛逆。

【解析】俗语说：上行下效。统治者正人应该先正己，许多坏的风气都是由上而下形成的。而一个军队的统帅，同样也应该以身作则，要求士兵做到的，自己应该首先做到。汉代飞将军李广冲锋在前，享受在后，带兵作战中，碰到水源，士兵不足饮自己不饮；士兵不足食自己不食，爱兵如子，赢得了将士的爱戴，他们跟随他出生入死，宁可战死，决不投降。诸葛亮用语言对李广的行为作了注释，真是英雄所见略同。

君惟其政，臣惟其事，是以明君之政修，则忠臣之事举。

【注释】《便宜十六策·君臣》。惟：思想、考虑。政：政策。修：好，美好。举：成功。

【解析】君臣各自的修养对于君臣之间的关系非常重要。诸葛亮在这里强调君主要修政、谋政、劝政，施下为仁等，而臣僚应忠于职事，以忠事君，以义事君，在其位谋其政。只有君惟其政，臣惟其事，才能政修事举，才能治国之道具矣。

学者思明师，仁者思明君。

【注释】《便宜十六策·君臣》。学者：求学的人。明师：高明的老师。仁者：仁德的人。明君：英明的君主。

【解析】古语云："士为知己者死，女为悦己者容"。一个有才华有抱负的人，只有遇到英明的君主，遇到理解自己的君主，才能最大限度地发挥自己的价值。孔明因遇刘备，故能出山扶助汉室，刘备和孔明似鱼水一样的君臣关系成为千古美谈，也正因为这样，从古到今才一直有知音难觅的慨叹。

人君以多见为智，多闻为神。

【注释】《便宜十六策·视听》。

【解析】君主以"多见为智，多闻为神"，必须多见多闻，才能了解群众的疾苦，知道朝政的得失。但是，一人的视听，毕竟有限，要使下情上达，必须采纳众人之言，以众人之耳为耳，以众人之目为目。

或有吁嗟之怨不得闻，或有进善之忠不得信；怨声不闻，则枉者不得伸；进善不纳，则忠者不得信，邪者容其奸。

【注释】《便宜十六策·视听》。或：有的人。容：放纵、宽容。

【解析】一军之帅和一国之君一样，既要能听取颂歌，也要能听取怨声。俗话说，良药苦口利于病，忠言逆耳利于行。一军之帅、一国之君尤其应该听得进逆耳忠言。若听不到怨言，则冤屈得不到申诉平复；不采纳谏言，则忠臣得不到信任，邪恶小人的阴谋就会实现，最终将导致朝政日非，形成难以拯救的局面。

恶不可顺，美不可逆。顺恶逆美，其国必危。

【注释】《便宜十六策·纳言》。逆：贬低指谪。顺：顺其自然发展。

【解析】作为一军之帅应有一个严格的是非标准，该表扬的表扬，该惩罚的惩罚，切忌是非不分，善恶不分。将帅只有是非分明，惩恶扬善才能取信于三军，号令于三军。诸葛亮在衙弯之战失败后，痛定思痛，向后主刘禅上表自降三级，要求将士们"有忠虑于国者，但勤攻吾之阙"，要求大家对自己的缺点错误展开批评。他认为只有这样，事业才有成功的希望。

计疑无定事，事疑无成功。

【注释】《便宜十六策·察疑》。

【解析】对计谋产生疑惑，就不能确定任何事情，对事情产生疑惑，就不会取得成功。因此，治理国家必须分清黑白，辨明是非，碰到难决之事，应该谋及庶众，集思广益，群策群力。如果国君、统帅不辨是非曲直，任由奸佞小人猖狂乱政，那么国家必定衰败灭亡。秦二世对赵高指鹿为马而不疑，吴王夫差对越献美女而不惑，最终导致亡国的惨痛教训，就是这方面的最好例证。

明君之治，不患人之不己知，患不知人也；不患外不知内，唯患内不知外；不患下不知上，唯患上不知下；不患贱不知贵，唯患贵不知贱。

【注释】《便宜十六策·察疑》。

【解析】英明的君主治理国家，不担心别人不知道自己，而是担心自己不了解别人；不担心外面的百姓不知道内部，而是担心内部不了解外面；不担心下面不知道上边，而是担心上面不了解下边；不担心黎民百姓不知道达官贵人，而是担心达官贵人们不了解黎民百姓。

士为知己者死，女为悦己者容，马为策己者驰，神为通己者明。

【注释】《便宜十六策·察疑》。

【解析】有才能的人甘愿为赏识自己才能的人去死，漂亮的女子愿意为欣赏自己的人去打扮，好马为驱策自己的人奔跑，神仙也为相信自己灵验的人而显灵。

陈之以德而民与行，示之以好恶而民知禁。

【注释】《便宜十六策·治人》。陈：告诉。示：示范。这句话意思为：用道德仁义来化育百姓，那么百姓就会跟着推行；明确告诉百姓什么是好的什么是坏的，那么百姓就知道什么行为是违法犯禁的。

【解析】诸葛亮认为管理和教育民众的方法应该是："陈之以德义"，"示之以好恶"。即一是用道德教化，二是用法令约束。这也是我们今天所提倡的：提高国民素质，依法治国。

日月之明，众下仰之；乾坤之广，万物顺之。

【注释】《便宜十六策·治人》。乾坤：天地。顺：归顺、依附。

【解析】俗语讲，上梁不正下梁歪。要使教育发挥应有的作用，统治者必须身体力行，做出榜样和表率。尧、舜那样贤明的君主，远方的少数民族都臣服进贡，桀、纣那样的暴君，自己国内的诸侯也必然背叛他们。这就是我们通常所讲的，要求别人做到的，自己必须先做到。

有国有家者，不患贫而患不安。

【注释】《便宜十六策·治人》。

【解析】社会稳定是社会进步的第一要素。只有社会稳定了，人民才能耕作、生产，创造财富，国家才能富强。在动乱的社会中，老百姓流离失所，根本就谈不上什么国富民强。所以“有国有家者”，都“不患贫而患不安”。

不贵难得之货，使民不为盗；不贵无用之物，使民心不乱。

【注释】《便宜十六策·治人》。

【解析】贾谊在《论贵粟疏》中向皇帝陈述：应该以食、布帛为贵，而不应该以金银珠宝为贵，因为金银珠宝，既不能填饱肚子，也不能抵挡风寒。农业生产发展了，老百姓丰衣足食，民强国富，那么圣人的治世也就达到了。

治国犹于治身，治身之道，务在养神；治国之道，务在举贤。是以养神求生，举贤求安。

【注释】《便宜十六策·举措》。治身：修身。求生：求得身体安泰。

【解析】诸葛亮在这里论述了举用贤能的重要性，指出“治国之道，务在举贤”。许多时候，竞争其实就是人才的竞争。古语讲，千军易得，一将难求，说的就是这个道理。刘备能够和曹操、孙权三足鼎立，靠的就是诸葛亮这位经天纬地的人才，这是人才重要性的一个最好例证。

为人择官者乱，为官择人者治。是以聘贤求士，犹嫁娶之道也，未有自家之女出财为妇。

【注释】《便宜十六策·举措》。治：治理得好。这几句大意为：为了某一人而设置官位，国家必然会发生混乱；因为有了官位而去挑选合适的人来担任，那么国家就必定会治理得好。因此，不惜重礼求取贤良寻访人才，同嫁女娶妻的道理一样，没有愿意倒贴钱财做人家妻子的女人。接下来作者又说，所以女子喜爱聘礼是为了显示她的贞节，贤士喜爱聘礼是为了显示他的名声。不惜重礼聘用贤士，这个国家才会得到安宁。

【解析】诸葛亮主张“为官择人”，反对“为人择官”。强调用贤臣，弃奸佞。诸葛亮不仅是这样说的，也是这样做的。汉朝末年，群雄并起，各路诸侯为了击败对手，大力招揽人才。其中，曹操手下人才最多，孙权手下的人才也不少。刘备尽管东征西讨，依附他的人才却屈指可数。为了解决这一问题，诸葛亮采取了一系列措施，与法正“共造蜀科”，选拔人才，“取人不限其方”，只要确实是人才，即委以重任。他对姜维的培养和器重，就是这方面的一个最好例证。

考黜之政，谓迁善黜恶。

【注释】《便宜十六策·考黜》。迁善黜恶：提升优秀的官吏，罢黜作恶的官吏。迁：古时官员的升职叫迁。

【解析】吏治的好坏,直接关系到一个国家的治乱兴衰,对这样一个重大的问题,决不能轻视。要想使政治清明,国家兴盛,首先要有一支优秀、高素质的官员队伍,形成一种恪尽职守、廉洁奉公的良好作风。而要想达到这一目标,必须加强对官员的考核,并据政绩进行奖惩,即要“迁善黜恶”,这样官员才能够力求上进,忠于职守,国家才能够兴盛。

国以军为辅,君以臣为佐,辅强则国安,辅弱则国危。

【注释】《便宜十六策·治军》。佐:助手。辅:辅佐。

【解析】诸葛亮在《便宜十六策·治军》中提出了军队是国家的基石和支柱的重要观点。他认为“国以军为辅”,“辅强则国安,辅弱则国危”。诸葛亮还进一步认识到不为百姓谋福利的将帅,就不是国家的辅臣,也不能担任军队的主帅。这也是非常进步的观点。

治国以文为政,治军以武为计。

【注释】《便宜十六策·治军》。此句大意为:在治理国家内政方面,应以文治为主,在整顿军备方面,应以武功为先。

【解析】诸葛亮在这里一语中的,指出了治国和治军的区别。

用兵之道,先定其谋,然后乃施其事。

【注释】《便宜十六策·治军》。谋:计划。

【解析】作战前作一个详细的作战计划,是取胜的前提条件。诸葛亮在隆中为刘备争夺天下,作了一个宏伟而长远的规划,最后帮助刘备形成三足鼎立的局面。此所谓“运筹帷幄之中,决胜于千里之外”。

将无思虑,士无气势,不齐其心,而专其谋,虽有百万之众,而敌不惧矣。

【注释】《便宜十六策·治军》。专其谋:只凭个人的计谋办事,考虑问题欠周到。

【解析】天时、地利、人和三者中,人和最为重要。人多力量大,人多智慧也多,如果众人能够齐心协力,那么成功肯定指日可待。曹操在官渡之战中能够以少胜多,凭借的就是虚心采纳谋士的意见。虽然曹军人数少于袁绍、袁术,但这些人齐心协力,最终取得官渡之战的胜利。

善战者不怒,善胜者不惧。

【注释】《便宜十六策·治军》。善战者不怒:善于作战的人即使遇到了困难也不气馁。怒,可理解为气馁。惧:畏惧。

【解析】能征善战的将帅不轻易气馁、发怒，因为他们作战时已胸有成竹，随着战局的发展他们会利用原有的条件创造条件，寻求战争的胜利，这是符合事物发展的规律的，所以取胜也就不足为奇了。

智者先胜而后求战，暗者先战而后求胜。

【注释】《便宜十六策·治军》。先胜而后求战：先有了必胜的把握然后才开战。暗者：平庸的人。

【解析】有智慧的将领在作战前已经有了必胜的把握，才去作战；没有头脑的将领是先去打仗，然后再去谋求胜利。

胜者随道而修途，败者斜行而失路，此顺逆之势也。

【注释】《便宜十六策·治军》。随道而修途：顺着原来的道路加以修补。斜行而失路：为了寻求捷径而失去前进的方向。顺逆之势：顺应和违背了事物的本来规律而导致的不同结果。

【解析】能够取胜的将领是在水到渠成的前提下再因势利导，那些打败仗的人则是企图寻找取胜的捷径，结果迷失了方向。这就是顺应或违背事物发展的规律所收到的不同的功效。

善攻者敌不知其所守，善守者敌不知其所攻。故善攻者不以兵革，善守者不以城郭。

【注释】《便宜十六策·治军》。兵革：武器。城郭：城池。

【解析】诸葛亮用兵一向以灵活著称，虚虚实实，真真假假。司马懿大兵压境，他运用空城计吓退曹兵，千古闻名，成为古今灵活用兵，有胆有识的典范。

高城深池，不足以为固；坚甲锐兵，不足以为强。

【注释】《便宜十六策·治军》。固：坚固。

【解析】军队打仗依靠的不是城池的坚固和武器的锐利，而是靠人的智谋。

赏以兴功，罚以禁奸。赏不可不平，罚不可不均。赏赐知其所施，则勇士知其所死；刑罚知其所加，则邪恶知其所畏。

【注释】《便宜十六策·赏罚》。兴功：鼓励立功。知其所施：知道实行赏赐的原因所在。知其所死：懂得牺牲的价值所在。

【解析】赏罚是提高军队战斗力的重要措施，其目的在于鼓励将士争立战功，奋勇杀敌。军队中实施赏罚，由来已久，由于它反映了军队建设的客观要求，因此倍受古代兵学家的重视。诸葛亮在这里强调了赏罚的目的在于“赏以兴功，罚以禁奸”。这里还论述了赏罚的原则，强调信赏明罚，一视同仁，不徇私情，公正严明，即“赏不可不平，罚不可不均”。赏不避仇，罚不避亲。只有这样，才能使赏罚起到应有的作用，收到预期的效果。战国时有一个国君设宴款待天下名士，因羊羹分量不够，结果漏分了司马子期。子期对此怀恨在心，后来他到了楚国，得到楚国国君的重用，率兵攻这个国家。该国国君逃到国外后仰天长叹：一杯羊羹竟使我丢掉了国家。这就是赏罚不公不均之害的最好例证。赏罚不均不公，轻则败军丧师，重则亡军亡国，切不可等闲视之。

喜不可纵有罪，怒不可戮无辜，喜怒之事，不可妄行。

【注释】《便宜十六策·喜怒》。纵：迁就、放纵。这句是说高兴的时候不能纵容有罪之人，愤怒的时候不能滥杀无辜的人。高兴和愤怒这两种情绪，不能无端表现。

【解析】战争中的各种现象、处境、遭遇，会引起将帅情感的强烈变化，如恐慌、悲哀、狂喜、愤怒等，这些情绪和情感都可能表现和发泄出来。如果将帅不能冷静理智地控制自己的情感、情绪，任凭感情的潮水横冲直撞，势必引发不必要的麻烦，甚至造成整个战局的失败。冷静沉着能使将帅头脑更理智，抑躁制怒。一个成功的将帅应该有非常高的情绪情感修养，应该做到“卒然临之而不惊，无故加之而不怒。”孙子强调“主不可以怒而兴师，将不可以愠而致战”，这应该是作将帅的不能违背的原则。军事史上，凡以怒兴师，以愠致战者，没有不遭到失败的。刘备在关羽大意失荆州被杀之后，失去理智，拒绝臣僚的劝阻，东吴遣使求和也“盛怒不许”，不顾当时的实际情况，倾全国之力东征，结果兵败夷陵，最后自己也抱恨而死，蜀国元气大伤。这个事例充分说明用理智驾驭情感，控制情绪，不妄动肝火，不感情用事，是将帅指挥军队夺取胜利的一个重要条件。

治国者，圆不失规，方不失矩，本不失末，为政不失其道，万事可成，其功可保。

【注释】《便宜十六策·治乱》。规：圆规。矩：方矩。功：成功。这句大意为：治理国家，就好像画圆不能不用圆规，画方不能不用方矩，治理本业不能不治末业一样。主持政治不丧失治政原则，各种事业都能成功，其成功也能保持长久。

【解析】俗话说，没有规矩不成方圆，治理国家也必须“圆不失规，方不失矩，本不失末。”推而论之，军队也必须有严明的纪律，这是军队具有战斗力的前提，和“为政不失其道，万事可成，其功可保”一样，一支军队必须有严格的军纪约束，才能长存久发，具有强大的战斗力。

释己教人,是谓逆政;正己教人,是谓顺政。故人君先正其身,然后乃行其令。

【注释】《便宜十六策·教令》。释己教人:放松对自己的约束而施教令于人。释:放开,宽释。

【解析】军事训练包括纪律训练和技术战术训练两大部分。诸葛亮在这儿主要论述了纪律训练。纪律训练的目的是教育士兵严守纪律。要达到这一目的,将帅必须身先士卒,作出表率,所谓“先正其身,然后乃行其令”,这样就能做到令行禁止。否则,“身不正则令不从,令不从则生变乱。”岳飞率领的军队,纪律严明,战斗力强,屡次打败入侵的金军,深受老百姓的爱戴,被称为“岳家军”。金军闻“岳家军”而逃,连金军统帅金兀术也感叹:撼山易,撼岳家军难。军队纪律性的重要可见非同寻常。

当断不断,必受其乱。故设斧钺之威,以练不从者诛之。军法异等,过轻罚重,令不可犯,犯令者斩。

【注释】《便宜十六策·斩断》。断:处罚。设斧钺之威:指君主授予将帅执行军法的权力。军法异等:指军法的规定有轻重之分。过轻罚重:罪过虽轻也要从重处罚。

【解析】诸葛亮一贯主张治军必须严明军纪,对各种违法乱纪的行为必须严惩不贷。他十分赞赏和敬佩孙武、穰苴等人能严格遵守军令,并认为法令健全,执法严格,军令整肃,军队就能战无不胜。诸葛亮不仅这样说,也能这样去做。马谡是他十分欣赏和器重的人才,街亭战略要地交给他把守,但由于马谡骄傲轻敌,违犯军令,导致街亭失守,使整个战局由有利转为不利,他毫不犹豫,挥泪依法将马谡处斩,并把他的首级示众,教育将士增强法制观念,严格遵守军令。诸葛亮挥泪斩马谡的故事也成为严格依法治军的典范。

人无远虑,必有近忧,故君子思不出其位。

【注释】《便宜十六策·思虑》。思不出其位:思考的问题都不超出自己所处的地位及其职权范围。

【解析】一个人如果不去考虑长远的事情,没有长远的打算,那么很可能会有眼前的麻烦。所以君子要提前思考与自己有关的事情。

思者,正谋也;虑者,思事之计也。非其位不谋其政,非其事不虑其计。

【注释】《便宜十六策·思虑》。正谋:正确的谋略。思事之计:思索事情成功的计策。

【解析】思,就是去寻找正确的谋略;虑,就是去思索事情成功的正确计策。所以不在其位也就不用去考虑这些问题;不去办这些事,也就不用去想这些计策。

大事起于难,小事起于易。故欲思其利,必虑其害;欲思其成,必虑其败。

【注释】《便宜十六策·思虑》。

【解析】诸葛亮一向以深谋远虑著称。作为统帅,在考虑问题时,必须考虑到正反两个方面。所谓“欲思其利,必虑其害;欲思其成,必虑其败。”只有见端察末,视微知著,见始知终,才能防微杜渐,防患于未然。否则,目光短浅,一叶障目,火烧眉毛顾眼前,仰高忽下,瞻前顾后,就有可能导致难以收拾的局面。春秋时,吴越争霸,吴王夫差把越王勾践围困在会稽山后,越王派人给吴王送去美女和许多珍宝请和。吴臣伍子胥看出越王勾践求和背后所包含的野心,极力劝谏吴王彻底灭掉越国,否则将养痈遗患,后悔莫及。夫差不听,结果勾践卧薪尝胆,最终灭掉了吴国。这是一个典型的目光短浅,一叶障目的事例,也是诸葛亮这一思想的最好例证。

九重之台,虽高必坏。故仰高者不可忽其下,瞻前者不可忽其后。

【注释】《便宜十六策·思虑》。九重之台:形容很高的台子。九重:古人认为天有九重,故以九重代指天。《汉书·礼乐志》:“九重开,灵之游。”颜师古注:“天有九重。”

【解析】很高的楼台,也有倒塌的时候。所以往高看的人也不能忽视低的地方,往前看的人不能忽略自己的身后。这是在讲看问题要全面。

外伤则内孤,上惑则下疑。疑则亲者不用,惑则视者失度;失度则乱谋,乱谋则国危,国危则不安。

【注释】《便宜十六策·阴察》。阴察:指通过对各种事物潜在迹象的考察,了解和把握事物的本质。失度:发生偏差。此句大意为:外部损伤不全则内部必受孤立,上面糊涂不明下级则疑惑不安,疑惑不安,忠信之人就不会被重用,糊涂不明,观察问题就会看不清楚,看不清楚就会导致计谋混乱,计谋混乱国家就会出现危险,国家危险社会就会动荡不安。

【解析】作为统帅应该具有敏锐的观察力,明察秋毫,从察觉到的问题中悟出道理,想出对策。如果被事物的表象所迷惑,就会导致政策的偏差和失误,造成十分严重的后果。所以诸葛亮在这里对阴察作了专门论述,希望带兵作战者能够重视这一问题。

将　　苑

三国时诸亮所著兵法。《将苑》也称《心书》，共五十篇，主要论述为将之道。从将材、将器、将志等多个方面分析了作为一个将领所应具备的品德、修养、能力和素质。并明确指出将领应该防止的不良行为和恶习。《将苑》可以说是中国古代论述为将之道的集大成之作。

兵权者，是三军之司命，主将之威势。

【注释】《将苑·兵权》。兵权：统驭和指挥军队的权术、权谋、方法。三军：周制天子六军，诸侯大国为三军。一军共一万二千五百人。春秋时大国多设三军，称上、中、下三军，或称左、中、右三军。后世泛指全军。司命，神名。《礼纪·祭法》中称官中所纪小神有司命。这里指与生死存亡攸关的大事。威势：威信权势。

【解析】对一个统帅来说，用兵的权术相当重要，关系到军队的生死存亡，战争的胜利与否。主将如能掌握用兵的权术，就会如虎添翼，翱翔四海，否则，就会像龙困浅滩，鱼儿离水那样，难以有所作为。清人赵翼在《廿二史札记》中评述魏、蜀、吴三国之主用人各有不同：曹操以权术相驭，刘备以性情相契，孙权以意气相投。以权术相驭是机，合性情与意气是诚，而诸葛亮却兼三者之长。这充分说明诸葛亮的兵权运用得最为高明。

将之器，其用大小不同。

【注释】《将苑·将器》。将器：将领的器识、才能。器：器具、器量。

【解析】诸葛亮在兵法中提出了一个重要观点，“将之器，其用大小不同”，也就是根据将领才能的高低，把他们放在相应的职位上去。将帅在遣将用人时，必须量才使用，充分估量部属的才能大小，以及性格、特长、爱好等，以恰当地使用，做到大材大用，小才小用。否则，大才小用，才力有余，浪费人才；小才大用，力不能任，贻误战事。战国时秦赵长平之战，赵军被秦将白起坑埋四十万，就是由于赵王任用只会纸上谈兵的赵括作统帅，小才大用，导致赵军惨败，赵国从此一蹶不振。

为将之道，有八弊焉：一曰贪得无厌；二曰妒贤嫉能；三曰信谗好佞；四曰料彼不自料；五曰犹豫不自决；六曰荒淫于酒色；七曰奸诈而自怯；八曰狡言而不以礼。

【注释】《将苑·将弊》。将弊：将领本身品德上的弊病和缺陷。佞：能说会道，巧言谄媚。好佞：亲近邪恶小人。不自料：不自知。失：决断。怯：畏惧，指内心空虚，胆小怕事。狡言：狡辩，强词夺理。不以礼：不按礼仪法规行事。

【解析】将德，是关系到将帅成败得失的内在因素。孙膑在强调将德时指出：“将者，不可以无德，无德则无力，无力则三军之利不得。”孙膑明确论述了将德对于将领指挥军队，夺取胜利的重要性。如果身为将领而不具备高尚的道德，不仅难以夺取战争的胜利，而且会丧师辱国，身败名裂。诸葛亮列出了八种不良的品德要求将领努力加以克服。

善将者，不恃强，不怙势，宠之而不喜，辱之而不惊，见利不贪，见美不淫，以身殉国，壹意而已。

【注释】《将苑·将志》。将志：将领的志向。恃：依靠。怙（hù）：依赖、凭借。强：逞强斗狠。壹意：一心一意，全心全意。

【解析】将帅所从事的事业，是充满危险、困难和劳累的、不确定性的事业。将帅往往面对的是惨重的失败和重大的牺牲。因此，将帅必须具有能承受打击的良好心理素质，面对困难和挫折，不灰心丧气，而是意志坚定，百折不挠，直到最后胜利。同时，他们又必须富有牺牲和献身精神，在国事和家事发生冲突时，要毫不犹豫地偏向于国事。《尉缭子·武议》中说："将受命之日忘其家，张军宿野忘其亲，援枹而鼓忘其身。"诸葛亮也强调将领应一心为国，公而忘私，把全部心思和精力都放在忠贞谋国上。诸葛亮不仅是这样说的，而且也是这样做的，他身居高位，却"蓄财无余，妾无副服"，直至最后鞠躬尽瘁，死而后已。他一手提拔和栽培的大将姜维，"宅舍鄙薄，资财无余，侧室无妾媵之亵，后庭无声乐之娱"。真乃心怀天下，一心为国的典型代表！

将有五善四欲。五善者，所谓善知敌之形势，善知进退之道，善知国之虚实，善知天时人事，善知山川险阻。四欲者，所谓战欲奇，谋欲密，众欲静，心欲一。

【注释】《将苑·将善》。善：擅长，善于。欲：欲望，想要，需要。形势：指敌人各方面的情况。进退之道：攻守进退的规律。道：规律，方法。天时：指作战时的天象气候条件。人事：指民心的向背等社情、民情。奇：指用奇，出奇制胜。密：秘密。静：使之安静，勿喧哗。

【解析】指挥作战的一条极其重要的军事原则就是"知彼知己，百战不殆"。要想取胜，就必须深刻认识敌我双方的所有情况，即五善，这是定谋决策，用兵作战的客观基础和前提条件。诸葛亮还认为在实施作战时必须把握好四个关键环节，也就是所谓的四欲。将帅只有做到"五善四欲"，才能在战争中克敌制胜。

善将者，其刚不可折，其柔不可卷。故以弱制强，以柔制刚。纯柔纯弱，其势必削；纯刚纯强，其势必亡；不柔不刚，合道之常。

【注释】《将苑·将刚》。刚：刚强、坚强。折：折断、摧折。柔：软、弱。卷（quān）：弯曲、屈服。制：克制、制服。纯：单纯、纯粹。势：势力、力量。削：削弱、削减。不柔不刚：不纯柔不纯刚。意为刚柔相济，适得其中。合：符合。道：事物的道理、规律。常：常规，正常的法度。

【解析】战争，从精神方面说，就是意志的对抗。克劳塞维茨说："战争是迫使敌人服从我们意志的一种暴力行动。”作为战争谋划者、指挥者的将帅，必须具备迫使敌人屈服的意志力。因为只有具备钢铁般的坚强意志才能克服战争中各种难以克服的障碍和困难。将帅的意志对于整个战局的发展具有十分重要的意义。人的情感和性格是复杂的，特别是在战争情况下，情绪更容易波动。作为将帅，必须驾驭和控制自己的感情，不论在什么情况下，都能保持清醒和镇静，做到“卒然临之而不惊，无故加之而不怒”，这样才能赢得战争的主动，才能取得战争的胜利。

将不可骄，骄则失礼，失礼则人离，人离则众叛。

【注释】《将苑·将骄吝》。失礼：丧失礼节，意为失德。礼，指封建社会的道德规范。人离：人心离散。众叛：众叛亲离。

【解析】俗话说：“一己之见有限，众人之智无穷。”将帅若能虚心求教，从谏如流，让自己手下人的智慧都发挥出来，不仅能在才智上胜敌一筹，而且还有了一个生气勃勃的战斗集体，能同心协力，克敌制胜。如果将帅骄傲自大，唯我独尊，缺乏谦虚谨慎的美德，就会造成志士寒心，众叛亲离，最后成为孤家寡人。力拔山兮气盖世的项羽，老是听不进别人的建议和意见，最后落得个乌江自刎的可悲下场。

将不可吝，吝则赏不行，赏不行则士不致命，士不致命则军无功，无功则国虚，国虚则寇实矣。

【注释】《将苑·将骄吝》。吝：吝啬，小气，贪财。致命：舍弃生命，指在战斗中拼死作战。无功：指没有战功。国虚：指国家的力量亏空、虚弱。寇实：指敌人的力量强大充实。寇，指敌人。

【解析】主帅必须心地无私，不贪财，在战争中缴获的财物，得到的赏赐，应当奖赏给有功的将士，只有这样士兵才会冲锋陷阵，克敌制胜。汉代飞将军李广，每得赏赐必分与手下将士，行军打仗，碰到水源，战士不足饮，他不饮，深得将士爱戴。李广死后，家无余财，深得后人尊敬。孔子说过：“一个人即使有了周公那样的才能和美德，但假如他既骄傲自大又吝啬贪财，那么他的其他方面就没有什么可称道的了。”

军中事，不由君命，皆由将出。

【注释】《将苑·出师》。

【解析】诸葛亮认为应该赋予前方将帅机动指挥权。战争、战略决策权由君主掌握，即将受命于君。在这个前提下，将帅应该拥有机动指挥权。这样才能统一部署，搞好协同。战场情况变化多端，如果战场指挥员无法根据当时的情况机动行事,就会贻误战机,导致战争失败,所以有“将在外君令有所不受”之说。这客观地反映了将帅的机动指挥权对于战场取胜具有十分重要的意义。唐末,安史之乱时,哥舒翰镇守潼关,他清楚唐军久不训练,毫无战斗力,根本不是强悍的叛军的对手,所以采取了依靠潼关天险死守的策略,遏制了叛军的前进,潼关仍在唐军手中。但杨国忠给唐玄宗进谗言,要哥舒翰出战,唐玄宗几次下令催哥舒翰出战。哥舒翰没办法,拖着久病的身子被人扶上战马,大哭着冲出潼关迎敌,结果全军覆没,叛军长驱直入,唐玄宗率太子等人逃入四川。这是不给将帅机动指挥权的典型例子。

为将之道,必顺天,因时,依人,以立胜也。

【注释】《将苑·智用》。顺天:顺应天道。因时:利用时机。因,凭借,利用。依人:依靠民众。立胜:夺取胜利。

【解析】诸葛亮认为将帅在指挥作战中,必须“顺天、因时、依人”,只有这样,才能夺取战争的胜利。所谓天时、地利、人和三者具备,才能百战百胜。战争总是在一定的空间和时间中进行,任何战争无不受一定的地形和气候等自然条件的影响和制约。因此,从古到今,认识战争与天时、地利的关系,便成为军事上的一个重要问题。在战争中,占有了有利的地形和气候条件,只是具备了胜利的可能性,而要把这种可能变成现实,还需要发挥人的主观能动性。人是战争的主体,人既指将帅,也包括士兵和民众。战争的胜负,取决于民心的向背,民众是关系国家存亡、战争胜负的决定性力量。将帅只有充分利用上述条件,灵活用兵,才能夺取胜利。解放战争时,淮海战役的胜利,不仅是靠战士打出来的,而且和人民群众的支持也是分不开的。正因为这样,陈毅元帅说:“淮海战役是江淮老百姓的独轮车推出来的!”

古之善理者不师,善师者不陈,善陈者不战,善战者不败,善败者不亡。

【注释】《将苑·不阵》。善理者不师:意为善于治理国家的人不动用军队。理,治理。师,军队。不师,不兴师动众。善师者不陈:善于用兵的人不摆开交战的阵势。善师,善于指挥军队。陈,通“阵”。不陈,不摆开同敌人交战的阵势。善陈者不战:善于布阵的人不用进攻便可取胜。不战,即不用交战便能夺取胜利。善战者不败:善于指挥战斗的人可以立于不败之地。善败者不亡:善于对待失败的人不会被敌人消灭。

【解析】诸葛亮在《不阵》中论述的是不动用军队而使敌人降服,也就是“不战而屈人之兵”的思想。这一思想的主旨就是以强大的国力作后盾,在军事力量上具有绝对优势,以此威慑对手,降服敌人。

行兵之要，务揽英雄之心，严赏罚之科，总方武之道，操刚柔之术，说礼乐而敦诗书，先仁义而后智勇。

【注释】《将苑·将诫》。行兵之要：统兵治军的要领。要，关键，要领，原则。务：一定。揽：招揽、网罗。科：规章、制度、纪律、条律。总：全面掌握。操刚柔之术：操持刚柔并用之术。说礼乐而敦诗书：笃信兴好礼、乐、诗、书。说：通“悦”。敦：笃厚，引申为爱好。礼、乐、诗、书，即《礼》《乐》《诗经》《尚书》，均为儒家经典著作。

【解析】诸葛亮认为统军用兵的要领应是礼贤下士，网罗人才。因为带兵作战，既要有谋士运筹帷幄，又要有主将临阵指挥，还要有士兵拼死杀敌，三者配合运用才能取得战争的胜利。换句话说，即要想取得战争的胜利，就必须招揽谋士，让他们死心塌地地为你服务。而要达到这一点，必须尊重人才，爱护人才，待之以礼，结之以恩，诱之以爵禄。刘备和诸葛亮的君臣关系就正体现了这一点。刘备在穷途落魄之时，三顾草庐，恳请诸葛亮出山辅佐，表现了刘备求才若渴，礼遇贤士的胸襟，而诸葛亮抱着士为知己者死的态度，被刘备感动才答应出山辅佐刘备，促成一段君臣相遇相知的千古美谈。

国之大务，莫先于戒备。若夫失之毫厘，则差若千里。覆军杀将，势不逾息，可不惧哉！

【注释】《将苑·戒备》。大务：大政方针。戒备：战备工作。失之毫厘，则差若千里：意为相差虽然微小，但造成的误差却很大。毫厘，都是很小的计量单位。杀将：将帅被杀。不逾息：不超过一呼气一吸气的时间，形容时间短暂。逾，超过。息，呼吸。势：败势。

【解析】有国就有防，国防问题的存在与国家的产生一样古老。重视国防，表现在思想上就是居安思危。这就是说，在和平的环境下，要时刻想到可能发生战争，对国防不能掉以轻心，不能马放南山，刀枪入库。重视国防，落实到行动上就是进行国防和军队建设，只有有备才能无患，否则后患无穷。随着社会的发展和科学技术的进步，战备的内容和手段发生了重大变化，但是，居安思危、有备无患的思想，对我们今天的国防建设，仍然具有重大意义。

军无习练，百不当一；习而用之，一可当百。

【注释】《将苑·习练》。习练：教育和训练。当：挡，抵得上。

【解析】组建军队的目的就是为了作战，要达到这一目的，又必须借助训练这个中间环节才能实现。因此，军事训练在军队的建设中具有非常重要的地位和作用。古代的军事训练，训和练各有不同的内容。训在于知礼义、明忠信、守纪律，练在于识战阵，精技艺。训练的方法是循序渐进，由浅入深，先单兵后合成，训练还要切合实战。这些对今天的军事训练仍有借鉴作用。

为将者，必有腹心、耳目、爪牙。

【注释】《将苑·腹心》。腹心：即心腹，比喻左右亲信。此处指谋士。耳目：指使将帅耳明目察的那些侦察、谍报人员。爪牙：羽翼，助手，辅佐之人。此处指勇猛的战将。

【解析】中国有句俗话，众人拾柴火焰高。一个军队统帅无论多么高明，他的能力也是有限的，那么要想夺取战争的胜利，仅靠自身的才智就远远不够，必须有各种各样的人辅佐他，为他出谋划策。楚汉战争中，汉高祖刘邦能够击败不可一世的西楚霸王项羽，靠的就是他手下谋士成群，猛将如云。刘邦在总结自己取胜的原因时，讲了这样一段话："夫运筹帷幄之中，决胜于千里之外，吾不如子房；填国家，抚百姓，给馈饷，不绝粮道，吾不如萧何；连百万之军，战必胜，攻必取，吾不如韩信，此三者，皆人杰也，吾能用之，此吾所以取天下也。"这恰说明这一问题。

善将者，必因机而立胜。

【注释】《将苑·机形》。因乘：乘机，抓住时机。立胜：取胜。

【解析】俗语讲，机不可失，时不再来。战机对于战争的胜负具有十分重大的意义。战机稍纵即逝，这就要求将帅在战机来临时，判断准确，不被表面现象所迷惑，当机立断，紧紧抓住，做到"因机而立胜"。否则，失掉战机，不仅失去了胜敌的机会，还有可能带来意料不到的严重后果。诸葛亮第一次攻魏时，曹魏对蜀军的进攻缺乏准备，关中兵少将弱，实力空虚，仅有数万兵力，分散于关陇各地，且有东顾之忧，主力不敢大量西调。在魏强蜀弱的总形势下，出现如此的有利条件，是难得的良机。如果采纳魏延的建议，以主力出陈仓或斜谷，以一部出陇合，以奇兵出子午谷袭击长安，然后东据潼关，西抚陇右，一举而定秦川，并非完全没有可能。但诸葛亮过于谨慎，将号称二十万之众的兵力集于祁山，坐失良机，加之街亭失守，最后无功而返。这是一个典型的坐失良机的事例。

古之善将者有四：示之以进退，故人知禁；诱之以仁义，故人知礼；重重以是非，故人知劝；决之以赏罚，故人知信。

【注释】《将苑·善将》。善将：善于治军的将帅。示：解示，以事告人。禁：禁忌，指军法禁令。诱：诱导，教育。重(chóng)：重申，反复告诫。劝：劝勉，劝告勉励。决：判别，决断。信：信用，此处指纪律。

【解析】诸葛亮认为将帅治军应掌握四项原则：禁、礼、劝、信，并认为这是"师之大经也。"这四项的主旨一是进行政治思想教育。许多兵家都把这一条作为军队建设的首要任务，认为治军首先要“教之以礼，励之以义”，它的实质是以自己的人生观、道德观、荣辱观教育部队，激励士兵，培养士兵杀身成仁、舍生取义，为国家、民族的生存而战，为正义而献身。二是在进行思想教育的同时，制定严格的赏罚制度，赏功罚过，在士兵中养成一种遵纪守法光荣，违纪犯法可耻的风气。只有这样才能组建成一支战斗力极强的军队。

若能审因而加之威胜，则万夫之雄可图，四海之英豪受制矣。

【注释】《将苑·审因》。审因：揣度、思量、考虑。因：指顺应民众、依靠民力。加之：加以顺利运用。威：力量，指武力。胜：战胜、制服。万夫之雄可图：万夫不当的勇将也可谋取。受制：受节制，意指归服、归顺。

【解析】古人云：“得民心者昌，失民心者亡。”要想夺取战争胜利，必须顺应民心，利用民力。民心的向背决定着战争成败，因此，打一场战争首先要获得人民群众的理解和支持，然后才能够团结民众，共同奋战，以无敌于天下。

善将者，因天之时，就地之势，依人之利，则所向者无敌，所击者万全矣。

【注释】《将苑·兵势》。所击者万全矣：言在攻击敌人时自己万无一失。

【解析】要想在战争中夺取胜利，必须把各种客观条件和人的主观能动性有机地结合起来，使天时、地利、人和三者都具备，那么就能够所向无敌，攻无不胜。

将者，人命之所县也，成败之所系也，祸福之所倚也，而上不假之以赏罚，是犹束猿猱之手，而责之以腾捷；胶离娄之目，而使之辨青黄，不可得也。

【注释】《将苑·假权》。县（xuán）：同“悬”，系托，依托。假：给予。假之以赏罚：意为将赏罚之权交给将帅。猿猱（náo）：泛指猿猴。猱：猴类动物。责：要求。腾捷：腾跃迅捷。胶：粘住。离娄：传说为古代黄帝手下的一名目力极强的人，能视百步之外，见秋毫之末。

【解析】这和前面《出师》篇一样，强调应赋予将帅机动指挥权。古代通讯比较落后，君主又处在大后方，而战机稍纵即逝，只有给将帅机动指挥权，让他能因时因地灵活采取行动，才能适应战场的千变万化，夺得战争的胜利。正因为这样，所有有周亚夫“军中闻将军之命，不闻有天子之诏”的故事流传千古。

善将者，养人如养己子。

【注释】《将苑·哀死》。哀死：怜爱、珍惜那些为国家拼死效力的士卒。养人：教育培养士卒。人，此处指士兵。

【解析】诸葛亮主张将帅应树立爱兵观念，爱兵如子。在思想上，要关心士卒,与他们保持一致;在生活上,要与士卒同甘共苦;在战斗中,要与士卒同生死、共患难。只有这样才能激扬士气,鼓舞斗志,才能赢得士兵的爱戴。战国时,军事家吴起在魏国担任西河防务时,“与士卒最下者同衣食,卧不设席,行不骑乘,亲裹赢粮,与士卒分劳苦。”他看到一个士兵伤口化脓,为减轻伤兵痛苦,亲自跪而自吮其脓。正因为爱兵,所以他赢得了士兵的拥护和爱戴,士兵都乐于跟着他拼死作战,因而每战必胜。汉代飞将军李广也爱兵如子,同士兵同甘苦,共患难,深受士兵爱戴。在他自杀以后,他的士兵全部战斗而死,无一投降。

三军之行也,必有宾客,群议得失,以资将用。

【注释】《将苑·三宾》。宾客:为将帅出谋划策的人,即幕僚。得失:指事情的成败、优劣、利弊等。资:供给。

【解析】俗话讲:众志成城,众智成谋。战场变化莫测,仅靠将帅个人的才能和经验是远远不够的。古语云“智者千虑,必有一失;愚者千虑,必有一得”。所以,将帅必须在自己周围形成一个人才集团,即自己的智囊团,以群策群力,才能夺取胜利。诸葛亮虽号称神机妙算,在他的周围也有一个智囊团在关键时刻为他出谋划策,由此可见幕僚的重要性。

若乃图难于易,为大于细,先动后用,刑于无刑,此用兵之智也;师徒已列,戎马交驰,强弩才临,短兵又接,乘威布信,敌人告急,此用兵之能也;身冲矢石,争胜一时,成败未分,我伤彼死,此用兵之下也。

【注释】《将苑·后应》。后应:后发制人。图:图谋。难:指难以战胜的强敌。易:指容易取胜的地方和部位。大:大的企图。细:细微处。先动后用:指先计划准备而后用兵。刑于无刑:指在不知不觉中战胜的人。刑,本指刑罚,此处的前一“刑”字,可理解为战胜,后一“刑”字,同“形”。师徒已列:军队已摆好阵势。师徒,指部队。布信:宣布信义,指在战争中展开政治攻势,瓦解对方军心士气。身冲矢石:亲自冒着交加的箭矢飞石向前冲锋。

【解析】诸葛亮主张在作战中先创造取胜的条件而后克敌取胜,他把将帅用兵分为“用兵之智”、“用兵之能”、“用兵之下”三个层次,强调将帅不要斗力而应斗智。古代由于生产力和科学技术水平相当落后,所以交战的双方主要是短兵相接,面对面的拼杀,几乎不强调什么战术,战争也表现为双方的斗力斗勇。随着社会的进步,战争中斗智的内容大大增加。对将帅的谋略要求也越来越高,严禁将帅凭借匹夫之勇带兵作战。儒家大师孟子就鄙视匹夫之勇为“小勇”,而主张“大勇”。所谓大勇,就是大智大勇,智勇双全。发展到现代,打仗不仅仅是斗智斗勇,更是国与国之间尖端技术的较量,仅靠智慧,没有先进的武器，在战争中也是不能取胜的。

草木丛集，利于游逸；重塞山林，利以不意；前林无隐，利以潜伏；以少击众，利以日莫；以众击寡，利以清晨；强弩长兵，利以捷次；逾渊隔水，风大暗昧，利以搏前击后。

【注释】《将苑·便利》。便利：行动起来不感到困难，容易达到目标。游逸：流动隐逸。不意：出其不意地出击。前林无隐：树林前开阔平坦不能隐蔽。莫(mù)：同“暮”，日落时候。长兵：长兵器，即远射兵器。捷次：依次交替射击。捷，快速。次，依次。逾：越过。渊：深渊。隔：阻隔。暗昧：昏暗。

【解析】诸葛亮强调作战应根据不同的地形、不同的气候、不同的武器，采用不同的战术。其主旨便是因利乘便，扬长避短地作战。虽然上述这些战术是冷兵器时代的战术，不适应现代高科技战争，但是其根据不同的地形、气候、兵器而采取不同战术的思想，在今天仍非常有用。

必胜之术，合变之形，在于机也。非智者孰能见机而作乎？见机之道，莫先于不意。

【注释】《将苑·应机》。应机：顺应时机。合变之形：指部队在分散和集中等作战阵形上的变化。在于机也：在于把握战机。见机之道，莫失于不意：见机行事的方法，最首要的是出敌不意。

【解析】诸葛亮作战一向出敌不意，攻敌不备。作为将帅，必须具备发现战机、把握战机，有时甚至是创造战机的能力。战机稍纵即逝，因此，一旦战机出现，将帅必须当机立断，紧紧抓住，否则迟疑不决、优柔寡断，必然会坐失良机，导致战争失败。

古之善用兵者，揣其能而料其胜负。

【注释】《将苑·揣能》。揣能：揣度估量敌我双方的能量。揣，揣度，估量。能，能力、引申为能量、力量。

【解析】战争不仅仅是武力的较量，更是综合力量的角逐，如武器装备的水平，后勤供应的好坏等，但归根到底取决于一定的经济条件。同时，战略战术的高明与否，也是决定战争胜负的一个重要因素。所以，通过上述各方面情况的比较，可以大体上预测战争的进程和结局。诸葛亮强调的正是这一点。春秋时，秦晋殽之战，秦军经过周门时，骄横傲慢，不守礼制，王孙满就预测秦军此去必败无疑，果然，在殽这个地方，秦军遭到晋军伏击，全军覆没，主帅被活捉。这是诸葛亮强调预测战争的一个最好例证。

螫虫之触,负其毒也;战士能勇,恃其备也。所以锋锐甲坚,则人轻战。

【注释】《将苑·轻战》。轻战:轻视战斗,藐视战斗,引申为不怕打仗。螫虫:能螫人的毒虫。触:触角,指毒虫的毒刺。负其毒:凭借着它的毒液伤人。负,倚仗,倚恃。备:武备,指兵器。锋:兵器的尖端,指兵器。甲:铠甲。轻战:不惧战。

【解析】诸葛亮非常重视军队的武器装备。武器装备是战争的物质基础,武器装备影响参战人员士气。一支军队要战胜对手,仅靠高昂的士气、良好的纪律、杰出的指挥人员是不可能的。武器越先进、威力越大,对敌人的威胁作用就越强。如果一方使用了先进的武器装备,就会提高自己军队的士气,从而降低对方军队的士气。正因为武器装备具有这么重要的作用,所以千百年来人们千方百计地改进和发明武器。诸葛亮本人也十分注意兵器制造,改造了一种可十箭齐发的连弩,被誉为“神弩”。现代战争中,武器装备的作用更是不言自明,海湾战争,美军凭借其先进的武器装备,迅速击败了伊拉克,取得了胜利。

地势者,兵之助也。不知战地而求胜者,未之有也。

【注释】《将苑·地势》。地势:地理形势,指有利于作战的地形。知:了解。

【解析】战争总是要在一定的地形条件下进行。古代的军事家平时注意熟悉掌握地理形势,作战时就能够充分运用地形条件。地形的利弊因时因地而异,不能一概而论,将帅要根据实际情况而灵活运用,做到趋利避害,充分发挥它在战争中的有利作用。诸葛亮第一次伐魏失败就是由于马谡“不知战地”而失街亭,导致整个战局无法扭转,最终无功而返。

勇而轻死者可暴也,急而心速者可久也,贪而喜利者可遗也,仁而不忍者可劳也,智而心怯者可窘也,谋而情缓者可袭也。

【注释】《将苑·情势》。可暴:可设法使其暴躁。可久:可用财物持久战来对付。可遗:可用财物来引诱。遗(wèi),赠送。可劳:可用各种办法来烦劳拖累他。可窘:可以窘迫为难他。

【解析】将帅品质、性格上的缺陷对战争战局的发展有很大影响,基于这一点,历代名家都强调加强将帅的品格修养。诸葛亮在这里就指出要夺取战争的胜利,必须了解对方将帅的品质、性格,对症下药,针对其缺陷,采取相应的对策。将帅的品格不仅关系到自身能力的发挥,而且还影响着部队士气,乃至整个战局。因此,将帅要不断加强自身修养,做到智勇兼备,文武全能,只有这样,才是一个合格的将帅。

古之善斗者，必先探敌情而后图之。

【注释】《将苑·击势》。击势：乘势而击。图之：谋划如何取胜。

【解析】孙子讲过，“知己知彼，百战不殆”。了解敌情，是定谋决策，用兵作战的客观基础。将帅在指挥作战中，必须使用各种手段，侦察和了解敌情，及时地获得敌方的各种情报，以便分析综合，作出正确判断，进而采取相应的对策，以夺取战争的胜利。诸葛亮此处论述将帅指挥作战必先察明敌方情况，然后再根据实际情况采取恰当的对策，有隙可乘则攻击之，无隙可乘则“引而计之”。

出师行军，以整为胜，若赏罚不明，法令不信，金之不止，鼓之不进，虽有百万之师，无益于用。

【注释】《将苑·整师》。整师：指军容、军纪严整的军队。整：军容严整。胜：重要，首要。不信：指没有得到贯彻执行。金之不止：鸣金之后不停止。

【解析】军队作为一个保家卫国的武装集团，必须保持高度的集中、高度的统一，动作整齐、步调一致。要做到这一点，一是说服教育，二是赏罚严明。只有做到“居则有礼，动则有威，进不可当，退不可逼”，一支军队才能称作是整师，才能具有严整的军容，严明的军纪才具有强大的战斗力。

用兵之道，尊之以爵，赡之以财，则士无不至矣；接之以礼，厉之以信，则士无不死矣；畜恩不倦，法若画一，则士无不服矣；先之以身，后之以人，则士无不勇矣；小善必录，小功必赏，则士无不劝矣。

【注释】《将苑·厉士》。厉士：激励士气。用兵：治理、管理军队。尊之以爵：用爵位来尊崇他。尊，尊崇、尊敬。爵：官爵。赡之以财：用钱财来赡养他。赡，即“赡”，赡养、供给。接之以礼：用礼义来对待他。接，对待。厉之以信：用诚信来劝勉他。厉，同“励”，鼓励、劝勉。畜恩不倦：不断地施以恩惠。畜，同“蓄”，即积蓄。不倦：不停止。画一：统一，此处翻译为一视同仁。善：好处、优点。录：记录。劝：此处译为勉力而行。

【解析】军队的士气在作战中有非常重要的作用。部队士气旺盛，即使是平时胆小的人也会产生拼死一战的勇气。如果士气低落，就是最勇敢的人也会缺乏斗志。善于用兵的将领，应时刻让自己的部队保持高昂的士气。司马迁在评汉飞将军李广时说了这么一句：“其身正，不令而行；其身不正，虽令不从。”将领只要在战斗中以身作则，处处身先士卒，冲锋在前，享受在后，那么全军将士肯定斗志昂扬。项羽在巨鹿之战中，率领江东子弟，破釜沉舟，只带三日口粮，人人抱着不胜便战死的决心，全军士气高昂，与秦军九战绝其甬道，杀苏角，虏王离，大获全胜，威震华夏。这是一个典型的靠士气高昂大获全胜的事例。

圣人则天，贤者法地，智者则古。

【注释】《将苑·自勉》。自勉：自我勉励。则天：效法天道。法：效法。地：即地道，关于地的法则。则古：效法古人的训条。

【解析】圣人效法天道，贤能的人效法地道，有智慧的人效法古人。这都是指一个人或将领办事要持之以道。

骄者招毁，妄者稔祸，多语者寡信，自奉者少恩。

【注释】《将苑·自勉》。稔(rěn)：本意是指庄稼成熟，这里是酝酿的意思。

【解析】将帅自觉地提高自我修养，是成功的内在因素，如孟子所说："善养吾浩然之气。"《尉缭子》中指出："将受命之日忘其家，张军宿野忘其亲，援枹而鼓忘其身"。诸葛亮要求将帅"见利不贪，见美不淫"。诸葛亮的论述只是从理论上讲了将帅的自我修养，历史上无数将帅还以自己的实际行动为将帅的自我修养作了不同的诠释。诸葛亮本人为兴复汉室鞠躬尽瘁，死而后已；岳飞从小立志，精忠报国，为抵抗外族侵略战斗一生；伏波将军马援一生抵抗外族入侵，直至马革裹尸而还，真是可歌可泣啊！

赏于无功者离，罚加无罪者怨，喜怒不当者灭。

【注释】《将苑·自勉》。离：人心离散。不当：无常。

【解析】为将者如果奖赏那些无功之辈，有功者就会离去；如果惩罚那些无罪的人，人们就会产生怨恨；如果喜怒表现不恰当，就会毁掉自己的事业。这里强调了为将者不仅要赏罚得当，而且他的一举一动都会给军队带来影响。所以将领不能随意喜怒，一举一动都要考虑到对三军的影响。

用兵之道，在于人和。人和则不劝而自战矣。

【注释】《将苑·和人》。和人：即人和。劝：劝勉。自战：自行奋勇作战。

【解析】孟子云："天时不如地利，地利不如人和"，俗话也说"人心齐，泰山移"。决定战争胜负的主要因素是人，军队中人的因素由官和兵构成，所以军队战斗力的强弱同官兵关系的好坏有着密切的关系。官兵关系融洽，大家齐心协力，那么军队的战斗力强；官兵关系不好，人心不齐，就会削弱部队的战斗力。汉代飞将军李广爱兵如子，乏绝之处，见水，士卒不尽饮，广不近水；士卒不尽食，广不尝食。宽缓不苛，士以此爱乐为用，跟随李广出生入死，后李广引刀自刭，广军皆哭，部下士卒无一投降，皆战斗而死，名垂千古。明代大政治家张居正也说："和，则一可当百；不和，虽有众弗能用也。"可见官兵上下和睦，人心齐一，这样才能夺取胜利。

为将之道，军井未汲，将不言渴；军食未熟，将不言饥；军火未然，将不言寒；军幕未施，将不言困；夏不操扇，雨不张盖，与众同也。

【注释】《将苑·将情》。将情：将帅的情操。未汲：指井未掘好，尚不能汲水饮用。汲：从井中取水。然：同“燃”，点燃。幕：幕帐。施：设，驾设。困：困倦。张：打开。盖：遮阳挡雨的工具，即伞。

【解析】俗语讲，身教重于言传。身教就是身体力行，以身作则，发挥模范带头作用。军队由军官和士兵构成，军官是军队的骨干，士兵是军队的根基，没有军官、将帅，军队就会成为一盘散沙，一群乌合之众；没有士兵，将帅就成了光杆司令，无法作战。所以，将帅应该与士兵同甘共苦，同舟共济，这样军队才会成为一个团结的整体，具有强大的战斗力。北宋的抗金名将岳飞领导的岳家军就是最好的例证。

一人之身，百万之众，束肩敛息，重足俯听，莫敢仰视者，法制使然也。

【注释】《将苑·威令》。威令：权威和军令。束肩：缩身，两手并拢。敛思：屏气，大气不敢出。重(chóng)足：并足，双足并拢，即现代的立正。俯听：低头聆听。

【解析】军纪是保证军队具有战斗力的基本因素之一。古今中外的军事家无一不重视军纪的作用，如孙子、吴起等都强调军纪。军纪的作用是通过赏功罚过，抑恶扬善来实现的。赏罚是手段，养成良好的军风军纪，加强军队的战斗力才是目的。诸葛亮一贯主张以法治军。马谡是诸葛亮喜爱的人才，第一次伐魏，诸葛亮让马谡镇守战略要地——街亭，但马谡违背诸葛亮的指示，不据隘守险，反而“舍水上山”，在敌军攻击下，街亭失守，使诸葛亮大军进无所据，造成第一次伐魏失败。诸葛亮挥泪斩马谡，严明军纪，流传千古，成为严格治军的典范。

兵　要

三国时诸葛亮所著兵书。《兵要》是诸葛亮根据自己的军事实践总结出的管理军队所必须遵循的原则与要领。包括军纪、将帅等方面的内容。其中一些观点至今仍为谈兵者奉为至理名言。

人之忠也，犹鱼之有渊；鱼失水则死，人失忠则凶。故良将守之，志立而名扬。

【注释】《兵要》。忠：忠诚。渊：深水。凶：凶险。守：保持。这几句大意为：忠诚的品德对于人来说，好像鱼儿离不开水一样；鱼儿离水就会死亡，人没有忠诚的品德就会变得凶恶。所以优秀的将领都会保守忠诚，这样志向就能确立，而名声就会远扬。

【解析】将帅的品德如何，对手下的士兵影响很大，因为士卒多以自己的主帅作为楷模，而且，将帅能不能起到表率作用，对整个部队的军容军纪有重大作用，古语讲“其身正，不令而行，其身不正，虽令不从”就是这个意思。岳飞从小立志要精忠报国，身教重于言传，整个岳家军的将士都以精忠报国作为自己的志向，团结一致，同心协力，在抗金战争中屡战屡胜，名扬天下。

不爱尺璧而爱寸阴者，时难遭而易失也。故良将之趋时也，衣不解甲，足不蹑地，屦遗不蹑。

【注释】《兵要》。尺璧：很大的美玉，指极贵重的东西。时：时机。遭：遭遇到。趋时：捕捉战机，追赶时间。蹑：踩。足不蹑地：快速奔跑。遗：失掉，脱落。蹑：意为穿。

【解析】战机稍纵即逝，抓住战机就抓住了胜利。将帅对战机必须有敏锐的感觉，战机出现了，能够认识到它并抓住它，这样才能抓住战争的主动权，夺取战争的胜利。秦末，西楚霸王项羽一路拼杀，进占咸阳，手下谋士劝他继续作战，消灭其他势力，统一中国，可项羽认为自己应该衣锦还乡，荣归故里，结果坐失良机，直至最后被刘邦打败，自刎于乌江。这是一个典型的不把握战机的事例。

良将之为政也，使人择之，不自举；使法量功，不自度。故能者不可敝，不能者不可饰，妄誉者不能进也。

【注释】《兵要》。为政：处理军中行政事务。自举：凭自己主观意见举用人才。使法量功：用法度衡量功过。度：揣度、衡量。敝：同“蔽”，指埋没。饰：掩饰、伪装。妄誉者：徒具虚名的人。进：提升。

【解析】人才是军队具有战斗力的重要因素。选拔人才不能依靠主帅的好恶，应该根据标准选用各类人才，这才能保证选拔出的人才的质量。英明的君主和将帅无不这样选拔人才。春秋时，齐桓公与公子纠争夺帝位，管仲站在公子纠一边，为其出力，用箭射伤齐桓公，后公子纠失败，齐桓公不计前仇，唯才是举，重用管仲，终成霸业，成为春秋五霸之一。

有制之兵，无能之将，不可以败；无制之兵，有能之将，不可以胜。

【注释】《兵要》。有制之兵：指训练有素，军纪严明的军队。有能之将：有才能的将帅。

【解析】诸葛亮重视军事训练，他认为要使部队保持较强的战斗力，必须治军严格、训练有素。他经常“练兵讲武”，八阵战法，就是诸葛亮“教兵讲武”的一种形式。诸葛亮把军队编成各种不同的战术单位，各部互相配合，临敌制变，灵活机动，可战可守，大大提高了部队的战斗力，使经过训练的蜀军成为一支战斗力很强的军队。

唐李问对

又称《唐太宗和李靖问对》，是一部记录唐太宗和李靖讨论军事问题的著作。该书作者相传是李靖。李靖为唐初大将，精于兵法，著有兵书多种。到宋代，《唐李问对》被列入《武经七书》。

先正而后奇，先仁义而后权谲。

【注释】《唐李问对·卷上》。用兵的方略都是先用正兵，然后讲求出奇制胜；首先讲求仁义，然后运用权谋诡诈。

【解析】在此，李靖摆出了他的战争观，即战争是交战双方各种因素的综合较量，但前提是以正兵、即凭借军事实力为主，要行“仁义之师”即进行正义战争。不能一味迷信权谋与诡诈。在正兵与仁义的基础之上适当施以奇兵与权谲，则会更利于取胜。在这里，李靖委婉规劝唐太宗在作战前应作好充分准备，不应单凭奇兵侥幸取胜。要行仁义之师，不应好大喜功，穷兵黩武。

利而诱之，乱而取之。

【注释】《唐李问对·卷上》。以小利去引诱敌人，乘其混乱然后攻取它。

【解析】先故意给对方小利，使其上钩，然后再按自己预定的计策去消灭敌人。这类战例在历史上很多。如在古希腊历史上著名的“特洛伊战争”中，希腊联军攻了十年也没有攻破特洛伊城，最后联军中一位聪明的将领使用了“木马计”轻而易举地取得了胜利。特洛伊守军因为贪图小利——希腊联军“撤退”时扔下的木马而受到藏在木马肚中希腊勇士的致命攻击。所以在战争中，应审时度势，不可因小失大。

善用兵者，奇正在人。

【注释】《唐李问对·卷上》。善于用兵的，或正或奇，在于人的具体运用罢了。

【解析】这里强调了人的主观能动性，战场形势复杂、瞬息万变，应根据具体情况因地制宜，或用正兵力攻，或用奇兵智取，而不能墨守成规，生搬硬套。兵书曾有“以正为奇，以奇为正”之说。这里启示我们无论做任何事情，皆应开动脑筋，谋事在人。

大众所合为正，将所自出为奇，乌有先后旁击之拘。

【注释】《唐李问对·卷上》。大众所合，两军正面交锋。将所自出，临时捕捉战机出奇制胜。两军正面交锋是正兵，临时捕捉战机出奇制胜的是奇兵。哪有拘泥于先后、侧击的说法呢？

【解析】在这里唐太宗和李靖又一次讨论了用兵的奇正问题。太宗曰：“曹公云，奇兵旁击。卿谓若何？”靖曰：“臣案曹公注《孙子》曰：‘先出合战为正，后出为奇。’此与旁击之说异焉。臣愚谓大众所合为正，将所自出为奇，乌有先后旁击之拘哉。”通过曹公对奇兵的两种不同解释，李靖得出了自己的观点“大众所合为正，将所自出为奇，乌有先后旁击之拘”。李靖在这里又以一个更高的视点，更广阔的角度对古代兵法中的“奇兵”、“正兵”进行了拓展。使之不再拘泥于“先后侧击”。这是他对古代兵家理论的一大贡献。

一坐一起奔北不追，则敌有谋也。

【注释】《唐李问对·卷上》。如敌人前进、停止都有节制，见到我军败退也不追击，这是敌将有智谋的表现。

【解析】这句是从《孙子·军争篇》“佯北勿从”化用过来的。这里李靖和唐太宗谈论了判断敌方将领才能的问题。李靖引用了名将吴起的话，“使贱而勇者前击，锋始交而北，北而勿罪，观敌进取。一坐一起，奔北不追，则敌有谋矣。若悉众追北，行止纵横，此敌人不才，击之勿疑。”要从战场形势来判断敌方将领的才能。如敌方前进、停止都有节制，见到我军败退也不追，则敌将有智谋。反之，如敌方行动毫无秩序，便认为敌将无能。因此，在战场上应仔细分析各种具体情况再下达命令，同时这又是一种因事知人之法。中学课文《曹刿论战》中的曹刿便是一位有才能的将领。

三军之士，止知其胜，莫知其所以胜。

【注释】《唐李问对·卷上》全句为“三军之士，止知其胜，莫知其所以胜，非变而能通，安能是至哉。”全体官兵，只知道胜利了，而不知道为什么能够取得胜利，如果不是把奇正之变灵活运用到了极点，怎能到这样地步呢?

【解析】将领是战争中取胜的关键。有才能的将领能灵活运用奇正之变，做到运筹帷幄而决胜于千里之外。而普通人是只知其然而不知其所以然。因此，古人曾有“千军易得，一将难求”之说。

以小术而胜无术，从片善而胜无善。

【注释】《唐李问对·卷上》。术：智谋。善：能力，长处。意谓稍有智谋的人胜没有智谋的人，稍有能力的人胜没有能力的人。

【解析】这里强调了战争中智谋与能力的作用。战争不仅斗力，更是斗智。在赤壁之战中，曹军号称八十万，而孙刘联军与之对比，实力悬殊。但孙刘一方与曹操斗智斗谋。“苦肉计”、“连环计”、“火攻”最终使曹军灰飞烟灭。孙刘胜得何等潇洒，何等从容。孙子也曾说过，“多算胜少算，少算胜无算”。

兵无不是机。

【注释】《唐李问对·卷上》。用兵无处不是战机。

【解析】唐太宗问李靖何谓“握机文”。李靖按《握奇经》上作答，〔龙、虎、鸟、蛇〕四阵为奇，〔天、地、风、云〕四阵为正，剩下的‘奇’〔由大将掌握〕，称为

‘握机’。所谓‘奇’也就指剩余的兵力(中军),因“奇”可读为“机”。但李靖不同意此法,他以更灵活的角度提出“兵无不是机”的观点。这更符合战场变幻莫测的形势。只要有利于取胜,将领可调动军队的任何一部,不但掌握中军,而且能对全军发号施令,不应拘泥于古法“正”“奇”之囿而贻误战机。

正兵受之于君,奇兵将所自出。

【注释】《唐李问对·卷上》。正兵是受命于君主的,奇兵是决定于大将的。

【解析】正兵可以从战略的角度来理解,它要达到一个什么样的目的,或开疆扩土,或抵御外辱,它是由统治阶级意志的代表——君主来决定,即正兵是为战略服务的。奇兵则可从战术角度来理解,总的方向定了,至于如何调兵遣将,如何摆兵布阵等具体细节则由大将来决定。大将可以“将在外君命有所不受”。但终归奇兵是为取得某一战役胜利的战术服务的。

令素行以教其民者,则民服。

【注释】《唐李问对·卷上》。国家的法令平素能贯彻执行,从而教育了人民,人民就会服从调遣。

【解析】这是说兴兵作战是受命于君主的,国家只有政令畅通,说到做到,君王才有威信,百姓才会臣服。因此,人民才会服从君主的调遣。小到个人,在我们为人处世时应做到言而有信,说到做到。如果“言而无信”则会“不知其可”,失去别人对你的信任。

兵不豫言,君命有所不受。

【注释】《唐李问对·卷上》。作战行动,君主不能预先约束。君主的命令如果不适应战场情况也可以不授受。

【解析】这也就是说“将在外,君命有所不受”。将领应根据战场实际情况制定作战方案,“不唯上,不唯书,只唯实”。君主处“庙堂之高”一般不了解实际情况。因此,他下达的命令也就不大可能从实际出发。将领们必须实事求是地指挥战斗。否则,就会酿成大祸。在南宋末年,“岳家军”抗金斗争中,朱仙镇本是胜利在望。高宗赵构听信秦桧谗言,以十二道金牌急调岳飞回京。岳飞听从君命,结果不仅自己被害,就连以前的斗争成果也毁于一旦。他如遵循“兵不豫言,君命有所不受”的话,则会是另一种结局。

将正而无奇,则守将也;奇而无正,则斗将也;奇正皆得,国之辅也。

【注释】《唐李问对·卷上》。守将,墨守成规的将领。斗将,鲁莽从事的将领。将领只知道用正而不用奇的,是墨守成规的将领;只知用奇而不用正的,是鲁莽从事的将领；奇正都运用得当的，才是辅国的良将。

【解析】这里又从奇正的运用方面来评判军事将领，作为一名出色的将军，既能运用正兵，又能运用奇兵，做到有勇有谋。否则只能是斗将或守将。只有深谙奇正之变的将领，才是真正的定国安邦之材。《三国演义》中的赵云可谓有勇有谋的国之辅将。

进无速奔，退无遽走。

【注释】《唐李问对·卷上》。遽(jù)：急。进不速奔，退不急走。

【解析】军队战斗中的进退之法是既不速奔，又不遽走，应当稳步推进，使首尾呼应。否则如进之太速，则会远离主力部队，孤军深入而易受敌攻击。在历史上著名的“围魏救赵”之战中，齐军中的孙膑在行军中“增兵减灶”，使魏国将军庞涓误以为齐军人数减少，庞涓最终脱离大部队，因孤军深入而全军覆没于马陵之战中。庞涓就是犯了“进不速奔”之兵家大忌而导致了失败。在淝水之战中，秦王苻坚在退兵时犯了“退无遽走”这一撤退方略。一路上风声鹤唳，草木皆兵，仓皇逃跑，士兵自相踏致死者无数。因此，这就要求军事将领不仅要有良好的军事素养，又要有良好的心理素质。行军中不可操之过急，进退时应有条不紊。

变化制敌，则纷纷纭纭，斗乱而法不乱；混混沌沌，形圆而势不散；此所谓散而成八，复而为一者也。

【注释】《唐李问对·卷上》。分合变化打击敌人时，则旌旗纷纷，人马纭纭，战斗似乱而阵法不乱；部队行动，有如奔流，由方阵变为圆阵，而阵势仍然不散；这就是所谓分散开就成为八小阵，合起来就成为一大阵的说法。

【解析】在战斗中，战斗单位无论大小，其内部都应组织有序，有一个根本的行动依据原则——阵。战斗中似乱而阵不乱，行动中行军虽如奔流而阵不散，军队能合能分。这就启示我们做事应有计划，不可杂乱无章。

节制之师，诸侯毕服。

【注释】《唐李问对·卷上》。有节制的军队，天下诸侯没有不畏服的。

【解析】军队只有有节制，即严明的军事制度，才有较强的战斗力，因此也才能从心理上震慑敌人。南宋时以岳飞为首的“岳家军”之所以使金人闻风丧胆，皆因其乃节制之师之故。在这里，李靖也暗示了唐太宗治军时要纪律严明，方法得当，从而达到不战而屈人之兵的目的。

假之以朝会，因之以巡狩，则之以甲兵，言无事兵不妄举，必于农隙，不忘武备也。

【注释】《唐李问对·卷上》。假借朝会的名义，利用巡狩的机会进行军事训练，是说国家无事不要轻举用兵，必须利用农闲季节〔举行田狩〕，这就是不忘备战。

【解析】这里李靖告诫唐太宗既不要进行无谓战争，劳民伤财，又不要忘记武备，刀枪入库，马放南山。在和平时期也应经常练兵，保持军队的战斗力，这样一旦发生战争，军队才能迅速集结，形成战斗力。

百官象物而动，军政不戒而备。

【注释】《唐李问对·卷上》。象，根据。物，指军队中的旗鼓号令。军中百官根据旗鼓的号令而行动，军队的事情不待命令就有所准备。

【解析】军令既出必行，但在下达命令之前应根据命令的具体内容而作好相应的准备工作。如古代战争中击鼓为前进，敲锣为后退之令。在进退之前就应让士兵知道击鼓与敲锣所要传达的意思。否则，士兵可能无所适从，必然会阵势大乱，给敌人造成可乘之机。

善用兵者，先为不可测，则敌乖其所之也。

【注释】《唐李问对·卷上》。善于用兵的人，首先不让敌人弄清自己的企图，就可使敌人行动发生错误。

【解析】唐太宗问李靖，蕃汉杂处如何才能使双方相安无事。李靖告诉他，在训练时，汉兵用汉兵的方法，蕃兵用蕃兵的方法，不可使他们混同。一旦有敌来犯，则使蕃军汉军变换装束，出其不意地打击敌人。兵不厌诈，在战争中讲求“知己知彼，百战不殆”。反其道而用之，在知彼的基础上尽量不让对方了解自己，给对方造成错觉，最终导致对方决策失误而败。这也就是兵法中的“能而示之不能”之法。

教得其道，则士乐为用；教不得法，虽朝督暮责，无益于事矣。

【注释】《唐李问对·卷上》。教育得法，士卒就乐于为我所用；教育不得法，纵然早晚督促责备也无济于事。

【解析】这里强调了军队中教育方法的重要性。如教育方法得当，则得兵心；方法错误，则失兵心。教育内容上，不仅要教其守战之术，更要培养他们的爱国主义思想。这样，士兵才可以既有战斗力，又有精神动力，才会有高亢的士气。方法上，要晓之以理，动之以情。不可以简单，粗暴的方法来教育士卒。

用兵，识虚实之势，则无不胜焉。

【注释】《唐李问对·卷中》。用兵作战，如果能认识到虚实的形势，就能无往而不胜。

【解析】在用兵时，只有准确判断敌人的虚实，才会“知己知彼”，否则，为敌人表面假象所惑，则会受制于人。将领应仔细分析形势，识虚实，知进退。因此，在一定程度上，战争中斗智更甚于斗力。

奇正者，所以致敌之虚实也。

【注释】《唐李问对·卷中》。所谓奇正，就是用来对付敌人虚实的。

【解析】李靖在这里又把奇正与虚实联系起来阐述。敌强，则用正兵；敌弱，则用奇兵。将帅应先知虚实之势，然后再决定奇正之变。以奇正之变来对付敌人虚实之势。

以诱待来，以静待躁，以重待轻，以严待懈，以治待乱，以守待攻。

【注释】《唐李问对·卷中》。以诡诈对待来犯的敌人，以冷静对待急躁的敌人，以稳重对待轻率的敌人，以严谨对待懈怠的敌人，以整齐对待混乱的敌人，以防守对待进攻的敌人。

【解析】孟子曾说过，“天时不如地利，地利不如人和”。战争中交战双方力争天时、力据地利、力求人和。因此双方皆应因地制宜，因人而异，因势而异地制定策略。本句意即在此，对待不同敌人以不同方式。还应善于抓住对手的弱点来攻击，如轻率、懈怠、混乱等。“利而诱之、乱而取之”。

方生于步，圆生于奇，方所以矩其步，圆所以缀其旋。

【注释】《唐李问对·卷中》。方阵是由间隔距离的步数决定的，圆阵是由中军兵力的大小决定的。方阵是用来规整各队行动规范的，圆阵是为了联成环形无间防御的。

【解析】唐太宗问李靖六花阵里面画成圆形，外面画成方形是什么意思。李靖以“方生于步，圆生以奇，方所以矩其步，圆所以缀其旋”作答。方圆之势取决于军队的间隔距离和人数。排兵布阵好比高手下棋，看似不经意地着子，实则是将整盘棋局烂熟于胸而下的。方阵稳扎稳进，圆阵循环无间。二者一静一动，虽变而不乱，使敌不明真相，无所适从。

兵法可以意授，不可以语传。

【注释】《唐李问对·卷中》。兵法可以意会，不可以言传。

【解析】孔子曾告诫其弟子学习要注意思考，兵法也是如此，从前人的著述中只能得到一些片言只语，而其中更精妙处的领悟则得自己慢慢去体会。在意会的同时，虽以前人的言传为据，但在其中熔铸的是自己更多的理解与创新。意会是一个消化与创造的过程，在这个过程中，自己就有可能推陈出新。因此，李靖这里也在暗示唐太宗，不要过分迷恋前人的兵书战策，而自己应多想多思。

兵散则以合为奇，合则以散为奇。

【注释】《唐李问对·卷中》。军队分散的时候，则以合为奇；集合的时候，则以散为奇。

【解析】奇正乃是相对而言的，兵散则合为奇，兵合则散为奇。在用兵中，既可将分散的力量集中起来打击敌人，又可化整为零与敌周旋。

兵，诡道也。

【注释】《唐李问对·卷中》。用兵是讲求诡诈的。

【解析】军事斗争是斗智斗力，在斗智时双方必会瞒天过海，让对手摸不清自己的真实意图。三十六计中的“增兵减灶”便是明显一例。

兵形象水，因地制流。

【注释】《唐李问对·卷中》。军队的行动像水一样，是因地势而制约其奔流方向的。

【解析】打仗应因地制宜，因时制宜。根据自己兵力多少，战场的地理状貌，对方的兵力部署来制定作战方案，或用正兵，或用奇兵，或避实击虚，或避虚就实。这也就启发我们要坚持实事求是和按规律办事。

形之者，以奇示敌，非吾正也；胜之者，以正击敌，非吾奇也，此谓奇正相变。

【注释】《唐李问对·卷中》。欺骗敌人的，是用奇兵迷惑他，而不是我的正兵；战胜敌人的，是用正兵打击他，而不是我的奇兵，这就是奇正的相互变化。

【解析】奇兵智取，正兵力攻，以奇兵诱敌，以正兵歼敌，二者配合运用，相得益彰。在赤壁之战中，黄盖诈降乃是奇兵，使曹军放松警惕而受火攻，周瑜率主力部队随后进攻乃是正兵。周瑜把奇惑正攻之法发挥得淋漓尽致，取得了“谈笑间樯橹灰飞烟灭”的辉煌战绩。

左右者人之阴阳，早宴者天之阴阳，奇正者天人相变之阴阳，若执而不变，则阴阳俱废，如何守牝牡之形而已。

【注释】《唐李问对·卷中》。左右指人的阴阳（右为阴，左为阳），早晚是指天的阴阳（晚为阴，早为阳），奇正是指左右早晚相互变化的阴阳，如果固执不变,阴阳就没有意义了,怎能空守牝牡的形式呢。

【解析】兵乃诡道,它在虚虚实实,扑朔迷离的变幻中诱敌、胜敌。阴阳之道虽也用于军事,但更玄虚,因其与天之阴阳,人之阴阳不同。天之阴阳,人之阴阳是固定不变的,而军事上的阴阳(牝牡)则是随战场形势发展变化的,不是囿于生活中的一些约定俗成的东西(阴阳说)而一成不变的。

后则用阴,先则用阳;尽敌阳节,盈吾阴节而夺之。

【注释】《唐李问对·卷中》。后发制人要用潜力,先发制人要用锐气;把敌人的锐气挫折到最低限度,把我们的潜力发挥到最大程度去消灭敌人。

【解析】首战必胜,挫敌锐气,借以鼓舞己方士气,动摇敌方军心。给己方与对方造成两种截然不同的心理状态。在战争中,不断挖掘自己的潜力,打击敌方的锐气。尽量给自己造成优势,以己之长,攻彼之短。官渡之战中,曹军先烧袁绍军队的粮草,动摇了袁绍的军心。然后乱而取之,终于为后代留下了一个以少胜多的光辉典范。

爱设于先,威设于后,不可反是也。

【注释】《唐李问对·卷中》。先施仁爱,后用刑罚,次序不可颠倒。

【解析】为将之道应恩威并用,一味仁爱易使士卒放纵,一味严厉易使士卒产生不满情绪。但应爱在前,威在后。为将的必须用仁爱和士卒建立良好感情,然后才可以实施严厉的刑罚。如尚未得到士卒的拥护,就使用刑罚则人心不服。已经取得士兵的拥护而不实施严厉的刑罚,则姑息养奸,这种军队就不能临敌。治国之道亦是如此,君主应先以德服人,然后以法治人,国家则会长治久安。

文能附众,武能威敌。

【注释】《唐李问对·卷中》。文才能使士众拥护,武功能使敌人慑服。

【解析】文武之道乃是用来定国安邦的,文道重在攻心,武道重在伐力。在战争中应搭配运用,则既能附众,又能威敌。如李靖在平定萧铣的叛乱后,各将领都想没收萧铣部下文武百官的家财以犒赏士卒,李靖不同意这种做法,结果兵不血刃地使江汉人民归顺了唐朝。这也就是能骑在马上打天下,而不能骑在马上治天下的道理。

去大恶不顾小义。

【注释】《唐李问对·卷中》。为了消除大的祸患而不能保全小的利益。

【解析】个人利益服从群众利益,部分利益服从整体利益,当二者利益发生冲突时，应舍卒保帅，不可因小失大，更不可行妇人之仁，否则会导致严重后果。唐太宗当政时与突厥发生了战争，唐太宗派唐俭去说服突厥，就在唐俭与突厥谈判期间，李靖乘突厥不备，带兵突袭。这就是舍唐俭小义而保全国家安全之大义。

水能载舟，亦能覆舟。

【注释】《唐李问对·卷中》。水即能使船浮起来，又有使船倾覆。

【解析】人心向背是斗争胜败的关键，得民心者得天下，失民心者失天下。唐太宗李世民和其父李渊是利用了人民反对隋朝的起义斗争而起家的，他看到了人民的巨大力量，因此有感而发，把水与舟比作民与君之关系。为使水能载舟，他从谏如流，行仁政，以德化民，最终在历史上留下了“贞观之治”的美名。

非仁义不能使间，此岂纤人所为乎？

【注释】《唐李问对·卷中》。不是仁义兼备的人不能使用间谍，这岂是平庸小人所能做运用的？

【解析】“去大恶不顾小义”，为了维护整体利益，可以采用一些不正当手段。兵本来就是诡道，如在战场上仍以诚信为本，讲求仁义道德，则会遗患无穷。仁义也可以使间，只要符合整体利益、历史上曾有周公大义灭亲之事，其意旨也在此。

兵贵为主，不贵为客；贵速，不贵久。

【注释】《唐李问对·卷中》。用兵作战贵为主，贵速胜，不贵为客，不贵持久。

【解析】兵贵神速，战争有巨大的破坏力，会使人民的生命财产受到极大的威胁。因此，应速战速决，将战争破坏限制在最小范围之内。否则时间一长，劳民伤财，士卒伤亡大，就连后勤保障也十分困难。这是站在仁的角度来看待战争的。

兵不拘主客迟速，惟发必中节，所以为宜。

【注释】《唐李问对·卷中》。用兵作战不必拘泥于主客、迟速，只要指挥得当，就能取胜。

【解析】兵法上有变客为主，变主为客之说。例如，军队取粮于敌，就是变客为主；敌饱能使其饥饿，敌佚能令其疲劳，这是变主为客。总之，通过转换，将敌方优势变为己方优势，将己方劣势变为敌方劣势，就能取胜。古代战争中交战双方中一方往往断了对方粮道，以很小代价取得了很大胜利，俗语“四两拨千斤”也是此理。

兵贵致人，非欲拒之也。

【注释】《唐李问对·卷中》。用兵作战重要的是击破敌人，不仅是为了拒止敌人。

【解析】伤其十指，不如断其一指。仅仅拒止敌人，难保敌人以后不再兴风作浪。而将其击破，使之失去战斗力，才是最有效的防御手段。不应一味去守，在敌来犯时应主动出击。这也就是积极的防御战略。

用众在乎心一，心一在于禁祥去疑。

【注释】《唐李问对·卷下》。禁祥去疑：禁止妖祥等迷信活动，去掉各种疑虑和猜忌。用兵作战，在于统一意志，统一意志，在于禁止谣言，消除疑忌。

【解析】只有全军上下同仇敌忾，军队的战斗力才会更强。如果意见不一，那么军心就会动摇，敌人也就会乘虚而入。乌合之众不堪一击的原因也在此，军队内派系林立，各怀鬼胎，结果未战就已分崩离析。俗语有“人心齐，泰山移”也点明了心一的力量。

诡道可使由之，不可使知之。

【注释】《唐李问对·卷下》。然而诡诈之道，可以使人去做，但不可以使人知道为什么那样去做。

【解析】诡道神秘莫测，扑朔迷离，目的在于迷惑敌人。如让人知道原因，一切都明白如画，一目了然，也就不称其为诡道了。另外，如有些将领忌讳某些东西，则又不能全力去做，狐疑不定，首鼠两端，定会贻误战机。再者，诡道作为一项军事秘密，不可轻易泄露。

凶器无甚于兵者，行兵苟便于人事，岂以避忌为疑。

【注释】《唐李问时·卷下》。天下凶恶的事情没有超过战争的，作战时只要有利于军队的行动，哪能因为避讳阴阳数而犹豫不决呢。

【解析】古圣先贤对待兵事，讲求“从德守之，以刑伐之”，并不像阴阳家那样去相信那些迷信的东西。另外，李靖也曾说过：“左右者人之阴阳，早宴者天之阴阳，奇正者天人相变之阴阳，若执而不变，则阴阳俱废，如何守牝牡之形而已。”用兵打仗，不能拘泥于条条框框，一切应从实际出发，从保存自己，消灭敌人的立场出发，灵活运用兵书战策上的知识，而不是墨守成规。

分不分为縻军，聚不聚为孤旅。

【注释】《唐李问对·卷下》。当分散而不能分散，就是被束缚的军队；当集中而不能集中，就是被孤立的军队。

【解析】战场形势复杂，作战时有时要将部队化整为零，有时又需集中兵力，分进合击。总之，主将要能自由调动自己军队，分合自如做到致人而不被人致，而不能分合时，则会失去主动性。在淝水之战中，前秦苻坚统率百万大军，被谢玄击败，这是用兵能合不能分的结果。汉光武帝命吴汉讨伐公孙述，吴与副将刘尚分处扎营，相距二十里，当公孙述进攻吴汉时，刘尚出兵合击，大败公孙述，这就是用兵分而能合的结果。

避如弈棋，两敌均焉，一着或失，竟莫能救。

【注释】《唐李问对·卷下》。譬如下棋，双方势均力敌，若一着失误，则全局无效。

【解析】一着不慎，满盘皆输。在制定作战计划时，要充分考虑各种因素，不可忽略小事。对敌时，也应着力发现敌方的漏洞，以此为突破口，击溃敌人。在赤壁之战中，曹军与孙刘联军实力对比悬殊，曹军唯一劣势是不习水战，但用船搭起一座浮桥，使东吴天险——长江的优势荡然无存。曹操可谓高明，他将对方的优势与己方的劣势转化了。然而，他就是没有想到周瑜会用火攻。而周瑜也正是抓住了曹军这一漏洞，以此作为突破口，大败了曹军。从一定意义上讲，周瑜的一把火烧出了一个三国鼎立的局面。

守之法要在示敌以不足，攻之法要在示敌以有余也。

【注释】《唐李问对·卷下》。防守的原则要对敌假装力量不足，进攻的原则要对敌假装力量强大。

【解析】前代之法，皆曰“守则不足，攻则有余”。认为兵力不足便是力量薄弱，兵力有余便是力量强大。孙子曾说过，“不可胜者守也，可胜者攻也”。也就是说，还没有战胜敌人的可能时，暂时防守；等到创造了取胜的条件，然后再进攻。并不专指力量强弱。防守时对敌假装力量不足，进攻时假装力量有余。对敌假装力量不足，敌人必然要来进攻，这是使敌人不知其不当的进攻。对敌假装力量有余，敌人就必然采取防守的措施，这是使敌人不知其不当的防守。敌人的攻守不当，我方则会有可乘之机。

攻是守之机，守是攻之策，同归乎胜而已矣。

【注释】《唐李问对·卷下》。防守是进攻的手段，进攻是防守的转化，两者都是为了战胜敌人。

【解析】攻与守只是一种手段，取得最后的胜利才是真正的目的。无论以攻为守，还是以守为攻，都应据实际情况而定。不能把攻与守孤立起来。守是为攻等待时机，积蓄力量。攻是为了不守。进攻是最好的防御手段，因为对手已败，已无需再守。

攻者，不止攻其城击其阵而已，必有攻其心之术焉。守者，不止完其壁，坚其阵而已，必也守吾气而有待焉。

【注释】《唐李问对·卷下》。进攻，不仅是攻打敌人的城池和冲击敌人的营阵，还必须有瓦解敌人军心的方法。防守，不仅要有完善的壁垒和坚固的营阵，还必须保持旺盛的士气，待机破敌。

【解析】战争中，攻心为上。如能瓦解敌方的军心，使敌毫无斗志，则敌人会不攻自破。因此，将帅应使自己的士兵保持旺盛的士气。为此，战争目的必须明确，符合人民大众的利益。商周的牧野之战便是如此，武王仁德贤能，对于残暴的纣王手下的兵将本身就有一种感召力。奴隶对纣心怀不满，阵前倒戈，也是水到渠成的事了。因为在未战之前，武王在军心与士气上胜了纣王，纣王的失败也就顺理成章了。

先料敌之心与己之心孰审，然后彼可得而知焉；察敌之气与己之气孰治，然后我可得而知焉。

【注释】《唐李问对·卷下》。(临敌作战)必先判断敌方的策划和我方的策划谁比较周密，然后敌方的虚实就可以知道了；察明敌方的士气和我方的士气谁比较旺盛，然后我方的强弱就可以知道了。

【解析】知己知彼，百战不殆。作为主帅，不仅要了解敌方情况，更要将己方的情况了然于胸。孙武曾说："先为不可胜者，知己者也，以待敌之可胜者，知彼者也。"也就是说，知己，不仅要了解自己的情况，还要造成不可被敌战胜的条件，让敌摸不清己方的真实情况。知彼，不仅要了解敌方的情况，还要等待机会，瓦解敌人的优势。

含生禀血，鼓作斗争，虽死不省者，气使然也，故用兵之法，必先察吾士众，激吾胜气，乃可以击敌焉。

【注释】《唐李问对·卷下》。凡有血气的人，能鼓起勇气与敌斗争，至死也不知道惧怕，这是气势所起的作用。所以用兵的方法，必须首先察明我士卒的斗志，激励其战胜敌人的勇气，这样可以进击敌人。

【解析】壮志在胸，可以义薄云天。勇者无惧，也皆因壮心不已。人有信心，才有希望，有希望，才会有理想，为理想去奋斗，可以披荆斩棘，可以视死如归。用兵作战,也应给士卒灌注一股勇气,有了勇气,才有精神动力,才有旺盛的斗志和必胜的信心。另外,要选择已方士气最强,敌方士气最弱时出击。在长勺之战中,曹刿就是抓住彼气衰竭,我气盈盈这个时机出击而一举获胜的。

不求大胜亦不大败者,节制之兵也;或大胜或大败者,幸而成功者也。

【注释】《唐李问对·卷下》。不求大胜也不会大败的,是有节制的军队,或者大胜或者大败的,是侥幸成功的军队。

【解析】孙武曾说过,"善战者,立于不败之地,而不失敌之败也"。用兵要有节制,不可急功近利,贪得无厌。为人处世也是如此,做事应有个标准,否则过犹不及。

兵有不战,有必战;不战者在我,必战者在敌。

【注释】《唐李问对·卷下》。用兵有不战,有必战的说法,不与敌人作战是我的条件不足,必与敌人作战,是在于敌有隙可乘。

【解析】不战,主动权在己,必战,主动权在彼。在己不战时,应迷惑敌人,不给敌以可乘之机,待到时机成熟再战。这样敌人也不会必战。因此,不能而示之能,先震慑敌人,使之不敢贸然来犯,自己再加紧备战。这样,形势就会变成不战者在己,必战者也在己了。

节制之师,得其法则昌、失其法则亡。

【注释】《唐李问对·卷下》。用兵应有节制,掌握这个法则就会胜利,违背这个法则就会失败。

【解析】用兵应有节制,不可贪功冒进,如无节制,必疏于防范。因此,李靖曾说过,"不求大胜亦不大败者,节制之师也。或大胜或大败者,幸而成功者也"。

不战而屈人之兵者上也,百战百胜者中也,深沟高垒以自守者下也。

【注释】《唐李问对·卷下》。不战而使敌人屈服的为上等,百战百胜的是中等,深沟高垒坚阵防守的是下等。

【解析】不战而屈人之兵者,乃以德胜。百战百胜者,乃以谋胜。深沟高垒以自守者,乃以力胜。孟子也曾说过,"天时不如地利,地利不如人和"。为君之道应以德服人,实行仁政。兵乃不得已而用之,在用兵时,也应上攻伐谋,下攻伐力。

观其文,迹其事,亦可差别矣。

【注释】《唐李问对·卷下》。看了别人的文章,推究别人的事迹,就可知差别了。

【解析】观其文,迹其事是一种知人论世的方法。一个人的品性、气质、禀赋等都会在他的言行中表露出来,张良功成引退,可谓智者。韩信、彭越被诛,乃不识时务。从这件事上,就可以看出张良的精明,他能审时度势,在敌国破时,谋臣也该亡了。明哲保身的办法便是不贪图富贵,急流勇退。因此,迹张良与韩、彭之事,就可以知其高下了。

太白阴经

又名《神机制敌太白阴经》，唐代李筌编撰。据传李筌“有将略，作《太白阴经》十卷，入山访道，不知所终”。所以《太白阴经》一向就有十分浓厚的神秘色彩。该书是一部“记行师用兵之事”的书，被古代学者称为“兵家之要典”。当代学者任继愈则称李筌是“一个长期被忽略了的唐代哲学家”。

阴阳既形，逆之则败，顺之则成。

【注释】《太白阴经·天无阴阳篇》。

【解析】这句话是说阴阳二气已经形成，违背它就会导致失败，顺应它就会获得成功。“阴阳”本是中国哲学的两个重要范畴，但是在兵家看来，阴阳只是自然界中不可抗拒的规律，主要是指自然气候的运行变化。两军操戈，成败决定于自然气候，这种说法并不准确，关键在于“人谋”。东汉末年，火烧赤壁一战，曹军之所以大败，就是因为孙刘联军以正确的人事谋略为前提利用了当时“东南风起”这样的气候条件。

阴阳不为万物而生，万物因阴阳而生之。

【注释】《太白阴经·天无阴阳篇》。

【解析】阴阳二气并不是因为有了世上万物才生成的，相反世上万有了阴阳二气才生成的。道家鼻祖老子认为：道生阴阳，阴阳生万物。李筌的这一思想应该说是符合道家的哲学思想的。

阴阳者一共性，而万物遇之自有荣瘁。

【注释】《太白阴经·天无阴阳篇》。瘁(cuì)：枯萎衰败。

【解析】阴和阳的特性有着相同的地方，但万物遇到它们却有着不同的情形，有的欣欣向荣，有的却是枯萎凋零。在兵家看来，两军对阵，一方胜利，另一方失败，并不是因为阴阳二气袒护一方而抛弃另一方，主要还在“人谋”。西汉末，王莽与刘秀作战，同样面临惊雷狂风、倾盆大雨这样恶劣的气候条件，王莽兵败，刘秀却凭自己过人的胆识，果断主动出击，结果在兵少这样不利的条件下取得了胜利。可见，“阴阳”之于布阵作战并不起决定作用，起决定作用的还在“人谋”。

至愚之人，解避恶时，不解避恶事。

【注释】《太白阴经·天无阴阳篇》转引桓谭《新论》。解：明白，懂得。

【解析】桓谭认为，最愚蠢的人只懂得躲避危险的时间，却不懂得躲避危险的事情。李筌把此话用在这里，意在说明布阵作战并不是天定的、一成不变的，而是要灵活把握战场态势，根据当时的情况制定相应的作战策略。

地利者为兵之助，犹天时不可恃也。

【注释】《太白阴经·地无险阻篇》。恃：依赖、依靠。

【解析】这句话是说有利的地形是用兵作战的一种辅助，就和天时的有利一样，也是不可依赖的。地形是一种客观存在，能否很好地利用它，则完全依赖于人自身的智慧。对于战争的胜负来说,有利的地形同所谓的天时一样不可靠。历史上的三苗氏、夏桀、商纣王、秦二世、吴王孙皓、蜀国刘禅,等等,他们都拥有绝对优越的地形,可最后却都以失败告终,这就足以说明地利并不能完全决定战争胜负。

天时不能佑无地之主,地利不能济乱亡之国。

【注释】《太白阴经·地无险阻篇》。

【解析】历史上的无数事实说明:优越的天时不能保佑没有国土的君主,有利的地势不能帮助混乱将亡的国家。一个国家的存亡,在于统治者是否施行德政,战争的胜负固然离不开地形的因素,但它却不能起决定作用。

地之险易因人而险易,无险无不险,无易无不易。

【注释】《太白阴经·地无险阻篇》。

【解析】地势的险易是因为人而险易的,没有险峻的地势也没有不险峻的地势,没有平易的地方也没有不平易的地方。任何情况下都不能过分强调外界因素,即使占据了有利的地形,也还要有贤明的君主、机智的将帅才能守得住它,所以说,地形本身是没有险要不险要的区分的。

勇怯有性,强弱有地。

【注释】《太白阴经·人无勇怯篇》。

【解析】这句话是说勇猛和怯懦都决定于人的性格,刚强和懦弱则是受地域条件的影响的。其实,这并不客观。地域条件对人的性格有一定的影响,但并不能完全决定人的性格。都说齐地之人多狡诈,但是田横及其部下宁可自杀,也绝不向刘邦投降,没有丝毫苟且偷生的打算,他们不仅不能称之为狡诈,相反倒是可以称得上是“慷慨悲歌之士”。

勇怯在谋,强弱在势,谋能势成,谋拙势失,则勇者怯。

【注释】《太白阴经·人无勇怯篇》。

【解析】事实上,勇猛和怯懦在于将领的谋划,刚强和懦弱却在于人当时所处的形势。聪明的策划可以形成有利的形势,笨拙的谋略却会使有利的形势丧失,那就会使勇猛的人也怯懦起来。士兵的勇敢与怯懦,很大程度上是由主帅谋划的成败决定的。主帅的谋划如果成功,己方在战略上占了优势,士兵自然就勇敢,主帅谋划如果失败,在战略上陷于劣势,士兵很可能就会军心动摇,就连本来勇猛的人也会不自觉地变得怯懦起来。

(勇)怯在乎法,成败在于智。

【注释】《太白阴经·人无勇怯篇》。

【解析】这句话是说勇猛怯懦,关键在于法律;成功失败,关键在于智慧。要想使人变得勇猛,要想使战争取得胜利,就要完全依赖于人的智慧,制定出合人心的法规。

怯人使之以刑,则勇;勇人使之以赏,则死。

【注释】《太白阴经·人无勇怯篇》。

【解析】用刑法对待怯懦的人,那他就会变得勇敢;用奖赏对待勇敢的人,那他就会更加无所畏惧,以死相拼。古代军事家都很注重赏罚的严明,就是要通过一定的法规促使士兵克服性格中的怯懦,激励士兵性格中的勇敢无畏的精神。诸葛亮之所以能带领蜀军七擒孟获,六出祁山,东联孙吴,火烧赤壁,使弱小的刘蜀政权得以在强敌环伺下延续了几十年,就是因为他治军有方,赏罚得当。街亭失守,他不惜挥泪斩马谡,以明军令,这当是有力的例证。

圣人之道不足以理,则用法;法不足以理,则用术;术不足以理,则用权;权不足以理,则用势。

【注释】《太白阴经·主有道德篇》。法:刑法。术:策谋。权:权力。势:威势。

【解析】这句话是说圣人的治国之道不足以治理好国家,就用刑法;刑法不足以治理好国家,就用策谋;策谋不足以治理好国家,就用权力;权力不足以治理好国家,就用威势。从仁义道德到权术威势,这是很多统治者所走的一条统治道路。作为统治者的最高境界,当是以道德来治理国家的,可是一旦道德废弃了,行不通了,就改用威势,而如果到了以威势压人的地步,就会出现大国兼并小国的事情。因此,作为权术、严刑峻法、弱肉强食的对立面,道德治国是值得肯定的。

宁失于君子,无失于小人。

【注释】《太白阴经·主有道德篇》。

【解析】这句话说宁愿失去对君子的使用,也不要失去对小人的管理。这是对统治者在治国方面的一种告诫。如果失去了对君子的使用,那还没有缺乏对于国家的治理;如果失去了对小人的管理,任其自流,那就会给国家带来灾祸。

将相明,国无兵。

【注释】《太白阴经·主有道德篇》。

【解析】这句话是说,如果将帅和宰相贤明的话,国家就不会出现战争。从治理国家方面来说,统治者要懂得任用贤明之人。舜用兵器作舞具使有苗臣服,鲁国用叛官让淮夷归顺,国家没有战争发生,这当是贤明将相的功劳吧。

强兵灭,伯兵绝,帝王之兵,前无敌人。

【注释】《太白阴经·主有道德篇》。

【解析】强权的军队会灭亡,霸主的军队要断绝,只有帝王的军队前面才不会有敌人。这是君主的治国之道。如果使用了武力或谋略让战争取得了胜利,那么这种胜利不会持续长久,只有运用了道与德,国家才会长治久安,人民才会安居乐业。

谋战者,权之事,而强在兵。

【注释】《太白阴经·国有富强篇》。

【解析】这句话是说谋划对敌作战,这是利用权变的事情,而国家的强大在于军队的强大。军队是一个国家的有力支柱和坚强后盾,军队强大了,国家自然就会强大起来,所以说,强国先强军是有道理的。

兵不法,谋不足以成其强。

【注释】《太白阴经·国有富强篇》。法:法令制度。

【解析】军队如果没有法令制度,那么运用智谋也不足以使军队强大。这就强调了法的重要性。其实,不仅军队,就是一个国家,如果没有严谨翔实的法令制度,那它的富足与强大也终究是纸上谈兵。

乘天之时,因地之财,用人之力,乃可富强。

【注释】《太白阴经·国有富强篇》。

【解析】利用上天赐给的好时机,凭借有利的地理环境,正确使用人的力量,就可以使国家富强。天时、地利、人和,军队会打胜仗,国家自会富强。

地诚任,不患无财;人诚用,不畏强御。

【注释】《太白阴经·国有富强篇》。诚:真正。任:使用。强御:横暴有势力的人。

【解析】土地真正被合理使用了,不担心没有财物;人如果真正被合理任用了,不害怕强大的敌人。上古神农氏教民耕种而统治天下,商汤和周武教导攻战讨伐而分别取代夏商称王。土地是国家的根本,人民是国家的主人,合理利用了土地,正确任用了贤人,国家定会富足强大。

国愚则智可以强国，国智则力可以强人。

【注释】《太白阴经·国有富强篇》。国愚：国家愚昧。强国：使国家强大。强人：强加于人。力：指武力。

【解析】国家如果愚昧了，那么就可以用智慧使它强大；国家如果有才智了，那么就可以用武力强迫别人。有智慧的人懂得如何治理国家，国家也就会变得强大，强大了的国家自会对别国造成威胁，甚至是武力相迫。

其德之者，在明君之心，道同而志合，信符而言顺。

【注释】《太白阴经·贤有遭时篇》。道同：指道路相同。志合：志向相合。信符：信念相符，信仰相符。言顺：言语顺从，即言语一致。

【解析】能够得到贤人的，在于贤明君主的心愿，道路相同又志趣相合，信念相符又言语一致。世间贤才何其多，可只有那些遇民主而遭时的人才充分发挥了其济世经邦的才能，使天下莫不知其名，慕其容，乐道其事，效法其所为。这功劳当归贤明君主的“得贤之用”。

人君之心，如明鉴澄泉，圆明于中，形物于外，则使贤任能不失其时。

【注释】《太白阴经·贤有遭时篇》。圆明于中：在心中如镜子一样的明亮。圆，圆形，指镜子。形物于外：事物显露在外面。使贤任能：任用贤明有才能的人。

【解析】人君的心意，就像明镜清泉，心中明白像镜子，显露事物在外面，那就会任用贤明有才能的人不失去时机了。管仲在鲁被束缚囚禁，齐桓公却任用他为宰相。百里奚在秦国自己卖身为奴，秦穆公却任用他参与朝政。韩信是在南郑逃跑的士兵，被视为淮阴地方胆怯的懦夫，汉高祖却把谋划天下的大事交给了他。贤人之所以能发挥其所长，还在于人君能慧眼识才，能量才而用。

废兴之道，在人主之心，得贤之用，非在兵强地广，人殷国富而已。

【注释】《太白阴经·贤有遭时篇》。人殷国富：人民殷实国家富强。

【解析】灭亡兴盛的方法，在人主的心意，得到有才能的人而任用他，并不在于军队的强大和地域的广阔，在于人民殷实国家富强罢了。国家的兴亡，关键还是在“得贤之用”。中国历史上，凡“得贤之用”，都取得了巨大成功。舜用禹而治洪水，汤用伊尹而放桀，周得太公而杀纣，阖闾用伍员而“西破强楚，北威齐晋，南越服人”，勾践得范蠡而雪恨。这些事实无不证明了“得贤之用”可扶危救亡，兴国雪耻。

有国家者，未有不任智谋而成王业也。

【注释】《太白阴经·将有智谋篇》。

【解析】这句话是说凡是要建立国家的，没有不任用智谋而能成就帝王的功业。要想在战争中取得胜利，没有不运用智谋的；要想成就帝王功业，更是离不开智谋的运用。刘邦与项羽为了争夺最高统治权进行了四年的楚汉战争，在实力上占有绝对优势的西楚霸王项羽最后却自愧“无颜见江东父老”，哀叹“虞兮虞兮奈若何”。刘邦之所以能取胜，这不能不归功于他的谋臣张良、陈平等人。他们深通用兵之道，在帮助刘邦统一天下的战争中建立了不可磨灭的功勋。由此可见，谋略的确非常重要。

将军之事，以静正理，以神察微，以智役物，见福于重关之内，虑患于杳冥之外者，将之谋也。

【注释】《太白阴经·将有智谋篇》。见福：预见祸福。重关：重重障碍。杳冥：昏暗幽远的样子。

【解析】统率军队的事情，用宁静的方法端正治理，用敏捷的思考明察细微，用高明的智谋处理事物，能够预见祸福在重重障碍之内，能够考虑灾祸在幽远昏暗以外的，这就是将帅的谋略。将有智谋，军队就能打胜仗；君有智谋，国家就会太平无事。

以道存生，以德安形，人乐其居。

【注释】《太白阴经·智有探心篇》。

【解析】这句话是说用道义求生存，用德行安抚社会，老百姓都能安居乐业。远古时有相邻的两个国家，“烽烟相望，鸡犬相闻”，但足迹从来不踏入另一国的境内，车轨也不同另一国相连结，“民至老死不相往来”，两国相安无事，天下太平。之所以能有这种淳朴民风的存在，就是因为施行道、德的结果。

非大奥知微，不能御敌。

【注释】《太白阴经·智有探心篇》。大奥知微：通达奥妙，知晓细微。大，通“达”，通达的意思。

【解析】如果不通达深奥玄妙的道理，知道深微细小的事情，就不能抵御敌人。布兵作战，不仅要深谙兵法，精通用兵之道，而且要会观察、揣摩对方的心理，避开对方的长处，掌握对方的弱点，以己之长克敌之短，争取主动占据优势，这样就能大收其功。

既得其心，反射其定，符应不失，契合无二，胶而漆之，无使反复。

【注释】《太白阴经·智有探心篇》。符应：古代迷信，谓天降的祥瑞与人事相应为符应，此指自己的言行与对方的反应符合应验。契合：融洽、相符。

【解析】既已了解了对方的心理，就可以反回去用适当的方法去安定对方的情绪，让自己的言行与对方的反应符合应验，彼此融洽无二，像胶和漆一样黏合在一起，不再出现反复。战国时代，秦赵之战中，触龙之所以能说服赵太后把小儿子长安君作为人质来获得齐国的援救，就是由于他抓住了赵太后“爱子心切”的心理特点，并“对症下药”，指出溺爱非真爱，只有为长安君未来打算，才是真爱，而不是不顾人情，硬用保家卫国的大道理去强行劝说。

将其心，迎其意，或喜或吊，以感其志。

【注释】《太白阴经·智有探心篇》。将(jiāng)：尊奉，秉承的意思。迎：迎合、奉迎。

【解析】秉承对方的心意，迎合对方的意愿，或者说喜庆的事或者讲丧气的话，用来感动他的志向。投其所好，才能打动对方，这就是所谓的“测心之术”吧。

诛豪者，益其威；戮强者，增其权。

【注释】《太白阴经·政有诛强篇》。诛灭豪族，可以更加增强威望；杀了倔强不听命令的人，可以更加增大权力。

【解析】为了树立将帅的权威，维护军纪的尊严，建立军队的军威，就要敢于“诛豪强”。孔子杀少正卯在宫门外而使鲁国的政治清平，司马穰苴斩庄贾在表杆刻漏之下使军容整齐严肃，魏绛斩杀了为扬干驾车的人而诸侯信服，项羽斩了畏惧秦军的宋义而天下震恐惊惧。

善师者不阵，善阵者不战，善战者不败，善败者不亡。

【注释】《太白阴经·善师篇》。善败：善于处理失败后的事情，即能在失败后有恰当的善后措施。

【解析】这句话是说善于统率军队的人是不需要布阵的，善于布阵的人是不轻易主动作战的，善于主动作战的人是不会轻易失败的，善于处理战败后的事情的是不会灭亡的。善于带领军队作战的人，能做到战无不胜，败而不亡。制胜之方，其实并不全赖战争。黄帝以其仁德统辖四方，商汤王、周武王是在不得已时才誓师伐桀纣从而得天下，楚昭王在与阖闾的抗衡中虽暂时失败，但他能把握住机会，最后反败为胜。

兵者，凶器；战者，危事。

【注释】《太白阴经·善师篇》。

【解析】这句话是说军队是凶器，战争是危险的事情。军队是国家的坚强支柱，它能起到保护国家安全的作用，但是，军队的存在本身就是一种潜在的战争因素，一旦发生了战争，不论胜负，都会给国家和人民造成不可估量的物质损失和精神损失，所以用兵打仗并不是道德仁义的事情。

贵和重人，不尚战也。

【注释】《太白阴经·贵和篇》。以和为贵，以人为贵，这就是不崇尚战争。

【解析】“贵和重人”是古圣先贤所推崇的治国之本。“贵和”就是以和为贵，在和谐中求得和平，从而使天下太平；“重人”就是以人民为贵，尊重人民的意志，让人民过上安居乐业的日子，孟子就曾说过“民为贵，社稷次之，君为轻”，这种“民为贵”，“君为轻”的思想正是“重人”思想的直接体现。贵和与重人是辩证统一的，贵和必然重人，只有重人才能真正达到“和”的目的。

战胜易，和胜难。

【注释】《太白阴经·贵和篇》。

【解析】这句话是说用战争取胜敌人是容易的，用和平的方法取胜敌人却困难。无硝烟的仗不容易打。以和赢得胜利，这是高层次的战争。

天道无灾，不可先来；地道无殃，不可先戕；人事无失，不可先伐。

【注释】《太白阴经·庙胜篇》。天道：自然的规律，亦指天气、天象。来：招致。地道：关于地的道理、法则。戕（qiāng）：杀害，伤害。人事：本指人世上的各种事情，这里指国家的政事。伐：讨伐。

【解析】自然的规律本身并没有什么灾害，不应该预先去招致它；地势的道理本身也没有什么殃祸，不可以预先去伤害它；国家政事没有什么失误，也就不能够预先进行讨伐。打仗之事，并不是随心所欲地想打就打、想退就退的，该打则打，不需要用战争来解决的就不应该使用武力。战争是要顺应天道、地道与人事的。

上见天灾，下睹地殃，旁观人失，兵不则天不可动，师不法地不可行，征伐不和于人不可成。

【注释】《太白阴经·庙胜篇》。则天：以天为法，指顺应天时等自然规律。法地：取法于地，指顺应地理形势等自然条件。不和于人：与人事不协调，即指国家的政治理乱不相协调。

【解析】上看天灾，下见地殃，旁观人事的失误，就可以说明如果用兵不顺应天时就不可轻易行动，兴师不适应地理条件也不可轻易出发，征战讨伐不与小事协调也就不能成功。古人有这样一种说法：天时不如地利，地利不如人和。

这种说法承认天时的作用，肯定了自然不可抗拒的力量所能起的作用；也承认地理优势的重要性，尤其是在古代作战都是短兵相接的形式，地理优势尤为明显；然而，天时、地利都不是军事胜利的决定因素，“人和”才能使天时、地利得到最大限度的发挥。

天赞其时，地资其财，人定其谋，静见其阴，动见其阳，先观其迹，后知其心。

【注释】《太白阴经·庙胜篇》。赞：帮助。资：资助。定：制定。

【解析】这句话是说自然界帮助他们时机，地理环境资助他们财富，人制定出他们自己的谋略，宁静的时候就酝酿着他们的阴谋，行动的时候就显现出他们的高明，预先观察他们的行迹，然后就知道他们的用心。在作战之前，总是先经过周密的计算与谋略，创造更多的取胜条件，而后才同敌人作战，这才是打胜仗的军队。

谋藏于心，事见于迹，心与迹同者败，心与迹异者胜。

【注释】《太白阴经·沉谋篇》。

【解析】计谋深藏在内心，而事情却显现在他的行迹上，心里的计谋与事情的行迹相同的就会失败，心里的计谋与事情的行迹不相同的才会胜利。用兵打仗在某种意义上说是一种诡诈的行为，要做到不动声色、声东击西，“谋藏于心”、“心与迹异”。郑庄公置其弟共叔段于不仁、不义是在为最后名正言顺地征讨创造条件，他是智者。孙膑“围魏救赵”，出奇制胜，他是天才。

至事不说，大兵不言。

【注释】《太白阴经·沉谋篇》。至事：最重要的事情。大兵：大的军事行动。

【解析】重要的事情不宜轻易说出，大的军事行动不应该表现在语言上。要懂得深藏不露，要使敌人对我方的真实意图迷惑不解，或者造成误解，这样才能在交战中攻其不备，出奇制胜。

善用兵者，攻其爱，敌必从；捣其虚，敌必随；多其方，敌必分；疑其事，敌必备。

【注释】《太白阴经·沉谋篇》。从：追逐。随：跟随。分：分散。备：防备。

【解析】这句话是说善于用兵打仗的人，攻打敌人心爱的地方，敌人必然要追逐而来；袭击敌人虚弱的地方，敌人必然会跟随而来；从多方面去扰乱敌人，敌人必然会分散兵力；使敌人怀疑所做事情，敌人必然会预作防备。这是战前谋略，因为对我军追逐跟随就不能守好城池，分兵防备就不能集中兵力，那就会使我军养精蓄锐而使敌人疲惫不堪，使敌人兵力单薄而我军力量众多，这就会造成我方用兵的顺利与胜利，归结到底还是谋略的成功。

方寸之心，能易成败。

【注释】《太白阴经·沉谋篇》。

【解析】这句话是说方寸之内的人心，却能改变战争的成败。决定战争的胜负，不在于军队人数的多少，武器装备的好坏，最主要的还在于人事的谋略。有正确的谋略，会造成“运筹帷幄，决胜千里”的局面，反之，就会导致战争的失败。

古之善率人者，未有不得其心而得其力者也，未有不得其力而得其死者也。

【注释】《太白阴经·子卒篇》。古代善于统帅军队的人，没有不获得军心而能获得军队效力的，也没有不获得军队的效力而能获得他们效命的。

【解析】“勤政爱民”是历代最高统治者使天下得安宁的一个根本方法，“勤于政”自不必说，能“爱民”才能“得人心”。古人有一种说法：“得人心者得天下”，可见“得人心”的重要。作为保护国家安全、维护国家稳定的军队，它的战斗力的强弱，很大程度上取决于将士和谐。将善带兵，将能爱兵，能“视卒若爱子”，这样才能赢得人心，兵才能为将而效死力，军队的战斗力也才会大大增强。

上施厚，则下报之亦厚。

【注释】《太白阴经·子卒篇》。在上位的人给予部下的丰厚，则部下回报他的也就丰厚。

【解析】将领平时能多体恤、关心、爱护士兵，用恩义诚信培养他们，用礼义忠恕诱导他们，用小恩小惠感化他们，在战场上，士兵就会为将领冲锋陷阵，至死不退缩。汉代的飞将军李广、宋代的岳家军统帅岳飞，都可以说是视卒若子的典范，所以他们的士兵都能拼死作战，他们的军队也就常打胜仗。

兴亡之道，不在听明文思，在乎选能之各尽其才。

【注释】《太白阴经·选士篇》。听明：指耳目明白。听，指耳目。文思：文章思路。

【解析】这句话是说兴盛与灭亡的方法，不在耳朵眼睛的明白与文章思路的敏捷，而在于挑选有才能的人并使他们各人都能够尽量发挥自己的才能。“选贤任能”是历代统治者都倡导的一种治国的基本策略，不仅“选”要准，“任”要信，还要做到“各尽其才”。楚汉之争时，萧何月下追韩信，就是由于萧何识韩信确实是将才，刘邦信任韩信，从而使韩信在历次的战争中能将其才能不受任何拘束地淋漓尽致地发挥出来。不仅如此，刘邦还能做到“各尽其才”，带兵作战用韩信，运筹帷幄任张良，备办粮草、搞好后勤使萧何。正是由于这些原因，才使他战胜了气盖一世却刚愎自用的项羽从而建立了汉王朝。

以战励战，以赏励赏，以士励士。

【注释】《太白阴经·励士篇》。

【解析】这句话说，用战斗的激情去激励战士们作战，用奖赏的方法去激励战士们立功受赏，用战士中的榜样去激励战士。只有做到这些，战士们才会乐于接受命令，乐于去战斗，乐于去拼命。所以说，对士卒越好，士卒的报答也就越重，激励和鼓舞士兵的斗志，一旦开战，便能勇猛向前。战国时代，赵国军队经常被匈奴人打败，但结果却是指挥赵国军队的李牧大获全胜，这是由于他善于激励和蓄积士兵的斗志的缘由。

赏其常，则致争，致争则政乱，政乱则非刑不治。

【注释】《太白阴经·刑赏篇》。常：普遍的道理。

【解析】如果奖赏那些普遍的道理，就会导致争端，导致争端就会使政治混乱，政治混乱就非用刑法不能治理。奖赏与刑法的使用应该有一个适用范围，赏该赏的，惩该惩的，使受赏的人奋进，使受刑的人警戒，这样才不至于造成混乱。

刑过则无善；赏过则多奸。

【注释】《太白阴经·刑赏篇》。

【解析】这句话是说，刑罚超过了限度就不会有善良，奖赏超过了限度就会增加邪恶。刑赏要有限度，刑罚多就等于没有使用刑罚，奖赏多就等于没有使用奖赏，刑赏适度使用，两手相配合，这才是治军的法则，治国的权柄。

治乱之道在于刑赏，不在于人君。

【注释】《太白阴经·刑赏篇》。

【解析】天下大治和大乱的准则在于恰当地实施刑罚和奖赏，而不在于君主。刑罚与奖赏，对任何人都不该有偏私，对任何人都该处以公心，以这作为准则，天下就会大治，否则，天下就会大乱。

善战者以地险，以势胜。

【注释】《太白阴经·地势篇》。善于作战的人很会利用地理位置的险要，制造胜利的形势。

【解析】地形对作战来说,只是一种外在的客观因素,所谓的“天险”,并不就是真的“万夫莫开”,所谓的“弹丸之地”,也并不就是无险可守。险与不险,关键还在“人”,看人是否能够根据客观地理条件,制定出相应的战术策略,以己之长,制敌之短。单纯想依靠险要的地形来阻挡对方,是不足取的。韩信背水一战,大败赵国,他自称是用了“陷之死地而后生,投之亡地而后存”的兵法,其实,他之所以敢大胆用险,主要还是因为他谋略过人,所以才敢背水而战。

兵因地而强,地因兵而固。

【注释】《太白阴经·地势篇》。军队凭借地形险要而强盛,地形因为军队的驻守而坚固。

【解析】倚仗险要的地形,军队在客观上已经获得了胜利的条件,士兵的作战气势自然就会高涨,军队的战斗力也就会增强,有了这样的军队驻守,地形当然会更坚固。

凡地之势,三军之权,良将行之,智将遵之。

【注释】《太白阴经·地势篇》。凡地理位置的形势,决定着全军谋略权变,优秀的将领通晓这个道理,聪明的将领遵循这个道理。

【解析】善于作战的将领,往往都不拘泥于“兵法”的限制,充分利用地形,发挥灵活机动的能力,根据地形制定相应的策略,从而取得意想不到的效果,像赵括那样的“纸上谈兵”,马谡那样的死记兵书,于事无补,到头来是害人又害己。

形无物而不鉴,神无物而不察。

【注释】《太白阴经·兵形篇》。鉴:看见。察:审察。

【解析】这句话是说,作为用兵方式方法的外形没有什么东西不被人们看见,而作为用兵谋略的内质又没有什么东西不去进行审察。战争的发动,有用兵方法等外形和谋略变化等内质,外形表现明显,所以人们能看得见,内质隐小细微,可它决定着虚实变化,战场上的一切都受制于它。

形诳而惑事其外,神密而圆事其内。

【注释】《太白阴经·兵形篇》。诳(kuáng):虚伪,虚假。圆:完整,周密。

【解析】用兵方式方法等外形虚假不实能使敌人对我方所做的事迷惑不清,外形周密完整就可以保守我方军事行动的秘密。用兵之道,虚虚实实,虚实相生,总之要使敌人摸不清我方的虚实,各种计谋策略才能成功。

战阵无常势，因敌以为形。

【注释】《太白阴经·兵形篇》。

【解析】用兵作战的阵势没有固定不变的形势，根据敌情的变化而决定自己阵形的变化。战争中不可照搬兵书，不能死搬教条，要根据敌人的情况而灵活自如地制定对敌策略，做到以变应变，以变制敌。

战人者，自斗于其地则散，投之于死地则战。

【注释】《太白阴经·作战篇》。

【解析】这句话是说指挥士兵对敌作战的人，在自己的领地内同敌人打仗就会使军队逃散，放置军队到必死的地方就一定会拼死作战。古人有“置之死地而后生”的说法，把士兵置于一个必死境地，那他就会以死相拼，结果却会“生”，反之，则会造成士兵的一种依赖心理，战场情况稍有变化，就会起逃散之心，这都是客观的形势造成的。

见利则起，无利则止。

【注释】《太白阴经·作战篇》。利：有利的条件。

【解析】这句话是说，看到有利条件就起兵作战，没有有利条件就停止不动。所谓有利条件，就是敌人的短处，我方的长处。抓住了敌方的弱点与缺陷，就可以利用我方的优点与长处去攻打它，以己之长，克敌之短，战争定会取得胜利。如果看不到对方的短处，不了解对方的情况，则不可贸然行事，否则就会破坏整个战场局势。

见利不失，遭时不疑。

【注释】《太白阴经·作战篇》。

【解析】这句话是说，发现有利条件就不应当轻易失去，遇到良好的时机就不要怀疑不决。战国时期，齐、楚、秦三强国鼎立，最后秦国完成了统一大业。秦之所以胜，齐、楚之所以败，就在于秦抓住了齐、楚的弱项，把握住了时局，时而采取“蚕食”政策，最终一统天下。

善用兵者，以便胜，以地强，以谋取。

【注释】《太白阴经·作战篇》。善于用兵打仗的人，因便利的条件而取胜，以优越的地形而强大，用智慧谋略去攻取敌人。

【解析】指挥作战要因利乘便，要知道战争的进退局势，掌握住有利于自己一方的一切条件，才会取得战争的胜利。不仅如此，还要凭借有利地势来巩固、扩大作战成果。虽然地理优势在科技不发达的古代战争中能起重要作用，但人的主观努力，尤其是主观上所采取的谋略的正确与否比是否据有地理优势的作用更大。

力不足者守，力有余者攻。

【注释】《太白阴经·攻守篇》。

【解析】这句话是说力量不足的就防守，力量有余的就进攻。在战争中，虽然有各种各样、千变万化的战策，但战法唯二：其一为攻，其一为守。攻守之法虽有别，但结果却不一定相反，攻可制胜，守也可不败，关键在于要掌握好攻或守的技巧。

攻人之法，先绝其援，使无外救。

【注释】《太白阴经·攻守篇》。

【解析】进攻敌人的方法，首先要断绝敌人的外部援兵，使他们没有外来的救援。绝了外援，就可能使守者困惑，无能为力而自败，或因其弹尽粮绝而不得不败。三国时期，马谡守街亭，就是因其驻大军于山上，让司马懿绝其水道，并以火攻，使蜀军不战而自败。

粮多人少者，攻而勿围；粮少人多，围而勿攻。

【注释】《太白阴经·攻守篇》。

【解析】粮食多而守城的人少的，就进攻而不包围它；粮食少而守城人员多的，就包围而不进攻它。攻围之法有别，如果粮多人少，则应避敌之长，制敌之短，采取进攻的方法就可取胜；如果粮少人多，则应扬己之长，制敌之短，采取包围的方法把敌人拖垮。

善攻者，敌不知所守；善守者，敌不知所攻。

【注释】《太白阴经·攻守篇》。

【解析】善于进攻的，能使敌人不知道怎样防守才好；善于防守的，能使敌人不知道怎样进攻才行。攻要巧，防要妙，能攻会防，就不会在战争中失利。

罗其英，敌国倾；罗其雄，敌国空。

【注释】《太白阴经·行人篇》。罗：收罗，网罗。英：才力出众的人。雄：强有力的人。倾：倾颓，覆灭。空：空虚，灭亡。

【解析】这句话是说网罗敌国才能出众的人，就能使敌国倾覆；网罗他们雄杰有力的人，就能使敌国灭亡。任用贤能，不能以地域来区分，对于别国之贤人，更应该收于自己门下，为己所用。这些人了解本国情况，熟悉本国内政，能做到知己知彼,这就会使敌国倾覆灭亡。战国时期,秦国广罗天下人才,聚之咸阳,使秦在内政外交及军事争夺等方面都拥有杰出人才,故而秦能一统天下。所以说:他山之石,可以攻玉。

三军之重者,莫重于行人。

【注释】《太白阴经·行人篇》。

【解析】三军最重要的,没能比侦察敌情的人更重要了。侦察人员对敌情的掌握情况,直接关系到敌我双方在战争中的成败,对敌情了如指掌、烂熟于心,则会采取积极主动的措施攻击敌人,取得胜利;对敌情一无所知,或是错误认识,则会造成我方的被动局面或错误战术,从而导致战争失败。

英得雄而行,雄得英而成。

【注释】《太白阴经·鉴才篇》。英:才智。雄:勇力。

【解析】有才智的人要得到有勇力的人的帮助,才智才能实施,有勇力的人也只有得到有才智的人的辅佐勇力才能成功。有才智的人虽然聪明出众却不能果决勇敢,有勇力的人虽然胆力过人却不能出谋划策,只有把这两种人的优点结合起来,既"英"又"雄",才智才会得以发挥,勇力也才会获得成功。

伯王之道,不在于兵强士勇之际,而在于仁义智勇之间。

【注释】《太白阴经·鉴才篇》。

【解析】称霸称王的途径,不在于军队强大和士兵勇敢这些方面,而在于仁义智勇这些品性方面。仁慈的人爱施予,义气的人好亲近,智慧的人会谋划,勇敢的人喜果决,一国之君如果能做到仁义智勇,那天下人就会亲近他,各诸侯也就会臣服,故而可以成就霸王之业。

先察而任者昌,先任而察者亡。

【注释】《太白阴经·鉴才篇》。

【解析】这句话是说先对人进行考察而后任用他就会使国家昌盛,先任用他而后才对他进行考察就会导致国家灭亡。识别贤才,辨其能力,而后委之以重任,这是任用人才的普遍顺序。如果乱了次序,对所用之人没有进行过考察,不了解他的才识,不知道他的能力就委以重任,会给国家带来严重灾难。

国学经典
名句珍藏

中国兵法名句解析

（下）

天人／主编

内蒙古出版集团
内蒙古人民出版社

虎 铃 经

《虎铃经》，宋代许洞撰。该书共二十卷，是我国古代一部重要的兵书。前十卷讲实际用兵的一些问题，后十卷为各种杂议，书中有辑前人学说，也有自己之意，不失为一家之言。

天道变化，消长万汇，契地之力，乃有成尔。

【注释】《虎钤经·天功第一》。天道：大自然的规律。消长：消失生长。万汇：万物。契：契合。

【解析】这句话是说大自然的规律变化、万物的消失生长与地的力量相结合才能成功。地是可贵的朴素唯物主义思想。世间一切皆以地为本，地是一切事物的出发点。俗话说脚踏实地而后才能展翅高飞。

智敌万人，苟无万人之用与愚者同矣。

【注释】《虎钤经·天功第一》。苟：如果。

【解析】智慧能抵敌万人，却没有发挥这样的作用，这和愚蠢有什么区别呢？作为君王不能人尽其用，人尽其才是愚蠢的。楚汉相争时刘邦处在下风，但只有在用人这一点上他知人善用，强过项羽的刚愎自用，最终取得了楚汉战争的胜利。这说明，用人是政治家成功的最基本因素之一。

勇冠三军，苟无三军之用，与懦者同矣。

【注释】《虎钤经·天功第一》。懦者，懦弱的人。

【解析】勇敢是全军第一，但没有发挥其应有的作用，这与懦弱有什么区别呢？这就是说将领要善于鼓动士气，使勇者更勇，懦弱者也变得勇敢。如果士气低落，勇敢的人也发挥不了应有的作用，这样的军队就成了乌合之众。淝水之战中苻坚的军队因人心涣散，被比自己兵力少得多的谢安打得一败涂地。

复兵杀将，弱国削地者，岂强敌乎？由我不严师律故也。

【注释】《虎钤经·天功第一》。复兵杀将：军队覆灭，将领被杀。弱国削地：使国家削弱，疆土减少。

【解析】世界上最坚固的堡垒也是从内部攻破的。敌人的强大并不可怕，可怕的是内部的不团结和松懈。南宋时岳飞率领的岳家军所向披靡，无人能敌，其原因正在于内部赏罚分明，"严于师律"。

善为将者，正而能变，刚而能恤，仁而能断，勇而能谋；以策驭士，未有不振拔勋业，以戡柄乱者也。

【注释】《虎钤经·天功第一》。振拔：举荐。戡：平定叛乱。

【解析】纵观我国古代战将，有勇无谋者多矣。这句话提出了一个合格将领所必须具备的条件。即所谓能"正"、能"变"、能"刚"、能"恤"、能"仁"、能"断"、能"勇"、能"谋"。作者是用辩证的观点来看问题的。

贵必藉贱力，然后能立元功，而建王业也。

【注释】《虎钤经·天功第一》。元功：大功。

【解析】把君作为贵而把臣民作为贱是作者的局限。但看到了“贱”的力量是他的可贵之处。人民是历史的创造者。所谓“元功”的建立者，不过是借人民之力成事者罢了。

地之形，除易殊也；地之气，寒热异也。

【注释】《虎钤经·地利第二》。殊：不同。

【解析】地理的形势，险峻平易是不同的；地理的气候，寒冷与炎热也是有区别的。这句话是说地理的形势和气候是千差万别的，为将者应该能够审时度势，利用有利的地理条件，补救它的不利方面，这样就可以充分发挥“地利”的作用而百战百胜。

居险用险必内溃，居易用易必内蹶。

【注释】《虎钤经·地利第二》。用险：凭险用事。溃：崩溃。蹶：颠仆。

【解析】居在险峻的地形下凭险用事一定会从内部崩溃，居在平易的地形条件下却依仗平易就一定会从内部颠仆。造成战争胜负的因素很多，要想打胜仗必须各方面一起努力。对内修明政治，对外德威并生。军队赏罚分明，对百姓秋毫无犯。如果一味仗着地形险峻想要取得胜利是不大可能的。三国时孙吴的长江天险，西晋没用四个月就挥鞭过江了。

利不可专一，北人之马，南人之航也，各有便焉。

【注释】《虎钤经·地利第二》。专一：单独占有。航：指舟船。便：便利，方便。

【解析】有利的条件不可能单独某一方面占有，北方人的骑马，南方人的驾船，各人都有自己的方便。这句话是说将领对自己和对方的优势、劣势都要谙熟于胸。正所谓尺有所短，寸有所长，如果盲目地依靠自己在某一方面的优势，肯定是要吃亏的。三国时曹操挥师南进，结果不习惯坐船的北方士兵在赤壁被周瑜一把火烧去了十之七八。

知地之所利者，可兼而有乎。善用兵者择利而从之，善矣。

【注释】《虎钤经·地利第二》。善：善于。择利：选择有利的形势。

【解析】这句话是说懂得地理条件的人可以把气候和形势两者兼顾。善于用兵的人选择有利的方面而顺应它。这就要求将领要有应变和选择的能力。一切从当时的实际情况出发，审时度势，安排自己的计划。

今之世取人也，每务其多学而其偏技，非良术也。

【注释】注释：《虎铃经》人用第三。取人：选择取用人才。务：追求，谋求。多学：博学。偏技：某一方面的专长，即一技之长。

【解析】这句话是说在用人时“多学”和“偏技”都很重要，不可偏废。正确的观点应该是，在有一技之长的基础上博学多才。否则博学就成了无源之水。

兵家所利，随其长短而用之也。

【注释】《虎铃经·人用第三》。随：按照，根据。长短：长处和短处。

【解析】按照每个人的个性特点，安排适合于他们做的事，这样才能最大限度地发挥每个人的才能，从而使集体的力量更加强大。汉高祖刘邦正是发挥了张良、韩信、萧何之特长才取得了楚汉之争的胜利。

精悍者使斗，果敢者使攻也。

【注释】《虎铃经·人用第三》。斗：战斗。果敢：果断、勇敢。

【解析】精悍的人就让他战斗，果断的人就让他进攻。作将领的要掌握下属的情况，派果敢者去攻并不难办，但难办的是怎样挑出一个真正果敢的人。所以知人善用对将领来说是非常重要的。韩信在项羽那儿得不到重用，一无所成。在刘邦那儿做了大将军就如鱼得水，最终帮刘邦打败了项羽。

大将军择通才者，与之参议可否。

【注释】《虎铃经·人用第三》。择：择取，选择。通才：具有各方面的才能。参议：参与与谋议。可否：可以还是不可以，即好坏，成败等。

【解析】这句话有两个意思。第一是大将军应该经常向属下征求意见。所谓兼听则明，偏听则暗。第二是向“通才”征求意见，这样的意见才有价值。可见，将领身边的谋士是很主要的。刘备身边的张良，项羽身边的范增是这种“通才”的代表。

我大众之内，有善有恶，无弃人焉。

【注释】《虎铃经·人用第三》。弃人：抛弃不用的人，废人。

【解析】这句话体现了用人应该有博大的胸怀。人的能力有高有低，性格有好有坏，不要因为某一方面缺点而“弃人”不用。所谓“天生我材必有用”，每一个人都是有其独特价值的。战国时孟尝君门下食客三千，自然并不是每个都有经天纬地的本领，但正是因为他不“弃人”因而最后靠“鸡鸣狗盗之徒”的帮助逃脱了危险的境地。

人无所怨弃，斯不怨则动有功矣。

【注释】《虎钤经·人用第三》。怨：怨恨。动：行动。

【解析】人没有被抛弃不用，就不会有怨恨的话而行动就会成功。每个人最大的痛苦莫过于“怀才不遇”了。即使只有一点点小本领的人也要让他充分发挥出来，这样往往会取得意想不到的成功。

见机而作，不俟终日。

【注释】《虎钤经·三才应变第四》。机：同几，指事物的细微变化。作：动作。俟：等待。终日：日子的结束。

【解析】这句话是引用《易经》中的话，意思是说机会稍纵即逝，当有机会出现时一定要果断地行动。否则就会丧失先机。淝水之战中谢安、谢玄抓住前秦军队后退时一刹那的混乱，一举打得他们“草木皆兵”，大败而去。

用兵之术，知变为大。

【注释】《虎钤经·三才应变第四》。变：应变。

【解析】世间万事万物每时每刻都处在运动变化之中。用兵之道更是变化多端。将领要明察“天时、地理、人事之变”，根据变化制定相应对策。周瑜、诸葛亮利用曹操士兵不谙水战而制定“火攻”计划是“知变”的典型。

兵利以顺应顺也，顺而道应之，必凶之兆也。

【注释】《虎钤经·三才应变第四》。兵利：用兵作战的有利条件。以顺应顺：用顺应天时的行动去适应顺应天时的事情。兆：象征，兆头。

【解析】这句话是说军队的行动和天时必须相适应，不然，必遭失败。三国时，蜀汉的实力不如魏，本应休养生息以图以后统一。但诸葛亮违天时而动，结果虽六出祁山却徒劳无功，最终被魏所灭。

人者天地之心也。苟心不正，虽有其表，将焉用乎？

【注释】《虎钤经·三才应变第四》。心：核心，中心。表：外表，表面现象。焉用：怎么利用。

【解析】这句话是说如果一支军队占天时、地利的优势但士兵不“正”，这样的军队也是打不了胜仗的。这就是说天地之利不过是人心的外部条件，如果人心不齐则这个外部条件也就失去效用了。袁绍与曹操官渡之战，袁绍几乎在所有方面都占优势，但最终因为人心不齐吃了一个大败仗。

正则可以率天地之用，草寇可为王矣。

【注释】《虎钤经·三才应变第四》。正：指正义。率：遵循。王：称王称帝。

【解析】把农民起义军称为“草寇”可以看出作者是站在封建统治阶级立场上的。但他也正确地指出了“草寇可为王”。大多数的农民起义军是一呼百应，群起云集的。为什么？因为他们是正义之师。如果这支正义之师再“率天地之用”，按照正确方法策略斗争的话就可以“为王”了。陈胜、吴广、刘邦、项羽、朱元璋、李自成是所谓“草寇成王”的最典型的代表。

先胜而后举，神明之道也。

【注释】《虎钤经·三才应变第四》。举：指行动。神明之道：神圣英明的道理。

【解析】先创造胜利的条件然后再行动，这才是神圣的道理。将领应该对己、对敌都有充分的了解，以己之长击敌之短创造胜利的条件。诸葛亮之所以敢在空城之上面对司马懿的雄兵猛将就是因为他“胸有成竹”，他对司马懿性格非常熟悉。

天著吉凶，以阴阳辨也；地布险易，以山川章也；人包勇怯，以战阵见也。

【注释】《虎钤经·三才随用第五》。著：显露。布：分布，布置。章：表记，显露。见：表现。

【解析】作为将领要具有超人的胆识、过人的勇敢还要有过人的知识、计谋。战场上瞬息万变、千奇百怪但这一切并不是无迹可寻的。“阴阳”、“山川”、“战阵”就是透析这一切现象的媒介。因而将领要在常人不注意的地方推测出对战争有影响的迹象和信号。所谓“千军易得，一将难求”。

苟欲阴阳之顺，险易之利，勇怯之用，在于闲暇可得而择也。

【注释】《虎钤经·三才随用第五》。闲暇：空闲时间。择：选择。

【解析】这句话是说将领在平时要了解阴阳是否顺应，地势险易是否有利，士兵的勇敢和怯懦等。一场战争的胜负有时在战前就已被决定了。将领的排兵布阵、派兵用人无不是平时观察的结果。《三国演义》中经常写到关羽在灯下读兵书，这就说明战场上的叱咤风云是靠平时下苦功夫积累而得的。

善用兵者，防乱于未乱，备急于未急。

【注释】《虎钤经·三才随用第五》。乱：混乱、慌乱。急：紧急的情况。

【解析】善于用兵的人，在没有混乱的时候就要预防混乱，在没有紧急情况的时候就要预备紧急情况的发生。即所谓“防患于未然”。楚汉战争时，范增认为刘邦是后患，劝项羽乘鸿门宴之际杀掉他。但项羽优柔寡断未能“防患于未然”,结果最终被刘邦打败。

将者国之腹心,三军之司命也。

【注释】《虎钤经·辨将第六》。腹心:比喻亲信。司命:主宰、掌握命运。

【解析】将领是国家的亲信,全军命运的主宰。这句话指出了将领的重要地位。人类自从有阶级产生就有了国家,有了战争。将领是保家卫国、保护人民生命和财产的屏障。古往今来,军队虽是暴力的象征,但留名青史的将领永远受到人民的爱戴。

一曰貌,二曰言语,三曰举动,四曰行事。

【注释】《虎钤经.辨将第六》。

【解析】这句话是作者提出的选将的四项标准。相貌、言语、举止行动、办理事情。俗话说以小见大,每个人的个性气质在日常生活中都会有所体现。正因为是在不经意间的表现,因而这种行为大都能真实表现人的性格、气质。

有喜怒之事不露于色者;临大事而神气自若者,此谓神有余人也。

【注释】《虎钤经·辨将第六》。神气自若:神情气度和原来一样。形容临事镇定。自若:自然,不改常态。

【解析】泰山崩于前而面不改色,是大将风范。战场上瞬息万变,反复无常。如果将领为一点点小事惴惴不安,不可终日,那就可能丧失对大事的判断能力。因而镇定对于将领来说是极其重要的。淝水之战胜利的消息传到宰相谢玄那里时,他正在下棋。在这巨大的喜讯面前,他竟能不动声色地把棋下完。当真是一代名相风采。

事有众危而独安之者;事有难动而动之者;事有难安而独安之者,此谓志有余人也。

【注释】《虎钤经·辨将第六》。危:危险的事。安:平定。

【解析】这句话是说将领要能够平定众人都觉得危险的事,在事情难以行动时找到行动的方法,事情难以平安时使它平安。要做到这些事情,将领就要志向远大,高瞻远瞩。不为一次胜利而陶醉,不为一次失败而沮丧。南宋时岳家军横扫金军,战无不胜。重要的原因就是岳飞抱着光复河山的伟大抱负。

知貌也者,神之聚也;言语也者,神之发也;举动也者,神之用也;用事也者,神之本也。

【注释】《虎钤经·辨将第六》。聚:汇聚、积聚。发:表达,发表。用:应用。

本:根本。

【解析】面貌,是人精神的积聚;语言,是人精神的表达;举止行动,是人精神的应用;办理事情,是人的精神根本。这是一个很全面的考察人的能力的标准。但是对貌相过分注重,是一个局限。历史上许多其貌不扬的人都有经天纬地之才。三国时的庞统,明太祖朱元璋都是这方面的例子。

虽有百万之师,恃吞敌在将者,恃将也。

【注释】《虎钤经·论将第七》。恃:依靠。吞敌,歼灭敌人。

【解析】俗话说蛇无头不走,人无头不行。虽有雄兵百万,但将领是歼灭敌人最重要的核心。临阵作战,胜败主要取决于将领的文才武略,排兵布阵。古时拜将往往有隆重的仪式,就是为了表现对将领的重视。三国时刘备三顾茅庐才请得诸葛亮出山。真所谓千军易得,一将难求。诸葛亮作了刘备的军师后,励精图治,很快就改变了被动的局面。由此可见一个将领的作用。

陷死地而能生,攻亡地而能存,逆地而顺用之,顺地而逆用之。

【注释】《虎钤经·论将第七》。陷死地:指军队陷入绝境。攻亡地:进攻会使自己灭亡的地方。逆地:不利的地方。顺地:有利的地方。逆用:反用。即把有利当作不利的地方那样使用。

【解析】古代有很多置之死地而后生的战例。在情况对自己不利的形势下,将领要镇静地分析自己的优势。这样才能做到"陷死地而能生,攻亡地而能存"。韩信带兵被追到河边,真可谓是绝境了。然而他巧妙地利用这种形势激起士兵的斗志,背水一战反而大获全胜。项羽以少量兵力和秦军主力决战可谓是"攻亡地"了,但他"破釜沉舟"把自己军队的战斗力发挥到极致,最终取得了胜利。

原其小罪,决其大过;犯令者不讳其亲,有功者不忌其仇。

【注释】《虎钤经.论将第七》。原:原谅。决:处决,惩处。讳:避讳、掩饰。忌:嫉妒。

【解析】原谅别人小的过错,惩处别人的大罪恶。这是将领恩威并重,赏罚分明的重要手段。不原谅小错,则有些暴戾。不处决大错则难以服众。对亲、对仇一视同仁,这样才能团结全军,将领才有威信。齐桓公在与兄弟争夺王位的时候曾被管仲射过一箭。后来他不计前仇,重用管仲;从而九合诸侯成为盟主。

得城不攻,得地不专。

【注释】《虎钤经·论将第七》。不攻:不实行攻伐。不专:不专横暴虐。

【解析】将领要有仁爱之心。不能因为是敌对一方的百姓就大加杀戮。刘邦在进入咸阳后与百姓约法三章。财物无所取，妇女无所幸，从而赢得了广泛的同情和支持。相反项羽进入咸阳时大施暴虐，一把火烧了阿房宫，大火熊熊数天不灭，终至于民怨沸天。孙子说“不战而屈人之兵”是战争最高境界。而要想做到“不战而屈人之兵”，必须以仁义待人，以德服人。武王伐纣时，因为顺应天时，是仁义之师。而纣王昏庸无道，耽于声色、诛杀功臣导致了牧野之战中数万奴隶反戈一击，商纣毁于一旦。由此可见“威”固然有其作用，但“德”才是战争取得最后胜利的凭仗。

威将可附天将，强将可附地将，猛将可附人将，良将可保四方。

【注释】《虎钤经·论将第七》。附：依附，辅佐。

【解析】把带兵作战的将领分得这么细有助于按才选用。同一个将领可能是一个很好的参谋，却不是一个独挡一方的大将。诸葛亮令马谡守街亭就犯了用人不当的错误。相反如果用人得当就会有事半功倍的效果。在请到诸葛亮之前，刘备虽有关羽、张飞、赵云一干猛将却屡战屡败。诸葛亮出山三分天下，胸怀全局，这样才能使一班猛将有了用武之地，建立了千秋功业。

将之于外也，君命有所不受，唯逐便利国家是务。

【注释】《虎钤经·论将第八》。受：接受。逐：追求。

【解析】将在外，君命有所不受。这大概是在“君要臣死，臣不得不死”的封建时代唯一有一点反抗色彩的句子。战场变化多端，时机稍纵即逝，将领要根据战场变化做出决策，而不是根据君王的命令。岳飞在节节胜利的情况下被命令返回朝廷，他却没有行使将在外君命有所不受的权利，终至被冤杀。可见将领应忠于国家和人民利益而不是愚忠于君王。

将拒谏则英雄散，策不从则谋者去。

【注释】《虎钤经·出将第八》。谏：建议。策：谋略。

【解析】将领拒绝劝谏的话那就会使英雄离散，不听从好的计策就会使谋士离开。从古至今高明的将领都是纳谏的高手。刘备文韬武略都不如曹操，又没有孙权那样的父兄之业，但他凭借对人才的礼贤下士，对好的建议的言听计从，凭着摔阿斗的精神把一群文臣武将紧紧团结在自己周围。连诸葛亮这样的人中龙凤也甘心情愿为他服务，可见“纳谏、从策”的巨大作用。

善恶等则贤愚混，赏罚乱则纲纪散。

【注释】《虎钤经·出将第八》。等：等同。散：散乱。

【解析】对待好人坏人一个样那就会使有才能的人和愚蠢的人混杂，奖赏和刑罚乱用就会使纲纪败坏。将领如不能举贤用能，必导致鱼龙混杂的局面。这样就会造成人手众多但关键时候无人可用。

多喜则不威，多怒则人心离，多言则机泄，多好则智惑。

【注释】《虎钤经·出将第八》。多好：多喜好，爱好太多。智惑：聪明智慧被迷惑。

【解析】经常嬉笑就没有威严，经常发怒就会使人心分离，话多就容易使机密泄漏，爱好多就会使聪明智慧迷惑。将领作为全军核心，是军威、军魂的代表。因而在平时不能玩物丧志、耽于声色。

宽则众懈，暴则众怨。

【注释】《虎钤经·出将第八》。懈：懈怠。怨：怨恨。

【解析】过于宽大就会使众人松懈，过于暴虐就会让大家怨恨。对待属下要恩威并施，如果有错不罚就会军令难以下行。三国时诸葛亮挥泪斩马谡以严明军纪。而张飞因对兵士太暴戾，终惨遭横祸。

信赏必罚，所以正人。

【注释】《虎钤经·出将第八》。正人：端正别人。

【解析】奖赏处罚一定要讲求信用，所以能够纠正别人。我国有一句古话叫“己所不欲，勿施于人。”战场中如果要纠正属下的错误，将领必须自身行得正、走得端。俗话说“上梁不正，下梁歪”，三国时曹操“割发代首”以严明军纪，结果他的军队纪律严明，秋毫无犯最终取得了战斗的胜利。可见将领的表率作用在战场是非常重要的。

大将既受命，总专征之柄，犒师于野，毕面下令焉，不从令者必杀之。

【注释】《虎钤经·军令第九》。总：统率、统领。专征：古代将帅得特许自行出兵征伐。犒：用酒食或财物慰劳。野：野外。

【解析】这句话说的是军令的重要性。我国古代用“军令如山”来对军令的严肃性，不可动摇性作描述。因为军队是一个特殊的集团，上行下效，令行禁止是其铁的纪律。“军人以服从为天职”就是这个道理。孙武为吴王训练女兵时，在“三令五申”之后吴王的两个宠妃却不以为意，孙武下令处斩，女兵骇然，无不听号令而动。

闻鼓不进，闻金不止，旗举不起，旗低不伏，此谓悖军。

【注释】《虎钤经·军令第九》。伏：躺下。悖：混乱、相冲突。

【解析】听到鼓声不前进，听到锣声不停止，旗帜举起来而人不站起，旗子放下而人不低伏，这是混乱的军士。军纪不明乃兵家大忌。因为战场上大将要照顾的是全局，因而在局部上必须有所舍弃。如果其部分军队不贯彻执行，而是照自己意图行事，这样局势就混乱不堪，无法掌握了。太平天国时，翼王石达开统率人马私自出走，削弱了农民义军的实力，自己最终也被敌人的优势兵力击败。

军法者，将三大柄也，可不重乎？

【注释】《虎钤经·军令第九》。柄：权柄。重：重视。

【解析】军法是将领的大权，不可不重视。古代将领都注重军令的威严。三国时诸葛亮命马谡守街亭，结果马谡不听忠言失了街亭。致使诸葛亮的北伐计划无法实施。在这种情况下诸葛亮为了军令的严肃性挥泪斩了马谡，并上表要求自贬。可见，军令在战场上是有至高无上的权威的。

吕蒙涕泣而斩乡人，穰苴立表而诛庄贾。

【注释】《虎钤经·军令第九》。吕蒙：三国时吴国大将。穰苴：战国初期著名军事家司马穰苴。

【解析】吕蒙征关羽"约令军中不得于历人家，有所求取"。吕蒙部下一士兵，是吕蒙故乡汝南人，取民家一笠，用来覆盖公家铠甲，铠甲虽属公家，但吕蒙仍认为他违犯了军令。"遂涕泣斩之"。齐景公任命司马穰苴为将，以宠臣庄贾为临军。他们相约第二天日中会于军门。第二天司马穰苴"立表下漏待贾"，而庄贾因亲戚送别皆饮，日暮才至。司马穰苴按军法杀了他。这两则故事都说明"军令如山"不容侵犯。

用兵之道，先正其乱，次渊其谋，次择其人。

【注释】《虎钤经·军谋第十三》。正：端正。礼：礼节。渊：深。择：选择。

【解析】打仗用兵的方法，首先要端正军队的礼节，其次要深厚它的谋划，再次要选择它的人员。一场战争的胜负主要取决于作战的双方谁有主动权。表面看起来两军对垒势均力敌。但是双方在战斗前为战争做的准备工作是不同的。如果那一方师出有名；是仁义之师又提前有周密的谋划，再选择合适的将领，那么这场战争的胜利肯定是属于他们的。

能爱人之主者，可使人舍生而赴死；能亲人之身者，可使捐身而犯难。

【注释】《虎钤经·军谋第十三》。捐身：献出自己的身体。犯难：冒犯危难。

【解析】能够爱惜人民的君主，就可以让人们舍弃生命而奔赴死难。能够亲近别人身体的人，就可以使别人捐献自身去冒犯危难。春秋时越国被吴国打败。越王勾践卧薪尝胆，励精图治。对人民采取了休养生息、减租减赋的政策。几年后人民生活富足，人丁增加。这时候赵王勾践发出了攻打吴国，报仇雪耻的口号，人民踊跃参加，慷慨赴死使越国很快就打败了吴国。可见，“养兵千日，用兵一时。”平时的功夫是很重要的。

先亲于人，俾人然后亲之；先胜于敌，就敌然后胜之。

【注释】《虎钤经·军谋第十三》。俾：使。就：接近、临近。

【解析】先对别人亲爱，就能使别人亲爱自己。先估计敌人胜，接近敌人然后才能接近敌人。古代有句话叫“哀兵必胜、骄兵必败”。说在战场上千万别低估了敌人的实力，也千万别高估了自己的实力。将领在自己军中礼贤下士，爱兵如子，对敌军不轻视，这样就能占得胜利的先机。

用兵必以粮储为本，谋略为器，强勇为用，锋刃为备，禄位为诱，斩杀为威。

【注释】《虎钤经·军谋第十三》。粮储：粮食储备。器：用具、器械。用：应用、使用。锋刃：兵器。备：装备、准备。禄位：俸禄、爵位。诱：引诱、诱饵。威：威势、威胁。

【解析】用兵打仗一定要以粮食储备为根本，以计谋策略作为工具，以强壮勇敢的士兵作为运用，把锋利的兵器当作装备，把俸禄爵位作为诱饵，把处斩杀戳作为威胁。“兵马未动，粮草先行”是行军打仗的惯例。袁绍在官渡之战中之所以一败涂地，就是因为被曹操烧了粮草。所以说粮草是打胜仗的前提条件。

攻必先攻其所寡，击必先击其所动。

【注释】《虎钤经·军谋第十三》。寡：少，指小股的军队。动：指运动的部队。

【解析】攻击敌人一定要攻击敌人兵力少的地方，打击敌人一定要首先打击敌人移动的地方。一场战争双方兵力相当，但布防是不同的。如果能集中自己的优势兵力，在局部地区以绝对优势击溃敌人的小股部队应该是不难的。同样道理，敌人的部队在移动的时候是最脆弱的，如果抓住时机，就可一击见效。

军之禁也不节，语言必泄；不峻，令行必乱；不行赏，士必怠。

【注释】《虎钤经·军谋第十三》。不节：没有节制。泄：泄露。峻：严峻，严厉。怠：懒惰、松懈。

【解析】军队的禁令没有节制，语言一定会泄露出去；不严峻，命令的施行一定会混乱;不施行奖赏,兵士一定会懒惰。这是强调军队中的禁令和奖赏都要适当,而且要严格执行。这样就能严明军队的纪律,调动士兵的积极情绪,从而为打胜仗做好准备。

行伍紊乱,由于昧暗,在明察以正之。

【注释】《虎钤经·军谋第十三》。紊乱:混乱。昧暗:昏昧黑暗。明察:清楚地考察。正:纠正,改正。

【解析】队伍混乱,是因为昏昧黑暗,要用明白的考察进行纠正。腐败现象古已有之。大将要善于识破那些欺上瞒下,中饱私囊的人,这样才能纠正"昏昧黑暗"。使上情可以下达,下情也可以上达。上下一体才能取得最后的胜利。

军之所亲,将之所存,非智贤孰能与此乎?

【注释】《虎钤经·军谋第十三》。存:保留,留下。智贤:智慧有才能的人。与此:参与这类事情。

【解析】军队所亲近的,将领所保留的,不是智慧有才能的人,谁还能够参与这些事情呢?这句话是强调谋臣们的重要地位。因为战前的谋划对于战争胜负是生命攸关的。三国时"卧龙,凤雏得一人而得天下",这两人都是谋士。可见"成事在天,谋事在人",谋臣对国家、对战争都有举足轻重的作用。

用兵之要,先谋为本。

【注释】《虎钤经·先谋十五》。要:主要,关键。谋:谋划。本:根本。

【解析】用兵打仗的关键,预先谋划是根本。人们常说"不打无准备之仗"。表明作战的根本在于有备。否则是难以制胜的。无论实力多么强大,遭到突然袭击也是很难招架的。所以军事上所讲的"出奇制胜"就是这个道理。要在敌方没有准备的情况下突袭敌方,才有取胜的把握。

欲谋行师,先谋安民。

【注释】《虎钤经·先谋十五》。行师:出兵打仗。

【解析】想要谋划对敌出兵,就要预先谋划安定人民。"安民"是"出兵"的先决条件。历史上有很多人穷兵黩武,弄得民不聊生,最终后院起火,爆发了农民起义。这就要求封建君主对人民实行宽松政策,安抚民心。这样在出兵时才能得到人民的支持和拥护。

欲谋取远,先谋不失其迩。

【注释】《虎钤经·先谋第十五》。远:远大的目标。迩:近。

【解析】要谋取远的目标,就要预先谋划实现近的目标。"不积跬步,无以至千里,不积小流,无以成江海。"任何远大的目标都是由一个个近的目标的实现而完成。战争中如果想要打大胜仗,那就必须从身边一点一滴,一个个小战斗打起。大将军是从千百次的战争中锻炼出来的。

圣王之兵,先务其本,本壮则末亦从而茂矣。

【注释】《虎钤经·先谋第十五》。末:梢,尖端。茂:茂盛。

【解析】军队建设首先要注重根本,根本强壮那么树梢也从而茂盛了。作战的根本就是有备无患。平时厉兵秣马,严明军纪那么战时就进退有度,战无不胜了。司马穰苴在和平时期杀了不遵军令的庄贾,就是"务其本"的一种表现。

苟能知利害之本,谋以御敌,虽有百万之众,可不劳而克矣。

【注释】《虎钤经·先谋第十五》。利害:有利、有害。克:战胜。

【解析】假如能够知道有利有害的根本,用谋划来抵抗敌人,虽然有百万之众的军队,也可以不劳师动众就能够胜利了。《孙子兵法》强调"上兵伐谋","不战而屈人之兵,善之善者也。"所以最佳的作战策略是消除敌军的进攻计划,用不着打仗就能使敌方屈服。

孙子曰:"胜兵先胜",谓必先定必胜之术而后举也。

【注释】《虎钤经·先胜第十六》。胜兵:能取得胜利的军队。先胜:创造胜利的条件。先定必胜之术:预先制定一定会取胜的方法。举:行动、举动。

【解析】仓促应战乃兵家大忌。一支军取想要取得战斗的胜利,必须先做好各方面的准备,不能有丝毫大意。三国时刘备为给死去的关羽和张飞报仇,几乎倾全国之兵力攻打东吴。但由于他事先没有做好准备,没有"先胜之术",结果被东吴"火烧连营八百里",大败而还,自此一病不起。可见无准备之仗是不能打的。

和于国,然后可以出军;和于军,然后可以出阵;和于阵,然后可以出战。

【注释】《虎钤经·先胜第十六》。和:和睦团结。

【解析】国家和睦,然后可以派出军队;军队和睦,然后可以布列阵势;战阵和睦,然后可以与敌作战。"和"在中国传统观念中已成为一种行为的准则。中国哲学崇尚"天人合一",讲究一种天地万物融洽相处的精神。这种思想即使是在行兵作战中也可体现出来。

国不和则人心离,军不和则教令乱,阵不和则行列不整。

【注释】《虎钤经·先胜第十六》。离:分离。教令乱:军队的政教、军令混乱。行列:队列。整:整齐统一。

【解析】作战时将帅不和,人心离散,军令散乱,行列不整,这三者其中之一都足以导致这场战争失败。相反国家和睦则可出兵作战,全军上下和睦则可布阵列兵,布阵有章法,彼此协调一致就可以冲锋陷阵了。如果有这“三不和”则不可战,否则必遭败绩。

力无余则困于斗,食无余则怠于时,义无余则吏士怨。

【注释】《虎钤经·先胜第十六》。困于斗:困于战斗,无力作战。怠:懈怠,延误。怠于时:延误时间。怨:怨恨。

【解析】力量没有多余就会无力作战,粮食没有多余就会延误时间,信义没有多余就会使官吏士兵怨恨。这句话强调军队在打仗之前要做好物质和精神两方面的工作。这样才能使全军上下士气高昂,士兵精神饱满,将官充满自信,从而为打败敌人做好准备。

行其谋,则奸机不成;必行其赏,则好功者不受其死;必行其罚,则有过者不归咎。

【注释】《虎钤经·先胜第十六》。谋:计谋,谋划。奸机:狡诈诡计,奸猾机心。过:过错,罪过。不归咎:不归罪、不怪罪。咎,过失,错误。

【解析】实施计划谋略,才会使奸诈诡计不能成功;实行奖赏,才会使喜欢立功的人不爱惜自己的生命。实行惩罚,才会使有过错的人不怪罪他人。运用各种方法调动每个士兵的积极性是每一个高明的将帅的必备本领。虽然各有各的方法,但是这三条“行其谋、行其赏、行其罚”是共同的。一支优秀的军队,首先是赏罚分明的,这才能奖优贬劣,鼓励士兵勇敢作战。

善务和者,公无私,舍小惠,务大惠。

【注释】《虎钤经·先胜第十六》。私:私心。惠:恩惠。

【解析】致力于和睦的人,就会大公无私,舍弃小恩小惠,从事大家的大利益。为了功名利禄而去征战的人,不可能达到“和”的境界。只有把国家、人民利益放在首位的人,才能受到人民的景仰。战国时,蔺相如为国家的利益不与廉颇争斗,终于感化了廉颇,共同为国家的利益而与秦国斗争,留下了千古美名。可谓“舍小惠、务大惠”的代表。

善务有余者,力诸事而不自怠。

【注释】《虎钤经·先胜第十六》。力:致力。怠:怠慢。

【解析】善于致力于有余的人,努力于各种事情而自己从不松懈。汉代名将李广以仁爱治军，对待部下很好。他对带兵也是兢兢业业，不辞辛苦，因而全军上下都愿意效力，他带的军队所战皆捷，取得"飞将军"的殊荣。

善务必行者，兴勇断去犹豫之谓也。

【注释】《虎钤经·先胜第十六》。兴勇断：提倡勇敢，果断的精神。犹豫：迟疑不决。

【解析】致力于行动者，就会提倡勇敢、果断去掉迟疑不决的想法。有时候，将领果断地做出决定是非常重要的。鸿门宴上，如果项羽果断地做出决定，那么天下一定是项家的天下了。就是因为他缺乏"兴勇断，去犹豫"的精神，招致了最后的失败。

胜兵先胜者，胜在我也。

【注释】《虎钤经·先胜第十六》。

【解析】能取胜的军队，总是先创造取胜的有利条件，胜利的关键还是在自己这面。历史上以弱胜强、以小胜大的战例可谓不可胜数。因此强弱不是绝对的。只要顺应天意、顺应民心就可以战胜一切貌似强大的敌人。

用兵之术，战胜不可专，专胜有必败之理。

【注释】《虎钤经·胜败第十七》。术：方法。战胜：战胜敌人，打胜仗。专：单一、独自。理：道理。

【解析】用兵打仗的办法，战胜敌人不能骄傲自大，骄傲自大必然会导致失败。这句话是说，胜利与失败，是相互转换，的而不是绝对的。这就警告取得了阶段性胜利的军队如果狂妄自大，不可一世，不做出对自己正确的分析和估价，那么在以后的战斗中是要失利的。

战败不可不专，专败有反胜之道。

【注释】《虎钤经·胜败第十七》。反胜之道：反而胜利的道理。

【解析】被敌人打败不可以不发奋，总结经验再战是胜利的途径。"失败是成功之母"，有了失败的痛切之感，才更盼望胜利的欢愉。春秋时，吴越之争先是吴国胜利，越国失败。越王勾践从此吸取教训，卧薪尝胆终于反败为胜，灭了吴国。

吏士饥，割所爱啖之，众有饱之用也。

【注释】《虎钤经·胜败第十七》。啖：吃，给人吃。有饱之用：有吃饱的原因。

【解析】官吏士兵饥饿，割舍自己心爱的给别人吃，众人吃饱的原因了。历史上有许多"爱民如子"的君王，"爱兵如子"的将军。他们体恤人民和士兵的疾苦，而人民和士兵也用自己的生命和鲜血去报答他们。

吏士恐惧，奋身先之，众有勇之用矣。

【注释】《虎钤经·胜败第十七》。奋身：奋不顾身。先之：首先向前。

【解析】官吏士兵虽惊恐害怕，但自己奋不顾身首先向前，众人就有勇敢的依恃了。“身先士卒”是对每个将领的要求。尤其是军队陷入恐惧、混乱的时候。张飞在长板坂一人独挡曹操几万雄兵，赵子龙在敌营中七进七出，这都是古代将领“奋身先之”的典型事例。

胜败之术，非勇决神智，安能行之耶？

【注释】《虎钤经·胜败第十七》。勇决神智：勇敢决断、神灵智慧。

【解析】用兵作战，不是勇敢决断和有神灵智慧的人，哪里能够实行它呢？胜利与失败是矛盾的两极，老子说：“福兮，祸之所伏；祸兮，福之所倚。”事情是可以相互转化的。如果军队掌握在“勇决神智”的将军手里则可以逢战必胜。如果掌握在一个昏庸的人手里，“安能行之耶”，失败是不可避免的了。

厚货啖我左右者，欲构我密谋也。

【注释】《虎钤经·知奸第十八》。厚货：丰厚的礼品。啖：吃或人人吃。这里指用东西引诱人。构：图谋。

【解析】用丰富的财货引诱我左右亲近的人，是因为图谋我方的机密情报。贿赂对方的心腹之人在历史上多有发生。战国时秦贿赂了齐国的丞相，使六国合纵计划破产。秦国从而可以一一击破，统一全国。可见“厚货”的威力是非常大的。为将者要加倍警惕。

谋者反其谋，骄者反其骄。

【注释】《虎钤经·知奸第十八》。谋：图谋。骄：骄傲。

【解析】想图谋我军的，我们就假意受欺骗反过来谋划敌人，遇到骄傲的敌人我们就设法让他们更加骄傲。这样就可以麻痹敌人，从而造成对我方有利的条件。张飞与严颜作战，严颜坚守不出，双方僵持不下。张飞发现身边有严颜的奸细就将计就计，在军营大开酒戒，还打骂战将。严颜大喜，偷袭张飞，结果中计被擒。这说明对付奸细最好的办法就是利用奸细而反制之，这样会收到意想不到的效果。

知奸之道，兵之本也，不可不审。

【注释】《虎钤经·知奸第十八》。奸：奸细。本：根本。审：审慎。

【解析】了解奸细的办法,是用兵打仗的根本,不可不审慎对待。我国古代战争向来重视使用奸细。两军对峙之时,营中若有奸细,则己方一切都暴露给了对方。若不除奸细是难以制胜的。先秦时期秦国要攻打郑国,郑国的爱国商人弦高利用犒军的机会打探到军情,并派人通知郑国。秦虽比郑国强大得多,但面对做好了充分准备的郑国也只好收兵回营。郑国才免于灭亡之灾。可见对自己来说,使用奸细和清除敌方的奸细是两项不可或缺的工作。

敌无恃不可以为寇,欲审者,豫审而夺之。

【注释】《虎钤经·夺恃第十九》。恃:依恃。依靠。寇:入侵。审:详细地了解情况。夺:抢,夺取。

【解析】敌人没有仗恃是不可能进行侵略的,想要周密详细地了解这些情况,就应事先周密地了解敌情,从而夺取敌人的倚仗。孙子说:“知己知彼,百战不殆。”了解敌人的情况是非常重要的。《水浒传》中梁山人马被呼延灼的铁甲连环马打得大败而还。这是对敌人不了解所致。后来他们终于摸准了铁甲连环马的弱点,这就夺了敌人的“恃”,结果在金枪手许宁的帮助下大破连环马,取得了胜利。

敌之为梗,或以强,或以隘,或以勇,或以缓之谓也。

【注释】《虎钤经·夺恃第十九》。梗:妨碍,阻塞。

【解析】敌人的依仗或者是力量强大,或者是地势险要,或是军队作战英勇,或是形势缓和。这些都是他们侵犯的保障。如果我方在敌军未动之前就先把他的倚仗夺掉,那么敌人就是困兽犹斗,强弩之末了。三国时曹操大军号称百万南下讨伐东吴。但在南方险峻的地势下,人多就显得不是那么重要了。到后来,不习惯水战的北方人更是失去了在平原上驰骋的豪气,最终吃了败仗。

人逸马良,恃强轻战,可据隘设伏,示弱以诱,此夺勇者也。

【注释】《虎钤经·夺恃第十九》。逸:这里指休息充足。示弱:显示出弱小,表示衰弱。

【解析】兵士休息充足,军士优良,凭借强大轻视作战,可以占据狭隘的地方设下埋伏,显示出力量弱小来进行引诱。这就是夺取敌人的勇敢。俗话说骄兵必败,如果仗着自己实力雄厚就目空一切,轻视敌人那么最终也是会失败的。苻坚仗着兵士众多、粮草充足去攻打东晋,结果吃了大意、骄傲的亏,险些把全部军队都赔光了。可见骄傲轻敌乃是兵家之大忌。

兵术万途,不可专一,先能夺取所恃,则彼力衰半矣。

【注释】《虎钤经·夺恃第十九》。万途:各种途径。专一:专门的一种。

【解析】用兵打仗的方法各种各样,不可以只知道专门的一种。带兵作战的灵魂就在于将领能够根据不同的情况正确地决定使用何种战术。否则,兵法就只能是纸上谈兵了。战国时的赵括,三国时的马谡都是因为不会变通导致了失败。

袭虚之术有二焉:一曰因,二曰诱。

【注释】《虎钤经·袭虚第二十》。袭虚之术:袭击敌人虚弱地方的方法。因:因袭、顺着。诱:引诱。

【解析】"击敌虚弱"是一种战术。它要求避开敌人的精锐,在出其不意的情况下,有效地攻击它的要害所在。具体有两种方法,一种叫顺着,一种叫引诱。二者的区别在于在敌攻我守的情况下,敌方主动我方被动时应顺着敌军的进攻,假装防卫,等到敌人专注于进攻时,我方则袭击其虚弱之处。引诱是指我方出动疑兵,声东击西,不直接向目标进攻,使敌人产生错觉,这时我方就可以集中兵力猛攻其弱处。

兵之胜败,非人之勇怯也;勇者不可必胜,怯者不可必败,率由势焉耳。

【注释】《虎钤经·任势第二十一》。率:大概、大略。势:形势。

【解析】用兵打仗的胜利与失败,并不单由人的勇敢和胆怯,勇敢的不一定能取得胜利,胆怯的也不可能一定能失败。这都是由战争的形势决定的。谁能够看清形势、顺应形势谁就能取得最后的胜利。楚汉相争时,项羽是个"力拔山兮,气盖世"的大英雄,勇冠三军。而刘邦是一个市井无赖,没有一点勇者的风范。但就是因为他看清了秦末天下纷争的形势,并依着这个形势制定对策。终于打败了以勇著称的项羽。

乘势在我,可以指挥进攻矣。任势在敌,我当有道,反能击之。

【注释】《虎钤经·任势第二十一》。乘势:有利形势。道:办法。

【解析】有利形势在我方时,就可以指挥向敌人进攻了。运用形势在于敌人,我应当有办法,反而能打败他们。这就说明"势"是取得战争胜利所需要的关键的东西,如果有"势"就不要迟疑,赶快打败敌人。如果"势"不在自己一方,就要避敌锋芒,等到敌"势"已过而我"势"兴起的时候再和敌人交锋。

多胜者,非强也;多败者,非弱也,率由势也。

【注释】《虎钤经·任势第二十一》。强:强大。

【解析】多次取胜的,并不是一定因为强大,多次失败的,并不一定因为弱小,大都是因为形势罢了。在战争中,只要抓住可以战胜敌人的有利形势,不失时机地进攻敌人,就一定会取得胜利。历史上的官渡之战、淝水之战无不如此。

水之柔弱,方圆任性,而能蹶隄漂石者,水之势也。

【注释】《虎钤经·任势第二十一》。任性:任随性质而改变。蹶隄漂石:毁坏堤坝漂走石头。蹶:颠覆、毁坏。隄:同堤。漂:指漂没冲走。

【解析】水的本性柔弱,性质任随物性改变,却能毁坏堤坝,漂没石头,这是水的“势”。可见,任何弱小的事物都是不可轻视的。在军事上一支弱旅常被人轻视,但如果给予适当的机会和条件,弱旅也可以变成雄兵。战国初期的秦是很弱小的,但是他们因“势”利导,励精图治,最终统一了六国。可见因时顺“势”在战争中是有重要作用的。

用兵之道,既知水火之胜败,则尽于势之用矣。

【注释】《虎钤经·任势第二十一》。用:运用。道:方法、策略。

【解析】用兵的道理,既已知道水火的旺盛和失败,那就完全能把握对于形势的运用了。这就要求用兵者要懂得刚柔相济的道理。任何一场战争都有自己的特殊性,没有定法可寻。但只要牢牢记住“任势”,即顺应时势就可以百战百胜了。

知间者,兵家之要妙也。

【注释】《虎钤经·使间第二十二》。间:间谍。要妙:精要微妙。

【解析】间谍的作用是很重要的。孙子说:“知己知彼,百战不殆。”而要“知彼”,弄清敌情就必须使用间谍侦察敌情。间谍作用通常是侦察敌情、离间敌人。战国末期,齐将田单就利用间谍破坏燕惠王与大将乐毅之间的关系,结果燕王中计,乐毅被迫客走他乡。这也造成了燕国部队内部产生矛盾,最终被齐利用这个时机打得一败涂地。由此可见间谍在战争中有着不可替代的作用。

善用兵者,虽困屯急难,则如首尾相顾而不穷,斯为妙矣。

【注释】《虎钤经·分守第二十三》。困屯:疲惫、困倦。首尾相顾:指前后互相照应。穷:穷困。

【解析】善于用兵打仗的人,虽处在危难的环境中也能前后照应而不显得穷困。作战时,如果自己处于守势就要分配好兵力,使首尾能够相顾而且还要保证各个部分都坚不可摧。如果有一环比较薄弱,被敌人攻破就有全盘皆输的危险。张巡守睢阳,坚守很久。但终因粮草绝而被敌人以此为缺口攻陷城池。所以守卫防备是不可以有空隙的。

何博士备论

《何博士备论》是一部谈论历朝和历史人物用兵得失的军事评论集，为北宋武学博士何去非撰。何去非自幼博览群书，尤其喜欢谈论兵书，后在朝中参与校订了《武经七书》。《何博士备论》对从战国到五代历朝的兴衰成败及二十多位军事史上有名人物的用兵得失作了专门研究，提出许多精辟的军事名言。

自战其所可亲，而忘其所可仇。

【注释】《何博士备论·六国论》。意思是说各自攻打可以团结的国家，而忘记了共同的真正敌人。

【解析】俗语说得好，“兄弟同心，其利断金”，战国时，面对不断崛起而又怀有狼子野心的秦国，六国本来有兄弟之盟，如果能团结一致，共御强秦，孰胜孰败，也未可知。然而六国却各怀鬼胎，心存疑虑，最终被秦国逐一击破，得了个土地丧尽国家灭亡的结局。团结就是力量，众志就会成城。前事不忘，后事之师，我们应引以为戒。

兼敌之师利于转战，救败之师利于固守，兵之常势也。

【注释】《何博士备论·秦论》。兼敌之师：兼并别人的军队。救败之师：试图用防守方式抵挡别国进攻的军队。

【解析】这是秦国在统一天下和维护政权的不同形势下所应采取的不同攻守策略。当秦国以“兼并之师”出现在诸侯面前时，它是凭借自己强大的实力进行着前所未有的伟业，所以它能所向无敌，扫荡天下。然而这种行为一旦激起天下人的反抗，它依然四处主动出击，那就是杯水车薪无济于事。作为“救亡之师”只能据险固守，才能延缓其生命。

论兵者不论其顺逆之情与利害之势，则为兵亦疏矣。

【注释】《何博士备论·秦论》。意思是说，研究战争的人不谈民心向背和形势的利害关系，那么他用兵也必然有疏漏之处。

【解析】在《何博士备论》中，作者在很多篇章中都把军事与政治形势、民心向背等结合起来加以分析。秦的暴政已经引起了人们的不满，灭亡是必然的，天下人也锐意奋发要推翻秦王朝，这时候各地豪杰顺应民心乘势而起。在人民的支持和推动下，秦王朝的覆亡也就为时不晚了。

以力则不若以智之胜，以智则不若以德之全。

【注释】《何博士备论·楚汉论》。意思是说用武力夺取不如以智慧取胜，以智慧取胜不如以德来取胜。

【解析】楚汉之争，项羽的失败，刘邦的胜利为后人提供了许多历史教训，其中一点莫过于夺取政权中武力、智慧和道德三者之间的关系。战争初期刘邦实力远不如项羽，然而最终结果却是勇武者的失败，其中原因正如作者所说，真正的实力绝不是单靠武力。刘邦不仅善于分化瓦解敌人，善于钻空子，而且施行宽仁之政，废除秦的苛政，与民约法三章，从而深得民心，最终取得楚汉之争的最后胜利。

知夺而不知有，此所以亡耳。

【注释】《何博士备论·楚汉论》。有：控制，维持。

【解析】自古有“创业维艰，守成更难”的说法，在腥风血雨中夺取政权，不是很容易的事情，殊不知，夺取政权后如何去维持和控制更是难上加难。秦始皇以横扫千军之势统一了天下，满以为可以千百代传继下去，却二世而亡；隋文帝结束天下分割的局面统一全国，却也重蹈秦王朝的覆辙，二世而亡。究其原因就是不知维持，不懂治理。

因人之智而任之不疑，则天下之智皆其资也。

【注释】《何博士备论·楚汉论》。大意是说君主用别人的智慧而又不加以怀疑，那么天下的智慧就归他所有了。

【解析】汉高祖刘邦如果单凭他个人的智谋计策是不足以平定天下的，但天下最终归他所有，原因就在于他能吸取别人的智慧，能集思广益，任用天下能人而不怀疑。运筹帷幄有张良，决胜千里有韩信……也就是说刘邦本人拥有了这些智慧，所以他战败了项羽，创立了帝业。“用人不疑，疑人不用”确实是放之四海而皆准的至理名言。

王者之兴，固有所谓驱除者。

【注释】《何博士备论·楚汉论》。驱除者：指驱赶敌对势力。

【解析】古往今来，要兴帝王之业，必然要铲除敌对势力，扫清登基的障碍，这样才能稳稳当当地穿龙袍，坐龙椅。“卧榻之旁，岂容他人酣睡”。所以历史上才有唐朝的玄武门之变，清朝的雍正和十四阿哥之争。

杜患于未兆，弭灾于未形者，贤臣也。

【注释】《何博士备论·晁错论》。兆：先兆，征兆。

【解析】所谓贤臣，就是那些祸患还没有形成先兆就能防止的人，就是那些灾祸还没有发生就能把它平息的人。这些人高明之处就在于他们能防患于未然，他们看得远，想得深，所以就能提前预知事物的祸福成败。治国安邦，他们就是社稷之栋梁，国家之干臣。

忠知不足而持国任事，祸之府也。

【注释】《何博士备论·晁错论》。知：通“智”。府：国家储藏财物的地方，这里借指隐藏。

【解析】一个国家的灭亡不外两种情况，一个是君主的昏庸，另一个就是做臣子的缺乏忠诚和智慧。“文死谏，武死战。”虽然不足取，但从另一个方面反映了臣子们的忠诚。一旦他们缺忠少智，只能欺上瞒下，邀宠恃恩，国家本来已经内忧外患，危机四伏了，他们却仍在歌功颂德，粉饰太平。国家危亡之际，他们不能替主分忧，却逃之夭夭。这样的臣子才真正是国家、社稷的隐患。

强而骄，骄而反，理也。

【注释】《何博士备论·晁错论》。理：必然的规律。

【解析】势力强大了就会产生骄横的弊病，而一旦骄横了，就会目中无人，产生反叛的念头，这在生活中是经常出现的事情。西汉时，七个诸侯国之所以发生叛乱，就是因为他们的势力太大了，他们拥兵自重，无视中央政权，都想取而代之，成为九五至尊。中央政府也没有把这股祸患及时扼杀于摇篮之中，最终使人民遭受了长期的刀兵之苦。

忘战而恶兵，天下皆得以陵之。

【注释】《何博士备论·汉武帝论》。意思是说一个国家一旦忘记了兵争，厌恶了战事，造成的弊端就是天下都可以欺凌它。

【解析】国泰民安，不兴战事，当然是求之不得的好事，然而“安不忘危，治不忘乱”，即使在刀枪入库，马放南山的太平盛世，也不应忘记备战，不应忘记军队的训练。俗语说得好，“人无远虑，必有近忧”，弱肉强食，总是自然社会发展的普遍规律。你不侵略别人，并不说明别人也会与你相安无事。一旦你既无可遣之将又无可调之兵，别人就会乘虚而入，你就会落个丧权辱国的结局。

善将将者，不以其将予敌。

【注释】《何博士备论·李陵论》。大意是说善于使用将领的人，不会把将领白白送给敌人去送死。

【解析】在君主具有无上权威的时代，最容易发生国君对将帅横加干预而贻误战机，从而导致全军失败的事情。汉武帝就是这种把李陵白白送给敌人的人。他让李陵孤军深入，终致失败，他对李陵的失败有不可推卸的责任。“君命有所不受”，对无知君主的指手画脚，将帅尽可不必理喻。

听主无断而制将无权，二者之失均也。

【注释】《何博士备论·李陵论》。听主：顺从的君主。听，听任，顺从。

【解析】作为一国之君的天子应有当机立断的决断力，而作为一个指挥三军的统帅应有处乱不惊的权变能力，不然的话，两者的失败都是相同的。治国安邦，行军打仗如此，在平时的工作中也应如此。俗语说得好，“当断不断，反受其乱”。所以该出手时就出手，不要优柔寡断，而要随机应变，这样才能成就一番大事业。

古之善战者,无幸胜而有常功,计必胜而后战。

【注释】《何博士备论·李陵论》。幸胜:侥幸胜利。是说自古以来善于领兵作战的人,决不凭借侥幸心理去取胜,所以常有得胜的把握。

【解析】机遇常常光顾那些有准备的人。李陵率领五千士兵,孤军深入,事先又没有做好充分准备,仅想凭侥幸去获取胜利,失败也就在所难免了。俗话说得好,"不打无把握的仗"。不然的话,只能落个兵败身亡的结果。生活中也是如此,在工作上、学习上心存侥幸,你一旦欺骗了生活,生活也会报复你的。

度有功而后动,功可常期也。

【注释】《何博士备论·李陵论》。度:考虑。

【解析】当你做一件事时,应该事先考虑能否成功,然后再去行动,只有这样,你才能经常期望成功。尤其是刀兵相见的战场,一着不慎,千军万马就有去无回。李陵之所以兵败匈奴就是在没有取胜把握的情况下盲目出兵所导致的。寻常事情也是如此,半途而废者有之,前功尽弃者亦有之,究其原因,多数都是在没有把握的情况下盲目行动所致。

壮勇轻敌者可自从,而别将远征之所深忌也。

【注释】《何博士备论·李陵论》。意思是说对于那些勇敢但是有轻敌毛病的将领就应让他跟随自己,如果让他们单独远征则是用将的大忌。

【解析】有勇固然是件好事,勇往直前,勇冠三军……但一旦犯了轻敌的毛病,这时的勇只能起反面作用,只会恃勇轻敌,白白送死。所以作为一个高明的统帅就应知人善任,让那些有勇却常犯轻敌毛病的人跟随自己进行磨炼,增长识见。只有这样,时间一长,他才能成为一名独当一面的优秀人才,而不应让他自己恃勇无恐去身临险境。

正义之立,在国为法制,在军为纪律。

【注释】《何博士备论·李广论》。意思是说天下正义的建立对国家来说体现在法制上,对军队来说体现在纪律上。

【解析】俗话说得好,"不以规矩,不成方圆",一个国家的法制就是用来约束人们,使他们都能够遵纪守法,不敢为非作歹的;一支军队的纪律就是要求士兵们服从军纪,听从将令,不至于兵不听遣将不听调。军令如山,前进时,前边是水是火也要一往直前,后退时,前边是金是银也要视若无睹。只有这样,军队才能无往而不胜。"撼山易,撼岳家军难"就是岳飞从严治军的结果。

治国而缓法者亡，理军而废纪者败。

【注释】《何博士备论·李广论》。意思是说治理国家一旦放松法治，那么这个国家一定会灭亡；指挥军队，一旦军纪废弛，那么这支军队一定是个败迹之旅。

【解析】依法治国，从严治军，自古就是如此。一个国家也难免不会出现一些阴谋家，一些腐败分子，这时就需要严刑峻法来约束、镇压他们。不然的话这些城狐社鼠就会使国家社稷危在旦夕。“但使龙城飞将在，不教胡马度阴山”，然而就是这样一位名将，却落了个“冯唐易老，李广难封”的下场，原因之一就是李广治军不严，一旦放松严格的约束，士兵们就会放任自流，不能效命。

知死恩而不死将之令，常至于骄；知死令而不知死恩，常至于怨。

【注释】《何博士备论·李广论》。大意是说只知道为报恩而死，而不知道为执行命令而死，往往容易骄傲；只知道为执行命令而死而不知道为报恩而死，往往容易生怨。

【解析】李广作为一个将军，一生经历大小七十余战，充满了传奇色彩，却始终没有获得爵位和封邑的奖赏，最后还落了个“引刀自刭”的悲剧结局。原因之一是李广用兵失误。李广治军专讲恩惠，无所谓军纪，这样士兵作战就把保家卫国的天职转为私人恩怨，只想到为报恩而拼，没想到为命令而战，这种要么心存不满，要么意气用事的打法只能以失败而告终。

善于将者，使有以死吾之恩，又有以死吾之令，可百战而百胜也。

【注释】《何博士备论·李广论》。意思是说善于带兵的人既能使士兵为报恩于我而死，又能使士兵为执行命令而死，这样就可百战百胜了。

【解析】俗话说“士为知己者死”，一个好的统帅既要对士兵宽厚仁爱，又要能严格地要求他们，这样他们才能既心存敬畏，又能乐为所用。只有这样，士兵们才能拼死作战，攻城略地，无往而不胜；只有这样将领们才能建立功勋，保家卫国。不然对于军令，士兵们只会一味阳奉阴违，而作战也只能是屡战屡败了。

兵之不可以法传也。

【注释】《何博士备论·霍去病论》。意思是说用兵之道是不可以用成法传授的。

【解析】读书重在妙用，书是人读的，法是人用的；书要读活，法不能用死。用兵是神奇莫测的事情，所以不能拘泥于兵书上的条条框框，要学会变通和灵活运用。历史上很多人兵败被杀就是只唯书不唯实所导致的，像赵括被坑兵四十万，像马谡的痛失街亭……这些都是很好的例子。

归师勿遏。

【注释】《何博士备论·霍去病论》。意思是说不要阻截撤退的军队。

【解析】俗话说"穷寇勿追",狗急尚且跳墙,何况人呢?人的求生意识是非常强烈的,当一个人被逼得走投无路时,他就会有以一抵十的勇气和力量去为生存而战斗到底。所以面对一支为了求取生存而撤退的军队,高明的统帅是不会轻易去冒犯他们的。

师不必众也,而效命者克。

【注释】《何博士备论·汉光武帝论》。大意是说军队不一定要求数量多,只要能尽职效命就能打败敌人。

【解析】自古人们就有一种错解,认为人多力量就大,一拳还难敌四掌呢。然而历史上以少胜多的战例比比皆是,王寻、王邑以百万之师败于只有三千兵力的刘秀;曹操的八十万大军也被周瑜的三万兵力打得落花流水;苻坚的百万之众在谢玄的八千兵士面前望风而逃……究其原因就是他们尽管兵多将广,却军心涣散,士兵们不肯效命拼杀,也只能落个兵败如山倒的下场。

奋所以必败,而以致死胜。

【注释】《何博士备论·汉光武帝论》。意思是说用必败的危机去激发奋力拼死的潜能,最终能取得出人意料的胜利。

【解析】俗语说"置之死地而后生",当一个人,一支军队意识到自己除了拼死奋战已经没有退路时,就会爆发出无比巨大的求生欲望去和对手殊死搏斗,最终会取得意想不到的胜利。所以项羽有破釜沉舟的惊人举措。现实生活中,有些人在做事情时,总是事先就给自己准备了好多退路,殊不知这样有时是好事,有时却适得其反,变成了坏事。

善论将者,必知其所以胜任之多寡。

【注释】《何博士备论·汉光武帝论》。大意是说善于用将的统帅,必须了解将领能够指挥军队的多寡。

【解析】量体裁衣,量才而用,一个合格的统帅必须了解自己的将领能够指挥多少军队,这样才能指挥若定。所以才有韩信"多多益善"的说法。但刘邦就不能指挥大量兵力,例如他曾率领六十万大军攻打项羽,却被项羽二万精兵打败。知人善任,是领导所必须具有的才能。

三军之所恃者将,将之所恃者气。

【注释】《何博士备论·魏论下》。意思是说军队依靠的是将帅,将帅依靠的是勇气。

【解析】将帅是三军的灵魂，是三军的支柱，没了将帅，整个军队就会群龙无首，变成一番散沙；将帅必须要有攻城略地无往而不胜的勇气；只有将帅有了这种勇气，才能激励三军，才能起到表率作用，三军才能斗志旺盛，面对敌人无所畏惧。

事物之理，可以情通而不可以迹系。

【注释】《何博士备论·邓艾论》。迹系：拘泥于形式。迹，指表面现象、形式。

【解析】当我们认识事物的规律时，只能从根本上去认识，而不能拘泥于形式。那个守株待兔的宋国人之所以成为千古以来人们的笑柄，就是他只从表面形式上去认识事物规律，从而得出了所有的兔子都会往这棵树上撞的愚蠢结论。

善为兵者，攻其所必应，击其所不备。

【注释】《何博士备论·蜀论》。意思是说善于用兵的人，能够攻其所必应，击其所不备。

【解析】出其不意，攻其不备，这是用兵打仗的一条计策。当敌人认为你不会去攻击他，而放松了警惕时，你却暗中在调兵遣将来个突然袭击，这样往往会全胜而返的。孔明就曾用过这个计策，他声言出兵斜谷，却暗中突袭祁山，大出魏军意料之外，从而夺取了南安、天水、安定三郡。

善任将者不以兵轻属于人，善为将者不以其身轻任其寄。

【注释】《何博士备论·陆机论》。寄：寄居，依附。这里指暂时依附的主人。

【解析】善于选派将领的国君，不会把他的军队轻易交给别人；而善于统帅军队的将领，也不会轻易接受君主任命的。轻易把军队交给一个不值得信任的人，就是授人以柄自取灭亡，轻易接受一个不信任自己的君主的任命，就会有被猜忌之嫌，就有被杀头的危险。像陆机，司马颖任他为大将就是不信任他而是利用他，陆机却不能识破司马颖的阴谋，轻易领兵作战，结果兵败被杀。

才之所以，无恶其儒也。

【注释】《何博士备论·陆机论》。意思是说只要有领兵打仗的才能，不管他是否是个书生。

【解析】自古有言，“百无一用是书生”，“宁为百夫长，胜做一书生”，人们总认为书生只会夸夸其谈，像赵括、马谡那样纸上谈兵，然而懂军事的书生，再加上实际的锻炼之后，一般的将领是赶不上他们的。其实陆机的祖父陆逊就是一个书生,却能打得刘备望风而逃,从而建功立业。周瑜也是位儒将,也能赤壁一战,打得曹操丢盔弃甲。可见书生不仅能统兵打仗,而且还是出色的统帅。

兵以义举而以智克,战以顺合而以奇胜。

【注释】《何博士备论·苻坚论》。意思是说战争应顺应正义以智攻取,作战要顺情迎敌出奇制胜。

【解析】正义之师可以作战,是因为他们师出有名,能得到人们的支持和拥护,这样的军队如果再能在战术上运用智谋和奇计,那么就是一支无往而不胜的军队。苻坚以八十万大军攻打只有八千兵力的谢玄,但惨遭失败,究其原因就犯了这个兵家大忌,非但师出无名而且不讲智谋策略。

成败之机在于善察人言。

【注释】《何博士备论·苻坚论》。意思是说成败的关键在于善于分析别人的言论。

【解析】古语说得好"兼听则明,偏听则暗"。一个人要想有所成就,有所建树,就应该具备广泛听取各方面意见的本领,并且还要善于分析他们的意见,明智地做出是非判断,这样才有可能取得成功,不然的话,只想到好的一面,而忽略了不利的一面,不能把握利害的关键,失败就是毫无疑问的了。

先机而动,于机为妄。

【注释】《何博士备论·宋武帝论》。大意就是时机没有到来就采取行动,那就会抓不住时机而徒劳无益。

【解析】所谓时机就是最有利于完成某种事情的有利时间,它常常是事物的关键。一旦失去,主客观形势就会发生很大逆转。但是时机没到或者说时机还没有成熟就提前采取行动,其结果也往往是一厢情愿徒劳无功。只有时机真正到来并能顺势抓住它才能产生极大效果,促使事情的成功。

集大事者,恶夫卑而失机。

【注释】《何博士备论·宋武帝论》。意思是说成就大事业的人最忌讳的是缺乏雄才大略,丧失大好时机。

【解析】一个人要想获得成功,首先要有远大志向和真才实学,其次要能够把握好时机,乘时而起,这样才能建功立业。宋武帝刘裕凭着英雄气概愤然而起,逐一消灭了各个割据集团,北方只剩下关东的拓跋氏和陇北的赫连勃勃。他本该乘势而进,一举灭之,完成统一天下的大业,然而就在这个大好时机面前,刘裕撤回长安,他的志向只不过是取代晋朝而已,并没有统一天下建立万代帝业的大志。

百战奇略

《百战奇略》为明初刘伯温所著。这是一部以论述作战原则和作战方法为主旨的古代军事著作。该书被称为是继《武经七书》之后中国最为重要的一部军事学著作。它“极用兵之妙,在兵家视之,若无余策”,颇为后世兵家所推崇。

凡用兵之道,以计为首。

【注释】《百战奇略·计战》。计:谋划。首:首要,当先。

【解析】意思是行武用兵只有先权衡利弊,估摸情况,做一全局性策划,才能胸有成竹,胜券在握。古云运筹帷幄之中方能决胜千里之外,正是言此。运筹帷幄,即谋划是战争中的第一要事,是战略问题,而非战术。姜太公垂钓渭滨、张良圯桥拾履,诸葛亮龙卧南阳,都是高瞻远瞩、胸怀奇谋大略的不寻常举动。他们后来果然出谋划策,以计取天下,各为其主建立了不朽功业。诸葛亮"隆中对"传为千古佳话,正是以计取天下的典型例证。当时形势混乱,诸侯割据,刘备流亡四方,力量微弱,但诸葛亮胸怀天下,囊括四海,为刘备制定了"联孙抗曹"的英明策略。后来刘备才由星星之火形成燎原之势,建立了稳定的刘蜀政权,与曹魏孙吴鼎足而立,分庭抗礼。这全是诸葛亮的奇计所起的非凡作用。战争是不相信眼泪与激情的,必须有理智的头脑和高卓的见识。历史上任何一次战争的胜利,看似勇力所致,威势所趋,但任何一次都有冷静的、严密的、巨细无遗的计划。古今中外,概莫能外。《百战奇略》的作者刘基本人就是出奇计、建伟业的辅弼之臣,他深知用兵之道,以计为首的道理。所以他把"计战"列为该书的开篇第一条,见出他高卓的军事思想。此一语对我们的人生、处事都有启示意义。做人,不可盲目冲动,任性而发,须有智慧,有谋略;做事,不可漫无目的,马虎苟且,须有安排,有筹划。

敌始有谋,我从而攻之,使彼计衰而屈服。

【注释】《百战奇略·谋战》。始:起始。谋:图谋。从:跟随。之:指代谋。彼:指代敌。衰:衰丧,受挫败。

【解析】意谓要及时有力地挫败敌人的侵犯意图。本篇发挥了孙子"上兵伐谋"的战略思想,孙子意思是用兵的上策是挫败敌人的战争图谋,刘基在这里作了引申,指出要在敌人的图谋露出端倪的时候,就及时地有力地狠狠打击,挫败其士气与意图,迎头痛击使其不敢再事挑衅,但这首先要在道义上与力量上站得住脚,争取到有利的形势。孟子讲:得道多助,失道寡助。如果在道义上有利,形成一种舆论环境与声势威压,就能不战而屈人之兵,使其嚣张的气焰得以熄灭。另一方面,力量也是非常重要的,有一定的实力作后盾,敌人才不敢觑破。当然,这种力量既有军事物质力量,也指精神意志力量,"楚虽三户,亡秦必楚",坚强的意志和不屈的斗志,也可使敌畏怯从而却步。谋战是非常重要的,它可以把战争消灭在萌芽状态,可以争取到主动有利形势。蔺相如完璧归赵,渑池布秦兵靠的就是谋战。秦以强欺弱以大凌小,企图侵略,以和氏璧挑其端,赵国君臣在秦的威压下不敢不交付和氏璧而又不愿交出。蔺相如出使,"宁许以负秦曲",用的是谋战,最后,大义凛然,震慑秦朝君臣,在渑池会上,以谋战折损了秦的威风，取得了胜利，谋战是不流血的战争，是勇力也是智谋，是险境也是先机。

凡欲征伐，先用间谍，觇敌之众寡、虚实、动静，然后兴师，则大功可立，战无不胜。

【注释】《百战奇略·间战》。欲：想要。间谍：刺探情报的人。觇：观察、细看。兴：发动。

【解析】意谓凡要进攻敌人，必先派遣间谍深入敌人内部进行侦察刺探，或以重金收买敌方人员提供情报。悉知敌情虚实后，才可立奇勋建大功。“知己知彼，百战不殆”，在战争中，只有完全掌握敌人的内情和动态，才能相应地机动地采取行动，进而每战必胜。不管是古代的短兵战，还是现代的尖兵战，都须使用间谍，只是现代间谍情报系统要高明先进得多。这种深刻的军事思想对现代商战也有巨大的启示。现代商战，其实就是一种信息争夺战，谁拥有信息，谁就能尽占先机，谁就有优势，就能获胜。而要想拥有更多的信息，就要靠间谍。间谍古已有之，而谋战更是一种高超的战术。

凡与敌战，须要选拣勇将、锐卒，使为先锋，一则壮其志，一则挫敌威。

【注释】《百战奇略·选战》。壮：使…勇壮。志：斗志。挫：使…挫败。威：威风、威势。

【解析】与敌作战的时候，必须选拔训练有素的精兵强将作为突击队、先锋军。这样既可以壮大自己的气势与斗志，又可挫败敌人的威风。在作战中，最讲究“乘势”。《左传·曹刿论战》中言：“一鼓作气，再而衰，三而竭”，讲的就是士气的重要性。而士气的来去又是有规律的，须“乘势”、“蓦势”。“选锋”是一种重要的鼓荡、激励士气的方法，精锐的骑兵部队驰骋奔突，那是怎样一种雄壮的、激荡人心的气势呀！“选战”是很重要的，可以壮大己方气势，挫败敌方威风。“火牛阵”、“连环马”所以厉害，靠的就是一种冲撞的威势。首战的胜负，往往关系和影响整个战争的前途。而先锋队又是首战的主要担当者。因此，挑选什么样的将领和部队充当先锋，直接关系到首战的成败。正如《孙子兵法·地形篇》言：“兵无选锋曰北。”

步兵与车骑战者，必须丘陵、险阻、林木而战则胜。若遇平易之道，使用拒马枪为方阵、步兵在内。

【注释】《百战奇略·步战》。平易：平坦。拒马枪：古代作战中使用的一种能移动的障碍物，用木材做成人字架，将枪头穿在横木上，使枪尖向外，设于要害处，主要用于防御骑兵突击，故名。

【解析】意谓步兵与车、骑兵作战应当注意把握如下原则，即充分利用有利地形，如无险要地形可资利用，就要使用便宜器材设置障碍物。这主要讲的是战术问题，不同情况采取不同措施，灵活处理，便宜行事。步兵遇到战车、骑兵，容易受到冲击，所以须依险阻之地以遏其势。若平坦无阻，则须设障阻之。这都是具体的、灵活的战术指导。

骑兵与步兵战者，若遇山林、险阻、陂泽之地，疾行急去，是必败之地，勿得与战。欲战者，须得平易之地，进退无碍，战则必胜。

【注释】《百战奇略·骑战》。陂：山坡。碍：阻碍。

【解析】意谓骑兵对步兵作战，须要避开山林险隘，沼泽水网的地形，要在平畅无阻，一马平川的地方作战。“天时不如地利”，地形在作战中是相当重要的。骑兵作战，要发挥它的冲突，奔泻作用，须选择开阔平坦之地，因为此种地形骑兵机动，进退无碍，易于制胜。战争史表明，任何兵种作战都要受一定的地形条件的制约。骑兵是古代作战中机动力最强，突击力最猛的一个兵种，但是，只有在开阔平坦的地形条件下，才能充分发挥骑兵快速机动、猛烈突击的威力。而山林、险隘、沼泽之地，是妨害骑兵作战能力充分发挥的天然障碍。本篇能够认识到这一点，并且着重阐述地形条件对兵种作战的重要性，是可贵的。

与敌战于江湖之间，必有舟楫，须居上风、上流。

【注释】《百战奇略·舟战》。

【解析】意谓在水上与敌作战须占据有利的地理条件。它认为，凡与敌人在江湖水上作战，必须依靠舰船装备，且应选择上风上流处。因为，位于上风，可以利用风势纵火焚毁敌人；据上流，可用战舰乘流而下冲击敌人。历史经验表明，战争总在一定空间进行，因而地理条件对作战双方都有重要制约作用。在武器装备不发达的古代，特别是冷兵器时代，借助风力、水势对敌人作战，是古代战争指导者经常采用的战法之一。赤壁之战，孙、刘联军利用火攻一举击败百万曹军，就是典型例证。

与步、骑战于平原旷野，必须用偏箱、鹿角车为方阵，以战则胜。

【注释】《百战奇略·车战》。偏箱、鹿角车：皆为中国古代的作战兵车。

【解析】意谓凡与步，骑兵交战于平原旷野时，要实施车战，即用偏箱车或鹿角车布列成方阵对敌。其主要作用在于：一可增强部队战斗力，二可阻挡敌人，三可整饬和约束队伍不乱。车战至迟在商周时已经比较普遍。恩格斯在论及欧洲骑兵发展的历史时，也讲过：在军事发展史上，战车要比武装骑手的出现早得多。这说明车战确实推动了历史的车轮前进，在早期战争中有其不可替代的作用。

凡与敌战，士卒蹈万死一生之地，而无悔惧之心者，皆信令使然也。

【注释】《百战奇略·信战》。蹈：踩入、踏入。

【解析】意味对敌作战，行军用兵，士卒舍生忘死地去奋勇杀敌，都是将帅治军以“信”使然。将帅信赏必罚，真诚无欺，则士兵舍身用命，不爱其躯。“士为知己者死”，兵将上下一心，信诚相知，则每战必胜。军队上下关系，不仅是统率与被统率，命令与被命令，服从与被服从的关系，更有一种诚信无欺，相知相合的理解与被理解、沟通与凝聚的关系。这也是中国儒家传统美德在军队关系上的反映。中国历来讲究“言必信，行必果”，“已诺必然，不爱其躯”，“一诺千金”，浩气冲天的信义精神。这种精神用在军队里、战争中，起一种凝聚的作用，可激发士气，增强战斗力。

上好信以任诚，则下用情而无疑，故战无不胜。

【注释】《百战奇略·信战》。任：用。情：真实、确实。

【解析】将领讲信用而又能够任用诚实的人，那么下边的人就会心甘情愿地出力，这样的军队当然战无不胜。

凡欲兴师，必先教战。三军之士，素习离、合、聚、散之法，备谙坐、作、进、退之令，使之遇敌，视旌麾以应变，听金鼓而进退。如此，则战无不胜。

【注释】《百战奇略·教战》。教：教育、训练。素：平素。谙：熟记、熟悉。旌麾：谓古时用羽毛装饰的军旗，主将用以指挥军队作战。

【解析】此句阐述加强部队教育训练的重要性。意谓兴兵打仗必先加强部队教育训练。只有平时搞好训练，使全军掌握战术方法，熟悉作战号令，才能使部队在实战中看到指挥旗帜的变化而采取相应行动，听到鸣金击鼓的声响而进退自如。战争经验告诉我们，打仗固然要靠勇敢精神，但是，光凭勇敢而不懂战术，也是不能打胜仗的，必须平时注重训练，操练有素，才能进入临战状态，才能不慌不乱，从容应战。如果“马放南山，兵刀入库”，武备松弛，军心涣散，那一旦临战，就很危险。“生于忧患，死于安乐”，是金玉良言。即使在和平时期，也应开展军事训练，教民习战，强化武备。这才能立于不败之地。

凡战，若我众敌寡，不可战于险阻之地，须要平易宽广之地。闻鼓则进，闻金则止，无有不胜。

【注释】《百战奇略·众战》。

【解析】意谓在我众敌寡情况下要选择开阔平坦地域作战，不可局促于险狭之地。这样才便于兵力展开,进退开合灵活机动。

凡战,若以寡敌众,必以日暮,或伏于深草,或邀于隘路,战则必胜。

【注释】《百战奇略·寡战》。

【解析】意谓在我寡敌众形势下作战一定要在黄昏时分,或者在草木丛生之地设伏,或者在险路隘口截击敌人,这样,作战就能胜利。因为山岳丛林、深沟险谷之地,是大部队难以展开兵力的地区,但对小部队来说,却是便于活动的杀敌战场。战争实践表明,以少量兵力对众多兵力的战争,强攻硬拼是难以克敌制胜的,最好的办法是选择隐蔽、险要的地形,或设伏,或截击,这既可有效地保存自己,又易于达到突然袭击之目的。明代以少胜多的战例大多运用这种军事指导原则。

凡与敌战,士卒宁进死,而不肯退生者,皆将恩惠使然也。

【注释】《百战奇略·爱战》。

【解析】意谓统帅将兵,行师作战,须爱兵如子,恩惠有加,士卒才能乐为用命,誓死报上。"天时不如地利,地利不如人和。"在古代战争中,人的作用是最大的,同心协力,上下一致,和其德同其志才能取得胜利。对士卒爱护,将会产生巨大的、良好的倾向力、归趋力,将会激励其奋勇杀敌。所以爱战是非常重要的。吴起爱兵感人至深,他严格要求自己,与士卒同甘共苦,并且体察下情,关心士卒疾苦,身居高位,甚至自为士卒吮疽,所以常胜不败。史书记载李广带兵,"广之将兵,乏绝之处,见水,士卒不尽饮,广不近水;士卒不尽食,广不尝食,宽缓不苛,士以此爱示为用"。可见爱护战士是非常重要的。

三军知在上之人爱我如子之至,则我之爱上也如父之极。故陷危亡之地,而无不愿死以报上之德。

【注释】《百战奇略·爱战》。

【解析】军士知道主将爱兵如子,那么他们爱戴主将也会像爱戴他们的父亲一样。这样的军队一旦陷入危险的境地,士兵没有不愿拼死而战,以报主将恩德的。

凡与敌战,士卒前进而不敢退后,是畏我不畏敌也。若敢退而不敢进者,是畏敌而不畏我也。将使士卒赴汤蹈火而不违者,是威严使然也。

【注释】《百战奇略·威战》。

【解析】意谓必须从严治军。士卒之所以敢于赴汤蹈火地去杀敌,是为将者执法如山,从严要求的结果;而士卒畏敌不前,则是将帅治军不严的表现。

“没有规矩,不成方圆”,“军令如山”,军队是一个谐调的整体,有铁的纪律和完全统一的步调。将帅对士卒要爱,但须有威势,否则将会产生轻漫、纵逸情绪。治军不能用“妇人之仁”,要用伟丈夫的博爱与威重。诸葛亮爱才如子,礼贤下士。但在马谡失街亭之后,为了军威,为了军令,不得不挥泪斩马谡。所以威战对于军队是必不可少的,只有恩威并施刚柔相济才能带好军。

高城深池,矢石繁下,士卒争先登;白刃始合,士卒争先赴者,必诱之以重赏,则敌无不克焉。

【注释】《百战奇略·赏战》。池:护城河。矢:箭。合:交战。克:战胜。

【解析】意谓奖赏制度在古代作战中有重大作用。在攻城作战中,士卒们冒矢石而争先登城,不避白刃而争先赴战,都是由于悬以重赏的结果。“重赏之下必有勇夫”,信赏必罚方能激励士气。论功行赏能够激起士兵内在潜能与战斗力,而奖惩分明又能树立军队的威严。曹操治军善用奖赏制度,功勋卓著的,“不吝千金”;无功邀赏的,“分毫不与”,秉公无私,严肃认真,因此极大地提高了部队战斗力。“赏战”是非常有意义和重要的。

凡战,使士卒遇敌敢进而不敢退,退一寸者,必惩之以重刑,故可以取胜也。

【注释】《百战奇略·罚战》。

【解析】意谓惩罚制度在治军中起着重要作用。在对敌作战中,对于那些畏敌不前的士兵加以惩处,可以使部队临战敢进而不敢退。古言“罚不迁列”,指惩罚要及时果断,就地执行,不迁离行列。这就是说,惩罚不但严明、适度,而且要果断、适时。只有这样,才能达到惩一儆百,及时教育的作用,从而达到整肃军纪,提高战斗力的目的。

凡战,若彼为客、我为主,不可轻战。为吾兵安,士卒顾家,当集人聚谷,保城务险,绝其粮道。彼挑战不得,转输不至,候其困敝击之,必胜。

【注释】《百战奇略·主战》。客:指深入敌国实施进攻作战的军队。主:指在本国实施防御作战的军队。绝:阻断。困敝:困顿疲惫。

【解析】意谓主军作战需要慎重,不可与敌死战硬拼,而要“保城备险”以消耗敌人,“绝其粮道”以困敝敌人,然后待敌疲惫不堪之时,再集中兵力歼灭它。一般来讲,客军深入,力量较为强大,气焰较为嚣张,其锋难犯,这就需要从战略上进行防御作战,拖垮敌军,静观其变,而后乘势反击。拿破仑滑铁卢失败,希特勒莫斯科折戟,日军陷入中国人民战争的汪洋大海,都是主军积蓄力量,由弱至强,客军日益疲弊,由强至弱走向惨败的典型战例。

凡战，若彼为主，我为客，唯务深入。

【注释】《百战奇略·客战》。主：指在本国实施防御作战的军队。客：指深入敌国实施进攻作战的军队。

【解析】意谓深入敌境实施进攻作战的“客军”应深入敌境纵深地区作战，才能战胜敌人而不被敌人战胜。深入敌人纵深地区，士卒无路可逃，只能拼死作战；敌人在本国作战因思乡恋土容易逃散，这种反差造成了战争的胜利。俗语：“置之死地而后生。”孙子也言：“深入则专。”深入敌境，抱必死之志，断绝生路，必当奋力一搏，作困兽斗，容易胜利。项羽破釜沉舟，大败章邯，破秦“百二秦关”，正是鲜活例证。这种军事指导方针有一定的合理性。

凡与敌战，若我众强，可伪示怯弱以诱之，敌毕轻来与我战，吾以锐卒击之，其军必败。

【注释】《百战奇略·强战》。伪：假装。锐：精锐。

【解析】意谓与敌作战，若我强敌弱，可隐蔽自己，示以空虚，诱敌来战，突袭歼敌。“兵不厌诈”，通过伪装，给敌人以假象，使其主动就犯，进而瓮中捉鳖，一举擒敌。这是一种很高明的作战方法。一般强大的军队易于骄纵，易于懈怠，耀武扬威，而对方应做好准备，乘其空隙袭击之。刘基承孙子“能而示之不能”的军事思想，发扬光大，指出作战中强者宜示弱的战略战术，是很有远见卓识的。

凡战，若敌众我寡，敌强我弱，须多设旌旗，倍增火灶，示强于敌，使彼莫能测我众寡，强弱之势，则必不轻与我战，我可速去，则全军远害。

【注释】《百战奇略·弱战》。

【解析】意谓在敌众我寡、敌强我弱的形势下对敌作战，要用“多设旌旗，倍增火灶”的办法迷惑敌人，使其狐疑，不敢轻易作战交兵，我军则可安全撤退，远离危险。军事实践的经验表明，战争不仅是实力的较量，同时也是智慧的竞赛与角逐。在一定物质力量基础上，要打败敌人，就必须充分发挥主观指导的能动作用，在运谋斗智上胜敌一筹。根据不同情况，采取不同内容的“示形”方法，以达到欺骗敌人、迷惑敌人乃至战胜敌人之目的。这在中国古代战争中是经常被采用的一种有效战术。

敌人强盛，未能必取，须当卑词厚礼，以骄其志，候其有衅隙可乘，一举可破。

【注释】《百战奇略·骄战》。卑：谦卑。骄：使……骄傲。候：等待。衅隙：空隙。

【解析】意谓在强敌面前，不能必胜之时，可以用谦卑的语言厚重的礼物，使敌人骄纵轻忽，露出空隙之后，一举击败。这种战略思想是非常高明的。古人曰"骄兵必败"，骄傲容易麻痹大意，容易轻忽有失，容易松懈斗志，从而给对方造成可乘之机。从弱的一方来说，则弱兵临强敌之时，须要先骄纵敌人，使其无备，然后以有备击无备，必胜。越王被吴王击败之后，卧薪尝胆，忍辱负重，对吴王俯首称臣。吴王阖闾日渐骄纵，终于被灭。三国时关羽刚愎自用，"意骄志逸"，孙权君臣抓住其弱点，佯以卑躬谦和之姿，对关羽极尽颂扬恭维之能事，后关羽终不能保住荆州，留下千古遗恨。

凡与敌战，傍与邻国，当卑词厚赂结之，以为己援。若我攻敌人之前，彼犄其后，则敌人必败。

【注释】《百战奇略·交战》。傍：依靠。卑：谦卑。赂：礼物。犄(jī)：牵制。

【解析】意谓与敌国交战，须结交邻国为己援，互相配合，协同作战，一定能取胜。这种战略思想是极其高明的。在战争中，邻国之间往往是同生死共存亡的，"辅车相依，唇亡齿寒"，谁也离不开谁，这便需要结盟，临战国以"卑词厚赂"交结邻国，互相支撑，前后夹击，必能击败来犯之敌。春秋战国时的"合纵"策略，三国时刘蜀的"联孙抗曹"，都是此种战略思想的运用，并都起了巨大的作用。这种战略思想在今天仍然适用，国际关系风云变幻，只有广交朋友，才能抗击霸权主义与强权政治，才能"得道多助"，在国际上站稳脚跟。

凡与敌战，若彼众多，则设虚形以分其势，彼不敢不分兵以备我。敌势既分，其兵必寡；我专为一，其卒自众。以众击寡，无有不胜。

【注释】《百战奇略·形战》。设：布设。虚形：虚假的形迹。势：兵势。

【解析】意谓在敌众我寡的形势下作战，须设置虚假的形迹来分散敌人的兵力，然后集中兵力，各个击破，这种设虚形假象的"示形"之法，在战争中作用很大，己方灵活作战，机动随意，出其不意，攻其不备，敌方不辨真假，迷惑混淆，疲于奔命。"空城计"是一种虚形假象，"声东击西"也是一种虚形假象，在战争中，"兵不厌诈"，越是变化多端，行踪诡秘，越是机动灵活出其不意，越有获胜的机会。

凡战，所谓势者，乘势也。因敌有破灭之势，则我从而迫之，其军必溃。

【注释】《百战奇略·势战》。势：态势。乘势：紧随某种态势。迫：迫近、追击。溃：败。

【解析】意谓战争必须乘势而行。这是一种普遍适用的战略原则。"势如破竹"，"势不可挡"，"势"是静态与动态的结合，是一种倾向、趋归，是力量与速度的结合。弓在弦上是一种势，骏马驻坡是一种势，黄河咆哮是一种势，山崩石裂是一种势。而在军队中，势是一种有利的时机，是一种向上向前的士气。乘势则必胜。“势”稍纵即逝，不可轻忽懈怠，“势”瞬息万变，不可不果敢勇决。要善于蓄势，待势，而后乘势而行，则万无一失，百战不殆。

与敌昼战，须多设旌旗以为疑兵，使敌莫能测其众寡，则胜。

【注释】《百战奇略·昼战》。疑兵：即以伪装或佯动手段布设兵阵，主要用以迷惑敌人，以达到诱敌就范。

【解析】意谓与敌白天作战，必须多布置旗帜作为疑兵，使敌人莫知深浅，不敢轻举妄动。在战略上，“疑兵”，“示形”，是极其重要的，可以掩盖自己的虚实迷惑敌人，进而克敌制胜。

与敌夜战，须多用火鼓，所以变乱敌之耳目，使其不知所以备我之计，则胜。

【注释】《百战奇略·夜战》。变乱：扰乱。耳目：视听。

【解析】意谓夜间与敌作战，须多用火鼓扰乱敌人的视听，进而取胜。夜战，多不容易摸清情况，而混乱以至自相残杀。多置火鼓一则用以迷惑敌人，造成声势，从心理上、精神上震慑敌人；二则可以鼓舞士气，统一指挥，协调行止进退。所以夜战用火鼓是非常重要的。

出师征讨，行则备其邀截，止则御其掩袭，营则防其偷盗，风则恐其火攻，有胜而无败。

【注释】《百战奇略·备战》。邀截：拦截。御：防备。营：驻扎。

【解析】意谓行军打仗必须做好一切准备，防止受到敌人的突袭，造成不必要的损失。在战争中，任何一次小的失误与轻忽都可能是敌方最大的机会，稍不小心可能造成大憾。“千里之堤溃于蚁穴”，所以必须谨慎小心，做好一切准备。“有备无患”，未雨绸缪强胜亡羊补牢。只有在事前做好了准备，敌人才不会有可乘之机，这是一个战略性的大问题，事关全局。如果一支军队轻忽逸乐，懈怠骄纵，没有一点忧虑意识和危机感，没有任何的防范和预备，那很难想象它不会失败。大而言之，做任何事情，都须一种“备战”精神，时时处于临战状态，要紧张有序地进行思想准备，就不会产生急躁、慌乱、恐惧的不良不适反应，而会从容应付，游刃有余。

凡与敌垒相对持，两兵胜负未决，有粮则胜。若我之粮道，必须严加守护，恐为敌人所抄。若敌人饷道，可分遣锐兵以绝之。敌既无粮，其兵必走，击之则胜。

【注释】《百战奇略·粮战》。饷道：运输粮饷的路。绝：断绝，截断。

【解析】意谓在作战中，尤其是相持战中，须保有己方粮食，对于敌方，要尽可能断其粮食供应。粮食是保存军队战斗力,再生战斗力的重要物质,"民以食为天",军队更是如此,军中一日无粮,便要军心涣散,两日无粮便要混乱,三日无粮便要内讧。所以自己的粮道,自己的军需供给要严加守护。同时要极力破坏敌人军需,以造成其恐慌混乱,乘势击败敌人。曹操官渡之战便运用这一战略原则,烧绝了袁绍粮食,以至曹军大胜。

凡与敌战,山川之夷险,道路之迂直,必用乡人引而导之,乃知其利,而战则胜。

【注释】《百战奇略·导战》。夷:平坦。迂:曲。乡人:本地人。导:向导。

【解析】意谓与敌作战中,在不熟悉的地形须由向导领路。在冷兵器、短兵器时代,地形对战争的影响是很大的。占据有利地形就占有了先机与主动权。而不熟悉地形贸然前行,容易误入敌人圈套,中了埋伏。《三国演义》中诸葛亮几次纵火用计,都是深谙地形,诱敌深入才成功的,而凤雏、庞统误入落凤坡被乱矢所杀却是因为不谙地形。

兴兵伐敌,所战之地,必预知之;师至之日,能使敌人如期而来,与战则胜。知战地,知战日,则所备者专,所守者固。

【注释】《百战奇略·知战》。伐:讨伐。预:预先。专:专一,集中。固:牢固。

【解析】意谓与敌作战必须预先掌握交战地点和时间,这样才能做到准备充分,防守牢固。古语讲:"凡事预则立,不预则废。"今语云:"机会只给有准备的心。"说的都是做任何事情,预先有所计划和准备,就能立于成功之地;反之,预先没有计划和准备,便将陷于无成之地。在交战中,知战地,知战日,则能做到心里有数并根据实际情况做统一、周密、细致的安排,赢得主导权和占据先机,这样才能从容应战。"知战"是非常重要的,《孙膑兵法》亦言:"知己知彼,百战不殆。"

凡行兵之法,斥堠为先。

【注释】《百战奇略·斥战》。斥堠:亦作"斥候",谓侦察。

【解析】意谓行军用兵之中侦察敌情非常重要。正如《孙子兵法》所言:"以战待不战者胜",做好准备,完全熟悉情况,主动出击,则能战胜慌乱无备,不甚了了的军队。做好准备,则先需侦察敌情,敌人的动态与内部情况尽悉,则可相应地采取机动措施,及时地进入临战状态,打敌人个措手不及。

出军行师,或遇沮泽、圮毁之地,宜倍道兼行速过,不可稽留也。

【注释】《百战奇略·泽战》。沮泽、圮毁之地:沮泽,即沼泽之地。圮毁,即被水冲毁的坍塌之地。兼:双倍。稽留:停留。

【解析】意谓行军、宿营及作战时应避开沼泽或被水冲毁的地域。“若不得已,与不能出其地,道远日暮,宿师于其中,必就地形之环龟,都中高四下为圆营,四面受敌。一则防水潦之厄,一则备四周之寇”。即要选择那种形似龟背的四周低中间高的地方扎营布阵。这种军事思想,是古代占据“地利”的军事思想的一个具体阐释,具有积极意义。

凡与敌战,若有形势便利之处,宜争先据之,以战则胜。若敌人先至,我不可攻,候其有变则击之,乃利。

【注释】《百战奇略·争战》。宜:应该。据:占领。候:等待。

【解析】意谓作战中,须抢占有利地形。若敌方先占领了有利地形,则须静候其变,从而击之。战略位置非常重要,只有占据了有利位置,才能立于不败之地。马谡街亭失守便是很好的一例。马谡非常明白地利的重要,所以他据山扎营,但恰恰是陷于不利位置,被截断了水源,层层围定,敌方反占据了有利位置,所以马谡街亭失守。“争战”是重要的,一定要准确判断,权衡利弊,占领真正的“地位”。

凡与敌战,三军必要得其地利,则可以寡敌众,以弱胜强。

【注释】《百战奇略·地战》。

【解析】意谓作战时得地利之便方可以寡敌众,以弱胜强。孟子明确强调地利之重要,言:“天时不如地利。”此前此后的军事家也无一不重视地理位置。《百战奇略》更进一步强调之,光大之。

凡与敌战,或居山林,或在平陆,须居高阜,恃于形势,顺于击刺,便于奔冲,以战则胜。

【注释】《百战奇略·山战》。阜:山坡。恃:凭仗,依靠。

【解析】意谓无论在山林或平原与敌交战,都应先敌抢占制高点,从而使自己居于有利态势。这是古代军事思想中“地利之助”的一个方面。占领制高点,则居高临下,一览无余,可以顺势冲击,壮大声威,以取得胜利。

凡行军越过山险而阵,必依附山谷,一则利水草,一则附险固,以战则胜。

【注释】《百战奇略·谷战》。阵:布阵。利:以……便利。附:依附,依托。

【解析】意谓凡是途经山地而与敌交战时,必须选择地势险要且有水草可资利用的谷地安营布阵,才能取得胜利。这是阐述“地利”的军事思想。“地利”应具体情况具体分析,不可一概而论,如山阜一般为有利地形,但若截断供给,无水无食,或放火烧山,便是“死地”。《百战奇略》的战略思想是很辩证的,如本篇，依谷而阵便是很正确的军事思想，一则有水草物食之利，二则依山附险，有凭有障，完全得地利之便。

凡战，所谓攻者，知彼者也。知彼有可破之理，则出兵以攻之，无有不胜。

【注释】《百战奇略·攻战》。

【解析】意谓战争中，一旦了解到敌人有被我打败的可能时（知彼），便要不失时机地向敌人发动进攻，这样作战没有不胜的。本篇引自《孙子兵法·形篇》的“可胜者，攻也”句，意思是说，敌人有可能被战胜的时候，就应果断采取进攻战。显而易见，本篇以孙子的论述为理论依据，不仅从力量对比上阐明了进攻作战所应具备的条件，而且从作战时机上阐明了发动进攻的时机选择问题，这无疑是对孙子思想的弘扬，值得肯定。

凡战，所谓守者，知己者也。知己有未可胜之理，则我且固守，待敌有可胜之理，则出兵以击之，无有不胜。

【注释】《百战奇略·守战》。

【解析】意谓与敌作战时，当知道自己力量不足以战胜敌人时，要占据有利地势消耗敌人，等敌情日久生变时再转守进攻。战争中，应根据双方力量对比，从实际情况、当时态势出发，该守则守，该攻则攻，不可死搬硬套，纸上谈兵。既不要冒进，也不可保守，要掌握时机灵活变通。《百战奇略》作战谋略正有这样鲜明的特点。

凡与敌战，若敌人初来，阵势未定，行阵未整先以兵急击之，则胜。

【注释】《百战奇略·先战》。

【解析】意谓在与敌人作战中，对于立足未稳的来犯之敌，应当采取“先发制人”，打敌措手不及战略。《左传》中说：“先入有夺人之心。”占领先机，先发制人，能够迅速瓦解敌人的斗志，取得胜利。但是“先战”须把握好时机，乘其不备出其不意，干脆利落地取得成功。如若时机不成熟，只会损兵折将。

凡战，若敌人行阵整而且锐，未可与战，宜坚壁待之，候其阵久气衰，起而击之，无有不胜。

【注释】《百战奇略·后战》。行阵：行伍阵势。整：整肃、整齐。锐：气势锐盛。坚壁：坚定壁垒。衰：衰退、衰丧。

【解析】意谓对于行阵严整，士气锐盛的来犯之敌，不要轻易与之决战，应当“后发制人”，坚壁不出，等待敌人出现阵久气衰、师老兵疲的情况下，再出兵攻击之。“先发制人，后发则受制于人”，这是常理，但也不能一概而论，须要视具体情势而定，灵活机动。《百战奇略》的战略思想便是这样，若敌人气势盛锐，其锋难犯，则宜坚壁静待，以视其变，再乘隙击破。

凡战，所谓奇者，攻其无备，出其不意也。交战之际，惊前掩后，冲东击西，使敌莫知所备。

【注释】《百战奇略·奇战》。奇：指特殊的、变化的。备：准备。意：预料。

【解析】意谓在作战中必须采取出奇制胜的原则和方法。战争，是智慧与勇力的角逐，必须根据瞬息万变的情态、局势，采取相应措施，调整战法。既需要对垒、相峙的正战，又要灵活运用特殊变化的奇战。在对敌作战中，为了达到“攻其无备，出其不意”的作战效果，应当采用“惊前掩后，冲东击西”的佯动惑敌的战法，使敌对我无从防备。奇战具有灵活性、突然性的特点，采用隐秘而巧妙的战法，在敌人未曾意想之时，突然攻击其没有防备的薄弱环节，才能一举置敌人于死地，从而达到出奇制胜的作战目的。

凡与敌战，若道路不能通，粮饷不能进，推计不能诱，利害不能惑，须用正兵。正兵者，拣士卒，利器械，明赏罚，信号令，且战且前，则胜矣。

【注释】《百战奇略·正战》。推计：谓行以计谋。正兵：本篇这里是指经过选拔、装备精良、训练有素的，采取“且战且前”，步步推进的正面进攻的大部队。

【解析】意谓在道路不能畅通，粮饷不能前运，计谋不能诱敌，利害不能惑敌的情况下，只有使用“正兵”，即使用装备精良，训练有素的大部队，采取“且战且前”，步步推进的正规战法，才能深入敌方，夺取胜利；否则，是无法实施远程作战并取得胜利的。孙子言：“凡战者，以正合，以奇胜”，正面交锋是一支部队战斗力的主要表现，必须注重正战，提高正战水平。

凡与敌战，若我势虚，当伪示以实形，使敌莫能测其虚实所在，必不敢轻与我战，则我可以全师保军。

【注释】《百战奇略·虚战》。

【解析】意谓与敌战，若我势力虚弱，应当故意显示出实力强大的样子，使敌人不能猜测我方虚实，不敢轻战，那么我军就保全。“兵不厌诈”，在交战中，不可轻易暴露虚实，尤其不能暴露虚弱之态，以防敌人看破，势虚时，也须“伪示以实形”，示形惑敌，造成假象，迷惑敌人，使其不敢轻举妄动。从而静待时机，待己方力量充实时，反攻取胜。

凡与敌战，若敌人势实，我当严兵以备之，则人必不轻动。

【注释】《百战奇略·实战》。

【解析】意谓对于实力雄厚的敌人，应当严阵以待，周密防范，这样敌人才不敢轻举妄动。在交战中，任何情况下应须毫不松懈，严兵备之。在敌强我弱时，更须严阵以待，不留些须可乘之机。这样敌人才不敢轻易出击。

凡与敌战，必须料敌详审而后出兵。若不计而进，不谋而战，则必为敌人所败矣。

【注释】《百战奇略·轻战》。料：判断。详审：周详准备。计：研究、判断。为……所：被动结构，被……什么。

【解析】意谓与敌作战时不可轻率出兵，必须准确判断敌情而后出兵，方能战胜敌人。倘若不研究敌情就轻率进兵，不制定周密计划就贸然出战，就会被敌人所败。“有备无患”，只有作好充分准备，知己知彼，计谋周详，才能处不败之地。

凡与敌战，须务持重，见利则动，不见利则止，慎不可轻举也。如此，则必不陷于死地。

【注释】《百战奇略·重战》。持重：慎重、稳重。慎：小心。轻举：轻易行事。

【解析】意谓与敌交战须审慎谨重，不可急功近利轻忽躁动。行于所当行，止于所不可不止，乘时而动，适可而止。这样才能稳扎稳打，正如《孙子兵法》所言：“不动如山”，既不劳师，又不冒险，等待时机成熟，则神速迅捷，一举击败敌人。“重战”其实是将帅素质的反映。一个躁急轻忽，好大喜功的统帅是不可能做到重战的，而一个沉着冷静，久经沙场，智勇双全的统帅就能重战克敌。

凡与敌战，其将愚而不知度，可诱之以利。彼贪利而不知害，可设伏兵以击之，其军可败。

【注释】《百战奇略·利战》。

【解析】意谓在作战中对愚顽贪婪之敌，可以利诱，进而设伏兵击杀之。在战争中，往往可以牺牲局部利益换取全局的胜利，舍小利谋大略。尤其是对于那些愚妄贪得的敌人，更应该诱之以利，使其轻易出击，冒险踏死地，从而一举击败。

凡与敌各守疆界，若敌人寇抄我境，以扰边民，可于要害处设伏兵，或筑障塞以邀之，敌必不敢轻来。

【注释】《百战奇略·害战》。寇：侵略。邀：拦截。

【解析】意谓在防御战中要利用险隘要害狙击敌人进攻。在古代战争中，民族纷争，异国侵扰，诸侯割据，邦藩争锋，在冷兵器时代，只能靠关塞险隘来防御。长城、雁门关等等便是御敌屏障。所以，害战是非常重要和有用的，对于肆意侵扰的敌人，在险隘处预设伏兵，或在要害处筑垒设障，往往起到“一夫当关，万夫莫开”的效果。

凡敌人远来气锐，利于速战，我深沟高垒，安守勿应，以待其敝。

【注释】《百战奇略·安战》。锐：锐盛。敝：疲敝，衰竭。

【解析】意谓对于远来气锐而又急欲决战的进攻之敌，要采取“安守勿应，以待其敝”的办法，便可战胜敌人。孙子曰：“安以静”，指战争中必须保持冷静与清醒，不能躁急，不能轻率。敌人远来势锐，其锋难犯，须要避其锋芒，折其气势，通过耗时间来拖垮敌人，待其生变。即使敌人百般挑衅，也要沉得住气，岿然不动。

凡与敌战，若陷在危亡之地，当激励将士决死而战，不可怀生，则胜。

【注释】《百战奇略·危战》。

【解析】意谓与敌作战陷于危境中时，必须奋力一搏。“置之死地而后生”，当断绝一切生路时，便不会有恐惧与慌乱，只能拼死作困兽斗，这样反倒会因勇力无比而摆脱险境。所以，当部队处于困境，面临险情时，将帅应当临危不惧，处变不惊，激励将士全力拼搏，以激发出全体将士的最潜在、最顽强、最勇健的战斗力。这样，军队才有可能转败为胜转危为安。

敌人强盛，吾士卒疑惑，未肯用命，须置之死地，告令三军，示不获已。杀牛燔车，以享战士，烧弃粮食，填夷井灶，焚舟破釜，绝去其生虑，则必胜。

【注释】《百战奇略·死战》。死地：意即迅速奋战就能生存，不迅速奋战就只有死亡的地区，叫作“死地”。燔：烧。享：犒劳。夷：平。釜：平底锅。绝：消除。

【解析】意谓在与敌决战中，须使士兵去除一切疑虑、后顾之忧，置之死地，奋力拼搏，才能获生。孙子曰：“必死则生。”正是言此。项羽大破秦军，当时章邯帅秦军几十万，势力强大，而项羽几万人，形若石卵。但项羽破釜沉舟，怀必死之志，结果“楚战士无不以一当十，楚兵呼声动天地”，“大破秦军”。所以，在战争中，当处于“死地”之时，须“死战”。这是最强大的意志与内在的力量的发挥，这将激发起无比的战斗力。

凡与敌战，若地利已得，士卒已阵，法令已行，奇兵已设，要当割弃性命而战，则胜。若为将临阵畏怯，欲要生，反为所杀。

【注释】《百战奇略·生战》。阵：列阵。设：布设。为所：被动结构。

【解析】意谓在与敌交战时，若时机成熟，就要杜绝贪生怕死的情绪，须置性命于不顾。“陷之死地而后生，置之死地而后存”，这样才能充分激发出内在的战斗力。韩信与陈余作战时，相约将士破赵会食，背水一战，结果大胜，这是“使人人自为战”，放弃生之希望，置性命于度外所致。所以在作战中，必须坚定意志，消除瞻顾之念，这才能士气振奋，军心铁石，发挥出最大的积极性、主动性与战斗力来。这种军事思想是非常积极的。

凡与敌战，若我胜彼负，不可骄惰，当日夜严备以待之。敌人虽来，有备无害。

【注释】《百战奇略·胜战》。

【解析】意谓在与敌作战胜后，不能产生骄惰情绪，而应严防死守，更加提高警惕。“骄兵必败”，“哀兵必胜”，在战场上，胜利的一方产生骄傲情绪，便会放松警惕，给了敌人以可乘之机，从而失败。所以《胜战》中所阐明的战略思想是非常高超的，“胜战”之后，仍应保持戒备与警觉，以防止己方的失误与漏洞为敌所乘。

与敌战，不可恃己胜而放佚，当益加严厉以待敌，佚而犹劳。

【注释】《百战奇略·佚战》。恃：凭借，依靠。放佚：放纵，逸乐。

【解析】意谓胜敌不可放纵逸乐，而要严阵以待敌。“生于忧患，死于安乐”，“忧劳可以兴国，逸豫可以亡身”，古已言之。必须时时保持一种忧患意识，怀一种临战的岌岌乎危哉的心态，才能从容面对忽然事变，也才能处于不败之地。如果有一点胜利便骄傲自满，放纵逸乐，轻忽疏略，终将为敌所擒。

与敌战，若彼胜我负，未可畏怯，须思害中之利，当整励器械，激扬士卒，候彼懈怠而击之，则胜。

【注释】《百战奇略·败战》。

【解析】意谓作战失败后不可产生畏怯气馁情绪。老子言：“福兮祸所伏，祸兮福所倚”，成败祸福是可以互相转化的，转机往往在于再坚持一下。所以即使失败了也不可气馁，不可懊丧，须激励士卒，把消极情绪转化到“哀兵必胜”的斗志上来，以奋发图强，齐心协力战败敌人。

与敌战，若我众敌寡，当择平易宽广之地以胜之。若五倍于敌，则三术为正，二术为奇；三倍于敌，二术为正，一术为奇。所谓一以当其利，一以攻其后。

【注释】《百战奇略·分战》。三术：三份。正：正面进攻。奇：侧后袭击。

【解析】意谓与敌交战若我方兵力多于敌方，可以在平坦宽阔之处决战，分兵前后攻击。兵法上是忌讳分兵的，分兵叫势弱，势弱则败，所以兵法有云：聚不聚为孤旅，指该集中兵力时未集中将会成为孤立无援的军队。但用兵之道须权变，如果兵力超出对方，可以分兵，一以当其前，一以攻其后，奇正相谐，两面夹击。正如梁将陈霸先所谓："善用兵者，如常山之蛇，首尾相应。"

兵散则势弱，聚则势强，兵家之常情也。若我兵分屯数处，敌若以众攻我，当合军以击之。

【注释】《百战奇略·合战》。常情：常理。屯：驻扎。

【解析】意谓分兵则势单力弱，合兵则势强力增，这是兵家常理。如果敌人攻我，当合并分别驻扎的兵力攻击之。兵法讲究集中优势兵力，"聚众"、"合兵"、"乘势"，孤旅、单旅、弱旅作战容易被冲散，溃不成军。所以作战时，兵力相当或较少，万不可分，以防单独击破，各个消灭。"兵打一处"，以大兵胜，亦为大胜。

凡与敌战，须激励士卒，使忿怒而后出战。

【注释】《百战奇略·怒战》。

【解析】意谓战前须激励士卒，使其产生积极的愤怒情绪。《孙子兵法》中有："杀敌者，怒也"的话。若在全军上下能够激起一种同仇敌忾的氛围情绪来，则能产生强大的战斗力。"哀兵必胜"就是化悲痛为愤怒，为力量，从而战胜敌人的。但是，"怒战"要有限度，不可像"赤膊上阵"那样失去理智。

将之所以战者，兵也；兵之所以战者，气也；气之所以盛者，鼓也。

【注释】《百战奇略·气战》。所以：……的原因。气：气势、士气。

【解析】意谓作战时必先鼓动士气。在古代有："气实则斗，气夺则走"的说法，意即对敌作战，如果士气饱满旺盛就立即投入战斗，而一旦士气低落不振就迅速避敌退走。无数战争表明，士气高涨可以以少胜多以弱胜强，士气低落会不战而败。淝水之战秦苻坚惨败就与士气有关，纣王牧野之战，士兵厌战，终至倒戈。所以，战争中，士兵斗志士气非常重要，"一鼓作气，再而衰，三而竭"，必须乘势而战，一鼓作气，战胜敌人。

凡追奔逐北，须审真伪。若旗齐鼓应，号令如一，纷纷纭纭，虽退走，非败也，必有奇也，须当虑之。若旗参差而不齐，鼓大小而不应，号令喧嚣而不一，此真败却也，可以力逐。

【注释】《百战奇略·逐战》。审：明察。奇：奇兵。应：呼应。

【解析】意谓追亡逐北（追逐逃亡失败的部队）之时，必须察明其真败还是假败诱敌。在战争中，往往有诈败诱敌深入，然后设埋伏出奇兵的事情。所以必须谨慎小心，察明真伪，以免受迷惑上当。《曹刿论战》中，曹刿不轻易追击敌人，而“视其辙乱，望其旗靡（倒）”，准确判断后，方才追击，正是“逐战”思想的明证。

凡与敌相攻，若敌无故退归，必须审察，果力疲粮竭，可选轻锐蹑之。若是归师，则不可遏也。

【注释】《百战奇略·归战》。审：仔细、详细。蹑：跟随，追击。遏：阻。

【解析】意谓敌人无故退师时，若是力弱败退，可以追击，若是撤退保师，不能轻率追击。作战中，军情瞬息万变，而作为将帅也须通权变，明真伪，不可盲动。兵法曰归师勿遏，也不尽然，如果敌人真是势穷力尽，则可以乘势乘胜追击，一举歼灭。

凡战，若敌众我寡，敌强我弱，兵势不利；彼或远来，粮饷不绝，皆不可与战，宜坚壁持久以敝之，则敌可破。

【注释】《百战奇略·不战》。坚壁：坚守壁垒。敝：使……衰敝。

【解析】意谓作战时如果敌人强众，或远来气盛，则应该凭垒固守，持久防御，以待敌敝而反攻之，打败敌人。诸葛亮六出祁山，渭南之战中，魏军将帅司马懿针对诸葛亮急欲决战的企图，采取了避敌锋锐、固守待敌的作战方针。他背渭水为阵，依靠当地雄厚的人力、物力，进行持久坚守，顿挫蜀军进攻锐气。尽管诸葛亮屡次挑战，甚至派人给司马懿送去“巾帼妇人之饰”，以此来羞辱和激怒其出战，但司马懿识破其用心仍始终坚持按兵不动，致使蜀军空耗国力，一无所获，最后诸葛亮病亡，不得不罢攻撤退。

兴师深入敌境，若彼坚壁不与我战，欲老我师，当攻其君主，捣其巢穴，截其归路，断其粮草，彼必不得已而须战，我以锐卒击之，可败。

【注释】《百战奇略·必战》。

【解析】意谓出兵深入敌境，如果敌方固守堡垒不战，应该直捣其老巢。“不入虎穴，焉得虎子”，“最危险的地方最安全”，有时，深入敌人腹心正能打开局面，山穷水尽之时，忽现柳暗花明。三国时，司马懿进讨公孙渊，公孙渊固守辽隧坚城不与魏军决战，企图消耗和拖垮魏军，司马懿识破其阴谋，力排众议，果断决定避开强点辽隧坚城不攻，直捣公孙渊的所在地——守备薄弱的襄平城，并据“贼众我寡，贼饥我饱”的实际情况，集中兵力对襄平四面包围，迫使公孙渊在“粮尽窘急人相食”的严重危困形势下，弃襄平而逃，司马懿大胜。

凡战，若敌强我弱，敌初来气锐，且当避之，伺其疲敝而去击之，则胜。

【注释】《百战奇略·避战》。锐：锐盛。伺：等候。疲敝：疲劳衰敝。

【解析】意谓在敌人强大，刚来气盛之时，应当避其锋芒，待敌人疲弱之时再出击。《孙子兵法》言："避其锐气，击其惰归。"行师用兵，气锐势强之时，战斗力是难以想象的，其锋不可犯，只有当气衰力竭之时，才能乘机攻灭。三国时著名的赤壁之战，曹军百万，欲与孙权"会猎江东"，气盛势强，但孙刘联军隔江峙立，拖延时日，隆冬严寒，曹军日益疲惫，最后利用机会，孙刘一举击败曹军。

凡围战之道，围其四面，须开一角，以示生路，使敌战不坚，则城可拔，军可破。

【注释】《百战奇略·围战》。示：显示。拔：攻破。

【解析】意谓围攻敌人，必须留一角，示敌以逃生之路，以此动摇敌人固守坚城的决心，待其争路出逃之时而击之，这样，既可以不攻而占敌人城邑，又可以歼灭敌人有生力量。"置之死地而后生，陷之死地而后存"，"必死则生"，如果围个水泄不通，那么敌人必会作困兽斗，怀必死之志，这样将很难攻破。只有留出通路，给敌人求生的希望，才能松懈其斗志，乘机击破。三国时，曹操围壶关，未能攻下，曹操怒急，大骂"城拔，皆坑之"，几月未能攻下。曹仁建议"围城必示之活门，所以开其生路"，曹操听后完全采纳。于是改变强攻硬挤战法，虚留缺口示敌活门以动摇其心，不久便迫使守敌投降，曹军不攻而占了壶关。

凡战，所谓声者，张虚声也。声东而击西，声彼而击此，使敌人不知其所备，则我所攻者，乃敌人所不守也。

【注释】《百战奇略·声战》。张：张扬。声：声势。

【解析】意谓作战时，须虚张声势，声东击西，迷惑敌人，攻其不备。《孙子兵法》曾说："善攻者，敌不知其所守"，通过佯动误敌之法，迷乱敌人耳目，使其不知所措，不摸虚实，从而攻其虚弱无备之处，一举击破。"声战"是非常有效的一种战法。诸葛亮言："能攻心者则反侧自安。""声战"实是一种攻心之术，从精神上，从思想上，迷惑、扰动敌人，使其心理错乱，以致崩溃，从而克敌制胜。项羽闻"四面楚歌"而绝望，知道自己已经穷途末路。而"风声鹤唳，草木皆兵"，又是何等的一种摄魂夺魄的声势！

凡与敌战，必先遣使约和。敌虽许诺，言语不一。因其懈怠，选锐卒击之，其军可败。

【注释】《百战奇略·和战》。遣：派。因：乘着。

【解析】意谓与敌争战之时，先约和交欢，乘着敌人思想混乱，戒备松懈而击败它。"夫兵者诡道，善因势变。"在战争中，灵活善变，诡诈多端，才能战胜敌人，保全自己。秦末刘邦进攻峣关之战，就是运用"伪和"手段取胜的典型战例。秦二世三年九月，刘邦率军西向进入武关后，准备立即强攻拒守峣关的秦军。但谋士张良认为，秦军力量尚强，不可轻敌硬攻。他根据秦军多系屠夫、商人之子弟而可利诱收买的实际情况，建议派遣说客郦食其携带贵重宝物前往秦营议和收买。刘邦采纳照办。秦军将领果然被利诱收买而丧失了警惕。刘邦“因其懈怠”而挥军突然袭击，结果大败秦军，攻占了峣关，为以后直驱咸阳，灭亡秦朝，奠定了胜利基础。

凡欲兴师动众，伐罪吊民，必在天时，非孤虚向背也。乃君暗政乱，兵骄民困，放逐贤人，诛杀无辜，旱蝗冰雹，敌国有此，举兵攻之，无有不胜。

【注释】《百战奇略·天战》。兴：出动，发动。伐：讨伐。吊：慰问，抚恤。天时：这里指敌国因天灾人祸而造成的为我所乘的时机。孤虚向背：占卜之事。

【解析】意谓对敌作战须得“天时”，即有利的战略时机，而不能靠占卜“孤虚向背”来确定进攻的时日和吉凶。当敌国出现“君暗政乱”和“旱蝗冰雹”等人祸天灾之时，就该发动战争。历史表明，最终取得胜利的是正义战争，是顺应历史潮流，得天时人心的战争。兵法言：“顺天时而制征讨”，正是指此而言。纵观历代王朝的更替，都是由于末世王朝君昏政衰，刑徭苛酷，在顺天得人的战争催逼下发生的。所以不应迷信鬼神而应信人事。天战的战略思想是极其卓越的。

凡战，所谓人者，推人士而破妖祥也。行军之际，或枭集牙旗，或杯涌变血，或麾竿毁折，唯主将决之。若以顺讨逆，以直伐曲，以贤击愚，皆无疑也。

【注释】《百战奇略·人战》。推人士：谓推举堪当任事的人。妖祥：本谓吉凶的征兆，这里指妖灾怪异等不吉利现象。枭（xiāo）：鸟名。亦作“鸮”，俗称猫头鹰。

【解析】意谓在战争中要充分发挥人的能动作用，破除迷信邪说以坚定部队战斗斗志。出师过程中，凡遇各种怪异现象，都要主将给予妥善解决，以保持部队高度稳定。只要所进行的是“以顺讨逆，以直伐曲”的战争，都要坚定不移地去战斗。“师直而壮”，正义战争是不可战胜的，在正义战争面前，一切神鬼怪异都将化为乌有。

为将之道，要在甘苦共众。如遇危险之地，不可舍众而自乏，不可临难而苟免，护卫周旋，同其生死。如此，则三军之士岂忘己哉？

【注释】《百战奇略·难战》。道：原则，法则。要：关键。临：面临。

【解析】意谓将帅在危难之际，要与士卒同甘共苦。只有将帅临危不惧，处变不惊，与士兵同患难、共生死，才能得人心，士卒才心甘情愿“为知己者死”，舍身用命，以死酬恩。“上行下效”，将帅贪生怕死，临阵脱逃，士兵必然临危大乱，作鸟兽散。而当将帅有一种大无畏的威猛精神和爱兵如子的仁者风范，士卒也将矢石不顾拼死护主。三国时，孙权大军围攻合肥，张辽率部守城，兵不十一，但张辽亲率敢死队出城，给孙权军以出其不意的打击，重创其锐。他在作战中，临危不畏，甘苦与众。他自己亲冒矢石，冲锋陷阵的表率作用，把整个部队决心守城、奋勇杀敌的精神，完全激发出来，成为克敌制胜的强大战斗力。

凡与敌战，可密候邻国君臣交接有隙，乃遣谍者以间之。彼若猜贰，我以精兵乘之，必得所欲。

【注释】《百战奇略·离战》。隙：隙怨。猜贰：猜疑不一。

【解析】意谓与敌交战时，应该随时注意捕捉和利用敌国君臣之间的裂痕，派遣间谍进行离间，扩大和加深敌人内部矛盾，然后以精锐部队乘隙攻击之，以能达到战胜敌人的目的。春秋战国时期，燕国大将乐毅奉命率领燕、秦等多国部队攻齐，顺利攻下齐都，亲率燕师"东围即墨"。当时田单担任即墨守将，乘燕昭王已死、惠王新立之机，利用其昏庸暗昧，多方挑拨离间，造谣生事，最后惠王撤掉乐毅，田单利用其内部矛盾，乘士气低落、军心混乱之机，利用强猛的"火牛阵"打破了燕军围攻，并乘胜突击，大败燕军，使"齐七十余城皆复为齐"，取得了全面胜利。

凡与敌对垒，我欲袭敌，须众聚草木，多张旗帜，以为人屯，使敌备东，而我击其西，则必胜。

【注释】《百战奇略·疑战》。对垒：面对面安营扎寨，正面交锋。众：堆积。张：设置。人屯：部队驻扎。

【解析】意谓在与敌交战中，须设置疑阵以迷惑敌人。不同作战企图可用不同的疑阵方法。如要进袭敌人时，可采用"丛聚草木，多张旗帜"伪示我军屯兵所在而吸引敌人。设置疑阵，实际上是制造假象，伪装自己的一种"示形"惑敌手段。兵法上所谓的"增灶"之法，"声东击西"以及"昼战多旌旗"、"夜战多火鼓"都是疑战，是疑兵之法。《三国演义》中，张飞长坂坡仅有百余骑，而曹军百万军队如潮水涌来，张飞让百余骑曳树枝而奔突，黄尘漫漫，曹军疑惑之际，张飞长坂坡横枪立马，断喝遏流，惊走了曹军。若无疑阵，纵张飞三头六臂，也无济于事。

我欲退，伪为虚阵，设留而退，敌必不敢追我。

【注释】《百战奇略·疑战》。

【解析】我要避敌退却时，设置虚阵伪示驻兵而悄然撤退，敌人必定不敢轻率追击我军。这也是疑兵之计。

与敌人相攻，若雨雪不止，觇敌不备，可潜兵击之，其势可破。

【注释】《百战奇略·雪战》。雨雪：滑下雪。雨（yù），这里作动词，降下之意。觇：观察。潜：偷偷地。

【解析】意谓与敌人攻战的时候，如果下雪不止，乘敌不备之时，可偷偷用兵击杀它。历史表明，天时地利都深刻地影响着战争的成败。而天时，则包括天气节候，如狂风暴雪，不便于军事行动，但正因天气恶劣，人们容易懈怠，容易在酷寒中放松警惕，便形成战机。历史上著名的李愬雪夜袭蔡州便是利用了气候条件成功的。蔡州是淮西割据势力吴元济的老巢。吴氏称雄蔡州与唐廷对抗三十二年之久。而李愬把握战机，在一个雪狂风暴，严寒彻骨的冬夜，乘“蔡人不为备”，麻痹松懈之隙，一举破城，全歼守敌，活捉了吴元济。

凡与敌战，若我军曾经挫衄，须审察士卒之气，气盛而激励再战；气衰则且养锐，待其可用而使之。

【注释】《百战奇略·养战》。衄（nù）：谓损伤、挫败也。

【解析】意谓与敌争战之时，如果我军经受挫折，必须仔细认真，务须根据部队士气状况而决定战守之策。士气旺盛时，就激励其再战；士气衰落时，就休整部队，待其精锐气盛之时，再对敌作战。古言：“强弩之末势不能穿鲁缟”，“文武之道，一张一弛”。如果连续作战，兵疲力弱，会极大地挫伤广大士兵的积极性和战斗力，甚至会产生厌战或反战情绪，那将不可收拾。如果张弛有道休战适时，就能养精蓄锐，永保旺盛的士气和坚强的斗志。战国末，秦名将王翦对楚作战，就是养精蓄锐新师而战的光辉典范。老将王翦奉命率六十万大军进至楚平舆后，因楚围地广兵众，实难速胜，他便坚壁不战，以逸待劳，抓紧时间整训部队，并且“日休士卒洗沐，而善饮食抚循之，与士卒同甘苦”让士兵沐浴休养，饮食丰美，抚慰存恤，并大力开展“投石超距”（投射矢石，跳越障碍）的军事训练，使全军战斗力大为提高。楚军不能拖延时日，只好引军撤退，王翦转守为攻，挥军追击，结果大败楚军。

凡与敌战，军中有畏怯者，鼓之不进，未闻金先退，须择而杀之，以戒其众。

【注释】《百战奇略·畏战》。戒：警戒。

【解析】意谓在与敌交战中，士兵有畏敌怯战的情绪一定要采取措施。作战中有畏缩不前或临阵脱逃的士卒，就须择其甚者处死，以收杀一儆百之效。

若三军之士，人人皆惧，则不可加诛戮，重壮军威。须假之以颜色，示以不畏，说以利害，喻以不死，则众心自安。

【注释】《百战奇略·畏战》。壮：通戕（qiāng），挫伤，伤害。

【解析】如果全军普遍存在畏敌怯战思想时,不能单靠杀戮,须采取恰当方式,稳定军心,鼓起士气。在畏战情况下,关键在将帅,将帅须不急不躁不怒,不能靠戕残杀伐挫伤军威士气,而要临危不乱,处变不惊,开展思想教育,动员全军,鼓舞士气。作战时,更须身先士卒,奋勇杀敌。汉飞将军李广追击匈奴射雕者,百余骑陷入大漠,遇匈奴数千骑"广之百骑皆大怒,欲驰还走"。李广动员全军,令"解鞍下马",并且亲自驰突射杀匈奴白马将,稳住军心,也震慑了匈奴军。李广安全撤离了险地。

凡兵家之法,要在应变。

【注释】《百战奇略·变战》。法:法则,规律。要:关键。

【解析】意谓行军用兵,关键在于随机应变,不可拘执。在战争中,情况错综复杂,新情况层出不穷。为将帅者应该随情况的变化而调整自己,迅速作出反应。赵括纸上谈兵,拘执不通,唯书是从,只懂一些空洞的理论和历史上兵法的陈旧经验,不能亲临战争,因时因势而动,最终惨败。"事变时移,变法宜矣"。在复杂多变的战争中,只有依据客观实际,适应敌情,灵活变化,才能存己灭敌。"夫兵者诡道,善因事变"。面对纷纭复杂的情况,作战者须诡诈多计,变化无端,才能既不让敌人有机可乘,又能乘势灭敌。难怪《孙子兵法》曰:"能因敌变化而取胜者,谓之神。"

夫兵者,凶器也;战者,逆德也,实不获已而用之。

【注释】《百战奇略·好战》。兵:兵器。逆:悖逆。不获已:不得已。

【解析】意谓战事是不得已而为之,战争是悖逆德治仁政的,不可轻易发动战争,更不可穷兵黩武,以免玩火自焚,引焰烧身。这种思想是非常伟大的,已经超越了具体的有限的形而下的战略战术,而从战争的危害和节战的高度来阐述。战争的破坏是很大的,可以使财力枯竭,经济衰敝,生灵涂炭,民生困惑,最终导致民族衰落,国家败亡。虽然由于一定阶级经济利益之急,战争很难避免,但须节战。隋炀帝杨广就是因为对内横征暴敛,挥霍无度,对外穷兵黩武、肆意侵略而败亡的。他在位期间,对高丽三次用兵,共动用军民千万人以上,导致田畴荒废、民生困敝,"百姓困穷,财力俱竭"的严重后果。最后终于被农民起义推翻政权,自食恶果。谨记:"国虽大,好战亡之。"

不可以国之大,民之众,尽锐征伐,争战不止,终致败亡,悔无所追。

【注释】《百战奇略·好战》。尽:用尽。

【解析】千万不能仗着国家大,人口多,就去发动战争。这样做的结果只能是以失败告终,一旦产生了不好的后果,后悔也来不及了。

兵犹火也，弗戢，将有自焚之患，黩武穷兵，祸不旋踵。

【注释】《百战奇略·好战》。戢：扑灭。患：祸害。祸不旋踵：旋踵，旋转脚跟，亦即向后转身。不旋踵，谓来不及转身。全句意思是，祸患产生于来不及转身的瞬间。

【解析】战争就像火一样，不去扑灭它，就有自焚之患。一个国家如果穷兵黩武，祸患很快就会到来。

安不忘危，治不忘乱，圣人之深诫也。

【注释】《百战奇略·忘战》。安：安定、安宁、安乐。危：危险。治：治理得好。乱：祸乱。诫：警诫，教诫。

【解析】意谓和平安宁时期不可忘掉危殆祸乱，不可忘战。孟子言："生于忧患，死于安乐"，只有怀有一种忧患意识和危机感，岌岌乎大厦将倾，如临深渊，如履薄冰，才可以时时砥砺自己，引以为戒，严肃矜重，这样会永远有一种战斗力和生命力。如果骄纵懈怠，安乐放逸，最终"宴安鸩毒"，以致败亡。欧阳修在《五代史·伶官传序》中描述了后唐建国之雄武，又讲了为"几十伶人"所败之惨痛教训。唐朝，尤其是盛唐，国力雄壮，昂扬阔大，玄宗阔步雄视，"自恃承平，以为天下无复可忧，遂深居禁中，专以声色自娱"，过着"穷天下之欲不足为其乐"的腐化奢靡生活。结果，浔阳鼙鼓，安史乱起，顷刻间半壁江山沦陷，他仓皇流窜蜀地，狼狈不堪，从此，宫廷江河日下，风雨飘摇，岌岌乎危哉！这都是安逸忘战造成的。兵刀入库，马放南山，战祸来临必然手足无措、一败涂地。谨记此语："天下虽安，忘战必危。"

练兵实纪

《练兵实纪》为明代著名抗倭将领戚继光所著。该书写得非常通俗，为便于兵士阅读，书中还附了许多插图，是一部图文并茂、独具特色的军事著作。书中有练胆气、练伍法、练将等内容，针对性强，颇有实用价值。

陈师鞠旅，列众于场，谓之操练。

【注释】《练兵实纪·练胆气》。陈师鞠旅：排阵列队，训示部队。陈：布阵。鞠：告诫。旅：军队。

【解析】这句话是说，凡排阵列队、在操练场上训示集合部队，叫做操练。这是一般意义上所谓的操练。操练是决定战争胜负的关键一环，只有经过严格训练的军队，才具有“战无不胜，攻无不克”的战斗力。没有经过操练的部队，就不会有严明的纪律，不会有杀敌的技能与胆量，不会有精诚团结的精神，这样的军队在战场上势必是要打败仗的。

循士情。

【注释】《练兵实纪·练胆气》。循：安慰、体恤。

【解析】这句话是说要体恤士兵的感情。将领若能经常体恤、安慰士兵，能“视卒若爱子”，那士兵必定会以加倍的爱心对待将领，以加倍的勇气去杀敌。

主将常察士卒饥饱劳逸、强弱勇怯、材技动静之情，使之依如父母，则和气生。

【注释】《练兵实纪·练胆气》。使之依如父母：使他们依赖长官如同父母一样。

【解析】这句话是说，主将应该经常体恤士兵的饥饿温饱、疲劳安逸，强壮瘦弱、勇敢怯懦，才干以及本领，还有喜动还是爱静等各种习性，使他们依赖长官如同依赖父母一样，军队就会团结和气。对待士兵，将帅应该不加区别地一视同仁，对所有士兵都应该体恤、安慰，“使之依如父母”；对士兵中间有才能的人，更要懂得惜才、爱才，这才是将帅所应具有的胸怀。

气和则心齐，兵虽百万，指呼如一人。

【注释】《练兵实纪·练胆气》。

【解析】这句话是说，气和就齐心一意，就能做到万众一心，兵士虽有百万之众，指挥调遣就像调遣一个人那样轻而易举。主将能体恤士兵，士兵能团结和气、万众一心，那么在指挥军队打仗的时候，就能做到轻松自如，不费气力地指挥千军万马。

公常罚。

【注释】《练兵实纪·练胆气》。

【解析】这句话是说，赏罚要公正。赏该赏之人，罚该罚之人。有功之臣不奖赏，就不能够鼓励人们建立功业；勇武之士不奖赏，就不能够激励人们勇往直前。这充分说明了必须奖功赏勇，才能激励人们义无反顾，勇往直前。然而如若赏赐没有功劳的人，惩罚没有罪过的人，就会不得人心，这不是公正之举、明智之举。所以说，赏罚要公正。

凡赏罚，军中要柄。

【注释】《练兵实纪·练胆气》。要柄：根本。

【解析】这句话是说，赏罚是治军的根本。一支军队要维持正常的建设和应付各种战争，就需要有一套完善的赏罚严明的军规军章来加以保证。只有以法治军，及时奖功罚过，“不赏无功，罚加有罪”，才能弘扬正气，抑止懒散、懦弱、渎于职守等不良风气。治军要赏罚分明，要做到赏罚适度、适当、适时，这才能扶正祛邪，收到“人怀自励”的良好效果。而如果该罚未罚，该惩未惩，当赏不赏，当奖不奖，这就会严重地挫伤士兵的积极性，使军队陷于将亡境地。

如该赏者，即与；将领有不共戴天之恨，亦要录赏；患难亦须扶将。

【注释】《练兵实纪·练胆气》。不共戴天：不跟仇敌在同一个天底下活着，形容仇恨极深，不能并存。戴，顶。

【解析】如果该赏的，就一定要赏；即便将领同他有极深的仇恨，也要论功行赏；有了灾难祸患也要扶持帮助。将领要有宽广的胸怀，对于那些与自己有极深仇恨的人，也要该赏则赏，做到公私分明；对于那些陷于危难境地的人，要扶持帮助，而不能袖手旁观，更不能落井下石。有功即奖，有业绩就赏，这是将领治军的一个根本法则。

如犯军令，便芨亲子侄亦要依法施行，决不许报施恩仇，有此者以其所报之罪坐之。

【注释】《练兵实纪·练胆气》。坐：治罪，定罪。这句话是说，如果违反了军令，即便是亲儿子侄儿，也不要姑息迁就，必须按法律执行，决不允许以私徇情，徇私枉法，如有报私徇情行为的，就用他所徇之罪治他的罪。

【解析】法律面前，人人平等。即便是“王子犯法”，也要“与庶民同罪”，所以不管是将领，还是士兵，也不管是自己的亲人，还是自己的爱将，只要违反了军中的法令，触犯了军中的制度，就要受到法律的惩罚。昔日曹孟德马跃麦田，为严正法纪，警示世人，便“割发代首”，可是，他只不过是玩了一场权利的把戏而已，用来遮掩世人的耳目罢了。“正人先正己”，己不正如何正人？曹孟德自践法律的尊严，无异给自己扇了一个响亮的耳光。而那位笑傲群儒，纵横叱咤的风云人物诸葛亮，因“街亭之失”，不仅“挥泪斩了马谡”，而且自行上书请求贬降，诸葛亮以身正法，维护了法律的公正性和严肃性。

遵节制，军中唯有号令。

【注释】《练兵实纪·练胆气》。

【解析】这句话是说，要严守节制，军队唯号令是听。决定战争胜负的因素很多：如人心的凝聚、将士的团结和睦、武器的精良、士气的高涨、赏罚的公正严明等。戚继光认为要剪除倭寇，消除外患，最为关键的是要有一支纪律严明、训练有素、骁勇善战、精诚团结和严守节制、唯号令是听的部队。能严格遵守军中的节制，认真听取军中的号令，则能"兵虽百万，指呼如一人"。

军士万人一心，一个百斤力，万个百万力矣，如何撼得动？

【注释】《练兵实纪·练胆气》。

【解析】这句话是说，军队可以万众一心，一个人出百斤力，一万个人就是一百万斤力，怎么能撼得动？孟子云："天时不如地利，地利不如人和。"孙膑说："间于天地之间，莫贵于人。"孙子云："上下同欲者胜。"可见，他们都是把"人和"作为取得战争胜利和治理国家的关键。做到了"人和"，就做到了万众一心，和衷共济，生死与共，只要做到了万众一心，战争的胜利就有了坚实的基础和可靠的保障。

若人各一心，百万之众各是一个身子，即贼一个，便可冲动之。

【注释】《练兵实纪·练胆气》。

【解析】如果一人一条心，百万之众各是各的心，即使只有一个敌人，也会被冲垮。俗话说得好：团结就是力量。万众一心，团结一致，就可以筑起一道坚不可摧的城垒，而如果没有了凝聚力，一人一条心，大家各顾各，遇到了危险只想着自己能脱逃，这样的军队注定是要打败仗的。古时候义勇兼具的武安王，也就是现在天下庙中的关帝，生前曾独骑单刀于万众之中轻取颜良人头，原因正是颜良的兵各人一条心，没有精诚团结的精神。

人人遵守号令，重如性命；死便死，不敢违令。

【注释】《练兵实纪·练胆气。》

【解析】这句话是说，人人要遵守号令，视号令如同生命一样，死就死，不违反号令。作为一名军人，他的天职就是服从命令，遵守军纪，把号令看得重于一切，把纪律看得高于一切，即使到了生死关头，也应选择服从命令和遵守军纪。就是牺牲了，也是值得的。

若将走了死的念头，肯向前与他厮杀，杀他一个，做个好汉死，也报了我的仇恨，自然万人一心，万身一力。

【注释】《练兵实纪·练胆气》。

【解析】如果去掉怕死的念头，肯用力向前与他拼杀，杀死他一个，做一个顶天立地的好汉而死，也报了我的仇恨，如果人人都能这样，自然就可以万人一心，万个身子一种力量。不怕死，这是军人首先应该具备的，有了这种精神，自然就会与敌人奋力拼杀，宁可在战场上战死，也不愿苟且偷生，临阵脱逃。如果人人都这么想，这样做，大家心往一处想，劲往一处使，那就会形成一股强大的力量，坚不可摧，势不可挡。

有功生还，登时富贵，何等是好！

【注释】《练兵实纪·练胆气》。

【解析】这句话是说，立功活着回去，顿时就无比富贵尊荣了，这该有多好！在战场上，大家如果能万众一心，一齐杀敌，定会打败敌人，立下赫赫战功，带功归来，就会赢得人们的尊敬，荣誉、财富就会滚滚而来，这是无比美好的事情，可是如果在战场上遇到敌人杀来时却不肯动手与之拼一拼，低头缩颈让人杀死，或是胆小害怕而逃跑，这是懦夫的表现，是极不光彩的事情。

省己过。

【注释】《练兵实纪·练胆气》。省（xǐng）己过：反省自己的过失。

【解析】古人云："从人反躬者，鲜不为君子；任己盖非者，鲜不为小人。"这就是如何对待自己错误的问题，是讳疾忌医，任己饰非，还是反躬自省，见贤思齐，有过则改。"人非圣贤，孰能无过，过而能改，善莫大焉"，的确，"金无足赤，人无完人"，人难免有过失，但是犯了错就要及时反省自己，并且改正错误，确保自己不再犯同样的错误，这才是对待自己所犯过错的正确态度，由此也可窥见一个人所具有的美好品德。

兵是杀贼的东西。

【注释】《练兵实纪·练胆气》。军队就是杀敌人的东西。

【解析】军队的职责就在于保家卫国，保卫家园的安宁，保卫国家的安全，所以士兵来到军队就应以此为目的建立功名，报效国家。

设使你们果肯杀贼，守军法，不扰害地方，百姓如何不奉承，官府如何不爱重？

【注释】《练兵实纪·练胆气》。

【解析】如果你们真能杀敌守法，不扰乱地方，老百姓怎么会不欢迎，官府怎么会不敬重你们呢？作为军人，如果能遵纪守法，勇猛杀敌，就会受到百姓的拥护与爱戴，受到官府的信赖与敬重；可是，如果每到一个地方，他们与强盗和窃贼一样地烧杀抢掠,老百姓就会关门闭户,避而远之,官府也会对他们失去信任,并且会轻视、厌恶他们,这样的军队不是真正意义上的军队,这样的军队不得人心。

今练之后,但凡军行,必是依令抬营,一人不得搀越生事。

【注释】《练兵实纪·练胆气》。抬:移动。

【解析】这句话是说,从现在起,经过训练以后,凡是军队行动,必定要按照条令移营,不许一人扰乱生事。军事行动,要集体行动,且要依照条令,不得越轨于法令之外去随意行动,更不允许个人生是非,惹事端。

思豢养。

【注释】《练兵实纪·练胆气》。豢(huàn)养:供养。

【解析】这句话是说,要想想供养的不容易。在当兵的日子里,虽然刮风下雨,少不了许多辛苦,但是每月都有银粮,而这些钱财和粮食都是官府从老百姓那里征来的,老百姓耕田种地是非常艰辛和苦楚的,所以应该知道银粮来得不容易,思之不易,就会加倍珍惜它。

养了一年,不过望你一二阵杀胜。

【注释】《练兵实纪·练胆气》。

【解析】百姓供养你一年,只不过希望你们冲杀一、二阵取胜。养兵千日,用兵一时,平日里对士兵的供养,为的就是能让他们在战场上杀敌取胜,如果他们不肯出力杀敌来保护老百姓,供养他们也就没有什么用处。

就是军法漏网,天也假手于人,定不放过骗食官粮之人也。

【注释】《练兵实纪·练胆气》。假:借。

【解析】这句话的意思是,就是军法将你们漏网了,老天爷也要借别人的手杀死你,老天一定不会放过那些骗吃官粮的人。享用了官府从老百姓那里征来的粮食,就要为国家效力,保护老百姓,如果待在军队里无所作为,白白地骗吃官粮,军法不容,老天不容。

教士卒。

【注释】《练兵实纪·练胆气》。要训练士卒。

【解析】两军对垒,虽然决谋在于将帅,但终究要靠全体官兵的奋力拼杀,而这样的官兵也必须是经过训练的才行。精兵铁军,都是从艰苦的训练中脱颖而出的。"宝剑锋从磨砺出,梅花香自苦寒来",人的才能不是与生俱来的,必须经过培育和锻炼才可获得,士兵打仗的本领也不是天生的,也要经过艰苦的训练方能掌握。

苟不加教习之,亦是以卒予敌耳。

【注释】《练兵实纪·练胆气》。

【解析】如果不加以调教训练,还是等于让士卒白白地去送命。对待士卒,要体恤、爱抚,这样他们就会与将帅同生共死而不退缩,但是,只有这些还远远不够,《论语》上说:“只是疼爱而不加以调教,只不过是禽兽之爱罢了。”所以,对待士卒,不仅要疼爱,而且还要给予他们严格、艰苦的训练,使他们真正掌握作战的本领,否则,士卒只会白白去蹈死地。

徒有亲上死长之心,而无亲上死长之具,所谓乳犬犯虎,伏鸡搏狸,虽有斗心,随之死矣。

【注释】《练兵实纪·练胆气》。具:本领。

【解析】这句话的意思是说,士卒只有一颗亲近上司、愿为之效死之心,而不具有达到这一目的所需要的本领,那就等于幼犬与猛虎、雏鸡与狐狸搏斗,虽然有不怕死拼斗的决心,但随之而来的便是死亡。这就强调了训练的重要性。不经过训练,没有掌握杀敌的本领,士卒就是空有一腔报国热血,也难以实现自己的愿望,只能是“望敌兴叹”,更甚者,便是徒丢了性命。

俾人人有勇知方,人自为虞,蔑有不胜敌者。

【注释】《练兵实纪·练胆气》。俾(bǐ):使。蔑:无。

【解析】这句话是说,使人人都有勇气、有谋略、有武艺,做到人自为战,没有不能战胜敌人的。春秋时的政治家、军事家管仲说过:“用经过训练的士兵去攻击没有严格培训的乌合之众,必然百战百胜。”要在战斗中立于不败之地,手中必须有一支经过训练的“铁军”。

刚愎害。

【注释】《练兵实纪·练胆气》。刚愎(bì):自高自大,一意孤行。这句话的意思是说刚愎是有危害的。

【解析】刚愎自用,明知自己错了,却仍然一意孤行,听不进别人的意见,自以为是,这是有极大危害的。将帅不能纳人善言,对自己过分自信,认为没有必要向别人请教,殊不知“智者千虑,必有一失”,“两个头脑,比一个头脑好”,因此未能未雨绸缪,见微知著,必然会给战争带来祸害。

愎，刚德之贼也。

【注释】《练兵实纪·练胆气》。

【解析】它的意思是，愎是对刚这种美德的损害。意志坚强，敢做敢为，称为刚。刚是人的一种美德。依仗自己的权势与强盛，明知自己错了也要一意孤行，叫做愎。本来，拥有了刚这种美德是一件极好的事情，可是一旦再加上愎，它就会对刚造成损害，使原本美好的东西附着上了污点。

为将者，一有自用之心，士情不问，人人解体；敌情不得，耳目瞽聩；亡身败家，可立而待矣！

【注释】《练兵实纪·练胆气》。瞽聩(gǔ kuì)：眼瞎，耳聋。

【解析】作为将领，一旦有了自以为是的心理，必然对士兵的情况不闻不问、不管不顾，人人离心离德，部队就会瓦解；敌情难以探明，变成聋子瞎子，这样，亡家败家的灾祸马上就要来临了。刚愎自用是将领的大忌，总是自以为是，自作聪明，听不进下级的意见，忽视他们提出的好建议或措施，长此以往，士兵们就会变成一盘散沙，打仗的积极性就会受到严重挫伤，进而人心涣散，必然导致部队的瓦解或战争的失败。

人之有技如己有之，即其不足取而言可采，略其人而取其言，师其言而不必用其人。

【注释】《练兵实纪·练胆气》。

【解析】这句话是说，别人有了某种技艺专长，就如同在自己身上一样，即使他的人品不可取而他的言论有可取之处，就应该不问他的人品而听他的言语，学习他的言论并非必须重用他。虚心学习别人的长处，这是作为一军统帅所应具备的品质。别人有了某种技艺，就该不耻下问，虚心学习，这样，他的技艺也就变成自己的了。在学习的过程中，要看到别人的优点，忽略他的缺点，把别人的优点与专长集于一身，这样的将帅，定会是常胜将军，这样的军队，定会常打胜仗。

宜忘其尽善当理之美，而急求吾一二之讹，改过就中，行之以强健不息之志。

【注释】《练兵实纪·练胆气》。讹(é)：错误。中：正确、正轨。行：实践。

【解析】它的意思是说，应该忘却自己完善合理的优点，而刻意寻求美中不足或失误之处，改正错误，转向正轨，并以坚定不移的意志去实践。不应该以为自己已经是尽善尽美了，而应该永远有不满足的心理，永远都认为自己还有美中不足的地方或是失误之处，永不满足才会不断前进。只有这样，克服了愎，使刚强变成将帅的美德，从而有利于沟通下情，了解敌人的变化，吸取众人的长处，成就功业，化凶为吉。

爱士卒。

【注释】《练兵实纪·练胆气》。要爱护士卒。

【解析】古今善于治兵的良将，总是把如何关心、爱护部下作为治军的第一要务。孙子说过，“视士卒如婴儿”、“爱兵如子”。据《史记》记载，军事家吴起为将时，“与士卒最下者同衣食。卧不设席，行不骑乘，亲裹赢粮，与士卒分劳苦”。甚至“卒有病疽者，起为之吮之”。爱护士卒，要做到以情感人，以心暖之，采取“动之以情，攻心为上”的策略，让士兵感受到将帅对他们的关心与体贴，这样他们就会“滴水之恩，当涌泉相报”，处处维护将帅的尊严，时时想着军队的命运和利益，遇到战争，便会勇往直前，毫不退缩。

将者，腹心也；士卒者，手足也。

【注释】《练兵实纪·练胆气》。

【解析】这句话是说，将帅，好比是腹心，士兵，如同是手足。腹心与手足，密不可分，将帅与士兵同样也不能分离。虽然决策、战略、谋划都是将帅的事情，但到了战场上还得依靠士兵的奋勇杀敌。将帅凭借士兵的勇力，士兵依赖将帅的谋略，二者相辅相成，相得益彰。

数十万之众，非一人可当，必赖士卒誓同生死，奋勇当锋。

【注释】《练兵实纪·练胆气》。

【解析】同数十万之众的敌军作战，绝非将领一个人所能抵挡的，必须依靠广大的士兵，上下誓同生死，一齐奋勇与敌交锋。将领如果仅凭个人的勇敢和力气与敌抗衡，是远远不够的，必须与士兵协同作战，上下一心，才可与敌抗衡。

死生虽大，有因一言一缕之恩，而甘死不辞者。

【注释】《练兵实纪·练胆气》。

【解析】这句话是说，生死虽然都是大事，但有的士兵因得到一句暖心的话或一点微小的恩惠，就甘心冒死而不辞。士兵虽然愚昧无知，但他们有感情，很容易感动，又有军法相约束，所以只要施之于小恩小惠，士兵必定当大恩大德来回报，关系到生死大事，他们也在所不辞。

惟我真有是心，自然人相观感，固泌人人及之，人人爱千金之惠，再生之德，而后谓之爱，而后得其感耳。

【注释】《练兵实记·练胆气》。

【解析】只要将领真有爱兵之心，士兵群众就会看到而受感动，所以，将领没有必要把恩惠施加到每一位士兵的身上，并非使士兵人人都得到了“千金之惠”和“再生之德”，而后才叫作爱兵，而后才获得士兵的感动。士兵是众多的，将领不可能有太多的精力与财力一一给他施加恩惠，这是没有必要的，只要将领真有爱兵之心，士兵们自然会看到，也自然会受到感动。

爱行恩结，力齐气奋，万人一心，何敌不克，功成名立，捷如影响。

【注释】《练兵实纪·练胆气》。影：影子。响：声响。

【解析】这句话是说，只要将领有爱兵的言行，尽量给士兵恩惠，全军上下就会团结一致，万众一心，无敌不克，这样的话，战功的获得，威望的建立，就会像影子和声音那样迅速到来。将领如果能真正做到爱护士卒，那么就会建成一支上下一心，奋勇杀敌的军队，这样的军队无敌不克，当然，战功与威望也就随之而来了。

宽度量。

【注释】《练兵实纪·练胆气》。为将要宽宏大量。

【解析】俗话说：“大度能容天下难容之事”、“宰相肚里能撑船”，说的就是要有度量，善于宽宥他人过失，不作斗筲之徒。曹操就是一位能容纳他人的典型。陈琳原本是袁绍手下的人，曾奉袁绍之命，写讨曹檄文，洋洋洒洒，酣畅淋漓，把曹操骂得狗血喷头。曹操当时正患头风病，读后毛骨悚然，一身冷汗，从床上一跃而起，病也吓好了。后袁绍兵败，陈琳被俘，左右劝曹操杀了他，曹操爱他有才，不但赦免了他，还任命他为从事。曹操用人，有如此宽阔的胸怀，如此不计个人私怨，在历史上是十分少见的。

事无大小，以量为主。

【注释】《练兵实纪·练胆气》。

【解析】这句话是说，事情无论大小，都要有度量、能容纳，这最为重要。有宽广的胸怀，能“海纳百川”，就可以化敌为友，化干戈为玉帛，麾下就会英才云集，俊彦毕聚，从而壮大自己的实力。

在我当将自己心常清常净，不可先着一毫己意，不可先要望人如何让我。

【注释】《练兵实纪·练胆气》。

【解析】自己要在思想上保持冷静，不可先从自己私利考虑，不能先要求别人如何让着我。同僚朋友间不一致的地方很多，要设身处地为他想想；碰到不通情理的人，也要冷静处理，退后一步仔细考虑；军队中的士兵犯了过错，应该静坐思之再三，然后方作处置，等等。总之，就是要求将领能有平和的心态、冷静的思想和容纳一切的宽广胸怀，只有这样，才能让士兵们各得其所而毫无埋怨和责怪。

先让一着，与人自然行之不错，无量受用庶免后悔。

【注释】《练兵实纪·练胆气》。庶(shù)：差不多。

【解析】先让人一步，同人相处，自己的所作所为就不会出现差错，没有度量，难免有后悔的事情发生。忍一忍，风平浪静，退一步，海阔天空。如果心胸狭窄，没有度量，与人相处斤斤计较，揪住小事不放，必然会办不成大事，无所作为。

将道贵严，国是当固。

【注释】《练兵实纪·练胆气》。固：维持，维护。

【解析】这句话是说，为将之道贵在严格，若是国家民族的利益应当尽力维护。虽然提倡将领要有宽宏大量，但是要有尺度的，若是涉及了国家民族的利益，就应当放弃忍让的精神，尽全力维护民族利益，若一概以宽容对待，就会带来祸患。

动与道合，而功业成，既不失为有容之士，又可免萎靡疲软之祸矣。

【注释】《练兵实纪·练胆气》。

【解析】行动符合道理，必然能功成业就，既可不失为豁达有容之士，又可以避免萎靡疲软的祸患。作为一军之统帅，该大度的时候就要以德服人，以宽宏的气度容人，对待别人要动之以情，待之以礼，施之以恩，委之以任；该严格的时候就要据理力争。这样的将领一定会功成业就。

戢滥差。

【注释】《练兵实纪·练胆气》。戢(jí)：禁止。这句话是说，禁止乱差兵士。

【解析】凡军人，之所以要称之为“士”，是表示对他们的尊重。在封建社会中，士、农、工、商四者之中，士的社会地位最高。戚继光把兵卒当做士看待，说明他尊重士卒的人格。他还说：“位有贵贱，身无贵贱”，就是说军队中的职务有高低之别，但军人的身份并无贵贱之分。所以，对待士卒就应该以尊重士兵人格为前提，一切有损士兵人格的事情都应当禁止，士兵有士兵的职责，他们不是轿夫杂役，用杂役般的待遇对待兵士，这是不合情理的，故要禁止乱差兵士。

朝廷之命名贵士如此，所以望之出力疆场，卫国保民。

【注释】《练兵实纪·练胆气》。

【解析】朝廷尊重士兵，是希望他们在疆场效力，保护国家和老百姓的利益。军人的职责就是要在战场上奋勇杀敌，保家卫国，这也是国家和人民对他们寄予的期望。他们的责任重大，所以不能让他们一边任人随意驱使去做轿夫杂役，一边到战场上拼死力战，为国捐躯，抵御外侮，这样不合情理，而且也是对士兵人格的严重侮辱。

万一有事，不能战御，利害在谁？

【注释】《练兵实纪·练胆气》。

【解析】这句话是说，万一有了战事，士兵们进不能攻退不能守，这时所造成的祸害谁来担当？在没有战争的时候，士兵们被任意驱遣，这样时间长了，会对他们的身心造成极大的伤害，身体累坏了，而且还会对将帅们失去信心。等到有了战事，以这样的兵士去抗敌，结果无疑是以失败告终，且会给国家和人民带来严重祸害。

正心术。

【注释】《练兵实纪·练胆气》。这句话是说，要端正心术。

【解析】"端正心术"、"坚守德操"可以说是自古以来最好的政治格言。只有自身正了，众人才会尊敬你、佩服你、服从你，也只有身正，方能正人。俗话说："上梁不正下梁歪，中梁不正倒下来。"上行下效，一个在上位的人，如果心术端正，行为正当，就是不一一叮嘱、不发号施令、不用激怒，就已颇具威严了，下面的人就会服从他；如果自己心术就不端正，本身做得不正当，就是下了命令，众人也不会听从的。由此可见，端正心术是非常重要的。

惟有正此心术、光明正大，以诚实心行实事，纯忠纯孝，思思念念。

【注释】《练兵实纪·练胆气》。

【解析】这句话是说，必须端正心术、光明磊落，用真挚诚恳的态度办老实事，纯忠纯孝，时时铭刻在心。作为一军之统帅，对上要与君父之恩相配，中间要与同僚相契合，对下要使三军之众倾服，所有这些都不是心术不正之人所能做得到的。将帅只有端正心术、光明磊落、坦坦荡荡，才会赢得所有人的信赖。

尽其在我，不以死生患难易其念。

【注释】《练兵实纪·练胆气》。易：改变。

【解析】竭尽自己的全力，不因遇到生死患难而改变自己的信念。忠实于国君，尊敬朋友，热爱军队，永远都心术端正，坚持不懈地发扬这种精神，不要因为一些困难与挫折就改变自己的信念，如能这样，则可感动别人，就可赢得所有人的尊敬与亲近。

坚操守。

【注释】《练兵实纪·练胆气》。要坚守德操，要做到清正廉洁。

【解析】中国人历来主张心性的修养，人格的自我完善，道德的自我完善。要“坚操守”，德行高廉，心胸坦荡，光风霁月，方是为人之本，立身之基。当官的、做将领的也不例外，他们更应该坚守清正廉洁，这本是个有关自身修养做人的问题，况且还享受着朝廷的俸禄，无须劳作就有饭吃、有衣穿，故没有不廉洁的道理。而且，将领如能做到清正廉洁，就会得到军士的感服、上司的赏识，时间长了，自然会声名显赫。

廉而傲物，不如不廉者能取容于世。

【注释】《练兵实纪·练胆气》。

【解析】廉洁而傲世，不如不清廉的人更能被世人容纳。“守廉”是作人本分之内的事情，但是，清正廉洁了并不意味着要傲视他人，专心一意去找别人的短处。触怒上司，鄙视下属，无所顾忌，终会导致自己的名誉地位不能坚固，而且还会影响到子孙后代，所以应当以廉洁为本，做个有德之人，没有必要清高傲世，只有这样，才会既有好名声，又能保全自己。

立志向。

【注释】《练兵实纪·练胆气》。要树立志向。

【解析】宋代理学家陆九渊说：“人惟患无志，有志无有不成者。”“有志者，事竟成。”的确，人只怕不能立志，如果志存高远，美名自会流芳后世。诸葛亮早年身居草庐，却早就胸怀大志，自比管仲、乐毅，有辅助刘备兴复汉室，恢复中原的雄心。初见刘备，便纵谈天下大事，洞若观火，字字珠玑。

为国家贤臣良将，戡难立功，垂名竹帛，皆此志一定条理做出，无不收效。

【注释】《练兵实纪·练胆气》。戡(kān)难：平定叛乱。垂名竹帛：名字被载入史册，流传后世。垂名：传名。竹帛：古代供书写用的竹简和白绢，借指典籍、史册。

【解析】这句话是说，成为国家的忠臣良将，平定叛乱，立下功勋，名垂青史，都是因为志向笃定，有条不紊地行事，这样行事没有不见成效的。为将只恨没有大志，若志而已定，就要长期不懈的积累，身体力行的实践。苏轼云：“古之成大事业者，不惟有超世之才，亦有坚忍不拔之志。”要实现自己的雄心壮志，需要有坚韧不拔、百折不回的毅力和勇气，有克服困难的信心和决心，只要认定方向,就要义无反顾,只要坚持,只要奋斗,困难就能克服,成功自会到来。

未有不立志之人,便能做得事业。

【注释】《练兵实纪·练胆气》。

【解析】这句话是说,没有不树立志向而能做出辉煌业绩的人。立志,对于一个人来说是非常重要的,没有雄心,没有远大的志向,只在乎眼前小事,只满足于现状,就会停滞不前,干不出大的业绩。世人树立志向而遭罹厄运,命途不通,不能充分施展才能的人是有的,但是,没有不立志而成就功业的。可见,要想功成名就,就得树立远大志向。

明死生。

【注释】《练兵实纪·练胆气》。要正确对待生死问题。

【解析】生死是一个如同昼夜交替、四季更迭一样自然有序的事情,有生必有死,有死就有生,这是很正常的,所以不必把生死看得过于严重,该生则生,当死则死。

凡血气之类,莫不爱生畏死。

【注释】《练兵实纪·练胆气》。

【解析】凡是有血气的生命,没有不好生恶死的。生命是美好的,所以人们都热爱生命,但是,不能为了生而不顾一切。中国儒家的“生死义利”观尤为世人所推崇。孔子的所谓“君子喻于义,小人喻于利”,便是从价值取向上肯定了义重于利。孟子说:“生,我所欲也;义,亦我所欲也。二者不可兼得,舍生而取义者也。”把义看得重于生命,其他物质利益自不在话下。因此,孔孟都提倡“舍生取义”、“杀身成仁”,故而,对待生死应该有一个正确的态度。

死生不专在水火兵戈之中。

【注释】《练兵实纪·练胆气》。

【解析】这句话是说,死并不都是发生在水火战争中的。死生都是有命数的,不上战场去打仗,并不一定能生;上了战场,也不见得就会死。平常百姓,不曾当兵,不曾上战场,可依旧会死,将领士兵上阵打仗,却仍能生还,可见,死亡并不是战争带来的。

使死得当,立庙祭祀,血食百世,是死后还活,地方士女口碑。

【注释】《练兵实纪·练胆气》。

【解析】如能死得其所,就可立庙祭祀,百世享受供奉,这就等于虽死犹生,为世人口碑载道。儒家非常注重为正义而死，死得其所。所谓“人总有一死，或重于泰山，或轻于鸿毛”。为民族、为国家、为大众的利益而死，其壮举，可歌可泣，感天地，泣鬼神，其精神泽被后世；为蝇头小利、蜗角虚名而死，令世人不齿。

为将者不必计死生，但要做得个忠臣义士。

【注释】《练兵实纪·练胆气》。

【解析】这句话是说，作为将领，就不应该考虑生死问题，只求做个杀身成仁的忠臣义士。“人生自古谁无死，留取丹心照汗青。”人总有一死，但要死得轰轰烈烈，才不枉活一生。作为三军之统帅，如果只把自己的生死置于首位，那部下也不会置生死于度外，更不会为将领效死命，但如果将领能不计个人生死，上行下效，部下自会为之竭尽全力，而且，将领还会换得个流芳百世的美名。

大本既正，百行翼张，贤将汇征，文治广被，王国之庆，邦家之光也。

【注释】《练兵实纪·练胆气》。翼张：行动。汇征：汇集、荟萃。被：施予。

【解析】根本既已端正，各行都会相应行动，贤将荟萃，广施文治，这是国家的幸运和光荣。戚继光认为，作为一个军官，应把自己培养成为品、学、才、识兼优的良将，而品德修养是“大本”，“大本”既正，就能做到“忧国不谋身”，并因此施展自己的聪明才智。

纪效新书

《纪效新书》为明代著名抗倭将领戚继光所著。这是戚继光在浙江练兵、作战的经验总结，也是他在此后的抗倭斗争中所奉行的带兵、用兵原则。《纪效新书》所提倡的作战方法简捷、明快、实用，颇受当时和后世兵家的重视。

主将固以司旗鼓调度为职责，然不身履前行，则贼垒之势不可得，众人之气不肯坚，前行之士得以欺哄，避难而欺诳，莫可辨。

【注释】《纪效新书·纪效或问》。司：掌握。诳(kuáng)：欺骗。主将固然以掌握旗鼓、指挥调停部队作为自己的职责，但如果不亲自身临前线，就无法了解敌人的阵营形势和情况，我军的斗志和士气就难以坚定，前线的士兵就有可能欺骗长官，逃避危险，临阵退缩，而其行为又无法清楚地辨别。

【解析】主将是战场上的指挥员，只有亲临战场，才能对战场态势有清楚的了解，对士兵作战情形有公正的辨别，而且，更为重要的是，主将如果能以身作则，身先士卒，冲锋在前，那么，这种模范行动对士兵来说就是一种激励。强将手下无弱兵，在英勇无畏的指挥员的身后，相随的必定是敢于赴汤蹈火的士兵。

如欲当前，则身无精艺，己胆不充。

【注释】《纪效新书·纪效或问》。

【解析】这句话是说，主将要想亲临一线，没有精湛的武艺在身，自己就会缺乏足够的胆略。主将的一言一行，都会给士兵造成极大的影响，主将强，士兵当然不会弱，但是，如果亲临战场的主将自己都没有精湛的武艺，胆小怯敌，那士兵们自会缺乏斗志，消极对敌。所以说，主将不仅要有谋略在心，还要有武艺在身，这样才能给士兵起到表率的作用。

为将之道，所谓身先士卒者，非独临阵身先，件件苦处要当身先。

【注释】《纪效新书·纪效或问》。

【解析】从为将之道来看，所谓身先士卒，不仅打仗要如此，平时各种艰辛困苦也应如此。榜样的力量是无穷的，主将若能在战场上身先士卒，冲锋在前，能在平日遇到的各种困难时积极应对，独当一面，那士兵就会以之为榜样，仿效他，学习他。

为主帅者，苟能一身服习，而凡下我一等者，将焉取惭愧、惶惑、赤面、动心。

【注释】《纪效新书·纪效或问》。

【解析】身为主帅，如果能身着军装而参加操练，就是那些地位比我低的人，还怎么敢羞惭、惊慌、面红、心跳。地位权势尊贵的主帅若能在严格的军令下参加操练，那他的部下受其启发，就不会有胆怯、不屑一顾的理由，而且，这样会使他懂得披坚执锐并不是一件被人看不起的事，醒悟到这是自己必然为之的事情，之后，他就会自觉、自愿地参加操练。

聊分门习技者，士卒而所以杂其长短，随其形便错而用之者，主将也。

【注释】《纪效新书·纪效或问》。杂其长短：把它们的长处短处结合起来。

错而用之:交替使用。

【解析】这句话是说,士卒分课训练某一具体技艺,应将各种具体武艺的长处短处结合起来,视情况的不同而交替使用,这是主将的责任。主将如果亲自学习和掌握各种技艺,那么到了临战的时候就能灵活地运用不同的武器。如果到临战的时候还不知道各种武器的用法,不熟悉各种武器的优、缺点,想要取得战争的胜利,只能是"纸上谈兵"了。

兵之胜负者,气也。

【注释】《纪效新书·纪效或问》。

【解析】这句话的意思是,决定战争胜败的,是士气。"胜在得威,败在失气。"士气是构成部队战斗力的精神因素,其高低锐惰,直接影响着战争的胜负,士气的高低对军队来说是至关重要的。

兵士能为胜负,而不能司气。

【注释】《纪效新书·纪效或问》。司:掌握。

【解析】士兵能决定战争的胜负,却不能掌握自己的士气。士兵的士气掌握在将帅手中。将帅指挥得当,士兵的士气就会大增,士气高涨自然会作战勇猛;将帅指挥不当,士兵的士气就会受损,士气低落当然会打败仗。

气能消长,无常盈,在司气者治制之何如耳。

【注释】《纪效新书·纪效或问》。消:消歇。长:升涨。

【解析】这句话是说,士气有消歇和升涨,没有长时间充盈丰沛的,就看指挥员如何掌握士气了。作为将帅,作为"司气者",激励士气最困难、最紧要的时刻是战后。若军逢败绩,死伤在目,士气会大大受损;若打了胜仗,又会出现松懈现象。所以要使"气常盈",将帅就应该特别注意"蓄气"和"养气"。士气低落的时候就鼓励他,使他恢复士气,士气高涨的时候就维持他,使他保持士气,这是将帅的责任。

若一用之而不治,再用则治浊,三用则涸。

【注释】《纪效新书·纪效或问》。治:保持。涸(hé):干枯。

【解析】这句话是说,假若第一次耗用而不加保持,第二次用时则已浑浊,第三次用时就枯竭了。在部队的战斗力诸因素中,如果说物的因素是个固定值的话,那么精神因素则是个可变值。三军可以夺气,三军也可以增气。聪明的将帅带兵打仗,都注意在摧毁敌军士气的同时,激励自己的军队的士气,而且这种激励应该持续下去。不间断的激励,会让军队士气保持高涨态势,反之,则会使士气低落、枯竭。

兵机要诀

《兵机要诀》,明徐光启撰。徐光启是中国历史上一个罕见的百科全书式的大学者。他思想开明,较早接触了西方科学,因此成为了我国杰出的近代科学的先驱。他的《农政全书》可谓集我国古代农业之大成,他与意大利传教士利玛窦合译的《几何原本》使我国的数学进入了一个崭新的阶段。难能可贵的是他在军事学方面也有很深的见地,并且著述颇丰。

学兵之要三:想(沉思、曲想)、讲(学问遍知)、养(治心、治气)。

【注释】《兵机要诀》。曲想:深入周到地思考。

【解析】学习军事的三个要领是:想(善于深入而全面地思考问题)、讲(与人多探讨,广泛了解)、养(提高品德修养和心理素质)。可见,学习为将之道,不光要懂军事,还要提高自己的修养和素质。否则,学问再好也无济于事。

养兵之要三:少(所以饱)、饱(所以好)、好(所以少)。

【注释】《兵机要诀》。少:指兵力少而精。饱:这里指军队供应充足,粮草等后勤保障好。好:这里指军队训练得好,要求严格,战斗力强。

【解析】养兵的三个要领是:少(少是饱的原因)、饱(饱是好的原因)、好(好是少的原因)。兵不在多而在精,所以军队不要过于庞大,而要注重其战斗力的培养。兵精而少,供给就显得充足,军中有强有力的经济作后盾,就可以严格要求士兵,使部队训练有素,有较强的战斗力。

教兵之要三:试(核实材技)、肆(精加训练)、制(形名节制)。

【注释】《兵机要诀》。

【解析】训练士兵的三个要领是:试(考核士兵的才能和军事技术)、肆(进行严格认真的训练)、制(用金鼓和旌旗等约束、指挥军队)。

学艺之要三:快(捷疾先至)、罅(刚柔虚实)、暇(从容中会)。

【注释】《兵机要诀》。罅(xià):原指瓦器的裂缝,这里指军士在技击格斗中所用的虚着。

【解析】学习作战技艺的三个要领是:快(动作敏捷,要抢在敌人前边)、罅(刚柔相济,虚实结合)、暇(从容不迫,动作恰到好处)。这是就兵士武功训练而言的。

练胆之略三:怒(杀敌者怒)、耻(明耻教战)、习(艺高胆大)。

【注释】《兵机要诀》。略:大略。作者自注:略者,粗得一二,是谦虚之意。怒:愤怒,对敌人发恨,这样军队就会气势强盛。《孙子兵法》说:“故杀敌者,怒也。”

【解析】练习胆气有三个方面很重要:怒(练习杀敌者对敌人的愤怒之情)、耻(兵士要懂得廉耻,才能奋发努力)、习(练好过硬本领,艺高才能胆大)。

选智之略三:法(形势区画)、巧(奇思横生)、识(辩裁精当)。

【注释】《兵机要诀》。

【解析】选择有才能有智慧的人大致有三方面的方法：法（看他对形势的分析是否正确、深刻）、巧（看他是否有超乎常人的奇思妙想）、识（看他的见识如何）。这句话也可以理解为个人提高智识的方法：要有分析形势的能力，要锻炼自己的奇思妙想，要提高自己的见识。也能讲得通。

战之品三：谋（计定上上）、奋（拼命中下）、浪（糊涂下下）。

【注释】《兵机要诀》。品：品位，层次。浪：孟浪，糊涂，这里指没有准备就去应战。

【解析】打仗有三个层次：谋（用计谋来取胜是上上之策）、奋（拼死作战去争取胜利是中下之策）、浪（毫无计划，糊里糊涂就去作战是下下之策）。

守之品三：扼（扼要上）、摆（排墙中）、婴（婴城下）。

【注释】《兵机要诀》。婴：这里是环绕的意思。

【解析】防守也有三个高低不同的层次：扼（在关键地方扼守要塞是上策）、摆（像一排墙一样进行长距离的防御是中策）、婴（绕着城处处防御是下策）。

和之品三：交（怀抚上上）、计（图报上中）、忍（含耻下下）。

【注释】《兵机要诀》。

【解析】议和也有三个不同的层次：交（怀柔安抚远敌，使其归顺，是上上之策）、计（提出有利于我们的条件议和是上中之策）、忍（忍受屈辱来议和是下下之策）。

武备志

《武备志》是中国古代部头最大的一部综合性兵书，被誉为“军事学的百科全书”。该书由明末杰出的军事家和文学家茅元仪历时十五年编写而成。作者编写该书的目的是从明末国力衰微的实际出发，希望有识之士能够“鉴古知今，整顿武备，抵抗攻掠”。

以所害参所利，则事务可伸；以所利参所害，则患难可解。

【注释】《武备志·兵诀评》。参：检验。伸：使事情顺利进行。

【解析】这句话是说用有害的方面来检验有利的方面，事情就可以顺利进行；用有利的方面来检验有害的方面，祸患和灾难就可以免除。考虑问题，特别是军事问题，应该既能看到有利的一面，也能看到有害的一面。二者统筹兼顾，才不至于出现偏颇，才会让战事顺利进行，让民众安居乐业。

国本在权柄，若借人国柄，是舍其本而徒治其末也。

【注释】《武备志·兵诀评》。

【解析】国家的根本在于权力，如果把国家的权力借给别人用，这是放弃了根本而在细枝末节上白白地花费功夫。丢失了国家的权力，也就丢失了国家的根本，根本丧失，国也不成其为国。所以，国家的权力应该牢牢地掌握在本国人民的手中，这才不至于丧国。

以智谋勇利而利天下者，天下之人，自以智谋勇利启之。

【注释】《武备志·兵诀评》。启：帮助。

【解析】用智谋勇敢使天下民众得到利益的，民众就会用智谋勇敢帮助他。民众心中有杆秤，是是非非自有衡量。一国之君以何种态度来对待人民，人民反过来就会以何种态度来回敬他。“得民心者得天下”，以自己的态度与行动来赢得民众的信赖与拥戴，国家自会长治久安，反之，民众就会“以其人之道还治其人之身”。

诛及于大则威，赏及于小则明。

【注释】《武备志·兵诀评》。

【解析】诛杀到地位高的人则能树立威严，奖赏到地位低的人则显得公道贤明。法令制度面前，人人平等。即使高高在上的王子犯法，也应当与庶民同罪。一军将领，若越轨于法律之外，就更应该受到惩罚甚至诛杀，地位低下的人如果立了功或是做出了别的什么业绩，也应当给予奖赏。只有这样，三军才会归顺服从。

必死则生，幸生则死。

【注释】《武备志·兵诀评》。

【解析】这句话是说，在战场上抱必死决心的就会闯出生路，侥幸偷生的就会遭到灭亡。吴起主张必要时采取“置之死地而后生”的办法，把将士置于死地，使之无退路可走，这样他们就会不顾生死去抗击敌人以保全自己，而他们往往也能杀开血路，死里求生。如果只想侥幸偷生，就会丧失斗志与勇气，从而遭到杀身之祸。所以兵家常说：以保守求生存者亡，以进攻求生存者存。

形敌用奇，击敌用正。

【注释】《武备志·兵诀评》。

【解析】这句话是说迷惑敌人要用奇兵，打击敌人要用正兵。尉缭子认为，士兵应分为二类：一曰奇兵，一曰正兵。奇兵的作用是迷惑敌人，使敌人搞不清楚我方的战略位置及作战意图等，正兵的作用就是专门负责打击敌人。奇兵、正兵相互配合使用，会给战争带来奇效。

兵　　经

《兵经》又名《兵经百篇》《兵经百字》，作者揭暄，明末广昌（在今河北）人。《兵经》是作者颇为自负的一本书，作者认为《武经七书》一类兵书是针对水平不高的将领写的，而《兵经》则是针对高层次的将领写的。我们认为《兵经》确实是一部兵学方面的奇书。

于无争之争,以不战弭战。

【注释】《兵经·先》。弭(mí):停止、消除。

【解析】以不争夺制服争夺,不用战争的手段来制止战争。这种思想贯穿《兵经》全书,也是中国古代军事思想的最高准则。英明的军事家治兵作战,并不以攻打城池、抢占地盘为目的,而是尽力运用非军事手段达到战争的目的。

先心敌心以知敌,敌后我意而意我。

【注释】《兵经·识》。心:前一个作动词,分析的意思;后一个作名词,意图的意思。意:前一个作名词,意图的意思;后一个作动词,意思是猜测。

【解析】"识"主要是指对敌情作出准确无误的判断。当然,判断敌情可以使用各种方法。在敌人意图还不明显时,我能预拟各种应变之策,先分析敌人的意图来判断它的行动,使敌人追随我的意图来猜测我的行动,那么,敌人就会中我的计谋。其实,这句话也是对"知己知彼"原则在军事行动中的具体、灵活运用。

无功之功,乃为至功;不争之争,乃为善争。

【注释】《兵经·争》。没有经过浴血奋战而取胜的"无名之功",才是最大的功勋;没有经过激烈争夺的争夺,才是最高明的争夺。

【解析】战争就是要经过血与火的洗礼,生与死的考验,去奋力争夺财产土地,这是矛盾最集中、最白热化的领域。"无功"并不意味着不追求功勋,"不争"也不是说不争夺,而是超越微不足道的小功绩,去争取"至功",抛弃表面上激烈、纷乱的争夺,直取要害。"无功之功"、"不争之争"蕴含着朴素的辩证法思想,在兵法理论中独树一帜。

事幻于不定,亦幻于有定。

【注释】《兵经·变》。事物变化无常,往往难以确定,但变化无常中又有一定的规律可循。

【解析】战局往往变幻莫测,但透过纷繁易变的现象,可以掌握其本质规律。对于一个军事家来说,精研兵法固然重要,而更重要的是根据变化的形势,把兵法推陈出新,将战术灵活运用。有时甚至反其道而行之。背水列阵为兵家之大忌,韩信却能背水作战,并取得流芳千古的成绩。

人泥法而我铸法,人法法而我著法。

【注释】《兵经·读》。别人拘泥于兵法,我却创造新的兵法;他人只知道遵循前人经验,我却能发现新的法则。

【解析】兵书是从战略思想的高度着眼,而战术应从具体的战情来确定。世易时移,兵法宜变。书桌前,军事家能够对兵书独立思考,“去其糟粕,取其精华”,突破传统,提出新说。在战场上,军事家能够创造性地运用兵法,不拘格套,大显身手。

为将当有怯时。

【注释】《兵经·拙》。作为一名将领,在紧要关头,可以装作怯弱愚笨。

【解析】一名卓越超群的军事家,光是有勇有谋是不够的,在特殊情况下,还需“无勇有谋”,装弱卖傻并不意味着玷污自己的人格,损害自己的军威。相反,这是一种以退为进的权宜之计,是出奇制胜的计策,也与老子的“大巧若拙、大智若愚”的思想不谋而合。

谋成于密,败于泄。三军之事,莫重于秘。

【注释】《兵经·秘》。一个计谋的成功,关键在于严守机密,其失败在于泄密。军事上最重要的事情,莫过于严守机密。

【解析】军事秘密是最大的秘密,它不仅关系到战争的胜负,甚至还影响到国家的存亡。再好的谋略,一旦泄密,就没用了。谋略的商定,要防止隔壁有耳;谋略的实施,要做到心中有数。所以,保密是军人的天职,泄密是军人莫大的耻辱。

人以拂气生,才以怒气结。

【注释】《兵经·驭》。拂气:拂,轻轻也,拂气比喻循循善诱。对有才能的人以循循善诱的方法来发挥他们的长处,以威慑的力量来抑制他们的短处。

【解析】人才的两面性实际上是人性两面性的体现:勇敢的人往往凶狠,聪明的人常常狡诈,它们往往成为矛盾的统一体。如果只看到他们的长处,而放纵他们的短处,常常会难以驾驭。因此,善于统驭的人,要能利用他们的长处而不让有害的一面发挥作用,能从他们身上得到好处,又要避免他们的危害。

兵之动也,必度益国家、济苍生、重威能。

【注释】《兵经·利》。度(duó):揣测,考虑。军队出征作战,一定要考虑到对国家是否有利,对百姓有没有好处,能不能显示国家和军队的威力。

【解析】军队应该是保卫国家安全的中流砥柱,也应该是维护人民利益的钢铁长城。因而,军队的一切行动必须以维护国家和人民的利益为出发点。只有这样的军队,才能使国富民强,才能得到人民的拥护。穷兵黩武的军队绝没有好下场。

小事隐忍以图大。

【注释】《兵经·敛》。在小事上要克制、忍耐，为的是获取更大的利益。

【解析】从古到今，凡成大事业者都能摆脱“扫一屋”琐碎小事的羁绊，而潜心于“扫天下”大事的奋斗。韩信忍受胯下之辱，后立志奋发，终成一代名将。从长远利益和更高目标着想，为人处世时，对一些无关大局的小事应采取宽容的态度。

难得者时，易失者机。

【注释】《兵经·速》。最难得到的是宝贵的时间，最易失去的是有利的机会。

【解析】“兵贵神速”是兵家的信条。历代兵家在论述兵法时都强调抓住有利时机，速战速决。常言道，机不可失，时不再来。发现战机却迟疑不决，敌人就会先发制人；赢得宝贵的时间，当机立断，就不会贻误战机，从而取得优势。所以，善于发现时机，主动利用时机，永远是兵法的第一要义。

善因者，无事而不乘；善防者，无变而不应。

【注释】《兵经·天》。善于利用有利时机的人，就没有任何事办不成；善于提早做好准备的人，就没有那一件突如其来的事不能应付。

【解析】《天》篇主要讲指挥官如何适应自然气候的变化。的确，有时自然气候对战争产生不可估量的影响。赤壁之战就是著名的战例。孙刘联军正是借助大风的威力和浓雾的掩护，才完成了草船借箭的军事部署，最后用火攻大败曹军。所以说，指挥官必须掌握一定的天文地理知识，做到能够顺应“天时”，利用“地利”。

三十六计

《三十六计》的作者和成书年代皆不可考，我们只知道中国历史上很早就有“三十六计”的说法，而且《三十六计》是一部少见的杰出的事军著作。它用“易经”的道理来解释用兵的策略，见地非常深远。《三十六计》对于中国人来说，岂止是一部军事谋略书，它可用于人们的各项社会活动，它是人类生活方方面面的制胜法宝。

机不可设,设则不中。

【注释】《三十六计·总说》。机:机变,时机。设:人为生造。

【解析】“总说”概说三十六计有数理和易理上的依据,指出数理和易理在军事谋略方面的作用。阴和阳交替运作,生出天然机变。机变是天然的,不可人为来设计。人力强求是无法运作成功的。

瞒天过海。

【注释】《三十六计·胜战计》。

【解析】这一计的原文为:备周则意怠,常见则不疑。阴在阳之内,不在阳之对。太阳,太阴。意思是说,防备得过分严密周全,反而会使人松懈大意,司空见惯的事情就不会引起人们的怀疑。阴计可用于阳事进程中,不是阳事的对立面。至阴之术,可以为至阳之目的服务。相传唐太宗率兵三十万,离开长安远征辽东。大军到达海边,太宗举目远眺,沧海茫茫,无边无际,看来渡海十分困难,便焦急起来。大将薛仁贵见状,想出一个计策来:他请太宗进入海边的一座“彩色营帐”,命文武百官进酒作乐。一时笙歌四起,美酒飘香。太宗一高兴就忘记了忧愁,沉浸在欢乐之中。可过了一会儿,太宗忽听帐外有波涛汹涌之声,他急忙揭开帐幕向外张望。这才发现自己与三十万大军正在乘船渡海,而且马上要到达对岸了。原来薛仁贵担心太宗因害怕渡海困难而放弃东征,便瞒着他指挥大军渡海。因为太宗贵为天子,所以这一计被称为“瞒天过海”。

历史上还有类似的战例。隋开皇九年,隋大举进攻陈国。开始的时候,隋大将贺若弼规定所有沿江守备的隋军,每次换防都必须在历阳集中,并且要插上许多旗帜,营帐布满原野。陈国人以为隋军要发动进攻了,于是调遣兵马,准备应战。后来知道是隋军在换防,就把结集的部队撤了回去,以后习以为常,不再防备了。后来贺若弼率大军突然渡江,陈国人没有想到隋军要来袭击,没有设防。隋军顺利攻下了南徐州。

围魏救赵。

【注释】《三十六计·胜战计》。

【解析】这一计的原文讲:共敌不如分敌,敌阳不如敌阴。大意是,攻打敌人兵力集中的地方,不如打击敌人兵力分散的地方;攻打敌军防守坚固的部位,不如攻打敌人防守薄弱的部位。《史记·孙子吴起列传》记载了一个人们都十分熟知的故事,公元前353年,魏国军队围困赵国都城邯郸,赵国向齐国求救。齐威王命令田忌为将,孙膑为军师,出兵去救赵国。孙膑分析了当时的形势,认为魏军围困赵国都城,魏国都城必然空虚,救赵不如直接去攻打魏国的都城。魏如果知道自己的都城被围,一定会回国解围的。这样赵国之围可不救自解。

田忌采纳了孙膑的意见，引兵直奔大梁。魏军闻讯急忙撤回了围攻邯郸的部队，去援救大梁。魏军走到桂陵（山东荷泽东北），齐军以逸待劳伏击魏军。魏军大败。“围魏救赵”之计概源出于此。

借刀杀人。

【注释】《三十六计·胜战计》。

【解析】这一句的原文是：敌已明，友未定，引友杀敌，不自出力，以《损》推演。大意是，敌人已经明确，而盟友的态度还未明朗，要引诱盟友去消灭敌人，而自己不去付出代价。这是根据《易经·损》卦推演出来的。春秋时候，郑桓公想攻打郐国，他先打听郐国的豪杰、良臣、能言善辩之士及勇士等文武官员的姓名，然后把郐国的田地及官职爵位写在这些大臣的姓名之下，在城门外设了一个祭坛，用鸡和公猪作祭，并将写好的名单埋在地下，制造了举行盟誓的假象。郐国君主后来得到了这份名单，以为他的手下要背叛他，便将名单上的忠臣们全部杀绝。郑桓公随后起兵，轻而易举地打下了郐国。这可以说是“借刀杀人”的一个例子。

以逸待劳。

【注释】《三十六计·胜战计》。

【解析】原计是这样的：困敌之势，不以战；损刚益柔。意思是，使敌人陷入困境，却不使用武力；敌人的刚强之势被消耗了，我们的力量自然就会增强。《孙子兵法·军争篇》曰：“善用兵者，避其锐气，击其惰归，此治气者也；以治待乱，以静待哗，此治心者也；以近待远，以逸待劳，以饱待饥，此治力者也。”即，善于用兵的人，避开敌人之盛气，当敌人疲倦思归时再出击，这是在气上下功夫的；治好自己的军队，等待敌人发生变乱，用自己的从容冷静，等待敌人的哗变，这是从心理上取胜的办法；用自己休整好的军队来迎击疲于奔命的敌人，这是在实力上战胜敌人的办法。这句话可以被看作是“以逸待劳”之计的源出。

东汉初年，列强割据局面还没有完全被消除，陇西的军阀隗嚣投靠四川称帝的公孙述。刘秀派兵进攻隗嚣，未能取胜，又派冯异进兵追剿，但隗嚣抢先占住一处城池。冯异说：“夫攻者不足，守者有余，今先据城，以逸待劳，非所以争也。”意思就是说，敌人已抢先占住了城池，在那里以逸待劳，所以我们不能与他硬争。他便命令部队偃旗息鼓兼程而进，秘密包围了这座城池，乘隗嚣不备之际，一举打破城池。这可以说是在战争中理解“以逸待劳”之计的一个例子。

趁火打劫。

【注释】《三十六计·胜战计》。

【解析】这一计的原计是这样的：敌之害大，就势取利。刚决柔也。意思是说，如果敌人遇到了严重危机，我们就可以乘机从中得利。因为刚强也是取决于柔弱的。趁火打劫，其实是指那些不法之徒，遇见别人家起火，就趁机跑进去，看见财物就拿。主人如果加以指责，他就会说："我准备替你把东西寄存到别处。"这是仓促之间起的邪念，乘人之危而获得利益。所以趁火打劫，就是乘人之危，劫夺他人财物；或指浑水摸鱼，达到其谋取钱财、名誉、地位等方面的目的。这是以牺牲别人的利益为前提的，因此趁火打劫，虽然是聪明的举措，却是不道德的。这一计除了在军事上可以运用外，一般正人君子还都是以"趁火打劫"的行为为耻的。

声东击西。

【注释】《三十六计·胜战计》。

【解析】这一计的原文是：敌志乱萃，不虞，坤下兑上之象。利其不自主而取之。即，采取措施，让敌人处于心迷神乱、判断失当的状态中，不能够防备突发性事件。即出现萃卦所说的水漫于地上的现象；这时，我们利用他们心智混乱无主张的机会，消灭他们。战国时期，齐国有一个丞相叫孟尝君。当时他名声非常大，百姓也很拥戴他。齐王听信谣言，害怕孟尝君会夺去自己的王位，于是就没收了孟尝君的相印，撤了他的职。孟尝君也只好回老家薛地去了。孟尝君有一个门客冯谖，这人非常有计谋，他为了让孟尝君官复原职，先跑到魏国，对魏惠王说："齐王放逐了他的大臣孟尝君，诸侯谁先迎接孟尝君，谁就会国富兵强。"于是，魏惠王三次去请孟尝君，但孟尝君都拒绝了。因为孟尝君知道齐国会知道这一情况的。果然，齐王听说后，十分害怕，也很后悔赶走孟尝君，便派太傅带着黄金千斤、豪华的高级马车等礼品去把孟尝君请回来。齐王还亲笔写信一封，向孟尝君道歉，请他回来治理国家。这里冯谖就是成功地运用了声东击西之计。

无中生有。

【注释】《三十六计·敌战计》。

【解析】这一计的原计是：诳也，非诳也，实其所诳也。少阴、太阴、太阳。意思是，诳骗，并不是长期的诳骗，而是在诳骗之后，把真实情况推出来。把小虚假发展到大虚假，在极端的虚假之后，再采取极端真实的行动。无中生有，实际就是通过说假话、造假象来诳骗对手乃至世人，以达到自己的目的的一种计谋。然而，无耻小人，造谣生事，是常有的事；无赖政客，蛊惑人心，在历史上也是常有的事。比如一些通过迷信手段来获取利益的事例就很多。我们认为，信口开河，蒙骗别人，毕竟不属于讲道德的行为。然而，运用"无中生有"之计去料理军国大事，为民众办好事，还是值得提倡的。

暗渡陈仓。

【注释】《三十六计·敌战计》。

【解析】这一计的原计为：示之以动，利其静而有主，益动而巽。意思是说，有意让敌人看到我们的行动，利用敌方已制订出对付我们的政策，并付诸实施的机会，暗地里悄悄实行我们的真实行动，出奇而制胜。事物能够向好的方面转化，就是在变动中顺达的。秦末农民起义推翻秦王朝的统治之后，项羽的实力最为强大。他自立为西楚霸王，封刘邦为汉王，这样诸侯罢兵各归封地。刘邦听萧何的话，不与项羽计较原来先入关者为关中王的约定，而是接受封地，退居偏僻的汉中。刘邦在回汉中的时候，听张良之计烧毁进汉中的栈道，意思是告诉项羽自己再无东进之意了，诱使项羽放松对自己的警惕。刘邦到汉中后拜韩信为大将，议定东征计划。一方面派兵一万，限三月修复被烧毁的栈道，假装要从这里进军关中。与此同时，刘邦与韩信率大军秘密占领陈仓，作为进兵关中的跳板。把守关中的章邯，起初见刘邦修栈道，就笑他原来烧断栈道已是失策，现在又去重修栈道，工程巨大，更是愚蠢至极。他以为栈道修复尚早，就未加防范。当他得知陈仓失守，再派兵抵抗已经来不及了，章邯战败自杀。刘邦迅速攻入咸阳，经过几年的战争，最终打败了项羽，夺取了天下。

隔岸观火。

【注释】《三十六计·敌战计》。

【解析】这一计的原计是：阳乖序乱，阴以待逆。暴戾恣睢，其势自毙。顺以动豫，豫顺以动。意思是，表面上避开敌人的混乱，暗地里等待其发生内乱。敌人内部反目成仇，就会不攻自破。我方顺其自然，自然有所得。如果想有所得，就不能强求。历史上不乏这样的战例，战国时期，韩、魏两国打了一年的仗也没有决出胜负。当时秦国的大臣们有的主张参战，有的却认为参战不好，秦惠王也犹豫不决。于是，秦惠王就征求楚国有名的谋士陈轸的意见。陈轸就给秦惠王讲了卞庄子刺虎的故事："卞庄子看见两只老虎吃牛，立即想上去把虎刺死。一个小孩子劝阻他说：'两虎刚刚开始吃牛，不能去与他们斗。等它们尝到牛肉美味的时候必然互相争斗，争斗就会使强者受伤，弱者死亡。这时你再去刺杀受伤的，可以轻易得到两只老虎。'卞庄子认为这个主意不错，于是站在一旁观看。一会儿，两只老虎果然相互争斗起来，强壮的老虎受了伤，弱小老虎被咬死。卞庄子上去把受伤的老虎刺死。现在韩国和魏国争战，难解难分，结果一定是强国受损，弱国灭亡。这时再去攻打已经受损的一方，一举两得。这和卞庄子刺虎的道理是一样的。"秦惠王听了陈轸的话，没有参战。结果韩魏两国一个受损，一个灭亡。最后得利的果然是秦国。趁火打劫，是乘敌人遭遇天灾人祸，或内忧外患之际，予以打击，从而取得胜利的计谋。不过这种行为一定要立足于正义的基石上，否则成为一种不道德的奸险用心，那就会适得其反。

笑里藏刀。

【注释】《三十六计·敌战计》。

【解析】这一计的原计是：信而安之，阴以图之；备而后动，勿使有变。刚中柔外也。意思是说，使敌人充分相信我，并稳住敌人，使其麻痹松懈，我方则在暗中谋划克敌制胜的途径，经过充分准备后，选择恰当时机突然行动，不让敌人有所察觉。这实际就是外柔而内刚。唐朝时有一个叫李义府的大臣，外表看来显得温和谦恭，同别人说话时总是面带微笑，但实际上他气量狭小，喜欢猜忌别人，而且阴险狠毒。李义府掌握着大权，总希望别人服从自己，只要有谁稍微违反了他的意愿，他总要设法陷害。所以当时的人们说他笑里藏刀。

再如，战国时商鞅在魏国不受重用，便投奔了秦国。一次商鞅对秦孝公说："秦国与魏国相邻，不是魏国吞并秦国，就是秦国吞并魏国，如果秦国攻打魏国，魏国一定向东迁徙，这样可以成就秦国的王霸大业。"秦孝公认为有道理，于是派商鞅带兵去讨伐魏国。魏国派魏公子领兵反击。当两军相对时，商鞅送给魏公子一封信，信中说："我以前与公子就有交情，现在咱俩虽然分别是两国的将领，但实在不忍心互相残杀。如果我能够与公子见见面，两国缔结友好条约，痛饮一番，然后各自收兵，使秦国和魏国从此相安无事。"魏公子信以为真，就前去赴约。商鞅在一番殷勤劝酒之后，以伏兵将魏公子抓获，然后又去攻击魏军，大获全胜，魏惠王不得已割了河西之地献给秦国求和，并且迁都大梁。

表面上温顺谦卑，一团和气，背地里暗藏杀机，这就是笑里藏刀的含意。

李代桃僵。

【注释】《三十六计·敌战计》。

【解析】这一计的原计为：势必有损，损阴以益阳。意思是说，在不得不有所损失的时候，应舍得局部地损失弱小兵力，以保全大局。《乐府诗集》里有一首西汉无名氏的诗《鸡鸣》："桃生露井上，李树生桃傍。虫来啮桃根，李树代桃僵。树木身相代，兄弟还相忘。"桃树生长在露天的井边，李树生长在桃树的旁边，虫子来咬桃根，李树代替桃树而僵死。树木尚且能够以身相代，兄弟之间却忘记了手足之情。这大概是"李代桃僵"的原始意义。《红楼梦》中有一段情节，贾宝玉因丢失护身的通灵宝玉，变得疯疯癫癫，病情很重。贾母和王夫人等焦急不安，想让宝玉娶宝钗来冲冲喜。但大家都明白，宝玉爱的是黛玉，如让他娶宝钗，不但不能冲喜，而且情况会更糟。聪明的凤姐献上一个调包计：对宝玉说让他娶林妹妹，实际上却让宝钗去当新娘。待生米煮成熟饭，宝玉也没有办法了。最后贾宝玉被欺骗娶了宝钗，这样一来，不仅让宝钗守了活寡，黛玉也魂归西天，就连宝玉的病也丝毫未见好转。桃树要遭难了，由李树来代替，谓之李代桃僵。这是一个比喻，用来概括各种代人受过的现象。

顺手牵羊。

【注释】《三十六计·敌战计》。

【解析】这一计的原计为：微隙在所必乘；微利在所必得。少阴，少阳。意思是说，对方出现再微小的疏忽，也必须利用；有再微小的利益也要去力争。把对方的小疏忽变成我方的胜利。三国时，魏国新城太守孟达秘密联合蜀吴谋反。当时，屯兵于宛城（今河南南阳）的骠骑将军司马懿得到了这一消息，他决定在孟达阴谋尚处于萌芽状态之际，一举歼灭之。按说，必须先上表洛阳的魏主，奏准后才能讨伐。但是路途遥远，若去洛阳请示，一来一往，需要一个月的时间，这样司马懿的计划就会落空。于是司马懿断然决定，立即向孟达据守的上庸城进军。魏军昼夜兼程，第八天就赶到了上庸城下。这时上庸城工事尚未完工，准备不充分，军心也不稳定。魏军猛烈进攻，孟达部将开门投降，魏军冲入城内杀了孟达，迅速平息了叛乱。在走路时，发现路边有一只羊，便顺手把它牵回自己家里，这就是“顺手牵羊”。比喻顺便或毫不费力地获得某种好处。

打草惊蛇。

【注释】《三十六计·攻战计》。

【解析】这一计的原计是：疑以叩实，察而后动。复者，阴之媒也。意思是说，有疑问就要侦察核实，考察清楚之后再行动。“复”卦的原理，就是了解和对付敌人阴谋的办法。人们在杂草丛生的山路上行走，总害怕有毒蛇出没，所以先用棍子击打杂草，惊跑潜伏在草丛中的蛇，然后再走，以免遭到各种毒蛇的暗中袭击。毒蛇咬人一口，轻者致伤致残，重者亡命。但是，这类毒蛇都怕竹棍。人们打草，是为了惊蛇，蛇受惊逃走了，路上安全，受惊跑出来的蛇，目标明确，人们也易于防备，易于打死它。在战争中，险要之地或阴暗角落潜伏的敌人，其险其毒如同杂草丛中的蛇一样，随时都可能出来伤害我们。我们先试探其虚实，使其显露形迹，然后再予以打击，这样我们就不易遭其暗算。这是运用于军事上的打草惊蛇之计。我们常听到的一句军事术语叫“火力侦察”，这就是典型的打草惊蛇之计在军事上的运用。

借尸还魂。

【注释】《三十六计·攻战计》。

【解析】这一计的原计是：有用者，不可借；不能用者，求借。借不能用者而用之，匪我求童蒙，童蒙求我。意思是说，凡是有生气、有作为的事物，都不可利用；而对那些腐朽落后、没有作为的事物，反要加以利用。利用没有作为的事物，并不是我受别人支配，而是我占主动，去支配别人。“借尸还魂”之计出自道教传奇人物铁拐李的故事。铁拐李原姓李，名玄，因曾经遇上太上老君而得道成仙，成为八仙之一。铁拐李一次神游时，因其肉身误被弟子焚烧，使游魂无处依附，于是附在一位饿死的人的尸体上，得以还魂。还魂后蓬头垢面，袒腹跛脚，又把水喷向倚身的竹杖，使之变为铁杖，因此被称为“铁拐李”。东汉末年，赤壁战争之后，蜀中成为孙权与刘备争夺的地方。当时蜀中的益州牧刘璋等担心曹操在破灭了汉中的张鲁之后，接着来进攻自己。于是他把本宗族的刘备迎进蜀中为他加强防御。刘备率兵数万人蜀，借着刘璋的庇护，在蜀地站稳了脚跟。两年的时间里，刘备大力发展自己的势力，终于反客为主，最终吞灭了刘璋，自领益州牧，确立了三国鼎立的基础。刘备借刘璋这具政治僵尸，达到了自己的目的。这大概是对“借尸还魂”之计的最好诠释。

调虎离山。

【注释】《三十六计·攻战计》。

【解析】这一计的原计是：待天以困之，用人以诱之，往蹇来返。意思是说，等待天时对敌方不利时去围困他，用人为的计谋去引诱他。敌人占据坚固难攻的地方，我们便返回，不再攻打它，而是引诱敌人出来攻打我们。等敌人放弃了有利地势，我们再一举歼灭之。三国时期，关羽守下邳，曹操费尽心机仍不能得到下邳。为了攻下下邳，曹操采用了程昱的调虎离山之计。头天夜里，曹营派了数十名降卒投奔下邳，关羽以为是被打散了的士兵逃回来，丝毫没有怀疑就放了进来。第二天，夏侯 惇带了五千人马来到下邳城挑战。关公大怒，率兵二千出城与夏侯 惇交战。夏边战边退，关公追了二十多里，心上牵挂着下邳的安危，打算撤兵回去。这时，左右两侧杀出两队人马，正是昨日潜伏下来的曹兵。关公急于回下邳，无奈被夏侯 惇缠住，不得脱身。一直战到天黑，关公被逼到一小山上。曹兵将小山围住。夜里关公几次往下冲，都被乱箭射回。这时的下邳城成了一片火海，曹操已经打破下邳城。俗话说，龙游浅水遭虾戏，虎落平阳被犬欺。龙、虎虽有本事，然一旦离开对自己有利的地势，也无法施展本领。调虎离山计就是把敌人从有利的地方调到被动挨打的地方，再歼灭之。

欲擒故纵。

【注释】《三十六计·攻战计》。

【解析】这一计的原计是：逼则反兵，走则减势。紧随勿迫，累其气力，消其斗志，散而后擒，兵不血刃。需，有孚，光。意思是，追击敌人过于猛烈，就会遭到反扑；放敌人逃跑，反而会削弱敌人的气势。紧紧地跟着敌人，但不要逼得太紧，等敌人累了，没有了斗志，彻底松散了再去擒获他们。这样不用血战就可以取胜。按需卦的演推方式等待，让敌人相信还有一线的光明。如此也会给我们带来胜利的希望。蜀汉建兴三年(公元225年)，云南彝族首领孟获趁刘备病死之机，率十万人马入侵蜀地。蜀相诸葛亮考虑到孟获对整个西南地区的影响非常大，如果他能真心臣服于蜀汉，就有利于稳定西南的局势。于是，诸葛亮在抓到孟获后，以礼相待，问他服不服。孟获说出自己不慎失败的原因，又说如果放他回去，他下次一定能取胜；如果下次再被擒住，他就服了。诸葛亮于是真的把他放了，让他整顿军马再战。这样一连抓了七次，放了七次，最后又将他捉住。诸葛亮还要放掉他，孟获跪倒在地说："你具有上天的威风啊！我们不再反叛了！"于是，蜀军平定了南中。后来孟获还成了蜀汉的御史中丞。欲擒故纵是一种缓攻的计谋，即想要擒住敌方，先故意放开他。但放的目的不是为了放，还是为了擒。现在一些书中也写作"俗擒故纵"。

抛砖引玉。

【注释】《三十六计·攻战计》。

【解析】这一计的原计是：类以诱之，击蒙也。意思是，用相似的东西去引诱敌人，从而打击被蒙骗了的敌人。公元前207年，匈奴单于部落的太子冒顿初立，这时东边有一个太湖部落，凭借强大的国事力量，不把冒顿看在眼里，而且对单于部落虎视眈眈。冒顿太子深知自己的处境，为了表示对太湖部落的友好，他把本部落最珍贵的千里马送给太湖部落，太湖部落认为冒顿部落惧怕自己，因此更加轻视冒顿，又向冒顿索要美女。冒顿故意示敌以弱，不顾部落众将的反对，又将美女送给对方。太湖部落见冒顿软弱可欺，便对冒顿不加防备。后来冒顿突然对太湖部落发动进攻，结果大获全胜，他最终统一了匈奴部落。抛砖引玉，就是抛出砖头，引来玉石。这是个比喻，意思是用不值钱的东西换来价值非常大的东西。现在人们也将"抛砖引玉"用在交际辞令上，意即我说的话虽然不怎么好，但目的是引出大家更精彩的发言。是在表示一种谦虚。

擒贼擒王。

【注释】《三十六计·攻战计》。

【解析】这一计的原计是：摧其坚，夺其魁，以解其体。龙战于野，其道穷也。意思是说，摧毁敌人最重要、最坚固的力量，抓获敌人的首领，就可使敌人全军解体。群龙无首而战于旷野，这样敌人就没有什么好办法了。杜甫有一首《前出塞》诗：挽弓当挽强，用箭当用长。射人先射马，擒贼先擒王。杀人亦有限，立国自有疆。苟能制侵陵，岂在多杀伤。拉弓要拉硬弓，用箭当用长箭，射人只要先射马，擒贼先要擒王。杀人必须要有限度，一个国家也应该有自己的疆界，如果要能够消除侵扰，又岂在杀人多呢？

朱元璋的部将徐达领兵征讨张士诚，当大军行到京口时，很多士兵熬不过行军之苦，纷纷逃走，一时军心动摇。徐达的几位部将要求出兵杀死逃兵，徐达认为不可："杀死所有逃兵，会引起全军哗变。"徐达一方面对士兵进行安抚，同时又找出那位最先说要逃跑的士兵，定以他煽动军心之罪，并在他脸上刺上黑字。其余的士兵看了，都以当逃兵为耻，再也不愿逃跑了。

釜底抽薪。

【注释】《三十六计·混战计》。

【解析】这一计的原计是：不敌其力，而消其势，兑下乾上之象。意思是说，如果不能战胜敌人的力量，就先削弱敌人气势。从履卦的原理出发，分离至刚至阳的乾的力量。北齐魏收的《为侯景叛移梁朝文》里有"抽薪止沸"的说法，这可以看做是"釜底抽薪"的源出。侯景原是后魏尔朱荣手下的定州刺史，魏相高欢征讨尔朱荣时，侯景投降高欢，并被封为司徒行台，守河南。高欢病重召见他时，他又投降了梁武帝，受封为河南王。但他后来又起兵逼死梁武帝，另立简文帝。可不久又弑简文帝，自立为汉帝。魏收的这篇文章就是在侯景叛梁逼死梁武帝后写成的。他认为对侯景这样没有信义的小人，必须"抽薪止沸，翦草除根"。不能对他有任何怜悯。在战争中，粮草一般都是部队所依靠的生命补给线，因此，兵家都十分重视对自己粮草的看护。官渡之战，曹操根本就不是袁绍的对手，然曹操利用许攸之计，偷袭袁绍屯集军粮的乌巢，一把火烧了袁军的大部分粮草，断了袁军的生命补给，因而大败袁军。这就是"釜底抽薪"之计的运用。

混水摸鱼。

【注释】《三十六计·混战计》。

【解析】这一计的原计是：乘其阴乱，利其弱而无主。随，以向晦入宴息。意思是说，乘混乱之际，将一些力量弱小和没有依靠的小势力收归到我们的旗下，使他们就像已经走向黄昏要长息了一样。公元前 284 年，燕昭王任乐毅为上将军，率燕、秦、赵、魏等国的军队，一连攻下齐国的七十余城池，并攻占了齐国都城，齐国仅剩下两座城市，面临亡国的危险。这时燕昭王已死，他的儿子惠王不信任乐毅。齐国人田单得知了这一情形，派人到燕国，到处散布流言说乐毅有二心。燕惠王早已怀疑乐毅，现在听了流言，便撤换了乐毅，另派骑劫来当大将军。燕军将士因此军心动摇，不久果然被齐国人打得大败而回，从此一蹶不振。混水摸鱼就是先将水搅混，然后从中捞取好处。

金蝉脱壳。

【注释】《三十六计·混战计》。

【解析】这一计的原计为：存其形，完其势，友不疑，敌不动，巽而止蛊。意思是说，表面上仍保持原形，气势上也一如既往，即便是友军也不怀疑我们将要有什么变化，敌人更是对我们一无所知，因而也没有什么行动，这时我们趁他人迷惑的时候转移主力。蝉越过漫长的冬伏期后，从地下爬出来，通体土黄透亮，被称为“金蝉”。金蝉爬上树枝，静静地歇着，开始蜕变。金壳背部裂开一条缝，新生蝉从缝里爬出，等蝉翼丰满后飞走；原来的金壳仍然在枝头摇曳，不站在近处看，根本不知道新蝉已经飞走了，这就是金蝉脱壳的原始意义。“金蝉脱壳”是一个比喻，指在危急关头，设法从某种境地巧妙脱身。脱身时，留下种种伪装，制造假象，来迷惑别人，将别人蒙在鼓里。这实际是一种分身计，一种逃遁计。

“金蝉脱壳”的意思并不是单纯的一走了之，而是一种分身之法，通常是还有更重要的作为，所以，需要迷惑敌人乃至友军。大部队转移时，一般都要虚设旌旗，表面上保持原来的阵势。这样就能使敌人不敢轻举妄动，友军也不会产生怀疑，等到实现了我们的目的，别人才会明白过来，或者仍然没有发觉。可见，金蝉脱壳多指在对敌作战时，抽出精锐部队去出奇制胜。宋代抗金名将毕再遇有一次率军与金兵作战，数次交锋后，宋兵寡不敌众，准备退却。毕再遇命令士兵保留营寨，再将几只山羊倒吊在鼓上，弄得战鼓咚咚响个不停，他却带领宋兵在夜幕的掩蔽下，悄悄地撤退了。金兵看到宋营旌旗招展，战鼓隆隆，根本没有想到宋军已撤退。于是数日按兵不动。等发现情况不对时，宋军早已无影无踪了。

关门捉贼。

【注释】《三十六计·混战计》。

【解析】这一计的原计是：小敌困之。剥，不利有攸往。意思是说，对付小股的敌人，要将其围困起来，然后消灭之。如果让他们跑掉，便不利于我方追击。历史上著名的“长平之战”就是“关门捉贼”的典型战例：战国时候，秦国攻打赵国，赵国派廉颇为将迎战秦国。廉颇筑垒固守，秦军多次挑战，廉颇都不应战。赵王多次责备廉颇怯战，秦国又派间谍到赵国散布谣言，赵王因此派赵括去接替廉颇。赵括一到前线，立即率领部队出击。秦将白起佯装败退，赵军紧追不舍，一直追到秦军阵地前，秦军营垒坚固不可破。这时秦军派兵切断赵军退路，又派骑兵部队插入赵军之中，赵军被分割成两部分，粮食供应线也被切断。赵军便筑垒防守，等待援兵。秦王又趁机派兵断绝了赵军援军和粮食的通道。赵军断粮四十多天后，内外交困，只好突围，可是冲了四五次，都不能突出包围。赵括亲自带领精兵猛冲，被秦军射死在阵中。赵军大败，四十万大军都投降了秦国。关门捉贼是一种将敌人围困起来然后再歼灭的计谋。通常能使敌人全军覆没。

孙膑将庞涓诱至马陵道上，然后将前面道路用乱树塞死，后边又以大军堵截，致使庞涓走投无路，全军覆没，庞涓自己也死于乱箭之中。这里孙膑采用的其实就是“关门捉贼”的方法。

远交近攻。

【注释】《三十六计·混战计》。

【解析】这一计的原计是：形禁势格，利以近取，害以远隔。上火下泽。意思是说，在受到地理条件的限制时，攻取离我们近的敌人比较好，如果去攻取离我们远的敌人就不容易得利。火往上边烧，水向低处流，是我方与邻近者乖离的情形。据西汉·刘向《战国策·秦策三》及司马迁《史记·卷七十九·范雎蔡泽列传》记载，魏国人范雎被须贾诬陷，魏相魏齐将范雎打得半死。后来范雎化名张禄到秦国游说秦昭王。他劝秦昭王对外实行远交近攻的政策，秦昭王采纳了他的意见，并于公元前 266 年拜他为秦相。秦国用范雎之谋略消灭了六国，统一了全国。这是“远交近攻”谋略产生的根源。远交近攻，最初作为外交和军事的策略，是指和远方的国家结盟，而与相邻的国家作战的谋略。这样做主要是为了在吞并邻国时不受其他国家的干扰，不至于腹背受敌。等到消灭了邻近的国家，再逐渐去蚕食远处的国家。实际就是先稳住远处的国家，来征服邻国的计谋。

假道伐虢。

【注释】《三十六计·混战计》。

【解析】这一计的原计是：两大之间，敌胁以从，我假以势。困，有言不信。意思是说，对于处在敌我两个大国中间的小国，当敌方威胁它屈服时，我方应立即出兵援助它，我方借机扩展自己的势力。处于困境之中，所说的话是不会有人相信的。春秋时期，晋国大夫荀息给晋献公献策，建议晋献公把屈地所产的名马和垂棘出产的美玉送给虞国，让虞国同意借用虞国的道路去攻打虢国。晋献公说：“这名马和美玉是我们国家的珍宝，怎么能随便送他人呢！”荀息回答说：“如果虞国能够答应借道，那么这些珍宝如同暂时藏在外面的府库一样，早晚还都是我们自己的。”献公又说：“虞国有个有才能的忠臣叫宫之奇，他一定会阻拦这件事的。”荀息说：“宫之奇虽有才能，但他为人懦弱，不可能强行规劝,况他从小在虞君身边长大,虞君对他比较亲昵,即使宫之奇劝阻,虞君也不会听他的。"献公于是采纳荀息的主张,就派他到虞国去借道。荀息送上宝物对虞公说:"冀国大逆不道,首先侵占虞国的领土。虞国奋起反击,打败冀国,这完全是依靠您的英明和圣德啊!现在虢国野心勃勃,不断派军队骚扰我南方边境,请您借进兵的道路给我们,用以讨伐虢国。"虞公本来就很蠢,现在听了好话,又见了宝物,不加思索便答应了。并且还自愿发兵充当先头部队,帮助虞国去攻打虢国。宫之奇果然出面劝阻,可虞公不听。晋国大将里克、荀息带领军队与虞国的军队一起讨伐虢国,很快占领了虢国。晋国在回师经时虞国的时候,突然袭击虞国,顺便就把虞国也灭了。后来,类似的借道用兵的做法,都被称为"假道伐虢"。三国时周瑜想借道荆州去取西川,便是打算用这一招,可惜诸葛亮不上当,反将计就计,伏击吴兵,大败周瑜。

偷梁换柱。

【注释】《三十六计·并战计》。

【解析】这一计的原计是:频更其阵,抽其劲旅,待其自败,而后乘之。曳其轮也。意思是说,频繁地更换盟军阵容,抽调盟军阵容的主力,等待它自己败落,然后再乘机兼并它。拖住了车轮,车子就不能运行了。战国时候,秦国向韩国和魏国借道去攻打齐国。齐威王派章匡率兵迎击秦军。章匡与秦军对阵,由于双方各派使者互相往来,章匡觉得可以趁此机会来个"偷梁换柱",将自己的主力部队插入敌人心脏。于是章匡便将自己的旗帜换成秦国的旗帜,让士兵们换上秦军的衣服,冒充秦军,混入了秦军当中。后来混入秦军中的齐军突然袭击秦军,秦军莫名其妙,还以为发生了内讧,在晕头转向之中,秦军大败,秦王也只好向齐王俯首称臣。偷梁换柱比喻暗中更换事物的关键部分,从而取得胜利。

指桑骂槐。

【注释】《三十六计·并战计》。

【解析】这一计的原计是:大凌小者,警以诱之。刚中而应,行险而顺。强大的控制弱小的,要用警告的办法来诱导他,主帅刚强而有威信,部属才会响应他的号令,虽行艰险之事而不会有祸患。春秋时期,齐景公任司马穰苴为将军,率兵抵御燕国和晋国军队的入侵。司马穰苴知道自己出身低微,士兵不会听命于自己,老百姓也不会相会自己。于是他请求景公派一位有威望的大臣做监军,自己才可为将。齐景公答应了他,派亲信庄贾做监军。穰苴与庄贾约定第二天中午在军营门口相见。可庄贾这人很骄傲,也没把司马穰苴放在眼里,因为许多亲朋为他饯行,所以他直到黄昏才来到军营。司马穰苴问军法官:"按照军法，没有按时赶到的应该怎么处置?”军法官回答说：“应该斩首。”庄贾害怕了，马上派人去向齐景公求救。可是没有等到送信的人回来，庄贾已人头落地。全军将士都十分害怕。不一会儿，使者拿着齐景公的赦免令来到军中，穰苴说：“将在军中，君命有所不受!”并回头问军法官：“现在使者在军营中乱跑，应该怎么处置?”回答说：“应该斩首。”使者大为惊恐，这时，司马穰苴才说：“君王的使者是不能杀的。”于是就将他的随从和驾车者杀了。然后，穰苴率军出发。路上，穰苴与兵士同甘共苦，于是兵士们都很佩服穰苴，一个个奋勇作战。晋国和燕国听说了这些事后，急忙撤了军。穰苴率齐军乘胜追击，收复了很多的失地。指桑骂槐是一种威慑术，能够起到杀一儆百的作用。

假痴不癫。

【注释】《三十六计·并战计》。

【解析】这一计的原计是：宁伪作不知不为，不伪作假知妄为。静不露机，云雷屯也。意思是说，宁愿假装不知道而不采取行动，也不假装知道而轻举妄动。要沉着冷静，不露出真实动机，如雷霆藏在云后面一样，藏而不露。春秋时候，越王勾践的故事实际就是采用的“假痴不癫”之计。在吴、越战争中，吴王夫差大败越国，越王勾践派人带上重礼向吴国求和，并说情愿把越国的土地归并给吴国，自己也愿意去作吴王的奴隶。吴王便答应了越国求和的要求。勾践到了吴国，小心服侍吴王，住在马棚里给吴王喂了三年马。吴王夫差有病，勾践都能亲自为吴王尝粪便。由于勾践服侍吴王非常周到，吴王便以为勾践真心归顺吴国了，便放勾践回去了。勾践回到越国励精图治，劝民农桑，加强武备，立志要报仇雪恨。他怕自己在舒适的生活环境中消磨了意志，故意睡在柴草上，还在房梁上挂了一个苦胆，每当吃饭前都要尝尝苦胆的苦味，以提醒自己不要忘记了在吴国的耻辱。经过十年的准备，越国国力强盛了，勾践便发动了对吴战争。越国果然大败吴国，吴王夫差兵败自杀。

假痴不癫，就是装疯卖傻，装聋作哑等等，是一种伪装术。春秋战国时候，孙膑和他的同学庞涓同在魏国为臣，可庞涓心地很坏，嫉妒孙膑的才学，于是在魏王面前诬告孙膑，将其治罪，并残忍地将孙膑的膝盖骨挖掉。孙膑发现庞涓还要进一步置自己于死地，于是他便使用了“假痴不癫”之计，故意躺在粪便里，蓬头垢面，口里说着胡话。庞涓派人去查看他的情况，他抓起一把粪便就塞进了嘴里。庞涓以为他真的疯了，就懒得去理他了。他寻机逃到齐国，终于在后来的交兵中大败庞涓，逼庞涓自杀，为自己报了仇。

上屋抽梯。

【注释】《三十六计·并战计》。

【解析】这一计的原计是：假之以便，唆之使前，断其援应，陷之死地。遇毒，位不当也。意思是说，自己故意露出破绽让敌人觉得有机可乘，诱使敌人来打我，然后断其后援与接应，使其陷入绝境。敌人如同吃腊肉反而中了毒一样，不但不会得到新的便宜，连原有的地盘也会失去。《孙子·九地篇》中讲："帅与之期，如登高而去其梯。"将帅向兵士布置作战任务，要像使其登高而拿掉梯子一样，让他们没有退路可走。这可以说是"上屋抽梯"之计的原出。春秋时候，齐庄公勾引上了对自己有功的崔杼之妻，崔杼得知这事，非常恼怒，但齐庄公乃一国之君，大张旗鼓地兴师问罪，反而会对自己不利。于是崔杼在暗地里准备谋害庄公。庄公身边有一个叫贾举的宦官，先前曾被庄公惩罚过，贾举怀恨在心，也想伺机报复。崔杼将其收买，让他作内线为自己通风报信。不久，莒国公来齐国朝见，庄公特地设宴款待，崔杼装病没有去接待，他与妻子一起留在家里，并故意给庄公留下上屋之梯。庄公以为这又是一个与崔杼妻子幽会的机会，于是以探病为名，又一次去崔府。贾举将庄公的意图偷偷告诉了崔杼，崔杼让家丁埋伏起来。庄公来到崔府，贾举拦住了庄公的侍从，让他一人进去，并把门关上。庄公一进门，崔杼的家丁便将其抓获。庄公请求放了自己，崔杼不同意。庄公知道性命难保，于是又请求让自己到太庙里去自杀，崔杼还是不同意，并命人抽去了梯子。庄公想跳墙逃走，被人射中，掉下墙来，催杼家丁一拥而上，将庄公杀死。上屋抽梯是一种诱逼计，先制造某种使敌人觉得有机可乘的假象，引诱人做某事或进入某地，然后截断其退路，使其陷于死地，最后逼迫敌人就范或给敌人以打击。

树上开花。

【注释】《三十六计·并战计》。

【解析】这一计的原计是：借局布势，力小势大。鸿渐于陆，其羽可用为仪也。意思是，借别人的局势来布阵，力量虽小形成的势却很大。鸿雁渐渐飞上山，可以用它飘落下来的羽毛作装饰，增加气势。树上开花，是在原本无花或不能开花的树上挂起自己制作的花，或在别人的树上开自己的花，结自己的果，以混淆别人的视听，达到我们的目的。树上开花，是从"铁树开花"转化而来，铁树开花是奇迹，谋略家们也在于创造奇迹。用于军事上，树上开花和偷梁换柱一样，都是和友军作战时控制友军并歼击敌军的策略。树上开花是"布精兵于友军之阵，完其势以威敌也"，是以友军为树为枝，以我军为花朵，以友军之主力破敌，消耗友军实力，而保存了我们的实力，是一种并战计。用于社会生活或其他领域，树上开花也颇是一种智慧。有这样一个例子：李园的妹妹先在春申君这棵树上开花，即怀孕，又在楚王这棵大树上开花，即生子；楚王死后，她更在楚国这棵树上开花，大力培植自己的势力。直至最后，完全控制了楚国。可见

"树上开花"实则是"借树开花",借别人的树开自己的花。

反客为主。

【注释】《三十六计·并战计》。

【解析】这一计的原计是:乘隙插足,扼其主机,渐之进也。意思是说,趁对方有漏洞就赶紧插足进去,扼制其关键地方,再慢慢地达到自己的目的。春秋时候,秦将孟明视等率军秘密进军郑国,想偷袭郑国。郑国有位叫弦高的牛贩子,那天正贩了几百头牛去卖,路上得知秦军已去攻打郑国了,这几天正要从这里经过。弦高大吃一惊,国家有难,自己身为郑国人岂能袖手旁观?于是他一面派人到郑国通风报信,一面挑了几十头肥牛,假装去犒赏秦军。见了秦军,他故意叫道:"郑国使臣在此,求见主帅!"孟明视听说有郑国使者求见,大吃一惊,心想:我们本打算偷袭郑国,怎么他们已经知道我军的行踪了?便召见弦高。弦高见了孟明视,假传郑君之命:"我国知道将军率兵将至我境,特派下臣弦高前来迎接慰劳贵军。"并送上几十头牛作为犒军之礼。孟明视将信将疑,问道:"你既来劳军,怎么没有信函呢?"弦高答道:"时间紧迫,来不及写信,只托我口头致意。"孟明视听了又想:他们连我出师的日期都知道,看来郑国早有准备了。于是孟明视说:"我军是开往别的国家,请代我向郑侯转达我的问候。"秦军只好把军队开往滑国,顺便把滑国给灭了。在这里,弦高用的就是反客为主的计策。

美人计。

【注释】《三十六计·败战计》。

【解析】这一计的原计是:兵强者,攻其将;将智者,伐其情。将弱兵颓,其势自萎。利用御寇,顺相保也。意思是,敌军如果兵精,我们就攻击他的将;敌将如果有智慧和计谋,我们就在他的情志上做文章。如果能让敌人将帅软弱,兵士无斗志,那么敌人就会不战而自颓。利用这样的方法来对付敌人,容易保存自己。敌人兵力强盛,将帅明智,我们不要与他硬拼,应当顺应形势暂时屈从于敌人。用割让土地等办法来使敌人高兴,从而迷惑敌人,就像六国侍奉秦国那样。不过这是最下等的策略。因为用金钱和布匹进贡给敌人,更增加了敌人的财富,就像宋朝对辽和金那样,这是下等的策略,惟有用美人去侍奉敌人,使其消磨意志,耗费体力,军政混乱,就像勾践用美女西施去取悦于吴王夫差一样,俗话说:英雄难过美人关;自古英雄皆好色,若不好色非英雄。在战场上是英雄,也难免为美人所倾倒,可见美色有何等的威力!历史上用美色来对付他人,达到自己的目的的事例层出不穷。

空城计。

【注释】《三十六计·败战计》。

【解析】这一计的原计是:虚者虚之,疑中生疑;刚柔之际,奇而复奇。意思是说,在自己兵力空虚时,干脆表现出更加虚空的样子,这样就会使敌人犹疑之中再产生犹疑,一时拿不定主意。在刚柔之间以至柔的方法对付至刚的敌人,这是奇计中的奇计。历史上以“空城计”退兵的战例很多,较早的有春秋战国时期郑国以“空城计”智退楚军的历史记载,但远不如三国时孔明的空城计为人们所熟知。《三国演义》更是对诸葛亮的空城计作了精彩的描绘:诸葛亮驻扎在阳平,把部队都派去攻打魏军了,只留下一些老弱残兵在城中。忽然听到魏军大都督司马懿率十五万大军来攻城。诸葛亮临危不惧,急中生智,命令大开城门,还派人去城门口洒扫。诸葛亮自己则登上城楼,从容弹琴,而且琴声丝毫不乱。司马懿来到近前,看见此情形,心生疑窦,怕中诸葛亮埋伏,因此不敢进去,便下令退兵。事后诸葛亮解释说,我平日里一向谨慎,料司马懿不敢贸然进兵,因此才用了这一计。可见使用空城计是有条件的,而且只能偶一为之,如果经常使,那就太危险了。

反间计。

【注释】《三十六计·败战计》。

【解析】这一计的原计是:疑中之疑,比之自内,不自失也。意思是说,在敌人的疑阵中再布下我们的疑阵,即巧妙利用敌方安插在我方的间谍传递假情报,使敌人上我们的当,从而打击敌人。《孙子兵法·用间篇》曰:“反间者,因其敌间而用之。”反间的意思就是利用敌人派到我们这里的间谍来为我们办事。曹操在官渡之战后,统一了北方,他乘胜南下,想与东吴一决雌雄,即历史上的赤壁之战。大战前夕,曹操深知北军没有打水战的经验,就想到设谋用间,而东吴大将周瑜也觉得敌强我弱,没有必胜的把握,也想用计谋来打胜这场仗。于是曹操派蔡中、蔡和去江东诈降。周瑜早知二人是曹操的奸细,但他将计就计,假装对他们不疑心还委任他俩为前部。这时周瑜又与黄盖施苦肉计,让蔡中、蔡和给曹操报信,使曹操对黄盖的报降深信不疑。曹操派来的奸细反为周瑜利用,这就是反间计。

苦肉计。

【注释】《三十六计·败战计》。

【解析】这一计的原计是:人不自害,受害必真。假真真假,间以得行。童蒙之吉,顺以巽也。意思是说,人不可能自己伤害自己,如果伤害了,必然是真的。真真假假,离间计就可以运用了。这样,就如同蒙骗幼童一样蒙骗敌方,使他们为我方操纵,这是吉祥之兆。

历史上最典型的苦肉计例子莫过于三国时的"周瑜打黄盖"了。赤壁之战前夕,曹操先派蔡中、蔡和去东吴诈降,周瑜一眼便识破对方,但他却没有揭穿他们,而是将计就计,进一步来利用他们,便与黄盖定下了苦肉计。第二天,周瑜召集东吴的大将们开会,周瑜下令做好准备,要与曹操决一死战。黄盖故意说,曹操兵力强大,怎么能打胜呢?还不如投降了事。周瑜勃然大怒,责骂黄盖在两军对垒时说灭自己威风的话,"慢我军心,挫我士气",于是下令将黄盖斩首。众将官赶紧跪下求饶:"黄盖固然有罪,但未开战便先斩大将,恐于军不利,望都督记下他的罪过,等到破曹之后,斩他不迟!"周瑜稍稍消气,说看在众官面上暂免他一死,不过死罪饶过,活罪不能免,令打黄盖一百军棍。众官又来求饶,周瑜推翻桌子,喝退众官,命令立即行刑,黄盖被剥光了衣服,按在地上,打得皮开肉绽,鲜血淋漓,几次昏厥,众人无不落泪。受刑之后,黄盖故意在蔡中、蔡和面前大骂周瑜,表示要投奔曹操,又派人去曹营见曹操,说自己身为老臣却无端受周瑜毒打,想率众归降,以图雪耻。曹操心下也怀疑是周瑜的苦肉计,但他接到二蔡密报,了解黄盖确实被周瑜打得很惨,曹操才相信了。大战之日,黄盖假装投奔曹操,率军放火烧毁了曹操水军大营,很好地实现了周瑜火攻的军事战略。

连环计。

【注释】《三十六计·败战计》。

【解析】这一计的原计是:将多兵众,不可以敌,使其自累,以杀其势。在师中吉,承天宠也。意思是说,敌人如果兵多将广,就不能与它硬拼,应设法让敌人自己牵制自己,以削弱他们的势力。军队统帅如果用兵得法,就会像有天神保佑一样,很容易战胜敌人。赤壁之战时,庞统给曹操出主意,让曹操把战舰用铁链连起来,然后东吴用火攻曹操水军大营,曹军战舰因无法逃脱,而被焚烧殆尽。这就是连环计。连环计就是让敌人自己给自己制造麻烦,我们乘机去谋利。也就是说,先用一条计使敌人自己给自己制造坎坷,再用一条计打击敌人,两条计谋连环起来运用,就能够摧毁势力强大的敌人。东汉末年司徒王允为除掉奸贼董卓,就运用了连环计,他先将貂蝉许给吕布,后又送给董卓。使吕布痛恨董卓,两人反目成仇,最后借吕布之手杀掉董卓。顾名思义,连环计就是一种多步骤或多环节联合运用的计谋。步步相接,环环相扣,使对方防不胜防。连环计是一种比较复杂的计谋,一般都会有好的效果,不过非智者不能运用。

走为上。

【注释】《三十六计·败战计》。走:跑,撤退。

【解析】这一计的原计是：全师避敌，左次无咎，未失常也。意思是说，为了保存军事实力，避开强敌。虽退居次位，但免遭到灾祸，这也是很正常的军事策略。敌人的兵力占绝对优势时，我方估计不能战胜，可以暂时采取投降、求和、撤退等措施来保全自己。然而，投降是彻底的失败；求和也等于是失败；撤退就不算失败。未败是转败为胜的重要基础。宋朝毕再遇与金人对垒，一天夜里他把部队全部撤走，只留下旗帜在阵地上，并预先把活羊吊在鼓上，羊倒悬着很难受，挨着鼓的两条腿乱动，把鼓敲得咚咚作响。金人没有察觉，不敢轻举妄动。等他们发觉后，毕再遇已全军撤退了。这实际也可以看做是“走为上”计的例子。人们常说，三十六计，走为上策。可见，在不能取胜时，为避免吃亏，迅速撤退也是一种可取的计谋。

曾胡治兵语录

曾国藩和胡林翼同是晚清湖南人,他们共同镇压了太平天国起义。不论其历史功过如可,就带兵打仗,曾、胡真可谓一代名将,他们在军事理论和为人处世方面都有很深的见地。近代名将蔡锷也是湖南人,他将曾国藩和胡林翼有关用兵的认识汇编成《曾胡治兵语录》,并亲为各篇撰写按语。

带兵之人，第一要才堪治民，第二要不怕死，第三要不急急名利，第四要耐受辛苦。

【注释】《曾胡治兵语录·将材》曾国藩语。

【解析】一个能够带兵打仗的人，第一，要有管理百姓的真才实学，第二，要不怕死，第三，不能刻意追求名利，第四，能够忍受各种艰难困苦。曾国藩又进一步分析："不公不明，则兵不悦服；不勤，则营务巨细，皆废弛不治，故第一要务在此。不怕死，则临阵当先，士卒乃可效命，故次之。为名利而出者，保举稍迟则怨，稍不如意则怨，与同辈争薪水，与士卒争毫厘，故又次之。身体羸弱者，过劳则病；精神短乏者，久用则散，故又次之。四者似过于求备，而苟阙其一，则万不可以带兵。"他认为要做一个带兵的将领，以上四项缺一不可。

治兵之才，不外公、明、勤。不公不明，则兵不悦服；不勤，则营务巨细，皆废弛不治。

【注释】《曾胡治兵语录·将材》曾国藩语。

【解析】治理军队所需要的才能，不外乎公正、贤明、勤劳。如果将领不能公正廉明，士兵就不能对你心悦诚服；如果将领不勤于公务，又会造成大小事务无人办理的局面。

吾谓带兵之人，须智深勇沉之士，文经武纬之才。

【注释】《曾胡治兵语录·将材》曾国藩语。

【解析】我认为带兵的人，必须是有计谋而又勇敢沉着的人，而且他必须是能文能武的干才。曾国藩又说：大致说来，一个人如果忠义而又有血性，那么他就大抵可以具备为将的条件。如果缺乏忠义血性，即使表面看来具备条件，但还是不行。

带兵之道，勤、恕、廉、明，缺一不可。

【注释】《曾胡治兵语录·将材》曾国藩语。

【解析】就带兵为将的方法而言，勤政、宽恕、廉洁、贤明这四点缺一不可。历史上的名将大都符合这四个方面的标准。

求将之道，在有良心、有血性、有勇气、有智略。

【注释】《曾胡治兵语录·将材》胡林翼语。

【解析】选拔将领的原则是，选择那些有良心、有血性、有勇气、有智慧和谋略的人。胡林翼在对将领的要求方面基本上与曾国藩是一致的。

天下强兵在将。

【注释】《曾胡治兵语录·将材》胡林翼语。

【解析】一个国家军队强盛的关键还在于将领。常言道:千军易得,一将难求。说的就是这个道理。

上将之道,严明果断,以浩气举事,一片肫诚。

【注释】《曾胡治兵语录·将材》胡林翼语。肫:诚恳。

【解析】一个优秀的将领,处事严明果断,一身正气,待人一片赤诚。这是为将者所应追求的为将之道。作者接下来又说:“要未可误于矜骄虚浮之辈,使得以巧饰取容。”千万不要被那些意气骄矜、虚妄浮夸的人迷惑住,他们凭着小伎俩骗取别人的信任,最终会误了大事。

真意不存,则成败利钝之间,顾忌太多,而趋避愈熟,必至败乃公事。

【注释】《曾胡治兵语录·将材》胡林翼语。

【解析】一个没有真诚之心的人,每逢碰到成败利害等关键时候,就会患得患失,最后必然对事业造成损害。

兵易募而将难求。

【注释】《曾胡治兵语录·将材》胡林翼语。

【解析】众多的士兵往往容易招募,但是得到一个好的将领却是件很难的事。

求勇敢之将易,而求廉正之将难。

【注释】《曾胡治兵语录·将材》胡林翼语。

【解析】找一个勇敢的将领不难,但能找到一个廉洁正直的将领却非常难。胡又进一步解释说:“盖勇敢倡先,是将帅之本分,而廉隅正直,则粮饷不欺,赏罚不滥,乃可固结士心,历久常胜。”大抵能够做到勇敢,是将帅起码的条件,只有操守好,为人正派,才能在发放粮饷时公平无欺,能够不任意赏罚。这样的好的将领,才能团结广大士兵,历久而不败。

将以气为主,以志为帅。

【注释】《曾胡治兵语录·将材》胡林翼语。

【解析】一个将领有胆气应该是最为主要的;而坚强的意志应该是他的灵魂。这里指出将帅最重要的是要有“气”和“志”。

专尚驯谨之人，则久而必惰；专求悍鹜之士，则久而必骄。

【注释】《曾胡治兵语录·将材》胡林翼语。

【解析】选拔将领，如果只选那些驯服而谨慎的人，那么时间长了他们必然产生惰性；如果一味追求勇猛强悍之人，时间长了这些人必然会滋生骄傲之气。

兵事毕竟归于豪杰一流，气不盛者，遇事而气先慑，而目先逃，而心先摇。平时一一禀承，奉命唯谨，临大难而心中无主。

【注释】《曾胡治兵语录·将材》胡林翼语。

【解析】用兵打仗毕竟属于英雄豪杰的事业，胆气不旺盛的人，遇到紧急情况，自己先精神崩溃，眼睛不敢正视敌人，心也乱跳。有的人平时很听上司的话，谨小慎微，一旦大难临头，则六神无主。这样的人是不能为将的。

古来名将，得士卒之心，盖有在于钱财之外者。

【注释】《曾胡治兵语录·将材》曾国藩语。

【解析】古时候的名将能够得到士兵拥戴，并不是都靠多给士兵钱财，一定还有金钱以外的统兵之道，比如人格的魅力。曾进一步讲："后世将弁，专恃粮重饷优，为牢笼兵心之具，其本为已浅矣。是以金多则奋勇蚁附，利尽则冷落兽散。"后世的将官们却只想着靠粮饷的优厚，来笼络人心，这种想法和行为真是肤浅到极点了！这样做的结果是，有钱士兵就会如蚁附蝇聚来靠拢你，一旦无利可图，就都作鸟兽散了。

拣选将材，必求智略深远之人，又须号令严明，能耐劳苦。

【注释】《曾胡治兵语录·将材》曾国藩语。

【解析】选拔将材的时候，一定要挑那些智谋深远的人，还要考察他是否能做到号令严明，是否能吃苦耐劳。这三个条件都具备的，那一定是优秀的人选了。

雨不张盖，谓众兵均无盖也。

【注释】《曾胡治兵语录·将材》胡林翼语。

【解析】这句是说清军将领乌兰泰对待士兵极为体贴。下雨的时候，他不张开雨具遮蔽，问他为什么，他说士兵们都没有遮雨的东西，我怎么好意思独自用遮雨的器具呢？

兵事不外奇正二字，而将材不外智勇二字。

【注释】《曾胡治兵语录·将材》胡林翼语。

【解析】用兵打仗的方法不外乎奇正二字，而堪称将材的也不外乎智勇二字。这一句话极精辟地概括了用兵和选将的总原则，对我们有非常重要的启发作用。

有正无奇，遇险而覆；有奇无正，势极即阻。

【注释】《曾胡治兵语录·将材》胡林翼语。

【解析】平时只知道正规训练军队，打仗时只知道摆开阵势、公开拼杀，而不懂出奇制胜，一旦遇到险情就会全军覆灭。只想着使用巧妙办法出奇制胜，而忽略了军队的正规化训练，在手段失灵后，就没有办法了。所以说，正与奇应该结合使用，缺一不可。

智多勇少，实力难言；勇多智少，大事难成。

【注释】《曾胡治兵语录·将材》胡林翼语。

【解析】一个人如果只有谋略，而勇气不足，他就很难有强大的实力；相反，一个人有勇无谋，恐怕也成不了大事。做大将的应该是智勇双全，那些纸上谈兵者，或奋一己之勇的人都会给军队带来祸患。

其要以得人为主，得人者昌，失人者亡。

【注释】《曾胡治兵语录·将材》胡林翼语。

【解析】用兵打仗能否取胜，关键还是有无人才的问题。得到贤能的将材，国家就会兴旺发达，没有人才终久要败亡。

设五百人之营，无一谋略之士、英达之才，必不成军；千人之营，无六七英达谋略之士，亦不成军。

【注释】《曾胡治兵语录·将材》胡林翼语。

【解析】如果是一支有五百名士兵的军队，而没有一个有谋略、有气度、有胆识的人才，那么它必定不能成为一支能打硬仗的军队；有一支上千人的队伍，中间没有六七个有胆有识的人才，也不能成为一支能打胜仗的军队。

有智无勇，能说而不能行；有勇无智，则兵弱而败，兵强亦败。

【注释】《曾胡治兵语录·将材》胡林翼语。

【解析】统兵的将领，除了要有沉着勇敢的素质外，还必须有用兵的智谋和胆识，以及能够服众的器量和识见。无论如何，必须智勇兼备。有智无勇，就只能纸上谈兵，而不会付诸行动；有勇无智，就会更加糟糕，兵力弱小会失败，兵力强大也会失败。

不明方略，不知布置，不能审势，不能审机，即千万人终必败也。

【注释】《曾胡治兵语录·将材》胡林翼语。

【解析】一个将领不懂用兵的方略，不知道如何布置兵力，不会审时度势，不能捕捉有利的时机，即使拥有成千上万的兵马，最终还是要失败的。

贪功者决非大器。

【注释】《曾胡治兵语录·将材》胡林翼语。

【解析】一个将领如果贪图立功，那么他即便有勇有谋也决不会成为大材。这里并不是说为将者不在乎立不立功，而是强调为将者应该有更大的胸怀，而非眼睛仅仅盯在立功受奖上。

为小将须立功以争胜，为大将戒贪小功而误大局。

【注释】《曾胡治兵语录·将材》胡林翼语。

【解析】低级将领可以争着立功、打胜仗，但是作为高级将领，切忌因贪小功而损坏了全局利益。为大将者着眼点应该更大，而不能在小事上做文章。

人材以陶冶而成，不可眼孔太高，动谓无人可用。

【注释】《曾胡治兵语录·用人》曾国藩语。

【解析】曾国藩在清朝统治岌岌可危之际，仍然认为人才是中兴的当务之急。他认为人才通常要靠培养和锻炼才能成长起来，使用人才的人不能眼光太高，动辄就说当今没有人才。人才是可以发现和培养的。

要以衡材不拘一格，论事不可苛细，无因寸朽而弃连抱，无因数罟以失巨鳞。

【注释】《曾胡治兵语录·用人》曾国藩语。罟(gǔ)：渔网的总称。

【解析】曾国藩先说，我真怀疑古人对一些名将的描述，总认为他们神秘莫测，无人能比，几百种优点集于一身，而找不到一条缺点，这恐怕不是他本来的模样吧。然后说，关键是我们在衡量人才时要不拘一格，不要求全责备，对人要求过于苛刻。不要因为有一点腐烂的地方就扔掉几抱粗的大树，也不要因为渔网有几个小的网眼有毛病就不去捕大鱼。

求人之道，须以白圭之治生，如鹰隼之击物，不得不休。

【注释】《曾胡治兵语录·用人》曾国藩语。白圭：战国时期人。擅长经商。他认为经商要掌握好时机，采取“人弃我取，人取我与”的方针。

【解析】选拔人才，要像战国时的白圭经商，或者如同雄鹰捕捉食物一样，不达到目的，就不罢休。这里曾国藩把选拔人才与经商赚钱相提并论，寻找人才要像精明的商人经商一样不放过任何好机会，而一旦有了机会就要像雄鹰捕猎一样迅速弄到手。可见他对人才是多么的贪婪。

软熟窃不可用，谄谀窃不可用，胸无实际，大言欺人窃不可用。

【注释】《曾胡治兵语录·用人》胡林翼语。

【解析】用人时要注意有几种人不能用：软弱怯懦的人不能用，喜欢阿谀奉承的人不能用，不务实际只喜欢夸夸其谈的人不能用。

营官不得人，一营皆成废物；哨官不得人，一哨皆成废物；什长不得人，十人皆成废物。

【注释】《曾胡治兵语录·用人》胡林翼语。

【解析】如果没有一个称职的营官，一营士卒都会形同废物；没有一个称职的哨官，则一哨士卒都会变成废物；没有一个称职的什长，那么十个人都会成为废物。选拔军官不重素质，滥竽充数，那么有兵也等于无兵。

选哨官、什长，须至勇至廉。不十分勇，不足以倡众人之气；不十分廉，不足以服众人之心。

【注释】《曾胡治兵语录·用人》胡林翼语。

【解析】挑选哨官、什长时，一定要找最勇敢、最廉洁的人。如果不勇敢，就不足以振奋士气；不很廉洁，就不足以令兵士从内心里佩服你。

今日来乞差使争先恐后，即异日首先溃败之人。屈指计，用人不易。

【注释】《曾胡治兵语录·用人》胡林翼语。

【解析】许多人都是为贪恋利禄才表现出色的，今天为得到一个职位而争着立功的人，也许正是明天在战场上首先溃逃的人。说起来，用人确实不是件容易的事。

人才因求才者之智识而生，亦由用才者之分量而出。

【注释】《曾胡治兵语录·用人》胡林翼语。

【解析】人才本身也会因为选拔者的能力不同而有所不同，有没有人才，或有什么样的人才也取决于用人者自身的才识能力。

用人如用马，得千里之马而不识，识矣而不能胜其力，则且乐驽骀之便安而斥骐骥之伟骏矣。

【注释】《曾胡治兵语录·用人》胡林翼语。驽骀：指能力低下的马。骐骥：

指良马。

【解析】用人好比用马，有的人拥有千里马却并不认识它，有的人倒是有识别千里马的眼力，但是限于自己的驾驭能力和气度，他更乐于使用平庸的马，而不去使用千里马。这里强调的主要是使用人才者的能力，而非人才的能力。

古人治兵，先求将而后选兵；今之言兵者，先招兵而并不择将。

【注释】《曾胡治兵语录·用人》胡林翼语。

【解析】古人组织军队，先选将领，再选士卒；现在的人往往是先招兵，却并不认真挑选良将。这样主次颠倒，恐怕不会把事情办得很好。

凡人才高下，视其志趣。卑者安流俗庸陋之规，而日趋污下；高者慕往哲隆盛之轨，而日即高明。

【注释】《曾胡治兵语录·尚志》曾国藩语。

【解析】大凡人才的高下优劣，与他的志趣有很大的关系。平庸的人安于世俗常规，因而为人越来越卑下；有志向的人以先贤为榜样，仰慕他们所走过的道路，也使自己的水平越来越高。从这点上可以鉴别人才的高下智愚。

无兵不足深忧，无饷不足痛哭，独举目斯世，求一攘利不先、赴义恐后、忠愤耿耿者，不可亟得。

【注释】《曾胡治兵语录·尚志》曾国藩语。

【解析】没有士卒不必过于忧虑，没有粮饷也不需要痛苦。但在这个世界上，找一个见私利而不争、能够英勇赴义且怀忠愤之心的人，是多么艰难啊。

胸怀广大，须从平淡二字用功。

【注释】《曾胡治兵语录·尚志》曾国藩语。

【解析】想要做到胸怀宽广，必须从平淡这两个字上入手，去陶冶性情，提高自己的修养。人首先要有平常心，淡泊功名利禄，才能真正在道德品格上升华，达到较高的境界。如果贪图功名富贵，对利益斤斤计较，又怎么能胸襟博大呢？

人我之际，须看得平；功名之际，须看得淡，庶几胸怀日阔。

【注释】《曾胡治兵语录·尚志》曾国藩语。

【解析】在处理与他人的关系问题上，要做到平心静气，多些宽容，少与人争斗攀比；在功名利禄上，要看得淡一些，这样你的胸怀就有可能越来越宽广。

做好人、做好官、做名将，俱要好师、好友、好榜样。

【注释】《曾胡治兵语录·尚志》曾国藩语。

【解析】做好人、做好官、做名将，都必须有好的师长、好的朋友和良好的榜样。曾国藩十分重视一个人的后天修养，所以他强调良师益友对一个人成长的重要性。

喜誉恶毁之心，即鄙夫患得患失之心也。

【注释】《曾胡治兵语录·尚志》曾国藩语。

【解析】喜欢听赞誉的话，讨厌听批评意见，这种心理就是一种凡夫俗子患得患失的心理。曾国藩接着说："于此关打不破，则一切的学问才智，适足以欺世盗名。"人如果不能改掉这一毛病，那么再高的学问、才智，也只不过是用来欺世盗名，绝对不会有大的作为。

吾辈当立准绳，自为守之，并约同志共守之，无使吾心之贼破吾心之墙。

【注释】《曾胡治兵语录·尚志》曾国藩语。

【解析】为了提高自己的修养和水平，我们应当制订一个行为规范，一方面自己遵守，另一方面将志同道合的人团结起来，共同遵守，相互监督，不要让我们内心的私欲战胜了我们的理智。

君子有高世独立之志，而不与人以易窥；有藐万乘、却三军之气，而未尝轻于一发。

【注释】《曾胡治兵语录·尚志》曾国藩语。

【解析】君子有远大的志向，却不将它轻易展示给别人；有藐视帝王、击退三军的气场，却不轻易显露。中国古人所谓真人不露相，就是把自己的理想暗藏于心中，不懈地去努力，而不是到处去吹嘘。

君子欲有所树立，必自不妄求于人知始。

【注释】《曾胡治兵语录·尚志》曾国藩语。

【解析】君子想成就一番大事业，一定要从埋头苦干、不求闻达于世开始。图虚名是干不了大事的。

古人患难忧虞之际，正是德业长进之时，其功在于胸怀坦夷，其效在身体强健。

【注释】《曾胡治兵语录·尚志》曾国藩语。

【解析】古人患难忧愁的时候，也正是品德修养长进的时候，这使他们变得更加胸怀坦荡,身体强健。这也为他们以后成就大事业奠定了基础。

圣贤之所以为圣贤,佛家之所以成佛,所争皆在大难磨折之日。

【注释】《曾胡治兵语录·尚志》曾国藩语。

【解析】圣贤之所以成为圣贤,佛家之所以能成佛家,关键都是经过大的灾难的折磨和考验。可见一个人经历一些磨难不一定就是件坏事,关键是怎么看待这件事。如果能从磨难中吸取教训,增加自己的见识,也不能不说是一件好事。所以有这样的说法:有经历毕竟是一件好事。

将此心放得实,养得灵,有活泼泼之胸襟,有坦荡荡之意境,则身体虽有外感,必不至于内伤。

【注释】《曾胡治兵语录·尚志》曾国藩语。

【解析】把自己的心放踏实,培养出灵气和超凡的见识,有生动活泼的性格和坦荡的胸襟,那么即使人受到了外界打击,内心也不至于受到太大的伤害。这是一种近乎得道的高修养了。

军中取材,专尚朴勇,尚须由有气概中讲求。

【注释】《曾胡治兵语录·尚志》胡林翼语。

【解析】在军队中选拔人才,一般都看重朴实和勇敢这两种素质,此外,还应该从一个人的气概上进行挑选。胡林翼又说:不过就气概而论也是一个很复杂的问题,有些人只是有些浮气等等,不是真有气概,一定要善于分辨才行!

人才由磨炼而成,总须志气胜,乃有长进。

【注释】《曾胡治兵语录·尚志》胡林翼语。

【解析】人才都是由长期的磨炼造就的,一个人总要有志气,才能有长进。有坚强的意志,再加上锻炼才能造就一个人才。

成败原难逆睹,不足以定人才。

【注释】《曾胡治兵语录·尚志》胡林翼语。

【解析】成功和失败本来就难以预料,我们不能以成败来评判人才。这句话实际是说了一个不能以成败论英雄的问题。因为成败有许多的客观因素,也有许多偶然的东西在其中,所以我们不应当只从成败角度来评判人才。

兵事以人才为根本,人才以志气为根本。

【注释】《曾胡治兵语录·尚志》胡林翼语。

【解析】用兵打仗最重要的是拥有人才，人才又以志气为根本。一个人有没有智识胆略都是次要的，但一定要有大的志向。一个没有远大志向和坚定意志的人，别的方面再怎么好也算不上是有用之才。

兵可挫而气不可挫，气可偶挫而志不可挫。

【注释】《曾胡治兵语录·尚志》曾国藩语。

【解析】军队可以有小的失败，但气势不能被敌人压倒；气势即便偶尔受挫，但坚定的意志一定不能够动摇。人们常说胜败乃兵家常事，可见对于一个会带兵的人来说，一些小的胜败并不是重要的事情，重要的是时刻要保持军队有旺盛的士气和必胜的信心。

方今天下之乱，不在强敌，而在人心。

【注释】《曾胡治兵语录·尚志》胡林翼语。

【解析】当今之时，天下大乱，原因不在于敌人的强大，而在于国人心之涣散。胡林翼认为，愚昧的百姓虽难以治理，但这还不是关键的问题，关键在于那些官僚士大夫们贪污腐败而又得不到惩处。

吾人任事，与正人同死，死亦附于正气之列，是为正命。附非其人，而得不死，亦为千古之玷，况又不能无死耶！

【注释】《曾胡治兵语录·尚志》胡林翼语。

【解析】我们做事情，如果和正人君子同道，即使死也是列入正义的事业中，死得其所，这叫做“正命”。如果跟错了人，即使不死，也会在历史上留下污点，何况人又不能长生不死！

处世无远虑，必有危机，一朝失足，则将以薰莸为同臭，而无解于正人之讥评。

【注释】《曾胡治兵语录·尚志》胡林翼语。薰(xūn)莸(yōu)：薰，指香草；莸，指臭草。这里分别比喻善和恶。

【解析】人活在世上，如果没有长远的考虑，必然会陷入危机中。一旦失足，就像薰草与莸草混杂在一起，只能是同臭了。这样也就永远摆脱不了别人的讥笑和议论了。

天地之所以不息，国之所以立，圣贤之德业所以可大可久，皆诚为之也。

【注释】《曾胡治兵语录·诚实》曾国藩语。

【解析】天地之所以不停息地运行，国家之所以能够建立，前代圣贤们的道德功业之所以能够大行天下、历久不衰，全都是由于一个“诚”字。

诚者物之始终，不诚无物。

【注释】《曾胡治兵语录·诚实》曾国藩语。

【解析】真诚是万物运行的起点和归宿，世间如果没有真诚也就没有万事万物。可见真诚是万物之本，也是我们为人处世的最高原则。

人必虚中不著一物，而后能真实无妄，盖实者不欺之谓也。

【注释】《曾胡治兵语录·诚实》曾国藩语。

【解析】人必须先虚怀若谷，不存私欲，然后才能做到有真才实学，不虚不妄。这大概是因为真实的东西是容不得半点虚假的。

人之所以欺人者，必心中别著一物，心中别有私心，不敢告人，而后造伪言以欺人。若心中了不著私物，又何必欺人哉！

【注释】《曾胡治兵语录·诚实》曾国藩语。

【解析】一个人之所以欺骗别人，一定是心里藏了一件事，内心有私心杂念，有不可告人的东西，于是便编造假话来骗人。如果内心不存私念，又何必骗人呢？

所知在好德，所私在好色，不能去好色之私，则不能欺其好德之知矣。

【注释】《曾胡治兵语录·诚实》曾国藩语。

【解析】人的良知在于好德，而私心在于好色，人既不能摒弃好色的欲望，也就不要去欺骗自己的良知了。

诚者不欺者也，不欺者心无私著也，无私著者至虚者也。

【注释】《曾胡治兵语录·诚实》曾国藩语。

【解析】一个诚实的人是一个不会欺骗别人的人，不欺骗别人的人心中一定无私心杂念，没私心杂念的人也就是最虚心的人。可见人一旦有了私心杂念是不会真正做到虚心的。

天下之至诚，天下之至虚者也。

【注释】《曾胡治兵语录·诚实》曾国藩语。

【解析】天下最诚实的人，也正是天下最谦虚的人。曾国藩很精辟地论述了真诚与虚心的关系，指出只有诚实才能做到虚心，而人不虚心是不会具备真才实学的。这一深刻的见地对我们今天的人生修养也是有重要启示作用的。

当读书则读书，心无着于见客也；当见客则见客，心无着于读书也，一有着则私也。

【注释】《曾胡治兵语录·诚实》曾国藩语。

【解析】读书的时候就认真读书，不要想着还要见客人；见客人的时候就全心全意投入进去，与客人谈话，不要再挂记读书的事。因为不论干什么，只要心中有牵挂，心思就会杂乱，连眼前的事也做不好，还谈什么别的事呢？

灵明无着，物来顺应，未来不迎。

【注释】《曾胡治兵语录·诚实》曾国藩语。

【解析】心无牵挂，事情来了就安心应对，无事也不要去胡思乱想。这才是一种平心静气的表现。

当时不杂，既过不恋，是之谓虚而已矣，是之谓诚而已矣。

【注释】《曾胡治兵语录·诚实》曾国藩语。

【解析】当事的时候不胡思乱想，事情过后也不去留恋，这就叫做“虚”，这就叫做“诚”。虚是一种谦虚、虚怀的状态；诚是指真诚地面对一切。在曾国藩看来，做到虚和诚是一种很高的人生修养。

知己之过失，即自为承认之地改去，毫无吝惜之心，此最难之事，豪杰之所以为豪杰，圣贤之所以为圣贤，便是此等处磊落过人。

【注释】《曾胡治兵语录·诚实》曾国藩语。

【解析】知道自己有过失，自己主动承认并去改正它，没有什么顾忌，这是非常难做到的。豪杰之所以是豪杰，圣贤之所以成为圣贤，正是在这些方面光明磊落，超过常人。如果能够过了这一关，做人反倒更自然。

盗虚名者有不测之祸，负隐匿者有不测之祸，怀忮心者有不测之祸。

【注释】《曾胡治兵语录·诚实》曾国藩语。

【解析】窃取虚名的人会有不测之祸，包藏祸心的人会有不测之祸，嫉妒并陷害他人的人会有不测之祸。

天下惟忘机可以消众机，惟懵懂可以祓不祥。

【注释】《曾胡治兵语录·诚实》曾国藩语。

【解析】世上只有那些心境淡泊宁静、不存机巧之心的人，才能真正去对付各种各样的权谋诡计；只有大智若愚，才能驱除不祥之灾。

用兵久则骄惰自生，骄惰则未有不败者。

【注释】《曾胡治兵语录·诚实》曾国藩语。

【解析】带兵打仗时间长了，骄傲和惰性也慢慢滋生出来了，而打仗一旦骄傲怠惰，则没有不失败的。一些老的将领应该从中得到启示。

勤字所以医惰，慎字所以医骄，二字之先，须有一诚字以立本。

【注释】《曾胡治兵语录·诚实》曾国藩语。

【解析】勤能医治懒惰，谨慎能医治骄傲大意。然而，即便能做到勤和慎，勤和慎也一定要以对人对事真诚为前提。如果居心不端正，其他方面再好也是没有用的。

立意要将此事知得透办得穿，精神所至，金石亦开，鬼神亦避，此在己之诚也。

【注释】《曾胡治兵语录·诚实》曾国藩语。

【解析】对一些很难的事，只要你下定决心，一定要将它学通办好，也是能够做到的，正是所谓精诚所至，金石为开，连鬼神都会为你让路。这就在于一个人有没有诚心。

人之生也直，与武员交接，犹贵乎直。文员之心多曲、多歪、多不坦白，往往与武员不相水乳。

【注释】《曾胡治兵语录·诚实》曾国藩语。

【解析】人还是性格直率一些好，和那些武官交往，更要坦率直爽。相反，那些文官的心思一般多曲折，思考的角度也多，而且不爱轻易坦白自己。他们往往和武官的性格相差太远，因而也合不来。

必尽去歪曲私衷，事事推心置腹，使武人、粗人坦然不疑，此接物之诚也。

【注释】《曾胡治兵语录·诚实》曾国藩语。

【解析】在军中带兵要尽量少一些私心和杂念，多一些率直，凡事尽量与人推心置腹，让那些武官和文化粗浅的军人不产生怀疑，这也就是所说的待人接物要真诚。

以诚为之本，以勤字、慎字为之用，庶几免于大戾，免于大败。

【注释】《曾胡治兵语录·诚实》曾国藩语。

【解析】与人相交或做事，要以诚为本，再加上勤恳和谨慎，这样就不至于有大的错误和失败了。

官气增一分，血性减一分。

【注释】《曾胡治兵语录·诚实》曾国藩语。

【解析】部队中官僚主义多一分，那么军人的血性就会减少一分。1851 年，浙江秀水知县江忠源为镇压太平军起义，编练“楚勇”，后江忠源在庐州（今安徽合肥）败于太平军，投水自尽，楚勇归入曾国藩所部，成为湘军最早的成员。曾国藩认为楚勇是从民间直接组织起来的，所以官僚习气要少一些。他还认为部队的战斗力主要来自兵士的“血性”，即比较单纯的激情，如果没有这种血性，兵士则会老气横秋，没有战斗力。

军营宜多用朴勇少心窍之人，风气易于纯正。

【注释】《曾胡治兵语录·诚实》曾国藩语。

【解析】军队中适合多用那些朴实勇敢、心计较少的人，这样部队风气比较纯正。他接着说：“湘军之兴，凡官气重、心窍多者，在所必斥。历岁稍久，亦未免沾染习气，应切戒之。”意思是说，我所组织的湘军，凡是官气重、心窍多的人，一概不用。不过时间长了，士兵也难免沾染不良习气，应该下功夫戒除。

将领之浮滑者，一遇危险之际，其神情之飞越，足以摇惑军心；其言语之圆滑，足以淆乱是非。故楚军历来不喜用善说之将。

【注释】《曾胡治兵语录·诚实》曾国藩语。

【解析】将领如果轻浮圆滑，一旦处身危险之中，他们那种不压事的神情就足以动摇军心；而他们言谈之圆滑淫巧，又足以混淆视听，颠倒是非。所以楚军历来就不喜欢使用能说会道的人为将。

今日所说之话，明日勿因小利害而变。

【注释】《曾胡治兵语录·诚实》曾国藩语。

【解析】为将者今天所说的话，不要因为顾忌一些小的利害到了明天就去改变它。这样不利于在军中树立威信，没有威信又怎么能让军队冲锋陷阵呢？

军事是极质之事。“二十三史”除班马而外，皆文人以意为之，不知甲仗为何物，战阵为何事，浮词伪语，随意编造，断不可信。

【注释】《曾胡治兵语录·诚实》曾国藩语。

【解析】用兵打仗是非常实在的事，不能有半点虚假。“二十三史”中，除了《史记》和《汉书》，其他都是文人们按自己的想法编造出来的，他们根本就不知道打仗是怎么一回事，也不知道什么是战阵。他们那些浮词伪说、编造之词是不能相信的。

凡正话、实话，多说几句，久之人自能共亮其心。即直话亦不妨多说，但不可以讦为直，尤不可背后攻人之短。

【注释】《曾胡治兵语录·诚实》曾国藩语。

【解析】凡是正当的话、真实的话，不妨对人多说几句，时间长了，别人因信赖你，自然也会亮出自己的真心。直话可以多说，但千万不能将攻击人家短处的话当直话、真话，尤其不能在背后攻击别人的短处。

驭将之道，最贵推诚，不贵权术。

【注释】《曾胡治兵语录·诚实》曾国藩语。

【解析】驾驭将领的方法，最有效的是与他推心置腹，相互信赖，并不是靠玩弄权术。过去有很多人都认为搞政治就是玩弄权术，曾国藩认为对人还是推心置腹比玩弄权术要好。这应该说是更高明的做法。玩权术很容易两败俱伤，与人推心置腹却是对自己的能力的肯定与相信。

吾辈总以诚心求之，虚心处之。心诚则志专而气足，千磨百折而不改其常度，终有顺理成章之一日；心虚则不客气，不挟私见，终可为人共谅。

【注释】《曾胡治兵语录·诚实》曾国藩语。

【解析】我们为人的原则是，以一颗真诚的心去寻求朋友，虚怀若谷地去与他相处。心诚则意志专一，一身正气，千回百折而不改其常态，这样总有一天会顺理成章地成功；虚怀若谷的人则不虚伪，不存私心，总有一天会被大家所理解和接受。

楚军之所以耐久者，亦由于办事结实，敦朴之风未尽浇散。

【注释】《曾胡治兵语录·诚实》曾国藩语。

【解析】楚军之所以长期有战斗力，也是由于他们办事踏实，淳朴厚实的风气没有完全消失。假如他们也沾染了官气，弄虚作假，欺上瞒下，恐怕就没有什么战斗力了。

自古驭外国，或称恩信，或称威信，总不出一信字。

【注释】《曾胡治兵语录·诚实》曾国藩语。

【解析】自古以来，我们处理与外国的关系时，或者运用恩德与信义，或者建立威望与信义，总是离不开一个“信”字。人无信不立，而况国乎？

非必显违条约，轻弃前诺，而后为失信也，即纤悉之事，嚬笑之间，亦须有真意载之以出。

【注释】《曾胡治兵语录·诚实》曾国藩语。

【解析】与人交往并不一定是明显地违背了条约，不守诺言，才算是失信。其实有些很小的事情，哪怕是谈笑挥手之间，也应该以真情对人。这样人家就会相信你，否则人家从小事上就会判断你不是个真诚的人。

心中待他只有七分，不必假装十分。

【注释】《曾胡治兵语录·诚实》曾国藩语。

【解析】对一个人如果只有七分好感，也不必装出十分。这是一个人们最容易犯错误的地方，人们总是心里想的一套，嘴上说的一套，总愿意装出对别人有好感。其实这样很累，还不如实实在在，合得来就近些，合不来就离得远些，大家反倒坦然。

即已通知讲好，凡事公平照拂，不使远人吃亏，此恩信也。

【注释】《曾胡治兵语录·诚实》曾国藩语。

【解析】如果两国已经达成一致，讲求和好，那么凡事就要公平相待，不要让那些外国、远族吃亏。这是在运用恩信，是处理我们与外族关系所必须遵守的原则。

令人敬畏，全在自立自强，不在装模作样。

【注释】《曾胡治兵语录·诚实》曾国藩语。

【解析】如果想做到让别人敬畏我们，那全在我们能够自立自强，使国家强盛，国防实力雄厚，而不是装模作样靠一些表面现象。国家是这样，一个人更是这样。在一个群体中你地位如何，有没有威性，靠的不是诈唬，而是你有没有真本事，有没有大的成就。

临难有不屈挠之节，临财有不沾染之廉，此威信也。

【注释】《曾胡治兵语录·诚实》曾国藩语。

【解析】遇到危难能够不屈不挠，以节义为重；面对钱财能保持清廉的君子之风，这才能建立起威信来。这是一种人格的力量，也只有这样才能令人折服。

《周易》立家之道，尚以有孚之威归反诸身，况立威于外域，求孚于异族，而可不反诸己哉！

【注释】《曾胡治兵语录·诚实》曾国藩语。

【解析】《周易》里谈到治家的方法，尚且说家长要想建立起令人信服的威望，必须从自身做起，何况要立威于外国，使外国人信服我们，这怎能不从自己做起呢？

破天下之至巧者以拙，驭天下之至纷者以静。

【注释】《曾胡治兵语录·诚实》胡林翼语。

【解析】对付天下最机巧的人和事，恰恰应该运用拙的方法；驾驭天下最纷繁复杂的事恰恰应该运用静的方法。这就是辩证法。

众无大小，推诚相与。

【注释】《曾胡治兵语录·诚实》胡林翼语。

【解析】对待别人，不管他身份高低，都要以诚相待。这是我们为人处世所应该遵守的原则。

咨之以谋而观其识，告之以祸而观其勇，临之以利而观其廉，期之以事而观其信，知人任人，不外是矣。

【注释】《曾胡治兵语录·诚实》胡林翼语。

【解析】考核一个人的能力与品德有多种方法，比如向他请教解决某个问题的良策，来考察他的见识；告诉他某种祸患的降临，来观察他的勇敢程度；让他接触钱财来考验他是否廉洁；规定时间让他完成一件事，看他是否守信。知人善任，大体也就如此吧。

能欺一事，不能欺诸事；事欺一时，不能欺之后时。

【注释】《曾胡治兵语录·诚实》胡林翼语。

【解析】一个人可能在某一件事情上欺骗他人，却不能在每件事上都欺骗他人；而且欺骗也只能欺骗一时，不能做到永远欺骗别人。所以从长远看，靠欺骗是没有用的。

不可不防其欺，不可因欺而灰心所办之事，所谓“贞固足以干事”也。

【注释】《曾胡治兵语录·诚实》胡林翼语。

【解析】人不可不防备别人的欺骗，但也不能因为受了别人的欺骗就对所办之事灰心丧气。人只要坚贞不移，总能干成事情。这就是《易经》所说的“贞固足以干事”的涵义。

吾辈不必世故太深，天下惟世故深误国事耳。

【注释】《曾胡治兵语录·诚实》胡林翼语。

【解析】我们办事待人不必世故太深，天下恰恰就是那些世故太深的人耽误了国家大事。胡林翼从用兵打仗的角度出发，认为朴实的人好用。这与曾国藩的看法是何其一致。曾国藩说：“若官气增一分，血性减一分。”又说：“军营宜多用朴勇少心窍之人，风气易于纯正。”

一部《水浒》，教坏天下强有力而思不逞之民；一部《红楼》，教坏天下堂官掌印司官督抚司道首府及一切红人，专意揣摩迎合，吃醋捣鬼。

【注释】《曾胡治兵语录·诚实》胡林翼语。

【解析】一部《水浒传》，教坏了天下那些强悍而又存不规之心的民众；一本《红楼梦》，教坏了国家京城各部的长官、各司掌印的小官，以及地方上督抚、道员和知府，甚至所有官场中走红的人。这些人专门揣摸风向，迎合上司，嫉妒别人，捣鬼作乱。胡林翼说，我们今天应该除掉这些恶习，独行己志。阴阳先生也怕懵懂不理他的人，我们只管按自己的意志行事，不必去顾及太多的东西。

人贵专一，精神所至，金石为开。

【注释】《曾胡治兵语录·诚实》胡林翼语。

【解析】人最可贵的就是做事能专一，有矢志不移的精神。所谓精诚所至，金石为开。若能这样，还担心什么事办不成呢？

军旅之事，胜败无常，总贵确实而戒虚捏。确实则准备周妥，虚饰则有误调度，此治兵之最要关键也。

【注释】《曾胡治兵语录·诚实》胡林翼语。

【解析】胜败乃兵家常事，但一定要提倡实事求是的精神，切忌虚报情况。提供真实情况则便于周密部署，谎报军情只能导致调度失误。这是带兵打仗最关键的问题。胡林翼又说：自太平军在广西起兵以来，他们之所以横行天下，就是因为广西的文武官员虚报战功，以图奖赏，才造成了太平军的势力蔓延数省，流毒至今，几乎到了无法收拾的地步。

事上之诚意感之，实心待之，乃真事上之道。若阿附随声，非敬也。

【注释】《曾胡治兵语录·诚实》胡林翼语。

【解析】侍奉自己的上司，也应该用诚意感动他，用真心对待他，这才是真正的侍奉上司的原则。如果一味随声附和，阿谀奉承，这并不是真正尊敬上司。

挟智术以用世，殊不知世间并无愚人。

【注释】《曾胡治兵语录·诚实》胡林翼语。

【解析】有些人总想凭着智谋和权术来为人处世，解决问题，殊不知在这个世界上谁也不蠢，你那点把戏人家早晚会看得明明白白。

以权术凌人，可驭不肖之将，而亦可仅取快于一时。本性忠良之人，则并不烦督责而自奋也。

【注释】《曾胡治兵语录·诚实》胡林翼语。

【解析】用权术来控制别人，只可以来驾驭那些品德才能都很一般的将领，而且也只能得逞于一时。至于本性忠诚善良的人，他们并不需要上司的督促责难，自会发奋努力。

大抵任事之人，断不能有誉而无毁，有恩而无怨。自修者但求大闲不逾，不可因讥议而馁沈毅之气。

【注释】《曾胡治兵语录·勇毅》曾国藩语。

【解析】一个人只要做事，就必然有人称赞，也有人毁谤；有人感恩，也有人怨恨。那些想提高自己修养的人只求在大的原则方面不越轨就行，不要因为受到别人的一些讥讽就消沉气馁，失去了往日坚毅的工作作风。

衡人者但求一长可取，不可因微瑕而弃有用之材。苟于峣峣者过事刻求，则庸庸者反得幸全。

【注释】《曾胡治兵语录·勇毅》曾国藩语。峣峣(yáo)：山高貌。

【解析】衡量任用一个人的时候，但求他有一个方面的长处可取，而不要因为人家有一点缺陷就弃之不用。如果对那些出类拔萃的人过于苛责，那么平庸之辈反而会得到重用。

吾尝举功业之成败、名誉之优劣、文章之工拙，概以付之运气一囊之中，久而弥自信其说不可易也。然吾辈自信之道，则当与彼赌乾坤于俄倾，较殿最于锱铢，终不令囊独盛而吾独败。

【注释】《曾胡治兵语录·勇毅》曾国藩语。殿最：古代国家考核一个人的政绩或军功，上等的称为"最"，下等的称为"殿"。这里引申为高低上下之意。

【解析】我曾经把事业的成败、名誉的好坏、文章的工拙，统统归之于运气的好坏，而且随着时间的推移，我越来越相信我的想法是正确的。不过，我们还是要相信自己的主观努力，应该有这样的精神，一定要与运气在瞬息之间赌一赌乾坤大业，或者在细微小事上一比高下的，决不能听凭运气这只大口袋把我们的一切都装走，而我们自己一败涂地。

遇棘手之际，须从耐烦二字痛下功夫。

【注释】《曾胡治兵语录·勇毅》曾国藩语。

【解析】遇到棘手问题时，千万不能急躁，一定要沉住气，慢慢考虑解决问题的方法。

我辈办事，成败听之于天，毁誉听之于人，惟在己之规模气象，则我有可以自立者，亦曰不随众人之喜惧为喜惧耳。

【注释】《曾胡治兵语录·勇毅》曾国藩语。

【解析】我们做事，成败在天，任凭他人去毁誉评说。但是，在我们可以做主的地方，我们还是要自立自强，尽力把事情办好。也就是说，只要我们努力了，至于别人夸赞还是贬低，我们就不去理会了。

军事棘手之际，物议指责之时，惟有数事最宜把持得定：一曰待民不可骚扰；二曰禀报不可讳饰；三曰调度不可散乱。

【注释】《曾胡治兵语录·勇毅》曾国藩语。

【解析】在军事上遇到棘手的难题时，在外界舆论纷纷指责之际，自己应该把握好几件事：一是对老百姓不能进行骚扰；二是向朝廷汇报战况时，不能说假话，谎报军情；三是指挥调度军队要镇定自若，决不能乱了套。

舟行遇大风暴，只要把舵者心明力定，则成败虽未可知，要胜于他舟之慌乱者。

【注释】《曾胡治兵语录·勇毅》曾国藩语。

【解析】一只小船在行驶中突然遇到大风暴，只要掌舵者能够沉着镇定，尽管成败很难预料，但毕竟要强过那些舵手乱作一团的船只。曾国藩说这句话的意思仍然是在说明军事问题，他接着讲："若从流俗毁誉上讨消息，必致站脚不牢。"意思是说，遇到危急情况，自己要沉着应付，设法解决，不要听信别人的议论，也不要寄希望于别人。

不怕死三字，言之易，行之实难，非真有胆有良心者不可。

【注释】《曾胡治兵语录·勇毅》胡林翼语。

【解析】"不怕死"这三个字，说起来容易，做起来实在是太难了，不是真正有胆量、有良心的人，是很难做到这一点的。

天下事只在人力作为，到水尽山穷之时，自有路走，只要切实去办。

【注释】《曾胡治兵语录·勇毅》胡林翼语。

【解析】世上的事情都是靠人去做的，只要实实在在地去干事情，即便是到了山穷水尽的时候，也自然会柳暗花明，绝处逢生的。这也就是所谓，只要付出了，就总会有收获的。

冒险二字，势不能免，小心之过，则边于葸。

【注释】《曾胡治兵语录·勇毅》曾国藩语。

【解析】人总少不了有冒险的时候，这是不可避免的。如果一个人过于小心谨慎，就会就成怯懦。正像古语所说的："不入虎穴，焉得虎子。"

国家用我辈，既欲稍稍补救于斯民，不可再避嫌怨。

【注释】《曾胡治兵语录·勇毅》胡林翼语。

【解析】国家重用我们这些人，就是希望我们能够多少拯救一下灾难深重的人民，既然如此，我们就不应该再去逃避世人对我们的嫌疑和怨恨。我们应该凭着原则去做事。

须知祸福有定命，显晦有定时，去留有定数，避嫌怨者未必得，不避嫌怨者未必失也。

【注释】《曾胡治兵语录·勇毅》胡林翼语。

【解析】这一句是接着上一句说的：要知道，人的祸福自有命定，人的富贵显达和穷困潦倒也是上天注定好了的，能否继续为官也有定数，所以想逃避嫌疑和怨恨的人未必就能如愿。反之，不避嫌怨，凭良心做事的人未必就真的不被人们理解。

古人忧谗畏讥，非惟求一己之福也，盖身当其事，义无可辞，恐谗谤之飞腾，陷吾君以不明之故，故悄悄之忧心，致其忠爱之忱耳，至于一身祸福进退，何足动其毫末哉！

【注释】《曾胡治兵语录·勇毅》胡林翼语。

【解析】古人之所以在意别人针对自己的谗言和讥讽，并不是只为一己之祸福，大抵是因为担当国家重任，义不容辞，只怕流言蜚语多了，会影响君主的英明形象，因此才有些担忧，这是在尽忠君爱国的诚心。至于个人的祸福进退，又怎么能够影响了他们呢！

胆量人人皆小，只须分别平日胆小、临时胆大耳。今人则平日胆大，临时胆小，可痛也已！

【注释】《曾胡治兵语录·勇毅》胡林翼语。

【解析】要说胆量，每个人其实都很胆小，不过只要是平时胆小，而遇到危险情况能够胆大，这就可以了。现在的人恰好相反，平时胆子很大，一旦遇到危险情况就胆小如鼠，这真是太令人痛心了。

讨寇之志，不以一眚而自挠，而讨寇之功，必须万全而自立。

【注释】《曾胡治兵语录·勇毅》胡林翼语。眚(shěng)：过错，失败。

【解析】不要因为有一次小的失败就失去了平定寇贼的信心，不过话又说回来，要想取得平定寇贼的胜利，必须要事事都做得非常周全方能成功。

两军交绥，不能不有所损，固不可因一眚而挠其心，亦不可因大胜而有自轻骄敌之心。纵常打胜仗，亦只算家常便饭，并非奇事。

【注释】《曾胡治兵语录·勇毅》胡林翼语。交绥(suí)：原指敌对双方的军队刚一接触就各自撤退，这里就是交战的意思。眚(shěng)：过错，失败。

【解析】两军交战，我们不可能不受一点损失，所以不要因为一点小的过失就灰心丧气，也不要因为打了一个大胜仗就生出骄傲轻敌的思想。即便是经常打胜仗，也只能看做是家常便饭一样，并不是什么稀奇的事。

侥幸以图难成之功，不如坚忍而规远大之策。

【注释】《曾胡治兵语录·勇毅》胡林翼语。

【解析】抱着侥幸心理企图成就难以成就的功业，倒不如坚定不移，脚踏实地地去谋划远大的理想。

兵事无万全，求万全者无一全。处处谨慎，处处不能谨慎。历观古今战争，如刘季、光武、唐太宗、魏武帝，均日濒于危，其济，天也。

【注释】《曾胡治兵语录·勇毅》胡林翼语。

【解析】用兵打仗，没有万全之策，想要做到万无一失的人往往连一件事也做不好。处处都想谨慎，实际上处处都不能谨慎 。纵观古往今来的战争，如汉高祖刘邦、光武帝刘秀、唐太宗李世民、魏武帝曹操，几乎天天都面临险境，而他们最终能化险为夷，大概是天意吧。

不当怕而怕，必有当怕而不怕者矣。

【注释】《曾胡治兵语录·勇毅》胡林翼语。

【解析】一个人在不该害怕的时候感到害怕，一定有该害怕而不害怕的事情。

战争之要，不战则已，战则须挟全力；不动则已，动则须操胜算。

【注释】《曾胡治兵语录·勇毅》胡林翼语。

【解析】战争有一个要则：不战则已，要战就必须全力以赴；军队不行动则已，一旦行动就要有必胜的把握。胡林翼又说："如有把握，则坚守一月二月三月，自有良方。今日之人，见敌即心动，不能自主，可戒也。”意在指出指挥战争要有主见，要有必胜的把握，切不可盲动。

古今战阵之事，其成事皆天也，其败事皆人也。

【注释】《曾胡治兵语录·勇毅》胡林翼语。

【解析】从古到今，关于战争的事，如果取胜都应归为天意，如果失败就是人为所造成的。

兵事怕不得许多，算到五六分便须放胆放手，本无万全之策也。

【注释】《曾胡治兵语录·勇毅》胡林翼语。

【解析】用兵打仗不能顾虑太多，算到有五、六分的把握就应当放开手脚，大胆去干。其实打仗本来就没有万全之策。

古人用兵，先明功罪赏罚。

【注释】《曾胡治兵语录·严明》曾国藩语。

【解析】古时候的名将用兵作战，首先要在军中明确论功行赏和过失惩罚的原则、办法。

救浮华者莫如质，积玩之后，振之以猛。

【注释】《曾胡治兵语录·严明》曾国藩语。

【解析】纠正浮华恶习的最好办法就是代之以质朴，在已经是积重难反的情况下，要使人们重新振作，只有大刀阔斧地除旧布新。

医者之治瘠痈，甚其必剜其腐肉而生其新肉。今日之劣弁羸兵，盖亦当为简汰，以剜其腐者，痛加训练，以生其新者。

【注释】《曾胡治兵语录·严明》曾国藩语。

【解析】医生在治疗痈疮病人时，对病情严重者，一定要剜掉他身上的腐肉，以便生出新肉。现在军中那些品行恶劣、身体羸弱的士兵，也应该予以淘汰和精简，正像剜去人们身上的烂肉一样。而且，必须加以严格训练，以形成一支生龙活虎的军队。

为将之道，亦以法立令行、整齐严肃为先，不贵煦妪也。

【注释】《曾胡治兵语录·严明》曾国藩语。煦妪：爱抚；养育。

【解析】为将之道，也还是以法立令行、部伍整齐严肃为第一要则，不宜过分提倡父母之慈爱。

立法不难，行法为难。凡立一法，总须实实行之，且常常行之。

【注释】《曾胡治兵语录·严明》曾国藩语。

【解析】立法并不难，难在执法守法。每制定一项法令，都要实实在在地施行，并能够长久地坚持下去。

九弟临别，深言御下宜严，作事宜速。余亦深知驭军驭吏皆莫先于严，转恐明不傍烛，则严不中耳。

【注释】《曾胡治兵语录·严明》曾国藩语。

【解析】九弟与我分手时，特别强调治军要从严，办事要快捷。我也深知治理军队、驾驭官吏，最重要的是能够严格管理，只是担心自己的能力有限，不能正确地掌握严格的标准。

吕蒙诛取铠之人，魏绛戮乱行之仆，古人处此，岂以为名？非是无以警众耳。

【注释】《曾胡治兵语录·严明》曾国藩语。吕蒙：三国时东吴大将。魏绛：春秋时晋国大夫。

【解析】三国时的吕蒙曾处死那些违纪取拿铠甲的士兵，春秋时晋国的魏绛诛杀了乱行的仆人。古人这样做，难道是为了沽名钓誉吗？绝不是，而是因为不这样就不能约束众人。

近年驭将，失之宽厚，又与诸将保持距离，危险之际，弊端百出，然后知古人所云作事威克厥爱，虽少有济，反是乃败道耳。

【注释】《曾胡治兵语录·严明》曾国藩语。

【解析】我近年来对部下过于宽厚，又与各位将领保持距离，所以，危难之际，表现出很多弊端。这时我才明白古人所说的“办事如果威严胜过仁爱，人虽少而能取胜，反之，做事仁爱多威严少，则只会导致失败”。我们理解，不光是对部下如此，日常处世，对你周围与你地位相同的人也是如此，你对他过于随和，反而说话没有威信，没有人怕你。所以做人要保持一定的威严。但这与对人好是不矛盾的，对人好，在危难中帮他，但并不失去做人行事的规矩、原则，这恰恰就是人们常说的对人恩威并用。这是最高的驾驭人的方法！所谓刚柔相济。

自来带兵之员，未有不专杀立威者。如魏绛戮仆，穰苴斩庄贾，孙武致法于美人，彭越之诛后至者，皆是也。

【注释】《曾胡治兵语录·严明》胡林翼语。穰苴：即司马穰苴，春秋时齐国大夫，通兵法。孙武：春秋时齐国人，著有《孙子兵法》。彭越：西汉初期诸侯王，曾经与刘邦一齐打天下，后为刘邦所杀。

【解析】自古以来带兵的人没有不用诛杀来树立威信的。如魏绛杀戮仆人，司马穰苴斩杀监军庄贾，孙武严格执法诛杀美人，彭越处死迟到者，都是这方面的例子。

世变日移，人心日趋于伪，优容实以酿祸，姑息非以明恩。

【注释】《曾胡治兵语录·严明》胡林翼语。

【解析】随着社会的一天天变化，人心变得越来越虚伪，对部下宽容往往会酿出大祸，对人一味姑息迁就并不是真正的施恩。

居今日而为政，非用霹雳手段，不能显菩萨心肠。

【注释】《曾胡治兵语录·严明》胡林翼语。

【解析】在现在的社会现实中为政，如果不用快捷迅猛的手段，反而显不出执政者的菩萨心肠。只有下狠心除掉那些害群之马，才能使法令得以推行，恩德广布天下。

号令未出，不准勇者独进；号令既出，不准怯者独止。

【注释】《曾胡治兵语录·严明》胡林翼语。

【解析】号令没有发出，即使是勇敢者，也不准他独自前进；一旦号令发出，胆小的人也不能畏惧不前。只有这样，才能做到功过分明，大家也就心齐意合了。

兵，阴事也，以收敛固啬为主；战，勇气也，以节宣提倡为主。

【注释】《曾胡治兵语录·严明》胡林翼语。

【解析】用兵打仗是一种隐秘的事，应以收敛不张扬为好；战斗则要靠勇气，必须加以鼓励和提倡。

治军贵执法谨严，能训能练，禁烟禁赌，戒逸乐，戒懒散。

【注释】《曾胡治兵语录·严明》胡林翼语。

【解析】治理军队贵在执法严谨，军士要勤苦训练，绝不允许抽大烟、参赌，还要戒除懒散作风。

治将乱之国用重典，治久乱之地宜予以生路。

【注释】《曾胡治兵语录·严明》胡林翼语。

【解析】治理一个日益混乱的国家，应当用严刑峻法；治理一个已经长期混乱的国家，则要先给人们找到一条生路。

行军之际，务须纪律严明，队伍整齐，方为节制之师。如查有骚扰百姓，立即按以军法。

【注释】《曾胡治兵语录·严明》胡林翼语。

【解析】行军的时候，一定要纪律严明，队伍整齐，这才称得上是军纪严明的军队。如果查出有人骚扰百姓，立即按军法惩办。

吕蒙行师，不能以一笠宽其乡人，严明之谓也。条侯治兵，不能以先驱犯其垒壁，整齐之谓也。

【注释】《曾胡治兵语录·严明》胡林翼语。条侯：即西汉名将周亚夫，大臣周勃之子，以治军严明著称。

【解析】三国时东吴的吕蒙在军中，不能因为一顶斗笠之类的小事去宽释他的同乡，这就叫军纪严明。周亚夫管理军营，不因为是皇帝的先遣人马就让其随意进入军营，这就是号令严明。

立法宜严，行法宜宽。显以示之纪律，隐以激其忠良，庶几怀德畏威，可成节制之师。

【注释】《曾胡治兵语录·严明》胡林翼语。

【解析】立法要从严，但执行起来可以从宽。明面上宣示纪律要严明，私下还要设法激励士兵的忠心和良知。这样士兵们又感恩，又畏威，从而能造就出一支进退有法的军队。

若先宽后严，窃恐始习疲玩，终生怨尤，军政必难整饬。

【注释】《曾胡治兵语录·严明》胡林翼语。

【解析】如果先宽后严，我担心士兵懒散惯了，一旦严格要求，就会产生怨恨情绪，如此军政必定难以整顿。

大君以生杀予夺之权授之将帅，犹东家之银钱货物授之店中众伙。若保举太滥，视大君之名器不甚爱惜，犹之贱售浪费，视东家之货财不甚爱惜也。

【注释】《曾胡治兵语录·公明》曾国藩语。

【解析】皇上把生杀予夺的大权交给将帅，犹如东家把银钱货物交给了店中的伙计们。如果我们胡乱向朝廷保举人才，不去爱惜皇上的官爵，就好比店中伙计贱卖东家的货物，浪费东家的钱财，不爱惜东家的财产一样。曾国藩还说:介之推说过,窃人之财,就是盗贼,何况将皇上的名爵据为己有呢?

窃观自古大乱之世,必先变乱是非而后政治颠倒,灾害从之。

【注释】《曾胡治兵语录·公明》曾国藩语。

【解析】我考察自古以来的乱世,必定是先混淆是非标准,然后政治颠倒,导致各种灾害也接踵而至。

后世如汉、晋、唐、宋之末造,亦由朝廷是非先紊,而后小人得志,君子有遑遑无依之象。

【注释】《曾胡治兵语录·公明》曾国藩语。

【解析】到了后来的汉、晋、唐、宋等朝代的末年,也是由于朝廷先是非不分,忠奸不辨,才造成小人得志,君子反而惶惶然无所依托。

至于维持是非之公,则吾辈皆不能辞其责,顾亭林先生所谓匹夫有责焉者也。

【注释】《曾胡治兵语录·公明》曾国藩语。

【解析】维持公正的是非标准,我们大家都不能推卸责任,正如明末清初学者顾炎武先生所说:“国家兴亡,匹夫有责。”

大抵莅事,以明字为第一要义。明有二:曰高明,曰精明。同一境而登山者独见其远,乘城者独觉天旷,此高明之说也;同一物而臆度者不如权衡之审,目巧者不如尺度之精,此精明之说也。

【注释】《曾胡治兵语录·公明》曾国藩语。

【解析】大致说来,办事最紧要的是一个“明”字。明有两种,一是高明,一是精明。同一个地方,登上山眺望就能看得很远,而登上城墙就觉得天空特别高旷,这就是高明;同一个物件,主观猜测总不如用秤称得准确,眼睛再好也不如尺子量得精确,这就是精明。

凡高明者,欲降心抑志以遽于平实,颇不易易,若能事事求精,锱重长短一丝不差,则渐实矣,能实则渐平矣。

【注释】《曾胡治兵语录·公明》曾国藩语。

【解析】对于一个高明的人来说,要想抑制住自己高傲的心志,使自己保持“平”和“实”,是很不易的事情。如果能够做到凡事精益求精,对事物轻重长短的分析一丝不差,人也就渐渐做到“实”了,能实也就渐渐做到“平”了。

利之所在，当与人共分之；名之所在，当与人共享之。

【注释】《曾胡治兵语录·公明》曾国藩语。

【解析】哪里有利益，就应当与他人平分；哪里有荣誉，也要与他人共享。这样你才能长久地拥有利益和荣誉，否则你是立不住脚的。

居高位，以知人晓事二者为职。知人诚不易学，晓事则可以阅历黾勉得之。

【注释】《曾胡治兵语录·公明》曾国藩语。

【解析】身居高位的人，要以知人、晓事这两条为最重要的事。知人确实不是能轻易学会的，晓事则可以通过阅历的增加和自己的勤勉而获得。

晓事则无论同己异己，均可徐徐开悟，以翼和衷。不晓事则挟私固谬，秉公亦谬；小人固谬，君子亦谬；乡愿固谬，狂狷亦谬。

【注释】《曾胡治兵语录·公明》曾国藩语。

【解析】只要明了事理，则无论是对与自己志同道合的人还是对异己分子，都可以耐心地去开导他们，使大家和衷共济。如果不明事理，办事怀有私心固然错误，但秉公办事也会出错；小人固然会出错，即便是君子也容易犯错误；伪善欺世者固然会有错误，即便是纵情任性、洁身自好的人也会有错误。如果再加上不能识人，那就永远也难以把事情办得很好。

恒言皆以分别君子小人为要，而鄙论则谓天下无一成不变之君子，亦无一成不变之小人。今日能知人能晓事，则为君子，明日不知人不晓事，则为小人。寅刻公正光明，则为君子，卯刻偏私晻暧，则为小人。

【注释】《曾胡治兵语录·公明》曾国藩语。晻暧：昏暗。

【解析】人们都认为区分君子和小人是至关重要的，而我却认为天下没有一成不变的君子，也没有一成不变的小人。今天能知人晓事，就是君子，明天变得不能知人晓事，他就是小人。寅时公正光明则为君子，卯时变得偏私昏暗他就是小人。

群毁群誉之所在，下走常穆然深思，不能附和。

【注释】《曾胡治兵语录·公明》曾国藩语。下走：指供役使的奔走之人。这里是自谦之词。

【解析】大家都诋毁或都表扬的人和事，我却常常要一个人独自沉思默想，他们到底是不是像人们说的那样坏或那样好，而不是去轻易附和。

举人不能不破格，则须循名核实，否则人即无言，而我心先愧矣。

【注释】《曾胡治兵语录·公明》胡林翼语。

【解析】推举人才时，不能不采用破格提拔的办法，根据他的名声去进一步核实，看他是否名副其实。否则，即使别人不说什么，而自己心里先有愧了。

世事无真是非，特有假好恶。然世之徇私以枉事者，试返而自问，异日又岂能获私利之报于所徇私利之人哉？

【注释】《曾胡治兵语录·公明》胡林翼语。

【解析】世上的事情没有真正的是非可言，只有不实的好恶。但是那些徇私枉法的人可以自问一下，将来你怎么可能从你给过好处的人身上获得回报呢？

天下惟左右习近不可不慎。左右习近无正人，即良友正言亦不能进。

【注释】《曾胡治兵语录·公明》胡林翼语。

【解析】对待自己身边的随从、亲信等，一定要慎重。如果围绕在你身边的人不是正派人，那么即便是良友和直言也不能上达于你。

朝廷爵赏，非我所敢专，亦非我所敢吝，然必积劳乃可得赏，稍有滥予，不仅不能激励人才，实足以败坏风俗。

【注释】《曾胡治兵语录·公明》胡林翼语。

【解析】朝廷的爵禄封赏，不是我所敢专擅的，也不是我所敢吝惜的，然而只有劳苦功高的人方可得到封赏。如果稍有滥赏的现象，不仅不能起到对人才的激励作用，反而会败坏社会风俗。

荐贤不受赏，隐德必及子孙。

【注释】《曾胡治兵语录·公明》胡林翼语。

【解析】无私地推举贤能的人才，所积的德行必将给子孙后代带来厚福。

国家名器，不可滥予。慎重出之，而候军心思奋，可与图后效而速成功。

【注释】《曾胡治兵语录·公明》胡林翼语。

【解析】国家的爵禄，绝不能随意给人。慎重地给人以官爵封赏，才可望使军心振奋，才可望收到好的效果，从而加速成功的步伐。

天下惟不明白人多疑人，明白人不疑人也。

【注释】《曾胡治兵语录·公明》胡林翼语。

【解析】天下只有那些不明事理的人才爱怀疑别人，明白事理的人是不会随便怀疑别人的。

带兵之道，用恩莫如用仁，用威莫如用礼。

【注释】《曾胡治兵语录·仁爱》曾国藩语。

【解析】带兵的方法，使用恩惠不如使用仁德，使用威严不如使用礼数。

仁者，所谓欲立立人、欲达达人是也。待弁兵如待子弟之心，常望其发达，望其成立，则人知恩矣。

【注释】《曾胡治兵语录·仁爱》曾国藩语。

【解析】所谓仁就是，自己想建功立业，必须先让他人建功立业；自己想显达，先要让他人显达。如果我们对待士兵，如同对待自己的子弟一样，真心为他们着想，常盼望他们能够有所发展，能够有所成就，那么士兵们也肯定会知恩图报的。

礼者，所谓无众寡，无小大，无敢慢，泰而不骄也。

【注释】《曾胡治兵语录·仁爱》曾国藩语。

【解析】所谓礼，就是不管有多少人，不管官职高低，都不敢怠慢，都要一视同仁。自己地位虽高，却不目空一切，盛气凌人。

正其衣冠，尊其瞻视，俨然人望而畏之，威而不猛也。

【注释】《曾胡治兵语录·仁爱》曾国藩语。

【解析】如果我们能做到衣冠整齐，举止严肃，那么别人也就会对我们望而生畏，而且让人感到威严而又不凶暴。

持之以敬，临之以庄，无形无声之际，常有凛然难犯之象，则人知威矣。

【注释】《曾胡治兵语录·仁爱》曾国藩语。

【解析】如果我们都能保持恭敬谨慎的作风，以庄重的态度与士兵交往，这样，在无形无声之间，则常表现出凛然不可侵犯的气势，那么别人也就能够看到你的威严了。

吾辈带兵，如父兄带子弟一般。无银钱无保举尚是小事，切不可使之因扰民而坏品行，因嫖赌洋烟而坏身体。个个学好，人人成材，则兵勇感恩，兵勇之父母亦感恩矣。

【注释】《曾胡治兵语录·仁爱》曾国藩语。

【解析】我们带兵，要像父兄教育子弟一样。没有得到金钱、没有得到提升，这些都是小事，切不可纵容他们，使他们因为扰民而败坏了品行，因为嫖娼、赌博、抽大烟而损害了身体。士兵们个个学好，人人成材，他们会感激我们的，即便是他们的父母也会感激我们的恩德的。

爱民为治兵第一要义，须日日三令五申，视为性命根本之事。毋视为结粉饰之文。

【注释】《曾胡治兵语录·仁爱》曾国藩语。

【解析】爱民是带兵最重要的事，必须每天三令五申，反复强调，看成是性命攸关的根本问题，切不可只做做粉饰太平的表面文章。

大将以救大局为主，并以救他人为主。有嘉善而矜不能之态度，乃可包容一切，觉得胜仗无可骄人，败仗无可尤人。

【注释】《曾胡治兵语录·仁爱》胡林翼语。

【解析】真正的大将以救大局、救他人为己任。必须有嘉奖善举，鼓励后进的态度，才能包容一切，觉得打了胜仗也没有什么值得骄傲的，打了败仗也不怨天尤人。

必须谆嘱将弁，约束兵丁，爱惜百姓，并随时访查，随时董戒，使营团皆行所无事，不扰不惊，戢暴巡良，斯为美备。

【注释】《曾胡治兵语录·仁爱》胡林翼语。

【解析】必须谆谆告诫我们的将领，一定要约束士兵，爱护百姓，还要随时访查，随时监督，使各营各团都不生是非，不惊扰百姓，而且还要让军队除暴安良，这才是好的军队。

爱人当以大德，不以私惠。

【注释】《曾胡治兵语录·仁爱》胡林翼语。

【解析】爱护他人应当用一种真正对人负责的大的德行，而不是出于私心，给人一点小的恩惠。以私心和小恩小惠爱人，不利于一个人的成长，反而会害了别人。

军行之处，必须秋毫无犯，固结民心。

【注释】《曾胡治兵语录·仁爱》胡林翼语。

【解析】军队所到之处，要做到秋毫无犯，这样就能得到老百姓的衷心拥护。

长官之于僚属，须扬善公庭，规过私室。

【注释】《曾胡治兵语录·仁爱》胡林翼语。

【解析】长官对自己的部下，应当在公开场合表扬他们，在私下里指出他们的错误，教育他们。

圣贤、仙佛、英雄豪杰，无不以济人济物为本，无不以损己利人为正道。

【注释】《曾胡治兵语录·仁爱》胡林翼语。

【解析】圣人贤士、神仙佛祖和那些英雄豪杰，都以救人济物为处世待人之根本，都能把牺牲自己的利益来帮助别人作为正确的人生道路。

爱人之道，以严为主，宽则心弛而气浮。

【注释】《曾胡治兵语录·仁爱》胡林翼语。

【解析】爱人之道，以严格要求为主，过于宽松则使人意志松懈，精神浮躁。

自来忠臣义士，于曾经受恩之人，必终身奉事惟谨。

【注释】《曾胡治兵语录·仁爱》胡林翼语。

【解析】自古以来忠臣义士，对于曾经有恩于自己的人，必定终身小心恭敬地去侍奉。胡林翼举例说："韩信为王，而不忘漂母一饭之恩；张苍作相，而退朝即奉侍王陵及王陵之妻如父母，终身不改。此其存心正大仁厚，可师可法。"

练兵之道，必须官弁昼夜从事，乃可渐几于熟，如鸡伏卵，如炉炼丹，未可须臾稍离。

【注释】《曾胡治兵语录·勤劳》曾国藩语。

【解析】练兵之道，必须官兵不分昼夜地苦练，才可能使武艺渐渐成熟，就好比母鸡孵蛋，炉中炼丹，一刻也不能停歇。

天下事未有不由艰苦中得来而可大可久者也。

【注释】《曾胡治兵语录·勤劳》曾国藩语。

【解析】天下的事情，没有哪一件不是经历艰难困苦才能够发展壮大并经得住时间的考验。换言之，轻易或侥幸得来的功业是不会长久的。

百种弊端，皆由懒生。懒则弛缓，弛缓则治人不严，而趣功不敏。

【注释】《曾胡治兵语录·勤劳》曾国藩语。

【解析】许多弊端都是因为懒惰而造成的。人一懒惰，办事就松懈拖沓，松懈拖沓必然导致对部下管理不严格，因而大家也不可能去积极工作。

一处弛则百处懒矣。

【注释】《曾胡治兵语录·勤劳》曾国藩语。

【解析】人在一个方面放松了自己，就会导致事事都懒惰。所以人在方方面面都要严格要求自己，才能保持勤勤恳恳的精神面貌。

治军之道，以勤字为先。身勤则强，逸则病；家勤则兴，懒则衰；国勤则治，怠则乱；军勤则强，惰则败。

【注释】《曾胡治兵语录·勤劳》曾国藩语。

【解析】治军之道，当以“勤”字为先。一个人勤活动则身体强壮，贪图安逸就会生病；一个家庭辛勤就会兴旺，懒惰就会导致衰败；一个国家的人们都勤劳，国家就会大治，懒惰国家就会混乱；一支军队保持勤奋吃苦的精神就会有强大的作战能力，懒惰就会导致打仗失败。

惰者暮气也，当常常提其朝气。

【注释】《曾胡治兵语录·勤劳》曾国藩语。

【解析】对于军队来说，懒惰是一种暮气，我们应当经常培养军队的朝气。一个人也是这样，应当常表现出朝气来，一旦懒惰就会表现出一种暮气，暮气沉沉是不会有什么发展的。

治军以勤字为先，由阅历而知其不可易。未有平日不早起而临敌忽能早起者，未有平日不习劳而临敌忽能习劳者，未有平日不能忍饥耐寒而临敌忽能忍饥耐寒者。

【注释】《曾胡治兵语录·勤劳》曾国藩语。

【解析】治军以“勤”字为先，这是由经验证明了的一个难以更改的道理。对于军士来说，没有平时不能早起，而在临敌时忽然能早起床的；没有平时不吃苦耐劳，到了临敌时就能吃苦耐劳的；没有平时不能忍耐饥寒，临敌时就能忍耐饥寒的。

养生之道，莫大于惩忿窒欲，多动少食。

【注释】《曾胡治兵语录·勤劳》曾国藩语。

【解析】养生的方法，最好的就是戒怒节欲，多运动，少饮食。

军旅之事，非以身先之劳之，事必无补，古今名将，不仅才略异众，亦且精力过人。

【注释】《曾胡治兵语录·勤劳》胡林翼语。

【解析】军中的事情，如果将领自己不能身先士卒，带头去干，一定是干不好的。从古到今的名将，不仅才略出众，而且他们的精力也比一般人旺盛。

将不理事，则无不骄纵者；骄纵之兵，无不怯弱者。

【注释】《曾胡治兵语录·勤劳》胡林翼语。

【解析】将领如果不去处理军务，不去教育训练士卒，其士卒就没有不骄纵的；骄纵的士卒往往都很怯弱。

凡兵之气，不见仗则弱，常见仗则强，久逸则终无用处，异日则必不可临敌。

【注释】《曾胡治兵语录·勤劳》胡林翼语。

【解析】军队的士气，不打仗就越来越弱；经常作战，军队也就被训练得越来越能打仗。兵士长久处于安逸之中，最终都变得没有用了，他日也必定不能上阵作战。

兵事如学生功课，不进则退，不战则并不能守。

【注释】《曾胡治兵语录·勤劳》胡林翼语。

【解析】军队的作战能力就像学生的功课一样，不进则退，不能冲锋陷阵的军队也没有能力防守。

劳则思，逸则淫。

【注释】《曾胡治兵语录·勤劳》胡林翼语。

【解析】这是胡林翼引用敬姜说过的话：一个人处于劳苦之中就勤于思考，处于安乐之中就容易腐化，追求享受。

淫佚酒色，取败之媒；征逐嬉娱，治兵所戒。

【注释】《曾胡治兵语录·勤劳》胡林翼语。

【解析】骄奢淫逸，贪恋酒色，都是导致军队失败的原因；整日与他人宴饮，嬉戏娱乐，乃是治兵的大戒。胡林翼还举例说，在清军攻打被太平军占领的金陵（今江苏南京）城时，围攻的清兵竟然全军溃败，这正是由于将惰兵骄，终日沉湎于酒色之中所造成的。

兵犹火也，不戢自焚；兵犹水也，不流则腐。

【注释】《曾胡治兵语录·勤劳》胡林翼语。

【解析】兵事如同火一样，如果不加收敛、约束，必将自焚于火；兵事又像水一样，如果不流动，就会腐烂变质。

治军之道，必以苦其心志，劳其筋骨为典法。

【注释】《曾胡治兵语录·勤劳》胡林翼语。

【解析】治理军队的方法是，必须培养兵士吃苦耐劳的精神，不让他们滋生出享乐主义思想，还要让他们多训练，多吃苦。一定要以这种思想为治兵的原则。

祸机之发，莫烈于猜忌，此古今之通病。败国、亡家、丧身，皆猜忌之所致。

【注释】《曾胡治兵语录·和辑》曾国藩语。

【解析】祸端的产生，最大的原因就是人们的相互猜忌，这是古往今来的通病。败国、亡家、丧身，大都是由猜忌所导致的。

两军相处，统将有一分龃龉，则营、哨必有三分，兵、夫必有六七分。故欲求和衷共济，自统将先办一副平恕之心始。

【注释】《曾胡治兵语录·和辑》曾国藩语。龃龉（jǔyǔ）：上下齿不相配合。比喻相互意见不合。

【解析】两支军队相处，如果主将之间有一分不和，那么，营、哨官之间必然会有三分，而士兵之间必定有六七分。因此，大家要想做到和衷共济，做主将的必须先有一颗平和宽容的心。

人之好名，谁不如我，同打仗，不可讥人之退缩，同行路，不可疑人之骚扰。处处严于治己，而薄责于人，则唇舌自省矣。

【注释】《曾胡治兵语录·和辑》曾国藩语。

【解析】人人都喜欢有一个好名声，谁不是这样的呢？同在一起打仗，切不可讥笑别人胆小退缩；同在一起行军，切不可乱怀疑别人骚扰百姓。处处严于律己，宽以责人，那么闲话和意见自然也就少了。

敬以持躬，恕以待人。敬则小心翼翼，事无巨细，皆不敢忽；恕则凡事留余地以处人，功不独居，过不推诿。常常记此二字，则长履大任，福祚无量。

【注释】《曾胡治兵语录·和辑》曾国藩语。

【解析】自己的行为要谨慎，而待人要尽量宽厚。自己的行为谨慎就是小心翼翼，事无大小，都不敢疏忽大意；对别人宽厚就是凡事为别人多留余地，有功不一人独占，有了过失不相互推诿。经常牢记“敬”和“恕”这两个字，就可以长久担当重任，福气绵长。

湘军所以无敌者，全赖彼此相顾，彼此相救。虽平日积怨深仇，临阵仍彼此照顾；虽上午口角参商，下午仍彼此救援。

【注释】《曾胡治兵语录·和辑》曾国藩语。参（shèn）商：两个星宿的名字，二星此出彼没，互不相见，以此比喻人与人之间不和睦。

【解析】湘军之所以能无敌于天下,全靠将士们彼此关照,相互救应。平日虽然积下怨仇,上了战场仍然能相互照顾;即使上午相互争吵,互不理睬,下午仍能彼此救援。

军旅之事,以一而成,以二三而败。唐代九节度使之师,溃于相州,其时名将如郭子仪、李光弼亦不能免。盖谋议可资于众人,而决断须归于一将。

【注释】《曾胡治兵语录·和辑》胡林翼语。

【解析】用兵打仗,如果全军是个统一的整体,就能获胜,如果军队四分五裂,不能统一行动,则必然失败。唐代肃宗年间,皇帝派遣了九个节度使,分别带兵围攻安庆绪叛军,结果朝廷的军队竟在相州(今河南安阳)溃败;连当时的名将郭子仪、李光弼也未能幸免。可见谋略可以和大家商量,但决断必须归于一人。

为大将之道,以肯救人、固大局为主,不宜炫耀己之长处,尤不宜指摘人之短处。

【注释】《曾胡治兵语录·和辑》胡林翼语。

【解析】作大将的方法是以能救人和稳固大局为重,不应该常炫耀自己的长处,尤其不应该常指摘别人的短处。

兵无论多寡,总以能听号令为主。不奉一将之令,兵多必败;能奉将之令,兵少必强。

【注释】《曾胡治兵语录·和辑》胡林翼语。

【解析】兵力无论多少,必须要能听从号令。不能服从命令,听从统一指挥,即便兵力多也必然失败;能听从将领的命令和指挥,即便兵力少也会有强大的战斗力。

兵者阴事也,哀戚之意,如临亲丧;肃敬之心,如承大祭,故军中不宜有欢欣之象。有欢欣之象者,无论或为和悦,或为骄盈,终归于败而已矣。

【注释】《曾胡治兵语录· 兵机》曾国藩语。

【解析】用兵打仗,是一种很严肃的事,那种哀伤悲戚的情绪,如同为亲人办丧事一样;其严肃恭敬的心情,如同参加重要的祭祀活动一样。因此,军队中不宜有欢乐的气象。一旦沉浸在欢乐之中,无论是大家彼此和悦,还是意志骄矜,终归是要失败的。曾国藩还举了例子来说明这个问题:战国时,燕军攻下齐国七十余座城,眼看就要灭齐,齐将田单坚守即墨,将军有必死的决心,兵士也誓死守城,因此,才大败燕军。后来,田单攻打狄人,系着黄金带,只想着生的快乐,哪有死的决心,于是鲁仲连料定他必然失败。可见,用兵作战,只适合保持哀戚严肃的气氛,不能一片喜气洋洋。

“夫战，勇气也，再而衰，三而竭。”国藩于此数语，常常体念。大约用兵无他巧妙，常存有余不尽之气而已。

【注释】《曾胡治兵语录·兵机》曾国藩语。

【解析】春秋时的曹刿论战说：打仗是凭着一种勇气，一鼓作气，再而衰，三而竭。我对这几句话，经常在内心里体会品味。大概用兵并无其他巧妙之处，经常保持士气而已。

孙仲谋之攻合肥，受创于张辽；诸葛武侯之攻陈仓，受创于郝昭，皆初气过锐，渐就衰竭之故。

【注释】《曾胡治兵语录·兵机》曾国藩语。

【解析】三国时的孙权攻打合肥，受挫于魏将张辽；诸葛亮攻打陈仓，受创于魏将郝昭，这都是一开始气势太盛，到后来没有了士气所造成的。

惟荀罃之拔逼阳，气已竭而复振；陆抗之拔西陵，预料城之不能遽下，而蓄养锐气，先备外援，以待内之自毙。此善于用气者也。

【注释】《曾胡治兵语录·兵机》曾国藩语。

【解析】荀罃攻克逼阳时，本来士气已经低落，他又想办法重振雄风；陆抗攻打西陵时，他料到难以一时取胜，便专门去养精蓄锐，并安排好外援，等待城中的敌人气衰力竭。这都是善于利用士气的人。

日中则昃，月盈则亏，故古诗“花未全开月未圆”之句，君子以为知道。

【注释】《曾胡治兵语录·兵机》曾国藩语。

【解析】太阳运行到了最高点必然向西下偏移，月亮圆满之后就会亏缺。因此，古诗有“花未全开月未圆”之句，君子认为这是懂得了事物盛极而衰的变化规律。

余治兵以来，每介疑胜疑败之际，战兢恐惧、上下悚惧者，其后常得大胜；当志得意满之候，各路云集，狃于屡胜，将卒矜慢，其后常有意外之失。

【注释】《曾胡治兵语录·兵机》曾国藩语。

【解析】我带兵以来，凡是胜败难料之时，心中战战兢兢，全军上下惊惧不安之时，结果反倒常常大获全胜；而当我志得意满，各路大军云集，沉浸在胜利之中，全军上下得意洋洋的时候，便常常有意想不到的失败。

国家之强，以得人为强。所谓无竞，惟人也。若不得其人，则羽毛未丰，亦似难以高飞。

【注释】《曾胡治兵语录·兵机》曾国藩语。

【解析】要想国家强盛，必须要有能够富国强兵的人才。所谓无敌于天下，也只有重视人才才能实现。国家没有人才如同鸟儿羽翼未丰，恐怕难以高飞。

用兵之道，最忌势穷力竭四字。力则指将士之精力言之，势则指大局大计及粮饷之接续、人才之断否言之。

【注释】《曾胡治兵语录·兵机》曾国藩语。

【解析】用兵之道，最忌讳的便是势穷力竭。力，是指将士的精力；势，是指大的形势如何，比如作战计划、粮饷补充以及人才的有无等等。

能战，虽失算亦胜；不能战，虽胜算亦败。

【注释】《曾胡治兵语录·兵机》曾国藩语。

【解析】如果军队有战斗力，虽然一时失算，也能取胜；如果军队没有战斗力，算计得再周全也难免失败。

悬军深入而无后，是用兵大忌。

【注释】《曾胡治兵语录·兵机》曾国藩语。

【解析】孤军深入而没有后援，这是用兵之大忌。其实这就涉及一个“势”的问题，军队打仗既要有“力”，又要有“势”，光有力，而失了有利之势，是注定要失败的。孤军深入，已经失去了有利于自己的形势，势穷力竭，能不败吗？

危急之际，尤以全军保全士气为要。

【注释】《曾胡治兵语录·兵机》曾国藩语。

【解析】在形势危急的时候，尤其要把保全士气作为头等大事来抓。因为危急之际，能团结一致，奋勇一战，也许还有胜的可能；士气一旦低落，兵无斗志，则只能失败。

孤军无助，粮饷不继，奔走疲惫，皆散乱必败之道。

【注释】《曾胡治兵语录·兵机》曾国藩语。

【解析】孤军深入而没有援兵，粮饷断绝，军队疲于奔命得不到休整，这几条都是导致军队散乱败北的主要原因。

有不可战之将，无不可战之兵；有可胜不可败之将，无必胜必不胜之兵。

【注释】《曾胡治兵语录·兵机》胡林翼语。

【解析】世上只有不会打仗的将领，没有不会打仗的士兵；只有能打胜仗，不能打败仗的将领，没有只胜不败的士兵。

古人行师，先审己之强弱，不问敌之强弱。

【注释】《曾胡治兵语录· 兵机》胡林翼语。

【解析】古代的好将帅在出师作战之前，先审查自己力量的强弱，而不是先去看敌人力量的强弱。

兵事决于临机，而地势审于平日，非寻常张皇幽渺可比。

【注释】《曾胡治兵语录· 兵机》胡林翼语。

【解析】战略决策往往临机决断，而地形一般都要平时去熟悉，它绝不会随你的主观想象去改变。

军事有先一著而胜者，如险要之地先发一军据之，此必胜之道也。有最后一著而胜者，待敌有变，乃起而应之，此必胜之道也。

【注释】《曾胡治兵语录· 兵机》胡林翼语。

【解析】用兵作战，有时因为棋先一着而获胜，比如有险要之地先派一支军队据守，这当然是必胜之道。也有后发制人而获胜的，我先按兵不动，等敌人有所变化时，我军乘变而起，这也是一种取胜的方法。胡林翼又说："至于探报路径，则须先期妥实办理。"

兵事之妙，古今以来莫妙于拊其背、冲其腰、抄其尾。惟须审明地势敌情，先安排以待敌之求战，然后起而应之，乃必胜之道。

【注释】《曾胡治兵语录· 兵机》胡林翼语。

【解析】我认为最巧妙的作战方法莫过于袭击敌人的后路、冲断其中部、包抄打击其尾部。但是必须查明地形和敌情，我军先周密部署，等敌人来求战，然后根据情况应战，这是必胜之道，

盖敌求战而我以静制动，以逸待劳，以整御散，必胜之道也。

【注释】《曾胡治兵语录· 兵机》胡林翼语。

【解析】敌军前来求战，我方不露声色，以静制动，以逸待劳，以整击散，所以我方必能取胜。

临阵之际，须数万人并力，有前有后，有防抄袭之兵，有按纳不动以应变之兵，乃是胜著。

【注释】《曾胡治兵语录· 兵机》胡林翼语。

【解析】临阵打仗的时候，必须数万人同心协力作战。兵力布置有前有后，既有防备敌人包抄偷袭的兵力，又有按兵不动的应急部队，这才是取胜之道。

如派某人守后，不应期而退，便是违令；应期而不进，便是怯战。此则必须号令严明者也。

【注释】《曾胡治兵语录· 兵机》胡林翼语。

【解析】假如命令某个人率兵防守后面，结果他不到预定时间就退走，这就是违令；到了时间却不前进，这便是怯战。对于这种情况我们必须号令严明，做到令行禁止。如果认为进攻才是好事，防守后退就一定是坏事，那就不好了。

夹击原是上策，但可密计而不可宣露，须并力而不宜单弱，须谋定后战，相机而行，而不可或先或后。

【注释】《曾胡治兵语录· 兵机》胡林翼语。

【解析】前后或两边夹击敌人，原本是作战中的上策，但是只能密谋而不能走漏消息，要集中优势兵力而不宜单兵作战，要先谋划好，根据敌情按计划统一行动，不可无序乱来。

不轻敌而慎思，不怯战而稳打。

【注释】《曾胡治兵语录· 兵机》胡林翼语。

【解析】用兵作战，千万不能轻敌，而且要非常慎重地分析敌情；临敌之际不能怯战，必须沉住气稳扎稳打。

兵分则力单，穷进则气散，大胜则变成大挫，非知兵者也，不可不慎。

【注释】《曾胡治兵语录· 兵机》胡林翼语。

【解析】兵力分散就会使自己实力单薄，一味穷追猛打就会使自己元气散乱，大胜反而变成严重的挫折，这不是真正懂兵法的人。因此，我们在这些事上不得不慎重。

敬则胜，整则胜，和则胜。三胜之机，决于是矣。

【注释】《曾胡治兵语录· 兵机》胡林翼语。

【解析】军队严肃谨慎必然获胜，队伍整齐必然获胜，军队团结一致必然获胜。获胜的道理都在这里边了。

我军出战，须层层布置，列阵纵横，以整攻散，以锐蹈瑕，以后劲而防抄袭。临阵切戒散队，得胜尤忌贪财。

【注释】《曾胡治兵语录· 兵机》胡林翼语。

【解析】我军出兵作战，必须层层周密布置，列阵纵横有方，以我军整齐的队伍、整合的力量去进攻散乱的敌军，以我精锐之师攻打敌人的薄弱环节，要用精兵断后，防止敌人包抄袭击。临阵切忌队形散乱，打了胜仗最忌讳兵将劫掠钱财。

熟审地势敌情，妥谋分击之举，或伺敌之缺点，蹈瑕而入，或趋敌之重处，并力而前，皆在相机斟酌。

【注释】《曾胡治兵语录·兵机》胡林翼语。

【解析】用兵作战，需仔细地审查地势与敌情，妥善谋划分兵出击的行动。或者抓住敌人的缺点，乘虚而入；或者进攻敌人的要害之所在，集中优势兵力进行打击。这都要靠将领仔细斟酌，相机行事。胡林翼接下来说："惟临阵切忌散队，切戒贪财；得胜之时，尤宜整饬队伍，勿求痛杀。"

军务只应以一处合围以致敌。其余尽作战兵、援兵、兜剿之兵。若处处合围，则兵力皆为敌城所牵缀，屯兵坚城之下，则情见势绌。

【注释】《曾胡治兵语录·兵机》胡林翼语。

【解析】作战时，只应在一处合围与敌交战，其余兵力全部作为机动作战之兵、后援之兵和抄敌人后路之兵。如果将兵力都用在围城上，则屯兵坚城之下，我们马上就会陷入困境。

用兵之道，全军为上策，得土地次之；破敌为上策，得城池次之。

【注释】《曾胡治兵语录·兵机》胡林翼语。

【解析】用兵之道，彻底干净地消灭敌人的有生力量是上策，占领敌人的土地则在其次；击破敌军是上策，夺取敌军的城池则在其次。

古人必回路无敌，然后围城，兵法所谓"十则围之"之义也。

【注释】《曾胡治兵语录·兵机》胡林翼语。

【解析】古代名将用兵，必定是在自己的退路上没有敌人，即没有后顾之忧时，方才去包围敌人的城池。这就是兵法所讲的"十则围之"的意思。

兵事有须先一著者，如险要之地，以兵据之，先发制人，此为扼吭之计，必胜之道也；有须后一著者，愈持久愈神妙，愈老到愈坚定，待敌变计，乃起而乘之，此可为奇兵而拊其背，必胜之道也。

【注释】《曾胡治兵语录·兵机》胡林翼语。

【解析】用兵打仗，有时必须抢先一步，比如有险要之地，用兵据守，先发制人，这是扼住敌人咽喉的方法，这是必胜之道。有时又必须后法治人，越是能坚持到最后，就越觉神妙；越是沉着稳定，就越能坚定信心，直到敌人先开始行动，我方便可乘机进攻。这时可以出奇兵从背后攻击敌人，这也是必胜之道。

一年不得一城，只要大局无碍，并不为过；一月而得数城，敌来转不能战，则不可为功。

【注释】《曾胡治兵语录·兵机》胡林翼语。

【解析】虽然一年之中没有占领敌人一座城池，但只要形势对我军有利，而且我军仍保持旺盛的战斗力，这并不算什么过错。相反，如果一个月之内占领几座敌城，可是一旦敌军反攻，却无力应战，这也不能算是有功。

军人分起行走，相隔二日，每起二千人。若前队遇敌先战，非必胜之道也，应于近敌之处，饬前茅、后劲、中权会齐并力，乃可大胜。

【注释】《曾胡治兵语录·兵机》胡林翼语。

【解析】军队分批行进，相互可以间隔两天，每批二千人。如果前队遇敌便战，恐怕不一定能够取胜。我军应该在靠近敌人的地方，将前军、中军、后军会齐，合力并战，这样就可获得胜利。

临阵分枝，不嫌其散；先期合力，必求其厚。

【注释】《曾胡治兵语录·兵机》胡林翼语。

【解析】如果是临阵分兵出击，不怕使兵力分散；如果是打算好要集中优势兵力来消灭敌人，就一定要使兵力厚实。

荀悦之论兵也，曰权不可预设，变不可先图。与时迁移，随物变化，诚为用兵之至要。

【注释】《曾胡治兵语录·兵机》胡林翼语。

【解析】东汉学者荀悦谈论用兵时说：权不可预设，变不可先图。战略战术应该随时间、地点、情况的变化而变化，不能僵硬地预先制订计划。这可以说是用兵最重要的问题。

战阵之事，恃强者是败机，敬戒者是胜机。

【注释】《曾胡治兵语录·兵机》胡林翼语。

【解析】在战场上打仗，恃强而骄傲是败亡的先兆，严肃谨慎才是胜利的保证。

军旅之事，谨慎为先；战阵之事，讲习为上。盖兵机至精，非虚心求教不能领会，矧可是己而非人？兵机至活，非随时谨密不能防人，矧可粗心而大意？

【注释】《曾胡治兵语录·兵机》胡林翼语。矧：怎么。

【解析】军旅之中，凡事需谨慎；作战之道，则以能传授和学习为好。这大概是因为用兵打仗的道理很深，不虚心求教就无法领会，怎么可以自以为是、听不进他人的意见呢？用兵之道十分灵活，如果不随时谨慎小心就无法防备敌人，又怎么可以粗心大意呢？

侦探须确、须勤、须速。博访以资众论，沉思以审敌情。

【注释】《曾胡治兵语录·兵机》胡林翼语。

【解析】侦察敌情的人要做到情报准确、勤于侦察和行动迅速。多打探有关敌人的消息，以供我们研究，而且还要勤于思考，能够分析敌情。

敌如不分枝，我军必从其入境之处并力迎剿；敌如分枝，则我军必于敌多之处专剿。

【注释】《曾胡治兵语录·兵机》胡林翼语。

【解析】敌人如果不分兵进犯，我军应该从其进犯之处迎头痛击；敌人如果兵分几路，则我军可以选择敌军力量最大、最要害的地方进行打击。

凡出队，有宜速者，有宜迟者。宜速者，我去寻敌，先发制人者也；宜迟者，敌来寻我，以主待客者也。

【注释】《曾胡治兵语录·战守》曾国藩语。

【解析】出兵作战，有时要快，有时要慢。我军主动去寻找敌人作战，以图先发制人，这种情况要快；敌人来打我，我军以主待客，这种情况要慢一些，以静制动，搞清敌情，避开敌人的锐气再动。

主气常静，客气常动。客气先盛而后衰，主气先微而后壮，故善用兵者，每喜为主，不喜作客。

【注释】《曾胡治兵语录·战守》曾国藩语。

【解析】主方一般先表现为静，客方一般先表现为动。客方的士气大抵都是先盛而后衰，主方则以逸待劳，士气能够由低逐渐升高，所以善于用兵的人，往往喜欢当主方，先按兵不动，而不愿做客方去进攻。曾国藩又说："休、祁诸军，但知先发制人一层，不知以主待客一层，加之探报不实，地势不审，敌情不明，徒能先发而不能制人。应研究此两层，或我寻敌先发制人，或敌寻我以主待客。总须审定乃行，切不可于两层一无所见，贸然出队。"

师行所至之处，必须多问多思。思之于己，问之于人，皆好谋之实迹也。

【注释】《曾胡治兵语录·战守》曾国藩语。

【解析】行军所到之处，都要多问多想。思是自己独立思考，问是与别人商量，这都是喜欢谋划的实际过程。曾国藩接下来举例说："昔王璞山带兵，有名将风，每与敌遇，将接仗之前一夕，便各营官齐集，与之畅论敌情地势，袖中出地图十余张，每人分给一张，令诸将各抒所见，如何进兵，如何分枝，某营埋伏，某营并不接仗，待事毕后专派追剿。诸将官一一说毕，璞山乃将自己主意说出，每人发一传单，即议定之主意也。次日战罢，有与初议不符者，虽有功亦必加罚。其平日无事，每三日必传各营官熟论战守之法。”

虽仅一宿，亦须为坚不可拔之计。但使能守我营垒安如泰山，纵不能进攻，亦无损于大局。

【注释】《曾胡治兵语录·战守》曾国藩语。

【解析】行军扎营必须深沟高垒，严加防范。虽然只住一晚上，也一定要作坚不可摧的准备。只要能保证我军营寨安如泰山，即便是难以进攻敌人，也不会有损大局。

离敌既近，时时作敌来扑营之想，敌来之路、应敌之路、埋伏之路、胜敌追击之路，一一探明，切勿孟浪。

【注释】《曾胡治兵语录·战守》曾国藩语。

【解析】与敌人距离不远时，就应该时时防备敌人前来偷袭，对于敌人可能来的道路，我军应敌作战的道路，可以设埋伏的道路，胜利后追击敌人的道路，要一一探明，千万不可粗心大意。

未经战阵之兵，每好言战，带兵者亦然，若稍有阅历，但觉我军处处暇隙，无一可恃，不轻言战矣。

【注释】《曾胡治兵语录·战守》曾国藩语。

【解析】一些没有上过战场的士兵，往往十分好战，那些带兵的将官也是如此，但是，稍有战争经验的人，就觉得自己的军队到处都是漏洞，没有什么可依靠的，所以他们反倒不敢轻易言战。

用兵以渡水为最难。不特渡长江大河为难，即偶渡渐车之水、丈二之沟，亦须再三审慎。恐其半渡而击，背水无归，败兵争舟，人马践溺，种种皆兵家所忌。

【注释】《曾胡治兵语录·战守》曾国藩语。

【解析】带兵打仗，最难的是渡河。不仅渡大江大河困难，即使是渡那些只有车轮深的小河、丈余宽的小水沟，也应该慎重行事。要防备敌人在我军正渡水的时候突然袭击，背靠河水的军队没有退路、战败后士兵争抢船只逃命、混乱中人马相互践踏和士卒落水，等等情况。这些都是兵家之大忌。

隘路打胜仗，全在头敌。若头敌站脚不住，后面虽有好手，亦被挤退。

【注释】《曾胡治兵语录·战守》曾国藩语。

【解析】在狭路上战胜敌军，关键是击垮敌军的先头部队。如果前面的敌人被打得站不住脚，后面即便有精兵强将，也会被乱军挤退的。

战守机宜，不可纷心。心纷则气不专，神不一。

【注释】《曾胡治兵语录·战守》胡林翼语。

【解析】决策进攻或者防守等军机大事时，心绪不可慌乱。一旦心乱，就会士气散乱，精神难以集中。

交战宜持重，进兵宜迅速，稳扎猛打，合力分枝，足以括用兵之要。

【注释】《曾胡治兵语录·战守》胡林翼语。

【解析】与敌军交战要慎重，进兵要迅速，防守要稳打要猛，充分运用集中优势兵力和临阵出奇制胜的战术，这足以概括用兵的要领了。

军旅之事，守于境内，不如战于境外。

【注释】《曾胡治兵语录·战守》胡林翼语。

【解析】用兵打仗，在自己境内防守，不如出境到敌人土地上去作战。

军事之要，必有所忌乃能有所济，必有所舍乃能有所全。若处处设备，即十万兵亦无尺寸之效。

【注释】《曾胡治兵语录·战守》胡林翼语。

【解析】用兵打仗最重要的是，必须有所顾忌才能有所成功，必须敢于舍弃才能有所保全。如果处处设防，即使有十万之众也不会有成效。

防边之要，不可处处设防。若处处设防，兵力必分，不能战亦不能守。惟择其紧要必争之地，厚集兵力以守之，便是稳固。

【注释】《曾胡治兵语录·战守》胡林翼语。

【解析】防守边境有一点很重要，即不能处处设防。如果处处设防，兵力必定分散，既不能战，也很难守住。其实只要选择重要的、双方必争的关键地方，集中优势兵力守住，这就可以说稳固了。

有守土而无守之之人，虽天堑不能恃其险；有守人而无守具，虽贲、获无所展其长。

【注释】《曾胡治兵语录·战守》曾国藩语。贲(bēn)：指战国时勇士孟贲。

秦武王好交结勇力之士,孟贲也归附于他。孟贲曾生拔牛角,因此被称为勇士。获:指战国时秦国大力士乌获。传说因他能举千钧之重,故也为秦武王所用。

【解析】如果只有好的碉堡和关卡,而没有能够把守的人才,它就是一座天堑,也照样守不住;有了守卫的人才,但没有守住它的凭借,即便是孟贲、乌获这样的勇士再生,也仍然无法施展他们的长处。

有进战之营,必须留营作守。假如以十营作前茅为战兵,即须留五营作后劲守兵。其留后之兵,尤须劲旅。其成功一也,不可争目前之微功而误大局。

【注释】《曾胡治兵语录·战守》胡林翼语。

【解析】有前去进攻的部队,就必须有留守的部队。假如派十个营的兵力作为前锋去作战,就要留五个营作为后卫留守。而且留守的部队,尤其需要战斗力强的部队。前锋和后卫对于战争的胜利有同样重要的作用,千万不可因争眼前一点小功,而贻误了大局。

有围城之兵,须先另筹打仗之兵;有临阵打仗之兵,必须安排后劲,或预杜抄后之敌,或备策应之举。

【注释】《曾胡治兵语录·战守》胡林翼语。

【解析】有负责围城的部队,就必须另外安排打仗的兵力;有上阵作战的部队,就必须安排后续增援的兵力,或者预先防范敌人偷袭我军的后方,或者作好策应各路人马的准备。

扼要立营,加高加深,固是要着。惟须约束兵丁,不得滋扰。又须不时操练,使步法整齐,技术精熟,庶战守皆能有备。

【注释】《曾胡治兵语录·战守》胡林翼语。

【解析】选择险要关键之处安营扎寨,一定要加高堡垒,深挖沟壕,这些不用说都是十分重要的。而且必须严明纪律,约束士兵,不能在军营内外滋扰生事。同时,还必须经常操练队伍,使军队步伐整齐,兵士武艺精湛。若能做到这样,无论是战是守,都能应付了。

条目拼音索引

A

ai

an

B

ba

bai

ben

bi

bo

bu

C

cai

cang

cao

ce

chan

chao

chen

cheng

chi

chu

cong

D

da

dai

dan

dang

dao

de

di

diao

dong

dou

du

duan

dun

duo

E

e

er

F

fa

fan

fang

fei

fen

fu

G

gai

gang

gao

ge

gong

gou

gu

gua

guan

gui

guo

H

han

hang

hao

he

heng

hou

huan

hui

hun

huo

J

ji

jia

jian

jiang

jiao

jie

jin

jing

jiu

ju

juan

jue

jun

K

kao

ke

kong

ku

kuan

L

lao

le

li

lian

liang

liao

lin

ling

mei

mi

miao

min

ming

mo

mou

nu

P

pao

po

Q

qi

qian

qiang

qie

qin

qing

qiu

qu

ri

rong

rou

ru

ruan

ruo

S

san

sha

shan

shang

she

shen

sheng

shi

shou

shu

shui

shun

si

T

tai

tan

tao

tian

ting

tong

tou

tu

tui

W

wai

wan

wang

wei

wen

wo

wu

X

xi

xia

xian

xiang

xiao

xie

xin

xing

xiong

xiu

xu

ye

yi

yin

ying

yong

you

yu

yuan

Z

zai

zao

zhan

zhang

zhao

zhe

zhen

zheng

zhi

zhong

zhou

zhu

zhuan

zhuang

zi

zong

zou

zun

zuo